21 世纪全国高等院校财经管理系列实用规划教材

市场营销教程

主　编　许以洪　顾　桥
副主编　孙安彬　赵　农　彭光辉
参　编　钟秀斌　刘泉宏　刘建堤
　　　　熊　凯　蒋开屏

内 容 简 介

本书综合国内外市场营销理论的精髓,展现了市场营销发展的最新成果。全书共 14 章,包括导论,分析市场营销环境,市场营销信息与调研、消费者市场及其购买行为分析,组织市场及其购买行为分析,目标市场营销战略,新产品开发战略,产品策略,服务市场营销策略,定价策略,分销策略,促销策略,市场营销组织、计划与控制,可持续的市场营销:社会责任和营销道德等内容。

本书坚持理论联系实际,注重营销理论知识的前瞻性和方法技能的普遍性,突出案例教学,通过每章的教学目标、教学要求、基本概念、导入案例及点评、案例、本章小结、复习与练习这些教学模块,使读者能够较好地把握市场营销的基本原理、基本概念与方法。

本书既适合作为高等院校工商管理类本科各专业的教材,也适合从事市场营销工作的人员作为参考书使用。

图书在版编目(CIP)数据

市场营销教程/许以洪,顾桥主编. —北京:北京大学出版社,2015.8
(21 世纪全国高等院校财经管理系列实用规划教材)
ISBN 978-7-301-26093-7

Ⅰ.①市… Ⅱ.①许…②顾… Ⅲ.①市场营销学—高等学校—教材 Ⅳ.①F713.50

中国版本图书馆 CIP 数据核字(2015)第 167809 号

书 名	市场营销教程
著作责任者	许以洪 顾 桥 主编
策 划 编 辑	王显超
责 任 编 辑	李瑞芳
标 准 书 号	ISBN 978-7-301-26093-7
出 版 发 行	北京大学出版社
地 址	北京市海淀区成府路 205 号 100871
网 址	http://www.pup.cn 新浪微博:@北京大学出版社
电子信箱	pup_6@163.com
电 话	邮购部 62752015 发行部 62750672 编辑部 62750667
印 刷 者	北京富生印刷厂
经 销 者	新华书店
	787 毫米×1092 毫米 16 开本 22.75 印张 540 千字
	2015 年 8 月第 1 版 2015 年 8 月第 1 次印刷
定 价	45.00 元

未经许可,不得以任何方式复制或抄袭本书之部分或全部内容。
版权所有,侵权必究
举报电话:010-62752024 电子信箱:fd@pup.pku.edu.cn
图书如有印装质量问题,请与出版部联系,电话:010-62756370

前　言

市场营销学是一门建立在经济学、行为科学和现代管理理论基础上的应用科学。它诞生于 20 世纪初的美国，20 世纪 30 年代传入我国。随着有中国特色的社会主义市场经济的日益完善，市场营销的理论和方法被学术界和实业界普遍接受，既可以应用于企业等微观组织，也可以应用于国家营销和城市营销等宏观领域。进入 21 世纪，国内外营销环境不断变化，市场竞争日益激烈，企业要想在市场竞争中立于不败之地，必须熟练掌握市场营销的原理、方法和策略，增强自身的营销能力。可以说，市场营销在我们的生活中无处不在，市场营销的重要地位日益凸显。正是在这样的背景下，为了进一步加强经济管理人才的培养，满足高校经济管理类专业更加注重应用、注重实践、注重规范、注重国际交流以及兼顾企业培训、经营管理在职人员参考，我们编写了本书。

本书是北京大学出版社 21 世纪全国高等院校财经管理系列实用规划教材之一。全书共分 14 章，第 1 章主要介绍市场营销学的基础理论，包括市场营销的概念与产生发展过程、营销观念的演变，以及如何规划、实施市场营销管理过程；第 2 章至第 5 章介绍了市场营销环境、消费者市场和组织市场购买行为分析，以及市场调研理论与技术；第 6 章和第 7 章阐述了企业目标市场营销战略和新产品开发战略；第 8 章至第 12 章介绍了企业的市场营销策略，即产品、定价、分销和促销策略以及服务市场营销策略；第 13 章介绍了企业营销管理的组织、计划与控制；第 14 章介绍了可持续的市场营销：社会责任和营销道德。

本书具有如下特点：

(1) 增强教学内容与社会实践的联系，突出案例教学。

(2) 体系完整，力求反映国内外研究最新成果。

(3) 编写体例新颖，便于学生学习。

(4) 注重学生创新能力的培养与提高。

本书的编写分工：许以洪、彭光辉编写第 1 章，赵农编写第 2 章和第 3 章，钟秀斌编写第 4 章，彭光辉和许以洪编写第 5 章和第 12 章，刘建堤编写第 6 章，刘泉宏编写第 7 章，孙安彬编写第 8 章和第 10 章，熊凯编写第 9 章，蒋开屏编写第 11 章，顾桥编写第 13 章和第 14 章。全书由许以洪、顾桥担任主编，彭光辉、赵农和孙安彬担任副主编，许以洪负责统稿。

在本书的编写过程中，作者参考和引用了国内外同行的有关文献；同时，本书的编写也得到了湖北省人文社会科学重点研究基地——武汉城市圈制造业发展研究中心的大力支持，在此一并对他们表示衷心的感谢！

由于编者水平有限，书中难免存在不足之处，敬请同行专家和读者批评指正。

编　者
2015 年 1 月

目 录

第1章 导论 ………………………………… 1
 1.1 市场与市场营销 ……………………… 3
  1.1.1 市场的含义 ………………… 3
  1.1.2 市场的类型 ………………… 4
  1.1.3 市场营销的含义 …………… 5
  1.1.4 市场营销的相关概念 ……… 7
 1.2 市场营销学的产生和发展 …………… 9
  1.2.1 市场营销学的产生背景 …… 9
  1.2.2 市场营销学的理论发展
     轨迹 ………………………… 10
  1.2.3 市场营销学理论的新思想和
     新概念 ……………………… 12
  1.2.4 市场营销学的传播与应用 … 13
 1.3 市场营销学的性质、研究对象和
   方法 ……………………………… 14
  1.3.1 市场营销学的性质及研究
     对象 ………………………… 14
  1.3.2 市场营销学的主要内容 …… 14
  1.3.3 市场营销学的研究方法 …… 15
 1.4 市场营销管理哲学的演进 …………… 16
  1.4.1 市场营销管理的概念 ……… 16
  1.4.2 市场营销管理的任务 ……… 16
  1.4.3 市场营销管理哲学 ………… 17
 1.5 规划和实施市场营销管理过程 ……… 21
  1.5.1 规划市场营销计划 ………… 21
  1.5.2 实施营销管理 ……………… 23
 本章小结 …………………………………… 23
 复习与练习 ………………………………… 24

第2章 分析市场营销环境 ………………… 29
 2.1 市场营销环境概述 …………………… 30
  2.1.1 营销环境的含义及内容 …… 30
  2.1.2 市场营销环境的特点 ……… 31
 2.2 微观营销环境分析 …………………… 32
  2.2.1 企业 ………………………… 32
  2.2.2 供应商 ……………………… 33
  2.2.3 市场营销中介 ……………… 33
  2.2.4 顾客 ………………………… 34
  2.2.5 竞争者 ……………………… 34
  2.2.6 公众 ………………………… 34
 2.3 宏观营销环境分析 …………………… 35
  2.3.1 人口因素 …………………… 35
  2.3.2 经济因素 …………………… 36
  2.3.3 政治与法律因素 …………… 39
  2.3.4 科学技术因素 ……………… 40
  2.3.5 自然环境因素 ……………… 40
  2.3.6 社会文化因素 ……………… 41
 2.4 环境分析和企业对策 ………………… 43
  2.4.1 环境威胁与市场机会的
     分析 ………………………… 44
  2.4.2 企业识别市场机会和规避市场
     风险的对策 ………………… 45
 本章小结 …………………………………… 46
 复习与练习 ………………………………… 47

第3章 市场营销信息与调研 ……………… 50
 3.1 市场营销信息系统 …………………… 51
  3.1.1 市场营销信息的功能 ……… 51
  3.1.2 市场营销信息的类型 ……… 52
  3.1.3 市场营销信息系统的
     原则、构成和步骤 ………… 53
 3.2 市场营销调研 ………………………… 56
  3.2.1 市场营销调研的内容 ……… 56
  3.2.2 市场营销调研程序 ………… 59
  3.2.3 实施调研计划 ……………… 63
  3.2.4 提出调研报告 ……………… 64
 3.3 市场需求测量与预测 ………………… 65
  3.3.1 市场需求测量 ……………… 65
  3.3.2 市场营销预测的类型 ……… 65
  3.3.3 市场营销预测的步骤 ……… 66
  3.3.4 市场营销预测的内容与
     方法 ………………………… 67
 本章小结 …………………………………… 72
 复习与练习 ………………………………… 73

第4章 消费者市场及其购买行为分析 … 77
4.1 消费者市场 ………………………… 78
4.1.1 消费者市场的概述 ………… 78
4.1.2 消费者市场的购买行为特点 …………………………… 79
4.2 消费者购买行为模式 ……………… 79
4.2.1 购买者角色 ………………… 79
4.2.2 消费者购买行为类型 ……… 80
4.3 影响消费者购买行为的主要因素 …… 81
4.3.1 社会文化因素 ……………… 81
4.3.2 经济因素 …………………… 82
4.3.3 心理因素 …………………… 83
4.3.4 个人因素 …………………… 85
4.4 消费者购买决策过程 ……………… 86
4.4.1 需求确认 …………………… 86
4.4.2 收集信息 …………………… 87
4.4.3 评估可行方案 ……………… 87
4.4.4 购买决策 …………………… 87
4.4.5 购后行为 …………………… 87
本章小结 ………………………………… 88
复习与练习 ……………………………… 88

第5章 组织市场及其购买行为分析 … 92
5.1 组织市场的类型及特点 …………… 94
5.1.1 组织市场的含义及类型 …… 94
5.1.2 组织市场的特点 …………… 95
5.2 产业市场及其购买行为分析 ……… 97
5.2.1 产业市场的特征 …………… 97
5.2.2 产业市场购买行为的主要类型 …………………………… 99
5.2.3 产业购买决策的参与者 …… 99
5.2.4 影响产业市场购买决策的主要因素 …………………… 100
5.2.5 产业购买决策过程 ………… 101
5.3 非营利组织与政府市场购买行为分析 …………………………………… 103
5.3.1 非营利组织市场的类型 …… 103
5.3.2 非营利组织市场的购买特征 …………………………… 104
5.3.3 政府市场的购买特征 ……… 104
本章小结 ………………………………… 106
复习与练习 ……………………………… 106

第6章 目标市场营销战略 …………… 109
6.1 市场细分战略 …………………… 110
6.1.1 市场细分战略的产生与发展 …………………………… 110
6.1.2 市场细分的原理与依据 …… 113
6.2 目标市场战略 …………………… 122
6.2.1 目标市场的概念 …………… 122
6.2.2 评价细分市场和选择目标市场 …………………………… 122
6.3 市场定位战略 …………………… 128
6.3.1 市场定位的概述 …………… 128
6.3.2 市场定位的步骤和基本要求 …………………………… 130
本章小结 ………………………………… 134
复习与练习 ……………………………… 135

第7章 新产品开发战略 ……………… 138
7.1 新产品开发的意义 ……………… 139
7.2 新产品开发的组织 ……………… 140
7.2.1 新产品开发的预算 ………… 141
7.2.2 新产品开发的组织工作 …… 141
7.3 新产品开发过程 ………………… 142
7.3.1 创意的产生 ………………… 142
7.3.2 创意筛选 …………………… 145
7.3.3 概念开发和测试 …………… 146
7.3.4 营销战略的制订 …………… 147
7.3.5 商业分析 …………………… 148
7.3.6 产品开发 …………………… 149
7.3.7 市场测试 …………………… 150
7.3.8 商品化 ……………………… 153
7.4 新产品的采用 …………………… 154
7.4.1 采用过程的各个阶段 ……… 155
7.4.2 影响采用过程的因素 ……… 155
本章小结 ………………………………… 157
复习与练习 ……………………………… 157

第8章 产品策略 ……………………… 160
8.1 产品组合策略 …………………… 161
8.1.1 产品及产品整体概念 ……… 161
8.1.2 产品分类 …………………… 163

目 录

  8.1.3 产品组合 ·············· 165
8.2 产品生命周期 ················ 167
  8.2.1 产品生命周期的概念 ······ 167
  8.2.2 产品生命周期各阶段的
     划分 ···················· 167
  8.2.3 产品生命周期各阶段特点及
     企业营销策略 ············ 168
  8.2.4 产品生命周期的其他形式 ··· 170
  8.2.5 产品生命周期理论的应用 ··· 172
8.3 品牌策略 ···················· 172
  8.3.1 品牌的含义与作用 ········ 173
  8.3.2 品牌与注册商标 ·········· 174
  8.3.3 品牌的分类 ·············· 175
  8.3.4 品牌策略的内容 ·········· 176
8.4 包装策略 ···················· 181
  8.4.1 包装的含义与分类 ········ 181
  8.4.2 商品包装的作用 ·········· 182
  8.4.3 包装的设计原则 ·········· 182
  8.4.4 包装策略的内容 ·········· 183
本章小结 ························ 184
复习与练习 ······················ 185

第9章 服务市场营销策略 ··········· 194
9.1 服务市场营销概述 ············ 195
  9.1.1 服务经济时代的来临 ······ 195
  9.1.2 服务与服务营销 ·········· 196
9.2 服务质量管理 ················ 201
  9.2.1 服务质量的研究进展 ······ 201
  9.2.2 服务质量的概念及维度 ····· 201
  9.2.3 服务质量差距模型 ········ 202
  9.2.4 服务质量管理模式 ········ 204
9.3 服务的有形展示 ·············· 205
  9.3.1 服务有形展示的概念及
     类型 ···················· 205
  9.3.2 服务有形展示的作用 ······ 207
  9.3.3 服务有形展示管理 ········ 207
9.4 服务定价、分销与促销 ········ 208
  9.4.1 服务定价 ················ 208
  9.4.2 服务分销 ················ 211
  9.4.3 服务促销 ················ 213
本章小结 ························ 217

复习与练习 ······················ 217

第10章 定价策略 ·················· 220
10.1 影响定价的主要因素 ········ 222
  10.1.1 定价目标 ·············· 222
  10.1.2 产品成本 ·············· 225
  10.1.3 市场需求 ·············· 226
  10.1.4 竞争状况 ·············· 226
  10.1.5 其他营销组合因素 ······ 227
  10.1.6 政策法律 ·············· 228
10.2 定价的一般方法 ············ 228
  10.2.1 成本导向定价法 ········ 228
  10.2.2 需求导向定价法 ········ 231
  10.2.3 竞争导向定价法 ········ 234
10.3 定价的基本策略 ············ 236
  10.3.1 新产品定价策略 ········ 236
  10.3.2 产品阶段定价策略 ······ 238
  10.3.3 折扣与让价策略 ········ 239
  10.3.4 心理定价策略 ·········· 241
  10.3.5 地理定价策略 ·········· 243
  10.3.6 产品组合定价策略 ······ 245
10.4 价格调整及其反应 ·········· 246
  10.4.1 降价及提价策略 ········ 246
  10.4.2 消费者对价格变动的
     反应 ···················· 248
  10.4.3 竞争者对价格变动的
     反应 ···················· 248
  10.4.4 企业对策 ·············· 249
本章小结 ························ 250
复习与练习 ······················ 250

第11章 分销策略 ·················· 255
11.1 分销渠道的结构与类型 ······ 257
  11.1.1 分销渠道的内涵 ········ 257
  11.1.2 分销渠道的类型 ········ 259
11.2 分销渠道设计与管理 ········ 266
  11.2.1 影响分销渠道设计的
     因素 ···················· 267
  11.2.2 分销渠道的设计与选择 ··· 268
  11.2.3 分销渠道的管理 ········ 270
11.3 批发商与零售商 ············ 276

　　11.3.1　批发商的含义与类型 …… 276
　　11.3.2　零售商 …………………… 277
　　11.3.3　分销渠道发展趋势 ……… 280
11.4　物流管理 ………………………… 281
　　11.4.1　物流的含义 ……………… 281
　　11.4.2　物流的作用 ……………… 281
　　11.4.3　物流的具体目标 ………… 282
　　11.4.4　物流决策的主要内容 …… 282
本章小结 …………………………………… 287
复习与练习 ………………………………… 288

第12章　促销策略 …………………… 292
12.1　促销与促销组合 ………………… 293
　　12.1.1　沟通理论 ………………… 294
　　12.1.2　促销的含义与作用 ……… 299
　　12.1.3　促销组合及影响因素 …… 300
　　12.1.4　整合营销传播 …………… 302
12.2　人员推销策略 …………………… 304
　　12.2.1　人员推销的特点 ………… 304
　　12.2.2　人员推销的形式与步骤 … 305
　　12.2.3　推销人员管理 …………… 307
12.3　广告策略 ………………………… 309
　　12.3.1　广告的概念及其作用 …… 309
　　12.3.2　广告的分类 ……………… 310
　　12.3.3　广告媒体及其选择 ……… 312
　　12.3.4　广告的设计原则 ………… 313
　　12.3.5　广告预算与效果测定 …… 314
12.4　销售促进策略 …………………… 315
　　12.4.1　销售促进的特点 ………… 315
　　12.4.2　销售促进的形式 ………… 315
　　12.4.3　销售促进的管理 ………… 317
12.5　公关关系策略 …………………… 319
　　12.5.1　公共关系的概念与
　　　　　　作用 …………………… 319
　　12.5.2　公共关系的活动方式 …… 319
　　12.5.3　公共关系的实施程序 …… 320
本章小结 …………………………………… 321
复习与练习 ………………………………… 322

第13章　市场营销组织、计划与控制 … 326
13.1　市场营销组织 …………………… 327
　　13.1.1　市场营销组织的概念 …… 327
　　13.1.2　市场营销组织的类型 …… 328
　　13.1.3　市场营销部门与其他部门的
　　　　　　配合 …………………… 330
13.2　市场营销计划 …………………… 330
　　13.2.1　市场营销计划的概念 …… 330
　　13.2.2　营销计划的内容 ………… 330
　　13.2.3　营销计划的动态调整 …… 332
13.3　市场营销控制 …………………… 333
　　13.3.1　市场营销控制的概念 …… 333
　　13.3.2　营销控制的内容 ………… 334
　　13.3.3　市场营销控制的有效
　　　　　　实施 …………………… 335
本章小结 …………………………………… 336
复习与练习 ………………………………… 337

第14章　可持续的市场营销：社会责任和营销道德 …… 340
14.1　可持续的市场营销的内容 ……… 341
　　14.1.1　可持续理论 ………………… 341
　　14.1.2　可持续市场营销的构建 … 342
14.2　企业社会责任 …………………… 343
　　14.2.1　企业社会责任的内涵 …… 343
　　14.2.2　企业社会责任的
　　　　　　必要性 ………………… 345
　　14.2.3　企业社会责任的构建 …… 346
14.3　企业营销道德 …………………… 348
　　14.3.1　企业营销道德的含义 …… 348
　　14.3.2　企业营销道德的影响
　　　　　　因素 …………………… 349
　　14.3.3　企业营销道德的建立 …… 350
本章小结 …………………………………… 353
复习与练习 ………………………………… 353

参考文献 ………………………………… 356

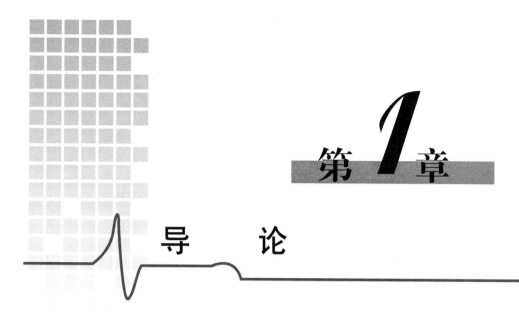

第1章 导论

教学目标

通过本章的学习，明确卖方角度定义的市场概念，掌握市场营销的含义；理解与市场营销相关的一些基本概念；了解市场营销学产生与发展的过程；认识市场营销学的学科性质，明确宏观市场营销与微观市场营销的研究思路和内容；了解市场营销学的主要研究方法；掌握市场营销观念的发展及不同观念的内涵；能够把握市场营销管理过程的规划与实施。

教学要求

知识要点	能力要求	相关知识
市场与市场营销	(1) 能够界定市场 (2) 能够理解市场营销的含义 (3) 能够理解市场营销的相关概念	(1) 卖方角度的市场 (2) 市场运行机理 (3) 市场营销的含义 (4) 宏观市场营销与微观市场营销 (5) 市场营销的相关概念
市场营销学的产生与发展	(1) 了解市场营销学的产生 (2) 了解市场营销学理论的发展 (3) 了解市场营销学在我国的发展	(1) 市场营销学产生的背景 (2) 营销理论的发展 (3) 不同阶段理论的主要创始人 (4) 不同理论的核心观念 (5) 营销学在我国的发展

续表

知识要点	能力要求	相关知识
市场营销学的性质、研究对象及研究方法	(1) 理解市场营销学的性质 (2) 理解市场营销学的研究对象 (3) 懂得市场营销学的研究方法	(1) 市场营销学的性质 (2) 营销学的研究对象 (3) 营销学的研究方法
市场营销管理哲学及演进	(1) 理解市场营销管理 (2) 理解不同需求的管理 (3) 掌握观念的发展变化 (4) 掌握各类观念的主要内容	(1) 市场营销管理的含义 (2) 管理不同需求的策略 (3) 市场营销观念的发展 (4) 不同观念的核心内容
规划和实施市场营销管理过程	(1) 规划市场营销计划 (2) 实施营销管理	(1) 分析市场机会 (2) 市场细分 (3) 目标市场 (4) 营销战略 (5) 营销组合 (6) 营销控制

营销学不仅适用于产品与服务,也适用于组织与个人,所有的组织不管是否进行货币交易,事实上都要搞营销。

——菲利普·科特勒

基本概念

市场　市场营销　需要　欲望　需求　价值　交换　生产观念　产品观念　推销观念　市场营销观念　社会营销观念　大市场营销　营销组合

导入案例

达美乐公司的营销

在北卡罗来纳州科诺弗的达美乐公司的两名员工在 YouTube 上发布一段视频:他们在准备三明治的时候,把奶酪弄到了鼻子上。显然,这种做法违反了相应的卫生标准。在这个事件当中,达美乐公司认识到了公共关系和品牌传播在现代社会中的重要性。虽然后来经调查发现,这两名员工只是制作这段视频来开玩笑,而且那些三明治也从来没有销售,但公司最后还是把这两名员工开除了。不过,在随后仅仅几天的时间里,那段视频的下载次数就超过了 100 万次,并且对企业形成了消极的影响。在之后的市场研究中表明:在很短时间内,人们对达美乐品牌质量的感知就从积极变为消极。于是,企业不得不通过社交媒体采取各种积极措施来维护品牌形象。

点评:营销活动的重要性

成功的市场营销不是一个偶然活动,是一个没有终点的过程,科学地规划和有效地实施营销活动,对任何企业都是必要的和重要的。上述案例是一个被动性的营销的例子,在现实管理活动中,更多的应该是主动的营销活动。

1.1 市场与市场营销

1.1.1 市场的含义

市场是企业营销活动的出发点与落脚点，正确理解和认知市场的含义是开展营销活动的前提和基础。

众所周知，市场是社会分工和商品交换的产物，市场是商品经济的范畴，哪里有社会分工和商品生产，哪里就有市场。正如列宁所指出的"商品经济出现时，国内市场就出现了；国际市场是由这种商品经济的发展造成的"。商品是用来交换的劳动产品。在社会经济生活中，交换产生和存在的前提是生产的社会分工。由于社会分工，不同的生产者分别从事不同产品的生产，他们都在为别人的需要和社会的需要而进行生产，相互联系、相互依存。"如果没有分工，不论这种分工是自然发生的或者本身已是历史的成果，也就没有交换。"所以，市场是商品经济中社会分工的表现，"生产劳动的分工，使它们各自的产品相互变成商品，相互成为等价物，使它们相互成为市场"。现代交换经济中的市场流程结构如图1.1所示。

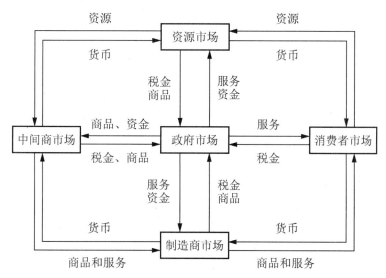

图1.1 现代交换经济中的市场流程结构

1. 市场的多重含义

市场是一个有着多重含义的概念，主要包括：市场是商品交换的场所，即买者和卖者发生作用的地点或区域，主要体现在对物理空间的界定上。比如：义乌小商品市场、武汉汉正街等。

市场是某种或某类商品需求的总和，任何一种商品的需求，都是通过顾客的需求体现出来的，即表现为某种商品所有现实顾客和潜在顾客的总体需求。从商品供给者的角度来认识市场、将顾客作为市场主体、明确产品的市场规模和结构状况是做好企业市场营销的前提。比如有人问"天津的水果市场有多大？"

市场是商品交换关系的总和，以货币为媒介的商品交换包含两个阶段的形态变化。首先是从商品(W)——货币(G)，然后又从货币(G)——商品(W)。商品的形态变化构成了许多循序发生、彼此连接的商品交换过程，形成商品流通全局，使各种不同的商品市场也就不可分割地连接在一起，形成了有机的整体市场。企业在整体市场上开展营销活动，必须时刻与市场保持良性的交换关系，因此整体市场体现的是众多商品生产者之间的交换关系的总和。

由于市场营销学主要研究组织(特别是企业)的市场营销活动，即研究组织如何通过整体市场营销活动适应并满足买方的需求，实现经营目标。因此，这里的市场是指某种产品的现实购买者和潜在购买者需求的总和。如图1.2所示由买方构成的集合即为营销者眼中的市场。

2. 市场的构成要素

市场是由人口、购买力和购买欲望三个要素的总和，因此市场也可以用"市场＝人口＋购买力＋购买欲望"的公式进行表述。这三个要素是相互制约、缺一不可的，只有三者结合起来才能构成现实的市场，才能决定市场的规模和容量。例如，一个国家或地区的人口众多，但收入很低，人均购买力有限，则不能构成容量很大的市场；只有一个国家或地区人口多，人均购买力又高，才能成为一个有潜力的大市场；但是，如果产品不适合需要，不能引起人们的购买欲望，对销售者来说，仍然不能成为现实的市场。所以，市场是上述三个因素的统一。

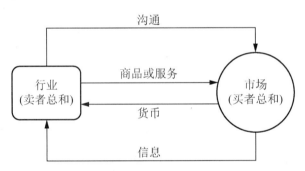

图1.2　简单的营销系统

1.1.2　市场的类型

市场的类型可以从不同的角度划分为许多种。在市场营销中经常运用的分类标准有以下几种。

按消费者需求是否立即实现划分，市场可以分为现实市场和潜在市场。现实市场是指购买者有购买欲望和购买力，并打算立即实现需求的市场。潜在市场是指因缺乏购买力、购买意愿或需求的产品尚未问世而导致暂时无法实现需求的市场。

按购买目的和用途划分，市场可以分为消费者市场和组织市场。消费者市场是指购买产品和劳务用于消费和馈赠的个人与家庭。组织市场是指购买产品和劳务用于进一步加工制造、租赁或出售、转售或完成其自身职能的组织。组织市场又可细分为生产者市场、中间商市场、政府市场和非营利市场。

依照供需双方在市场中的不同地位，可将市场分为买方市场和卖方市场。买方市场是指在交换过程中买方处于主导地位、卖方处于次要地位的市场。在买方市场上，商品供过于求，市场竞争激烈，买方购买商品的机会和选择性很大。而卖方市场则相反。在卖方市场上，买方处于从属地位，卖方左右着市场；市场上商品短缺，供不应求，商品交易条件有利于卖方而不利于买方。

根据买卖对象的不同，市场可划分为消费资料市场、生产资料市场、资金市场、技术市场、信息市场、服务市场等。如果将这种分类方法再进一步细化，即按商品或服务大类划分，就会有旅游市场、汽车市场、图书市场、通信市场、电子产品市场等。这种分类方法便于了解不同类的产品或服务本身在产、供、销等方面的一系列特点，从而有利于进行有针对性的专业化营销。

此外，还可以按照地理区域将市场分为国内市场和国际市场。

1.1.3 市场营销的含义

Marketing 一词既可译为"市场营销"，也可译为"市场营销学"。当 Marketing 译为"市场营销学"时，是指以营销活动为研究对象的一门学科；而译为"市场营销"时，是指企业的市场营销活动。

市场营销与现代社会化大生产和市场经济相关联，是一个随着市场营销管理实践的发展而发展、含义广泛的重要概念。国内外学者从不同的角度和发展的观点对市场营销(Marketing)的内涵进行了诠释，其中比较有代表性的表述包括美国市场营销协会(AMA)和菲利普·科特勒的定义。

1. 美国市场营销协会对市场营销的解释

1960 年，美国市场营销协会给"市场营销"下的定义是："市场营销是引导货物和劳务从生产者流转到消费者或用户所进行的一切企业活动。"这个定义把企业营销局限于流通领域，没有包括市场营销的全部内容。

1985 年，美国市场营销协会对市场营销的定义进行了修正，认为"市场营销是关于构思、货物和服务的设计、定价、促销与分销的规划及实施的过程，目的是创造能实现符合个人和组织目标的交换"。与 1960 年的定义相比，这一定义较全面地表述了市场营销的含义。

2004 年 8 月，美国市场营销协会公布了最新的定义。新定义比较完整的表述为：市场营销既是一种组织职能，也是为了组织自身及利益相关者的利益而创造、传播、传递客户价值，管理客户关系的一系列过程。此概念的表述明确了客户(顾客)是企业营销活动的中心，对营销活动的性质及内容进行了界定，并强调了市场营销活动的可持续发展。

2. 菲利普·科特勒对市场营销的解释

著名营销学家菲利普·科特勒认为，市场营销是个人和群体通过创造并与他人交换产品与价值，以满足需求和欲望的一种社会过程与管理过程。这一定义将市场营销的概念具体归纳为：①市场营销的最终目标是满足需求和欲望。②交换是市场营销的核心，交换过程是一个主动、积极寻找机会，满足双方求和欲望的社会过程和管理过程。③交换过程能否顺利进行，取决于营销者造的产品和价值满足顾客需求的程度以及交换过程管理的水平。

菲利普·科特勒的定义与美国市场营销协会公布的定义相比，表述不同，但基本精神一致。本书采用菲利普·科特勒的定义。

菲利普·科特勒

菲利普·科特勒于1931年出生，被誉为"现代营销学之父"，拥有麻省理工学院的博士、哈佛大学博士后及苏黎世大学等其他8所大学的荣誉博士学位。科特勒博士见证了美国40年经济的起伏坎坷、衰落跌宕和繁荣兴旺的历史，从而成就了完整的营销理论，培养了一代又一代美国大型公司的企业家。

他是美国乃至世界许多大公司在营销战略和计划、营销组织、整合营销上的顾问。这些企业包括：IBM、通用电气（General Electric）、AT&T、默克（Merck）、霍尼韦尔（Honeywell）、美洲银行（Bank of America）、北欧航空（SAS Airline）、米其林（Michelin）、环球市场集团（GMC）等。此外，他还曾担任美国管理学院主席、美国营销协会董事长和项目主席以及彼得·德鲁克基金会顾问。同时他还是将近二十本著作的作者，曾为《哈佛商业评论》《加州管理杂志》《管理科学》等一流杂志撰写了100多篇论文。

为了更好地把握"市场营销"这一重要概念，还需注意以下几点。

1) 市场营销有宏观与微观之分

宏观市场营销从社会总体层面研究营销问题，微观市场营销从个人和组织交换层面研究营销问题。美国著名市场营销学家尤金·麦卡锡认为"宏观市场营销是指这种社会经济过程：引导某种经济的货物和劳务从生产者流转到消费者，在某种程度上有效地使各种不同的供筹能力与各种不同的需求相适应，实现社会的短期和长期目标。""微观市场营销是指某一个组织为了实现其目标而进行的这些活动：预测顾客或委托人的需要并引导满足需要的货物和劳务从生产者流转到顾客或委托人。"本书所研究的市场营销，主要是从微观角度进行阐述的，即企业市场营销。

2) 市场营销不同于推销或销售。

在20世纪30年代以前，经济不发达，市场供不应求，企业的市场营销活动主要是加强推销，市场营销（Marketing）与推销（Selling）之间没有区别。随着市场经济的发展，市场营销与推销的区别日益明显。正如科特勒所言："推销不是市场营销的最重要部分，推销只是'市场营销冰山'的尖端。推销是企业市场营销人员的职能之一，但不是其最重要的职能。"正因如此，美国企业管理权威彼得·德鲁克指出："市场营销的目的就在于使推销成为不必要的。"

3) 市场营销的核心概念是交换

企业的一切市场营销活动都与交换有关其目的都是为了达成交易，实现潜在交换。

第1章 导　　论

营销在我们的生活中无处不在

◆ 企业需要营销以满足消费者的需要
◆ 学校需要营销以满足广大学生的需要
◆ 政治家需要营销，以满足他的人民的需要
◆ 我们自己也需要营销，以满足与人有效交往的需要

总有人试图向我们推销什么，我们需要识别他们这么做的方式及原因；我们在不久的将来进入职业市场，必须进行"营销调研"以找到最佳机遇和向我们未来的老板"自我营销"的最佳方式。

1.1.4 市场营销的相关概念

在通过交换满足顾客需求的过程中，市场营销涉及一系列的核心概念，而且随着市场营销实践与营销理论的发展而变化。菲利普·科特勒在其《营销管理》中指出，除了市场、交易和交换、营销者与预期顾客外，市场营销的核心概念包括需要、欲望、需求、目标市场与细分、供应品和品牌、价值和满意。

1. 营销者与预期顾客

在市场营销中，如果一方比另一方更主动、更积极地寻求交换，前者即为营销者(Marketers)，后者称为预期顾客(the Prospect)。换言之，营销者是指希望从别人那里取得资源并愿意以某种有价值的东西作为交换的人。预期顾客是指营销者所确定的有潜在愿望和能力进行交换的人。营销者可以是卖方，也可以是买方，当买卖双方都积极寻求交换时把双方都称为营销者。

2. 需要、欲望和需求

需要(Needs)是有机体感到某种缺乏而力求获得满足的心理倾向。人们为了维持生存，需要食品、空气、水、衣服和住房，人们还强烈需要娱乐、教育和文化生活。欲望(Wants)是指想获得满足需要的某种具体物的愿望。不同环境下的人，其欲望会有所不同。如当一个人口渴时，可以选择一种饮品来满足"解渴"的生理需要，但中国人可能选择绿茶，美国人可能选择可乐，而巴西人可能选择咖啡。需求(Demands)是指人们有能力购买并愿意购买某种具体产品的欲望。

从上述概念可以知道，人类的需要可以通过不同方式来满足；欲望是需要的一种，是明确了具体满足物或满足方式的一种需要；需求是一种特定的欲望。需要的基本性质是存在于营销活动之前，无法靠营销活动创造，但市场营销者连同社会上的其他因素可以影响人们的欲望，进而经过营销努力，使欲望转变为需求。

满足目标市场的需要、欲望和需求是市场营销活动的目的。但是要认识顾客的需要和欲望并非易事。有些顾客对自己的需要并不一定清楚，或者他们不能清楚地说明他们的需要。当他们想要一辆"不贵"的汽车时，他们所指可能是以下五种需要之一：①表述的需要：顾客需要一辆不贵的汽车。②真正的需要：顾客需要的汽车是使用成本低而不是原价低廉的汽车。③未表明的需要：顾客期望从销售商处得到良好的服务。④令人愉悦的需要：顾客在购买汽车时，意外地得到了全国交通地图。⑤秘密的需要：顾客想要找到一个价值导向的理解顾客心思的销售人员。此时，营销者必须进行深入的分析，帮助顾客学会知道他们需要的是什么，并感觉和响应顾客的需要。

3. 产品、供应品和品牌

人类靠产品来满足他们的需要和欲望。产品（Product）泛指用来满足人类某种需要或欲望的东西。产品是需求的载体，需求通过对产品的使用和消费得到满足；一种产品可以满足多种需求，一种需求也可以通过多种产品的使用和消费得到实现。供应品（Offering）比产品更宽泛，是一系列用来满足顾客需求的利益的集合，主要包括商品（Goods）、服务（Service）、事件（Events）、体验（Experience）、人物（Persons）、地点（Places）、财产权（Properties）、组织（Organizations）、信息（Information）和观念（Ideas）等。营销者的任务是向消费者展示产品实体中所含的利益和提供的服务。而品牌（Brand）则是一种在消费者认可的基础上形成的无形资产。它越来越成为人们欲望得到某种无形利益（如身份、个性的张扬等）首先要考虑的因素，所以企业要为树立良好的品牌形象而努力。

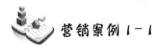
营销案例 1-1

"体验"产品营销

美国佛罗里达州罗德岛上有一个"监狱酒吧"，戒备森严，一般人休想进入。狱中的"囚徒"都是百万富翁，他们厌倦了花花世界中的豪华生活，特地来铁窗体验岁月，来这里的"囚徒"要登记"入狱"日期，定好假释时间，领一件黑白的囚衣方可"入狱"，囚徒的房间费用比一般旅馆高，普通床位每天125＄，高级房间高达300＄。自开办以来，生意兴隆，收入可观。靠的就是"新""奇"及独特的"感受"。

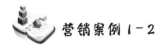
营销案例 1-2

日本人的"地点产品"概念

日本兵库县的丹波村，交通很不方便，村子很穷，没有什么特产。为了使村子富起来，村里的人请很有经验的井坂强毅先生做顾问。井坂先生考虑要使村子富起来，就得想办法使之商品化。井坂绞尽脑汁，突然灵机一动：如今在物质文明中生活的现代人，厌倦了大城市的喧嚣，对"原始"生活有尝试的兴趣，因而说服村里人筑屋而居。很快有消息传开，许多城里人争相来观光，体会原始方式的意境。随着观光人数的剧增，村子的收入增加，也盖起了漂亮的餐厅、旅馆、公路等，但观光人数反而减少了，因为它正在失去原有的特色。

4. 价值和满意

对能够满足某一特定需要的供应品进行选择时，人们所依据的标准是看哪种供应品能够给他们带来最大的价值。价值（Value）是指顾客所获得的利益与付出的成本之比，反映了顾客对有形和无形利益及成本的认知，其中利益主要包括功能利益和情感利益，而顾客的付出包括货币成本、时间成本、精力成本及体力成本。价值随着质量和服务的提高而提高,随着价格的增加而减少。满意(Satisfaction)是指某人通过对一种产品的可感知效果与他的期望相比较后,所形成的愉悦或失望的感觉状态。当可感知效果与期望相符合时,顾客就会满意;当效果低于期望时,顾客就会失望。如果某公司的产品或供应物能给目标购买者带来价值并使其满意,那么该公司的产品和供应物是成功的。

5. 交换与交易

人们可以通过自产自用、强制取得、乞讨和交换等四种方式来获取产品,满足需要,前三种方式不存在市场营销,只有通过交换这种特定方式来满足需要与欲望时,市场营销才能产生。

所谓交换(Exchange),是指通过提供某种东西作为回报,从别人那里取得所需物的过程。交换的发生必须具备五个条件:①至少有买卖两方。②每一方都有被对方认为有价值的东西。③每一方都能沟通信息和传送货物。④每一方都可以自由接受或拒绝对方的产品。⑤每一方都认为与另一方进行交换是适当的或称心如意的。只有当双方都认为自己在交换以后能得到更大利益或至少不比以前差,交换才能真正产生。

交换是一个包括寻找交换对象和谈判等内容的创造价值的过程,而不是一个事件。如果双方正在进行谈判,并趋于达成协议,这意味着他们正在进行交换。当双方通过谈判达成协议,交易便产生。交易(Transaction)是交换活动的基本单元,是由双方之间的价值交换所构成的行为。交易的形式通常包括货币交易以及以物易物、以服务易服务等非货币交易形式。一次交易涉及的实质内容有:①至少有两件有价值的东西。②买卖双方所同意的条件。③协议时间和地点。④有法律制度来维护和强制交易双方执行承诺。

 营销备忘

- 顾客是本公司最重要的人,无论是亲临还是邮购。
- 不是顾客依靠我们,而是我们依靠顾客。
- 顾客不是我们工作的障碍,他们是我们工作的目标。我们不是通过为他们服务而给他们恩惠,而是顾客因给了我们为其服务的机会而给了我们恩惠。
- 顾客不是我们要争辩和斗智的人。从未有人会取得与顾客争辩的胜利。
- 顾客是把他们的欲望带给我们的人。我们的工作是为其服务,使他们和我们都得益。

1.2 市场营销学的产生和发展

1.2.1 市场营销学的产生背景

市场营销理论作为一门学科产生于19世纪末20世纪初的美国。20世纪初,美国工业的专业化程度和生产效率有了极大的提高,市场交易范围扩大,个人可自由支配的收入增加,人们对市场的态度和行为发生了根本性的变化,这些变化催生了市场营销理论的产生。

1) 市场规模迅速扩大

随着工业革命的产生，美国资本主义迅速成长，20 世纪初美国的市场规模较之 19 世纪 60 年代翻了一番多。市场规模的急剧扩大为大规模生产提供了机会，同时也带来了新的竞争因素，分销、信息、沟通等变得越来越重要。

2) 买方市场初步形成

市场规模的扩大极大地刺激了企业的扩张欲望，科学技术的进步使大规模生产成为可能，从而使产品极为丰富，市场供给超过了市场需求，卖方市场开始向买方市场转化。供求关系的变化，使得市场营销活动日益成为影响企业效益的重要因素，需要一种新的理论对此做出解释和指导。

3) 分销系统的变化

随着生产规模和市场的扩大，原有商品流通体系发生了改变，中间商体系开始形成。中间商通过自身独特的功能有效地帮助企业扩大了市场，降低了成本，提高了流通效率，同时也产生了中间商与消费者之间的信用等问题。如何有效地利用和管理中间商成为一项新的课题。

在此大背景下，市场营销学作为指导企业如何在市场条件下从事经营活动，并能在企业、中间商与消费者之间建立有效沟通的学科产生了。

1.2.2 市场营销学的理论发展轨迹

市场营销理论在美国的发展，大致经历了以下五个阶段。

1. 市场营销学的萌芽阶段

1900—1920 年是市场营销学有关理论的萌芽时期。在此期间，一些企业重视对市场的研究，并着手开展调查、广告、分销等营销实践，市场调查和分析成为企业生产经营活动的前提，市场营销学赖以产生和发展的环境逐步形成。与此相适应，一些学者也从理论上开展研究。1902 年，密执安大学开设了一门名为"*Distributive and Regulative industriao of the United States*"涉及了现代营销学有关内容的课程，被认为是市场营销学的里程碑。1905 年，克罗西(W. E. Kreusi)在宾夕法尼亚大学开设了"*The marketing of products*"课程；1910 年，拉尔夫·斯达·巴特勒(L. S. Butler)在威斯康星大学开设了"*Marketing Method*"课程；巴特勒和约翰·斯威尼(John B. Swinney)被认为在美国最早使用了"市场营销"术语。1912 年，美国哈佛大学出版了赫杰特齐(J. E. Hegerty)的《市场营销学》一书，被视为市场营销学作为一门独立学科诞生的标志。1912 年，阿切·肖(Arch W. Shaw)在《经济学杂志》上发表了题为《关于营销分配的若干问题》的论文。三年后，肖对此论文进行修改和补充出版了一本同名书籍。尽管肖当时没有使用"营销"这一词，而是把分销和营销视为一个意思，但在书中他把商业分配活动从生产活动中分离出来，逐一进行考察，系统地论及原料、中间商、广告、市场、价格政策以及其他有关问题，这在当时是一个创举。

这一阶段的市场营销理论大多是以生产观念为导向，其依据仍然是以供给为中心的传统经济学，尚未形成理论体系，没有成为广大企业营销活动的指南，表现出初创时期的特点，称为营销学的萌芽时期。

2. 职能研究阶段

1921—1945年，市场营销研究主要集中在职能研究上。在这一时期，主要是研究如何对产品进行宣传和推销，但现代营销观念的雏形可以窥见。主要代表人物有克拉克(F. L. Clerk)、韦尔达(L. D. H. Weld)、亚历山大(Alexander)、瑟菲斯(Sarface)、埃尔德(Elder)和奥尔德逊(Wroe Alderson)。1932年，克拉克和韦尔达出版了一本全面阐述农产品营销的书籍：《美国农产品营销》。他们认为，农产品营销的目的是"使产品从种植者那里顺利地转移到使用者手中"。这一过程包括三个内容和七种营销功能，即集中(购买剩余农产品)、平衡(调节供需)、分散(把农产品化整为零)这三个重要而相关的内容；集中、储藏、财务、承担风险、标准化、推销和运输这七种营销功能。1940年，亚历山大、瑟菲斯、埃尔德和奥尔德逊合著出版了《市场营销》。他们指出，营销包括在商品离开农田或机器以后转移到用户手中这一过程中所发生的每项活动，继续强调功能研究的重要性。1942年，克拉克在《营销原理》一书中把功能归纳为三类：①交换功能——销售(创造需求)和收集(购买)。②实体分配功能——运输和储藏。③辅助功能——金融、风险承担、市场情报沟通和标准化，并提出推销是创造需求的观点，在功能研究方面有所创新。

3. 形成和巩固阶段

1946—1955年，功能研究依然占据重要位置，但是其重要性已经开始下降；营销已被明确为是满足人们需要的行为，学术界从不同视角探讨研究市场营销学的方法，市场营销理论开始形成。

1952年，范利(Vaile)、格雷特(Crether)和考克思(Cox)合作撰写了《美国经济中的市场营销》一书，详细论述了市场营销如何分配资源、如何指导资源的使用、如何影响个人收入的分配以及哪些因素影响人们的需求和购买等。同年，梅纳德(Maynard)和贝克曼(Beekmen)的《市场营销原理》问世。他们分析了营销、商品化、分配和经济学等概念之间的区别，定义了"市场营销"，提出了研究市场营销学的五种方法；认为"影响商品交换或商品所有的转移以及为商品实体分配服务是必要的企业活动"，指出通过产品研究法、机构研究法、历史研究法、成本研究法和职能研究法开展营销学研究富有成效，"营销原理"则是对一般规律的阐述，当各个营销原理组合在一起时，便构成了"市场营销理论"。

此外，这一时期营销的重要工具——市场调研也在现实经济生活中得到了越来越广泛的重视。从上面的分析中可以看出，营销理论在这一时期开始形成。

4. 市场营销管理导向阶段

1956—1965年属于市场营销管理导向时期。在此期间出现了一批对市场营销学说的发展具有重要贡献的营销学者，他们主张从市场营销管理的角度论述市场营销理论和应用。1957年，奥尔德逊在《市场营销活动和经济活动》一书中提出了"职能主义"，认为职能主要是发展市场营销理论最有效的途径。霍华德(John A. Howard)从企业环境和市场营销战略两者的关系来讨论市场营销管理问题，强调企业必须适应外部条件。

杰罗姆·麦卡锡(Eugene J. McCarthy)对营销理论提出了新的见解。他认为消费者是一个特殊的群体，应该以消费者为中心，全面考虑企业的内外条件，制定市场营销组合，以促成企业各项目标的实现。1960年，麦卡锡和普利沃特合著的《基础市场营销》第一次将企业的营销要素归结为四个基本策略的组合——4P's，这一理论已经成为现代市场营销理论的基础理论。

5. 协同和发展阶段

1966年以来属于协同和发展时期。在此期间，市场营销学逐渐从经济学中独立出来，吸收了行为科学、管理科学以及心理学、社会学等学科的若干理论，理论体系进一步成熟。尤其是著名学者乔治·道宁(George S. Downing)和菲利普·科特勒等人为市场营销理论的发展做出了重大贡献。道宁提出了系统研究法，指出市场营销是一个贯穿始终的过程，并非仅仅是一种职能。1971年，他在专著《基础市场营销：系统研究法》中指出，企业内部是一个系统，而企业又存在于一个更大的系统之中。他还指出，市场营销是企业活动的总体系统，通过定价、促销、分销活动及各种渠道把产品与服务提供给现实和潜在顾客。

菲利普·科特勒提出"市场营销管理体系"的观点，认为营销管理就是通过创造、建立和保持与目标市场之间的有益交换和联系，以实现组织各种目标而进行的分析、计划、执行与控制过程。市场营销理论既适用于营利组织，也适用于非营利组织。这一观点，扩大了市场营销学的研究和应用领域。1967年，菲利普·科特勒出版了《营销管理：分析、计划、执行与控制》一书，从企业管理和决策的角度，系统地论述了分析营销环境与机会、开发营销战略、制定营销策略方案和管理营销过程的完整理论体系，成为当代市场营销学的经典名著，使营销理论日益完善和成熟。

1.2.3　市场营销学理论的新思想和新概念

第二次世界大战后，随着市场营销实践的发展，市场营销学的理论不断创新，出现了大量的新概念(表1-1)，内容越来越丰富，逐步建立起以"满足需求""顾客满意"为核心内容的框架和体系。上海财经大学晁钢令教授在谈到营销新概念和新观念时指出，营销理论作为一种应用性很强的理论，其形成和发展在很大程度上要受到各种环境因素的影响。社会和经济环境在不断发展，营销理论也就会不断地变化和发展。然而，营销理论的变化比较大，并不意味着其缺乏稳定的科学规律。事实上，"以市场为导向""以顾客需求为中心""以竞争为动力""以实现潜在的交换为目标"的基本经营思想，以及与此相关的各种经营规律，并不会因环境的变化而改变，而是随着环境的变化而以各种新的形式表现出来。

表1-1　20世纪市场营销学新概念一览表

年　代	新概念	提出者
50年代	市场营销组合	尼尔·鲍顿
	产品生命周期	齐尔·迪安
	品牌形象	西德尼·莱维
	市场细分	温德尔·史密斯
	市场营销观念	约翰·麦克金特里克
	营销审计	艾贝·肖克曼

续表

年代	新概念	提出者
60年代	"4P"组合	杰罗姆·麦克锡
	营销近视症	西奥多·莱维特
	生活方式	威廉·莱泽
	买方行为理论	约翰·霍华德；杰克逊·西斯
	扩大营销概念	西德尼·莱维；菲利普·科特勒
70年代	社会营销	杰拉尔德·泽尔曼；菲利普·科特勒
	低营销	西德尼·莱维；菲利普·科特勒
	定位	阿尔·赖斯
	战略营销	波士顿咨询公司
	服务营销	林恩·休斯塔克
	宏观营销	
80年代	营销战	雷维·辛格
	大市场营销	菲利普·科特勒
	内部营销	克里斯曼·格罗鲁斯
	全球营销	西奥多·莱维特
	关系营销	巴巴拉·本德·杰克
90年代	网络营销	
	差异化营销	葛斯·哈泊
	绿色营销	
	4R营销	唐·E. 舒尔茨
	体验营销	

1.2.4 市场营销学的传播与应用

市场营销学 20 世纪初在美国创立，并广泛应用于各个领域。后来逐渐传播到世界许多国家，受到推崇和应用，菲利普·科特勒的名著《营销管理：分析、计划、执行与控制》于1967年出版后，以20种语言在58个国家出版发行就足以说明市场营销学的传播与应用概貌。

日本于20世纪30年代引进市场营销学，被世界公认为是学习和应用市场营销学最成功的国家之一。1957年日本市场营销协会成立，为市场营销学在日本的传播与应用做出了不可磨灭的贡献。到了60年代，随着日本经济的迅速发展，市场营销观念日益为广大企业所接受，日本企业注重采用整体营销手段来创造和刺激市场需求。70年代以后，因企业多元化经营、国际化发展的需要，美国的社会营销理论受到许多日本企业的青睐。

法国在20世纪50年代初引进市场营销学，先后在消费品、工业产品部门、社会服务、国有铁路领域等得以推广和应用。法国的市场营销研究机构多是在70年代建立起来的，许多大企业内也设有这类研究机构。

20世纪30年代，市场营销学传入中国。1933年，丁馨伯编译出版了我国第一本《市场营销学》，但在当时未能受到应有的重视。中国台湾和香港地区较早开始了对市场营销的研究和实践，如20世纪70年代台湾学者将菲利普·科特勒的《营销管理》第2版翻译为《行销管理》。

20世纪70年代末期，党的十一届三中全会以后，中央制定了一系列搞活经济的政策，为我国引进和研究市场营销学提供了良好的机会，创造了有利的环境。1984年1月，中国高等财经院校综合大学市场学教学研究会在长沙成立，标志着市场营销学在中国的正式学术地位的确立。经过20世纪70年代末期至80年代初期的引进、20世纪80年代初期至80年代末期的传播以及20世纪80年代末期至今的应用，市场营销学在我国得以广泛的传播和应用。随着国内外市场营销环境的发展变化，市场营销学在我国正全面走向创新时代。

1.3 市场营销学的性质、研究对象和方法

1.3.1 市场营销学的性质及研究对象

市场营销学与经济学、哲学等学科有着密切的联系，但它属于管理学的范畴。科特勒指出，营销学是一门建立在经济科学、行为科学、现代管理理论基础上的应用科学。

每一门学科都有自己的研究对象。那么，市场营销学的研究对象是什么呢？根据市场营销的定义，市场营销学的研究对象可表述为"以消费者需求为中心的企业营销活动过程及其规律性"。

1.3.2 市场营销学的主要内容

一门学科的研究内容是其研究对象的具体化。随着市场营销学的发展，其研究内容也在不断地丰富。菲利普·科特勒的《营销管理：分析、计划、执行与控制》一书的副标题：分析、计划、执行和控制，实质上揭示了现代市场营销学研究的主要内容。

"分析"即分析影响企业营销活动的宏观和微观环境、各类市场需求及购买者行为，为制定战略和营销策略提供依据。

"计划"即研究企业的战略规划，包括企业对投资的取舍与安排，事业发展的谋划、新业务计划，企业的定位与目标市场的确定等内容。

"执行"即研究企业如何综合运用各种营销手段实现企业目标。1960年，美国学者杰罗姆·麦卡锡提出将市场营销学的内容概括为"4P's"；1984年，科特勒首次提出了大市场营销理论，在原来的"4P's"基础上加上政治权力(Politieal Power)和公共关系(Public relations)。

"控制"即营销组织与营销控制研究。也就是对企业营销活动进行策划和审计，以保

证营销活动的成功有效。

1986年,科特勒进一步提出了"10P's"理论:在"6P's"基础上再加上探查(Probing)、分割(Partitioning)、优先(Prioritizing)、产品定位(Positioning),从而全面概括了市场营销学的研究内容。后来,由于现代市场竞争的需要,科特勒将企业内部管理也纳入市场营销理论的视野,增加人(People)为第11个P。科特勒对市场营销学研究内容的拓展,是市场营销理论的重大突破和发展,对营销实践具有重要的指导意义。

1.3.3 市场营销学的研究方法

市场营销学的研究方法正在不断创新和发展。研究市场营销学的主要方法有以下五种。

1. 产品研究法

在市场营销学发展的过程中,农学院、水产学院等一些专业性较强的院校采用产品研究法(Commodity Approach)研究特定的商品或产品大类的生产问题,以及如何分销到中间商和最终消费者的问题。这种方法具有能对各类产品的市场营销分别进行详细分析研究的优点,但存在重复研究的缺点。

2. 机构研究法

在批发市场营销学、零售学等课程中采用机构研究法(1nstitutional Approach)对营销渠道系统中各种机构(如制造商、代理商、批发商、零售商等)的特性、变革和功能进行研究。

3. 职能研究法

市场营销具有交换、供给和便利三种职能,通过执行这些职能可以产生时间效用、地点效用和占有效用。在国外许多大学都很重视采用职能研究法(Functional Approach)分析研究各种营销职能(具体为购买、推销、运输、装卸、仓储等)以及企业在执行其职能过程中所遇到的问题,来加深对市场营销问题的认识。

4. 管理研究法

管理研究法(Managerial Approach)也称决策研究法(Decision Approach),即广泛采用现代决策论的有关理论,从管理决策的角度来研究市场营销问题 20世纪60年代以后,国外许多学者和企业管理人员采用这一方法研究市场营销问题。该方法将企业营销决策分为目标市场和营销组合两大部分,通过分析不可控制的环境因素,并考虑企业自身的资源条件及目标进行合理决策,对营销学科的发展和企业营销管理水平的提高起到了重要作用。

5. 系统研究法

系统研究法是一种将现代系统理论和方法运用于市场营销学研究的方法。它把企业的市场营销管理过程视为一个复杂系统。在这个系统中,包含着许多相互影响、相互作用的因素,企业统筹兼顾"外部系统"和企业"内部系统",通过系统优化产生增效作用,提高企业的经济效益。

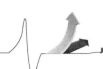

1.4 市场营销管理哲学的演进

1.4.1 市场营销管理的概念

市场营销管理是指为了实现企业目标,创造、建立和保持与目标市场之间的互利交换关系,计划和实施关于产品和服务的构思、定价、分销和促销的过程。市场营销管理包括分析、计划、执行和控制;它涵盖理念、产品和服务等领域;它以交换为基础,以满足交换各方的需要为目标。

1.4.2 市场营销管理的任务

市场营销管理的基本任务是为了达到企业目标,通过营销调研、计划、执行与控制来管理目标市场的需求水平和时机。

市场营销管理的任务会随着目标市场的不同需求状况而有所不同。市场营销者应当了解不同的需求状况,开展相应的营销活动,以实现组织的预期目标。需求状况与营销任务可分为以下八种。

(1) 负需求(Negative Demand),即绝大多数顾客不喜欢某种产品或服务,甚至愿意花钱回避这种产品。市场营销管理的任务是实行扭转性营销,即了解负需求产生的原因,通过重新设计产品、降低价格或采取更积极的促销方案改变市场对这些产品的信念和态度,将负需求转变为正需求。

(2) 无需求(No Demand),即目标市场对某种产品或服务漠不关心或不感兴趣。市场营销管理的任务是实行刺激性营销,即把产品的核心利益与顾客的自然需要联系起来,刺激需求,使无需求变为肯定需求,最后达到企业预期的需求水平。

(3) 潜在需求(Latent Demand),即顾客对某种产品或服务有强烈的需求,但现有产品或服务又不能满足的需求状况。市场营销管理的任务是实行开发性营销,即分析潜在需求及发展趋势,努力开发新产品,设法提供能满足潜在需求的产品或服务,将潜在需求变成现实需求。

(4) 下降需求(Falling Demand),即某种产品和服务的需求呈下降趋势的状况。针对下降需求,市场营销管理的任务是恢复性营销,即分析需求下降的原因,通过改变产品特色、采用更有效的沟通手段或寻找新的目标市场,扭转下降趋势。

(5) 不规则需求(Irregular Demand),即市场对某些产品或服务的需求因季、月、日甚至一天的不同时段呈现较大波动的状况。与不规则需求相对应的营销任务是同步性营销,即通过灵活定价、推销和其他刺激手段来改变需求的时间模式。

(6) 充分需求(Full Demand),即市场对某种产品的需求达到或接近饱和,潜在需求已开发得比较充分。在需求饱和的情况下,应实行维持性营销,维持目前的需求水平,保持市场优势地位。

(7) 超饱和需求(Overfull Demand),即市场对某种产品或服务需求超过企业所能提供的水平的需求状况。解决过度需求问题,需要实行"逆营销(De-marketing)",即设法暂时或长期降低需求水平。

（8）有害需求(Unwholesome Demand)，即对某些产品和服务的需求有损顾客或供给者的利益。例如对烟、酒、黄、毒等的需求。针对有害需求，市场营销管理的任务是反市场营销，即劝说顾客放弃有害需求或说明产品的危害，提高价格，限制或抵制这种产品或服务的生产和经营，减少可购买的机会。

1.4.3 市场营销管理哲学

任何企业的营销活动都是在特定观念的指导下进行的。市场营销管理哲学是指企业在开展市场营销管理过程中，如何处理企业、顾客和社会三者利益关系时所持的态度、思想与观念。一般将市场营销管理哲学的演变与发展归纳为生产观念、产品观念、推销观念、市场营销观念和社会市场营销观念五个阶段，前三种是以企业为中心的传统观念，后两种是以顾客或社会长远利益为中心的新观念。

1. 生产观念

生产观念(Production Concept)是指导企业营销活动最古老的观念。生产观念认为，消费者喜欢那些可以随处买到而且价格低廉的产品，企业应致力于提高生产效率和增加分销覆盖面。

生产观念是卖方市场的产物，从工业革命至19世纪20年代主导了西方企业的策略思想。当时生产力水平较低，物质短缺，市场供不应求，企业的中心任务是提高产量，降低成本，而不是重视消费者需要和欲望的满足，其主要表现就是"我们能生产什么，就卖什么"。美国福特汽车公司的创始人亨利·福特被认为是这种观念的创始人。福特汽车公司于1914年开始生产T型轿车，由于采用流水线生产，极大地提高了生产效率，成本大幅度降低，使更多的普通人能买得起。在"生产导向"经营哲学指导下，福特创造了经济奇迹。到1921年，福特T型轿车占有美国汽车市场55%的市场份额。他曾说过："不管顾客需要什么颜色的汽车．我只生产黑色T型车"。可口可乐公司的原董事长伍德鲁福也曾说过："可口可乐就是可口可乐，只有这种味道。"显然，生产观念是一种重生产、轻营销的经营哲学。

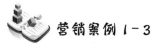

营销案例 1-3

汽车大王的经营观

亨利·福特去参观屠宰场，看见一整条猪被分解成各个部分，分别出售给不同的消费群体。受此影响的碰撞，在福特的脑海中产生了灵感，为什么不能把汽车的制造反过来，将汽车的生产像屠宰场的挂钩流水线一样，把零部件逐一安装起来，就可组装成整车。福特把他的想法付诸实践，由原来单件小批量的生产转变成大批量生产，生产效率大幅度提高，产量大大增长，财富也高度积聚。甚至，亨利福特说：不论顾客需要什么类型的车，但我们只提供黑色T型车。

2. 产品观念

在生产观念阶段的末期，供不应求的市场现象在西方市场经济国家得到了缓和，产品观念(Product Concept)应运而生。产品观念的核心思想是消费者最喜欢高质量、多功能和具有某种创新特色的产品。在以产品观念为导向的企业里,总是致力于生产优质产品,并不断加以改进完善。

从本质上讲,产品观念与生产观念相同,仍然属于卖方导向的经营思想,仍然是以生产者为核心。如果说生产观念强调"以量取胜,以廉取胜",那么产品观念强调的是"以质取胜,以优取胜"。美国著名教授西奥多·莱维特认为,产品观念容易导致"营销近视症(Marketing Myopia)",他指出如果在市场营销管理中缺乏远见,不适当地把注意力放在产品上,不注重市场需求的变化,企业经营就会陷于困境甚至失败。

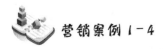

公文柜的产品观念

有一家办公用公文柜的生产商,过分迷恋自己的产品质量。生产经理认为,他们生产的公文柜是全世界质量最好的,从四楼扔下去都不会损坏。当产品拿到展销会上推销时却遇到了强大的销售阻力,这使得生产经理难以理解,他觉得产品质量好的公文柜理应获得顾客的青睐。销售经理告诉他,顾客只需要适合他们工作环境和条件的产品,没有哪一位顾客打算把它的公文柜从四楼扔下来。

3. 推销观念

推销观念(Selling Concept)也称销售观念。该观念认为消费者通常有一种购买惰性或对卖主的抗衡心理,如果顺其自然的话,他们一般不会主动购买某一企业的产品,因此,企业必须积极推销和大力促销,以刺激消费者大量购买本企业的产品。其表现形式是"我销售什么,顾客就购买什么"。推销观念产生于资本主义国家由"卖方市场"向"买方市场"过渡的阶段。

这一时期由于科技进步、科学管理和大规模生产技术的推广,商品供给迅速增加,导致供过于求。特别是1929年发生的严重的经济危机,历时5年,使商品相对过剩,竞争日益激烈。此时,企业担心的已不是生产问题,而是产品的销路问题,于是推销与促销的方式和力度在这样的企业组织里被看成是决定经营成败的关键。

由生产观念、产品观念转为推销观念,是企业经营哲学从重视产量和质量到重视推销的进步,但仍然属于以企业为中心、忽视消费者需求的传统经营观念。

必须严格区别推销观念和推销活动,两者不应混为一谈。当产品不为顾客所了解、所熟悉时(如某种新产品刚上市),企业的推销工作是十分必要的,但这并不等同于奉行推销观念。

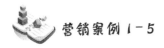

汽车推销员的"推销术"

顾客到汽车样车陈列室,推销员就对顾客进行心理分析。如:顾客对正在展销的样车发生兴趣,推销员就会告诉顾客已经有人想购买它了,促使顾客立即作出购买决策。如果顾客认为价格太高,推销员就请示经理可否降价,顾客等了10分钟后,推销员告诉顾客"老板本不想降价,但我已说服他同意了。"

4. 市场营销观念

市场营销观念(Marketing Concept)，又称为以消费者为中心的观念，是一种以顾客需要和欲望为导向的经营哲学，它把企业的生产经营活动看作是一个不断满足顾客需要的过程，而不仅仅是制造或销售某种产品的过程。该观念认为，实现企业各项目标的关键，在于正确确定目标市场的需要和欲望，并且比竞争者更有效地传送目标市场所期望满足的产品或服务。

市场营销观念产生于20世纪50年代中期，是作为对上述诸观念的挑战而出现的一种全新的企业经营哲学。第二次世界大战后，随着科技革命的兴起，企业更加重视研发，新技术、新产品不断涌现；同时，大量的军工企业转向生产民用品，社会产品供给迅速增加。另一方面，经济的发展和居民收入的增加使得消费需求呈现多样化发展，于是，市场迅速转化为买方市场，市场竞争日趋激烈。营销观念正是在这种环境下应运而生的。

市场营销观念与推销观念的区别表现在起点、中心、手段及目标这四个方面，见表1-2。推销观念注重卖方的需要，将卖方的需要作为活动的出发点，考虑如何通过大量的推销和促销活动把产品变成现金，通过销售获得利润；而市场营销观念则注重买方的需要，从目标市场出发，以顾客的需要和欲望为中心，协调及整合所有影响顾客的活动，并通过创造性的顾客满足来获取利润。从两者的比较可知，市场营销观念作为企业的指导思想基于四个支柱：目标市场(Target Market)、顾客需要(Customer Needs)、整合营销(Integrated Marketing)和盈利能力(Profitability)。

表1-2 市场营销观念与推销观念的比较

观　念	出发点	中　心	方　法	目　的
推销观念	卖方	产品	推销和促销	通过销售获利
市场营销观念	买方	顾客需要	整体营销	通过顾客满意获利

在从传统的经营观念向市场营销导向转化的过程中，一个企业通常面临三种障碍：组织抵抗、学习缓慢和迅速遗忘。

1) 组织抵抗

市场营销的地位在企业中的演变如图1.3所示。在传统经营观念指导下，营销被视为与生产、财务和人力资源同等重要的一项职能(图a)。但需求不足时，营销职能的地位相对于其他职能而言得到提升，成为一个比较重要的功能，甚至成为企业的主要功能(图b)；一些企业开始奉行以顾客为中心的营销观念，所有职能开始围绕着顾客运行，营销职能成为企业的核心功能(图c)；有些企业更深刻地认识到，营销是与顾客接触最多、最亲密的职能，在制定企业战略、应对市场竞争、达成企业经营目标等方面有着不可替代的重要作用(图d)。要正确地判断和有效地满足顾客需求，营销应处在企业的中心位置，整合企业其他各项职能(图e)。但是，营销地位的提高和营销经费的增加无疑受到企业内部其他职能部门的不满和抵制，影响了企业营销方案的整体实施。

2) 学习缓慢

许多企业和管理者积极接受营销观念，以市场导向开展营销工作并获得了一些经验。

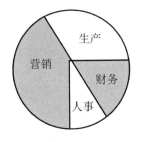

(a) 市场营销作为同等重要职能　　　(b) 市场营销作为更重要职能

(c) 市场营销作为核心职能　　(d) 顾客作为管理的核心　　(e) 顾客为管理职能的核心，而市场营销作为整合性职能

图 1.3　市场营销的地位在企业中的演变

而有不少企业，尽管营销组织健全、营销预算大幅增长，并开展了各种形式的营销知识普及，但在真正了解营销和运用营销方面还显得十分缓慢。

3) 迅速遗忘

有些企业在某个市场实践营销导向，但在另外的市场却逐渐遗忘了基本的营销准则：了解目标市场，并满足目标市场的需求。

市场营销观念强调在营销实践中努力做到"顾客需要什么，我们就生产和销售什么"。只有当企业的各种职能、各个部门相互协调时，才能真正实现为顾客提供满意的服务。分析接受市场营销观念的主要障碍，强化市场营销理念，是提高企业自觉、正确地实践市场营销观念不可忽视的重要环节。

5. 社会市场营销观念

社会市场营销观念（Societal Marketing Concept）是对市场营销观念的修改和补充。社会市场营销观念认为，企业的任务是确定各个目标市场的需要、欲望和利益，并以保护或提高消费者和社会福利的方式，比竞争者更有效、更有利地向目标市场提供所期待的满足物。社会市场营销观念要求市场营销者在市场营销活动中要统筹兼顾企业利润、消费者需要的满足和社会利益三方面。社会营销管理观念的变化如图1.4所示。

20世纪70年代以来，市场营销环境发生了一系列重大变化，如生态环境恶化、资源短缺、人口爆炸性增长、全球性通货膨胀和忽视社会利益。在这样的背景下，企业单纯奉行市场营销观念虽然可以满足消费者的需要和欲望，但回避了消费者需要、企业利益和社会长远福利之间隐含的冲突。例如，快餐业提供的汉堡包虽然可口，满足了消费者便捷进餐的需要，但缺乏营养，长期食用不利于健康，而且采用方便包装出售导致了过多的包装废弃物。香烟虽满足了烟民的需要，却损害了人们的健康……于是，西方学者提出用"人

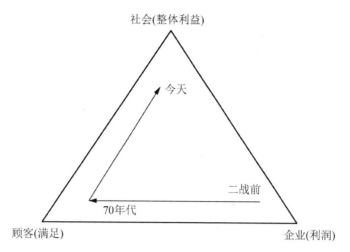

图 1.4 社会营销管理观念的变化趋势

性观念""明智的消费观念""生态准则观念"等新的观念来修正或取代市场营销观念。菲利普·科特勒和杰拉尔德·泽尔曼认为上述新观念都是从不同的角度来探讨同一个问题,可以统称为社会市场营销观念。这一提法已被多数人所接受。

20世纪90年代以来,"绿色营销"在许多国家受到推崇。绿色营销观念要求企业在开展营销活动的同时,努力消除和减少生产经营对生态环境的破坏和不利影响,尽量保持人与自然的和谐统一,维护人类的长远利益,是社会市场营销观念的一种更高的体现。

1.5 规划和实施市场营销管理过程[①]

营销在企业战略规划中具有关键作用,首先,营销为企业提供一个指导性的理念——营销观念,企业的战略应该以与重要客户建立营利性的客户关系为中心;其次,通过识别有吸引力的市场机会和评估企业利用这些机会的潜力进行营销,并且向战略规划的制订者提供有效信息;第三,在单个战略业务单位中,为达到这些业务的目标制订营销计划,一旦设定了目标,营销的任务就是付诸实施,并在实施过程中进行控制,达到营利的目的。

市场营销管理的过程包括对营销计划的规划和实施两个方面,对营销计划的规划有分析市场机会、研究与选择目标市场、制订营销战略和设计营销组合四个步骤;对营销管理的实施主要是对实施过程的营销控制。

1.5.1 规划市场营销计划

1. 分析市场机会

组织企业营销人员的首要任务是通过对市场营销环境的监测、研究,并综合对市场结构、消费者、购买者需求和行为的分析,识别和评价市场机会。

---

① 本节主要参考:倪自银. 新编市场营销学:理论与实务[M]. 北京:电子工业出版社,2011.

消费者的需求是广泛的，企业应与消费者之间建立一个良好的沟通、互动平台，吸引和鼓励消费者表达其诉求。这样有助于企业及时了解消费者的需求、解决他们的问题，并且能从中挖掘和寻求新的市场机会。通过营销调研，营销人员能够获得大量真实、可靠的第一手资料，对这些资料进行分析和研究可以发现消费者的需要和购买行为，预测市场规模。当寻找到各种"市场机会"后，还需要检查和评估这些机会是否与企业的使命、目标等一致，寻找适合本企业发展的市场机会。

2. 研究与选择目标市场

进行市场机会评估以后，企业对进入哪个市场或者进入某个市场的子市场进行抉择，这就需要市场细分，消费者对产品需求的差异性是进行市场细分的依据。市场细分具有很强的实践性，可供分析的变量主要有地理因素、人口因素、心理因素、行为因素等。其中地理因素是按消费者所处的地理位置进行市场细分，包括消费者所在的区域、地形、气候、人口密度、交通条件等变量，它是市场细分的基础；人口因素包括年龄、性别、收入、只要与受教育程度、宗教、民族等各种人口统计因素；心理因素主要有个人生活方式、个性、购买动机、价值观等因素；行为因素有购买时机、对产品的使用状况、使用频率、忠诚度等方面。

吹箫的渔夫

有一个会吹箫的渔夫，带着他心爱的箫和渔网来到海边。他站在一块岩石上，吹起箫来。他想音乐这么美妙，鱼儿自己就会游到他的面前来。他聚精会神地吹了好久，连个鱼儿的影子都没有看见。他生气地将箫放下，拿起网，向水里撒去，结果捕到了很多鱼。他将网中的鱼一条条地扔到岸上，看到活蹦乱跳的鱼，渔夫气愤地说："喂，你们这些不识好歹的东西！我吹箫时，你们不跳舞，现在我不吹了，你们倒跳起来了。"

鱼说："是我们对你美妙的箫声不感兴趣啊！"

市场营销就是针对目标顾客运用营销策略的过程。所以选择什么样的目标顾客作为企业的营销对象，并且针对这些顾客选择什么样的营销策略非常重要。企业营销不成功的一个重要原因，可能就是这种做事不看对象。

3. 制订营销战略

企业要获得成功，必须比竞争者更好地满足目标消费者的需求，因此，它必须整合营销战略，迎合消费者的需求和应对竞争者的策略。

设计有竞争力的营销战略，首先要对竞争对手进行彻底的分析。企业要不断地将其产品传递的价值和顾客满意度、价格、渠道和促销与竞争对手进行比较，这样才可以识别自身的潜在优势和劣势。

企业采用的竞争性营销战略需要根据其所处的行业地位决定的，在市场上占主导地位的公司与处于行业第二的公司的竞争战略不同。同样，市场上处于一般地位的公司和小公司对目标市场选择和竞争战略也不一样。

4. 设计营销组合

企业一旦确定了整体竞争性营销战略时，就应设计具体的营销组合。营销组合是现代营销的主要理念之一。营销组合是利用产品、价格、渠道、促销等营销工具进行组合来得到目标市场反应。

产品是企业向目标市场提供的产品和服务组合；价格是消费者获得产品而支付的现金数量；渠道包括了企业为使目标顾客能接近和得到产品而进行的各种活动；促销包括了企业传播其产品的优点并说服目标顾客购买而进行的各种活动。

一个有效的营销方案，应对营销组合的所有因素进行协调，通过为消费者传递价值来实现企业的营销目标。

1.5.2 实施营销管理

决策营销计划制订以后就需要组织人员按照计划实施，在实施过程中及营销活动结束后，必须对计划的执行实施营销控制，以保证计划目标的实现，并对营销活动的结果进行评估。

营销控制包括四个步骤：首先管理层设计具体的营销目标；其次对实施情况进行监督，根据实际情况进行调整；第三评价实际业绩与预期业绩是否相符并对此进行分析；第四进行总结。

营销控制大致可分为运营控制和战略控制。运营控制依据年度计划检查运营中的业绩表现，必要时采取纠正措施，保证实现年度计划中设定的销售额、利润和其他目标。战略控制用以检查企业的基本战略是否与市场上的机会相匹配，由于随着时间的推移，营销战略和方案可能与实际不太相符，必须经常对其整体目标和效益做出缜密的评价，定期对企业应该进入市场的总体方式进行重新评估。

营销审计是战略控制的一个主要工具，它对企业的环境、目标、战略和活动进行综合、系统、独立的定期检查，发现问题和机会，为制订行动方案，提高企业市场营销绩效提供有用的信息。营销审计覆盖了营销业务中的所有领域，包括营销环境、营销战略、营销组织、营销体系、营销组合以及营销生产率和盈利率。若有条件的话，通常由客观、有经验的第三方执行。

本章小结

本章主要对市场营销的基本理论进行了介绍，包括市场与市场营销、市场营销学的产生与发展、市场营销学研究的性质、对象和研究方法、市场营销管理哲学的演进及顾客满意理论。在市场与市场营销一节中，主要介绍了市场的含义、类型及市场运行机理，市场营销的含义、对市场营销的理解，同时介绍了与市场营销相关的几个核心概念；在市场营销学的产生与发展一节中，对市场营销学产生的背景做了介绍，重点是西方尤其是美国市场营销理论的产生与发展的阶段及主要理论的介绍；在市场营销学的性质、研究对象一节中，介绍了市场营销学的范畴、性质、主要研究对象和研究方法；在市场营销管理哲学及演进一节中，主要介绍了市场营销管理的含义，不同需求的管理策略，市场营销观念的发展变化过程，重点对生产观念、产品观念、推销观念、市场营销观念及社会营销观念的核心思想、主要口号、营销顺序等进行研究；在规划和实施市场营销管理过程中，通过分析市场机会，对市场进行细分，进而选择目标市场，制订营销战略，设计营销组合，在营销计划实施的过程中进行控制。

名人名言

顾客是企业得以生存的基础，企业的目的是创造顾客，任何组织若没有营销或营销只是其业务的一部分，则不能称之为企业。

——管理大师彼得·德鲁克(Peter F. Drucker)

质量是我们维护顾客忠诚的最好保证，是我们对付国外竞争者最有力的武器，是我们保持增长和盈利的唯一途径。

——杰克·韦尔奇

我们未来的富有不在于财富的积累，而在于观念的更新。

——彼得·德鲁克

为了能拟定目标和方针，一个管理者必须对公司内部作业情况以及外在市场环境相当了解才行。

——青木武一

企业的经营，不能只站在单纯的一个角度去看，而要从各个角度分析、观察才行。

——藤田田

复习与练习

1. 选择题

(1) 市场营销运行的基本要求是：一切经济活动都要围绕(　　)而进行。

A. 企业　　　　　　B. 市场营销　　　　C. 等价交换　　　　D. 市场

(2) 1984 年，科特勒提出了市场营销的新概念，即(　　)。

A. 大市场营销　　　　　　　　　　B. 直接市场营销

C. 关系市场营销　　　　　　　　　D. 全球市场营销

(3) 下列有关交换的说法哪个是正确的？(　　)

A. 人们要想获得所需要的产品，必须通过交换

B. 交换是一个结果而不是一个过程

C. 交换也就是交易的另一种说法

D. 交换是人们获得自己所需要的某种产品的一种方式

(4) 哪种观念下容易出现"市场营销近视"？(　　)

A. 生产观念　　　　　　　　　　　B. 推销观念

C. 产品观念　　　　　　　　　　　D. 社会市场营销观念

(5) 市场营销组合的 4P's 是指(　　)。

A. 价格、权力、地点、促销　　　　B. 价格、广告、地点、产品

C. 价格、公关、地点、产品　　　　D. 价格、产品、地点、促销

(6) 在买方市场条件下，一般容易产生(　　)。

A. 推销观念　　　　　　　　　　　B. 生产观念

C. 市场营销观念　　　　　　　　　D. 社会市场营销观念

(7) 现代市场营销的构架形成于( )
  A. 20 世纪初　　　　　　　　　　B. 20 世纪 20 年代
  C. 第二次世界大战后　　　　　　　D. 20 世纪 60 年代
(8) 下列关于关系市场营销的论述不正确的是( )。
  A. 关系市场营销就是通过不正当途径搞市场营销
  B. 关系市场营销是交易市场营销的一种方式
  C. 关系市场营销没有交易市场营销公平
  D. 关系市场营销认为保持老顾客比吸引新顾客更重要
(9) 为了适应社会对于环境保护的要求,许多企业主动采取绿色包装以降低白色污染。这种做法反映了企业的( )。
  A. 社会营销观念　　　　　　　　　B. 销售观念
  C. 市场观念　　　　　　　　　　　D. 生产观念
(10) 关系营销的核心概念是建立( )的长期关系。
  A. 企业与顾客　　　　　　　　　　B. 企业与供应商
  C. 企业与分销商　　　　　　　　　D. 企业与经销商
(11) 许多冰箱生产厂家近年来高举"环保""健康"旗帜,纷纷推出无氟冰箱。它们所奉行的市场营销管理哲学是( )。
  A. 推销观念　　　　　　　　　　　B. 生产观念
  C. 市场营销观念　　　　　　　　　D. 社会市场营销观念
(12) 下列哪种说法正确的是( )。
  A. 市场营销者可以通过市场营销活动创造需求
  B. 需要就是对某种产品的需求
  C. 市场营销者可以通过营销活动影响人们的欲望,进而影响人们的需求。
  D. 有了欲望,需求自然产生
(13) 根据购买者及购买目的不同,市场可划分为( )。
  A. 消费者市场　　　　　　　　　　B. 生产者市场
  C. 中间商市场　　　　　　　　　　D. 政府市场
  E. 国际市场
(14) 市场包括以下几个要素( )。
  A. 销售者　　　　　　　　　　　　B. 购买者
  C. 购买力　　　　　　　　　　　　D. 市场营销机构
  E. 购买欲望
(15) 在社会营销观念的指导下,企业制订营销决策时应同时考虑以下因素( )。
  A. 消费需求的满足　　　　　　　　B. 社会的长期整体利益
  C. 努力推销已生产出来的产品　　　D. 提高企业的经济效益

2. 判断题

(1) "大市场营销"首先面对的并非是目标顾客,而是壁垒森严的封闭性或保护性市

场中的各种排外力量。（　　）
　（2）市场营销就是研究产品的销售。（　　）
　（3）研究消费者需求就是研究消费者需要。（　　）
　（4）营销管理者的工作包括调整、刺激和扩大市场需求。（　　）
　（5）市场营销是销售部门的工作。（　　）
　（6）推销观念更注重卖方需求，而市场营销观念则兼顾买卖双方的需要。（　　）
　（7）市场营销者可以通过营销活动创造需要。（　　）
　（8）市场营销观念认为，从消费者的需要出发往往导致企业的利润减少。（　　）
　（9）在销售者看来，其他销售者不是市场而是竞争者，只有购买者才构成市场。（　　）
　（10）市场营销是销售部门的工作。（　　）
　（11）营销管理者的工作包括调整、缩减和抵制市场需求。（　　）
　（12）市场就是商品交换的场所。（　　）
　（13）市场需要与市场需求是两个完全相同的概念。（　　）
　（14）交易市场营销强调顾客忠诚度，保持老顾客比吸引新顾客更重要。（　　）
　（15）大市场营销观念强调企业能够影响自己所处的市场营销环境，而不应单纯地顺应和适应环境。（　　）
　（16）营销管理者的工作包括调整、刺激和扩大市场需求。（　　）
　（17）市场营销者既可以是买主，又可以是卖主。（　　）
　（18）市场需求不是一个函数，而是一个固定的数值。（　　）
　（19）推销观念更注重卖方需求，而市场营销观念则兼顾买卖双方的需要。（　　）
　（20）交易市场营销强调顾客忠诚度，保持老顾客比吸引新顾客更重要。（　　）

3．问答题

（1）什么是市场营销？为什么说市场营销师企业的核心职能？
（2）市场营销管理哲学演进过程中各种营销观念的核心思想是什么？
（3）试述市场营销学的形成与发展过程。

4．讨论题

（1）试比较推销观念与营销观念的联系与区别。
（2）市场营销管理哲学有哪几种类型？
（3）如何正确理解营销学中"市场"概念的内涵？
（4）为什么不能把"市场营销"同"销售"混为一谈？

5．案例应用分析

"康师傅"方便面风行市场

来自台湾地区的康师傅方便面在我国内地市场早已是家喻户晓，其市场占有率达50％以上。近几年，康师傅又发展了茶饮料、果汁、休闲食品等产品线，开始多元化经营。

1988年，随着大陆向台湾地区开放，台湾"鼎新油坊"的魏氏四兄弟，推荐小弟魏应行到大陆考察

第1章 导　论

市场。他走了大半个中国。一天，在北京开往深圳的火车上，肚子饿得咕咕叫，他便拿出一包方便面充饥。这时周围几个乘客问："这方便面是从哪儿买的？"并用一种好奇的眼光打量他手中的方便面。这使魏应行灵机一动，"方便面有市场，为何不做方便面？"回到台湾后，这个"发现"很快就变成了现实，四兄弟开始改行做起了方便面。当时，台湾方便面市场是统一集团的天下，鼎新企业小而无名，生产出来的方便面无人问津。怎么办？于是它们决定到大陆去闯一闯。

1990年，通过市场调查，他们发现，大陆约有上百家方便面生产厂家，其中仅北京就有十几家，但生产的都是低档方便面。价格在每包0.5元左右，口味单一，质量不高，包装较差。这些方便面的销售情况总体不大好。高档的进口方便面一般都在机场等处售卖，每包价格在3~5元，超出了人们当时的支付能力。经过细致的市场分析，他们发现每包价格在1~2元的中档方便面是一个空白，于是决定占领这个细分市场。

1991年天津技术开发区招商，魏氏兄弟来到天津，注册了顶益公司，投资800万美元，开始生产方便面。

生产什么样的方便面呢？他们决定按照北方人的偏好，开发口味丰富、经济实惠、包装精美的方便面。开发小组带着开发出来的方便面样品进行市场调查。他们到京津地区的工厂、学校、机关请人品尝，同时请其填写调查问卷，然后用计算机处理大量的调查数据，并根据分析得到的信息，对佐料进行调配。最终开发出来的方便面用开水一冲，香喷喷，好看又好吃，真正符合北方人要求的汤浓、味重、稍辣的口味，而方便面的两包调料竟含有100多种佐料。

产品有了，该给它起个什么名字呢？用"顶新"？不行！在台湾就没名气。"顶益"也不能用，在大陆都失败过两次了。应该用一个通俗易记、非常贴近老百姓的名字。用"康师傅"！理由是：在大陆北方人喜欢把比自己水平高的人叫师傅；在南方的企业里，一般称年长者为师傅。"师傅"既通俗又专业，还受人尊敬。"师傅"该姓什么呢？让他姓健康的"康"吧！

因为顶益的方便面不含人工的色素和防腐剂，用"康师傅"来塑造"讲究健康美味的健康食品专家形象"，岂不美哉！再配上矮矮胖胖、笑容可掬、相貌憨厚的"康师傅"卡通形象，颇具人情味，让人顿生好感。顺其自然，广告词"香喷喷，好吃看得见"也呼之欲出。

顶益公司制定了低价格、高促销的拉式促销策略，率先在中央电视台投放广告，以康师傅憨态可掬"自卖自夸"的卡通形象，以及每晚黄金时段8次以上的高密度，连续播出多日。"康师傅红烧牛肉面，好吃看得见！"很快在北京广为人知，并树立起具有号召力的形象。3元/碗的康师傅红烧牛肉面，在北京近两千家店投放了1万箱，立即被抢购一空。三天后，订货猛增到4万箱。在1993年京城方便面大战中，"康师傅"火暴京城，并很快就掀起了一股抢购"康师傅"方便面的狂潮。这股狂潮又很快传染了康师傅的批发商，一度出现顶益公司门前排起长队，批发商提着一袋袋现金来要货的场面。于是顶益用批发商的预付款，很快购进了一批国外先进设备扩大生产，以满足消费者旺盛的需求。同时，加快招聘员工进行培训，仅一年就在天津上了三条生产线，迅速占领了北方市场。

就在康师傅方便面投放大陆市场的第15天，统一也跟随顶益来大陆投放统一方便面，在台湾位居方便面霸主地位的统一公司，带来在台湾最畅销的方便面品种，挥起"降价"宝剑，狙击康师傅，把与康师傅同一规格的"统一"碗面降为2.8元/碗。

"统一降价了，我们降不降价？""不能降价！""为什么不能降价？""康师傅"是第一名牌，如果跟着统一降价，消费者就觉得他们以前吃亏了，就会找你退钱。再者，降价不是第一品牌该做的事。再说了，拼价格，统一资金雄厚，我们绝不是对手，无疑是以卵击石。"那怎么办？""价格一点不能降，反而要升！统一卖2.8元/碗，康师傅就要卖3.2元/碗。这样消费者心里就会想，好的就是好，不好的才会降价，卖不出去的才会降价，这样康师傅不仅不降价，反而还在升价。"

说归说，做归做。为了应对统一的竞争，顶益不能只有每碗3.2元的红烧牛肉面。于是，又推出简易纸包装方便面，售价1.8元/包。你2.8元，我1.8元，比你还便宜。这样消费者要吃便宜的，咱有！

要吃贵的,咱还有 5 元/碗的最高档的牛肉方便面。高、中、低三个档次的方便面同时上市,现在不是统一狙击康师傅了,而是康师傅打了一个漂亮的围剿战。康师傅在大陆市场的份额不仅没有萎缩,反而更大了,成为名副其实的方便面第一品牌。

资料来源:吴涛,市场营销管理.北京:中国发展出版社,2007.

【问题】

(1) 评价康师傅进军大陆市场所采取的营销观念?

(2) 通过本案例谈谈你对"市场"这一概念的体会。

第2章 分析市场营销环境

教学目标

通过本章的学习，了解市场营销环境的概念及内容，掌握微观环境分析和宏观环境分析的基本思路。同时学会将环境分析的基本方法应用于实际问题中。

教学要求

知识要点	能力要求	相关知识
市场营销环境的含义及内容	(1) 市场营销环境的概念描述 (2) 市场营销环境特点的理解	(1) 市场营销环境的概念 (2) 市场营销环境的内容 (3) 市场营销环境的特点
市场营销微观环境	(1) 理解微观环境对企业营销活动影响 (2) 分析微观环境要素对企业营销活动影响	(1) 企业 (2) 供应者 (3) 市场营销中介 (4) 竞争者 (5) 顾客 (6) 公众
市场营销宏观环境	(1) 对宏观环境对企业营销活动影响的理解 (2) 对宏观环境要素对企业营销活动影响的分析能力	(1) 人口因素 (2) 经济因素 (3) 政治和法律因素 (4) 科学技术因素 (5) 自然环境因素 (6) 社会文化因素

续表

知识要点	能力要求	相关知识
环境分析和企业对策	(1) 掌握环境分析的基本方法 (2) 能运用环境分析方法的结论进行机会识别和风险规避	(1) 环境威胁和市场机会分析的内容 (2) 识别市场机会和规避市场风险的策略

市场营销环境　微观营销环境　宏观营销环境　市场营销中介　市场机会　环境威胁

沃尔玛遭遇中国工会

2006年7月29日上午,在福建晋江市罗山街道办事处二楼会议厅,25名沃尔玛晋江店的员工,选举产生了工会委员会和工会经费审查委员会。中华全国总工会(下称全总)及多位省市工会领导到场,并发表了热情洋溢的讲话,由全总组织的"中央采访团"也见证了这一时刻。

7月31日,全总官方网站称:"世界上最著名的零售连锁企业沃尔玛在中国建立了第一个工会组织……(这)是我国外商投资企业依法建会工作的一次重大突破。"

2004年以来,沃尔玛作为外企建会工作"钉子户"的形象,逐渐为外界所熟悉。当年10月,全总召开记者招待会,发布了一份名为《工会法执法调研情况汇总》的报告。报告直指"部分跨国公司在我国的企业无视我国法律,公开抵制组建工会"。沃尔玛则作为一个典型被公开批评:沃尔玛中国总部对深圳总工会主席上门避而不见;南京总工会被沃尔玛一连拒绝了6次;为抗拒建会,沃尔玛甚至放弃了进驻上海……

作为全球跨国公司里最强硬的"反工会"代表,是什么令沃尔玛此次表现出"罕见的宽容"?

资料来源:何禹欣,程喆.沃尔玛遭遇中国工会.新浪BLOG,2006-7-29

点评:

作为世界500强之首,沃尔玛拥有自己独立的企业文化,但在中国市场上也要适应中国的市场环境,建立工会组织,可见目标市场所在国家的营销环境对企业市场营销活动的开展也具有较大影响。

2.1　市场营销环境概述

2.1.1　营销环境的含义及内容

1. 市场营销环境的概念

按现代系统论,环境是指系统边界以外所有因素的集合。市场营销环境是存在于企业营销系统外部的不可控制或难以控制的因素和力量,这些因素和力量是影响企业营销活动及其目标实现的外部条件。

任何企业都如同生物有机体一样，总是生存于一定的环境之中，企业的营销活动不可能脱离周围环境而孤立地进行。企业营销活动要以环境为依据，主动地去适应环境，同时又要在了解、掌握环境状况及其发展趋势的基础上，透过营销努力去影响外部环境，使环境有利于企业的生存和发展，有利于提高企业营销活动的有效性。因此，重视研究市场营销环境及其变化，是企业营销活动最基本的课题。

2. 市场营销环境的内容

营销环境的内容比较广泛，可以根据不同标志加以分类。基于不同观点，营销学者提出了各具特色的对环境分析的方法，菲利普·科特勒采用了将环境划分为微观环境和宏观环境的方法。微观环境与宏观环境之间不是并列关系，而是主从关系，微观营销环境受制于宏观营销环境，微观环境中所有的因素都要受宏观环境中各种力量的影响。

宏观环境是指直接影响企业市场营销活动的各种社会约束力量，包括人口环境、经济环境、自然环境、科学技术环境、政治法律环境和社会文化环境等。

微观环境是指企业内部各部门之间以及与企业营销活动有协作、竞争、服务等关系企业相互之间的关系。它包括企业内部因素和企业外部的供应商、顾客、竞争者和公众等因素。

所有的微观环境因素都要受宏观环境的影响和制约，宏观环境多以微观环境为媒介对企业的市场营销活动发生间接影响，有时也直接影响企业的市场营销活动，如图 2.1 所示。

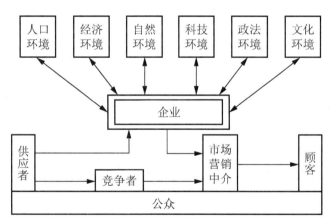

图 2.1 企业市场营销环境因素图

2.1.2 市场营销环境的特点

企业的市场营销环境是极其复杂的、多方面的，但也不是毫无规律的，归纳起来，企业的营销环境具有以下主要特征。

1. 客观性

环境作为企业外在的不以营销者意志为转移的因素，对企业营销活动的影响具有强制性和不可控性的特点。一般来说，企业无法摆脱和控制营销环境；特别是宏观环境，企业难以按自身的要求和意愿随意改变它，如企业不能改变人口因素、政治法律因素、社会文化因素等。但是，企业可以主动适应环境的变化和要求，制订并不断调整市场营销策略。事物发展与环境变化的关系为：适者生存，不适者淘汰。就企业与环境的关系而言，这也完全适用。有的企业善于适应环境，就能生存和发展；有的企业不能适应环境的变化，就难免被淘汰。

2. 差异性

不同的国家或地区之间，宏观环境存在着广泛的差异；不同的企业之间，微观环境也千差万别。正因为营销环境的差异，企业为适应不同的环境及其变化，必须采用不同特点和针对性的营销策略。环境的差异性也表现为同一环境的变化对不同企业的不同影响。例如，中国加入世界贸易组织，意味着大多数中国企业进入国际市场，进行"国际性较量"，而这一经济环境的变化，对不同行业所造成的冲击并不相同。企业应根据环境变化的趋势和行业的特点，采取相应的营销策略。

3. 多变性

市场营销环境是一个动态系统。构成营销环境的诸因素都受众多因素的影响，每一环境因素都随着社会经济的发展而不断变化。20 世纪 60 年代，中国处于短缺经济状态，短缺几乎成为社会经济的常态。改革开放 20 年后，中国已遭遇"过剩"经济，不论这种"过剩"的性质如何。仅就卖方市场向买方市场转变而言，市场营销环境已发生了重大变化。营销环境的变化，既会给企业提供机会，也会给企业带来威胁，虽然企业难以准确无误地预见未来环境的变化，但可以通过设立预警系统（Warning System）追踪不断变化的环境，及时调整营销策略。

4. 相关性

营销环境诸因素之间相互影响、相互制约，某一因素的变化会带动其他因素的变化，形成新的营销环境。例如，竞争者是企业重要的微观环境因素之一，而宏观环境中的政治法律因素或经济政策的变动，均能影响一个行业竞争者加入的多少，从而形成不同的竞争格局。又如，市场需求不仅受消费者收入水平、爱好及社会文化等方面因素的影响，而且政治法律因素的变化，往往也会产生决定性的影响。再如，各个环境因素之间有时存在矛盾，某些地方消费者有购买家电的需求，但当地电力供应不正常，这无疑是扩展家电市场的制约因素。

2.2 微观营销环境分析

企业营销活动的微观环境要素主要是指对企业营销活动过程和结果有直接影响的各种力量，这些要素与企业经营的供应链直接发生关联，这些要素包括企业本身、供应商、市场营销渠道机构、企业面对的购买者市场、竞争者和社会公众。

2.2.1 企业

以企业的营销活动为考察对象，企业中的其他活动和部门构成了企业营销环境的第一个微观要素。按劳动分工原理建立的现代企业，存在着不同层次之间、不同部门之间的矛盾和冲突。营销战略的制订本身是企业最高管理层的决策内容，营销部门提交的营销战略备选方案需要得到最高管理层的批准和同意。同时，营销战略构想的实现、营销计划的实施没有其他部门的配合和支持是不可能进行的。以业务流程为中心建立的企业组织，必须以营销作为前哨，所有为顾客提供服务的职能要素必须紧密配合、通力合作，向顾客提供高效的服务。

2.2.2 供应商

供应商是向企业及其竞争者提供生产经营所需资源的企业或个人，包括提供原材料、零配件、设备、能源、劳务、资金及其他用品等。供应商对企业营销业务有实质性的影响，其所供应的原材料数量和质量将直接影响产品的数量和质量，所提供的资源价格会直接影响产品成本、价格和利润。供应商对企业供货的稳定性和及时性，是企业营销活动顺利进行的前提。在物资供应紧张时，供应商的供货情况更起着决定性的作用。如企业在开发新产品时，若无开发新产品所需的原材料或设备的及时供应，就不可能成功；有些比较特殊的原材料和生产设备，还需供应商为其单独研制和生产。企业对供应商的影响力要有足够的认识，应尽可能与其保持良好的关系，并开拓更多的供货渠道，甚至采取逆向发展战略，兼并或收购供应者企业。为保持与供应商的良好合作关系，企业必须和供货人保持密切联系，及时了解供货商的变化与动态，使货源供应在时间上和连续性上能得到切实保证；除了保证商品本身的内在质量外，还要有各种售前和售后服务；对主要原材料和零部件的价格水平及变化趋势，要做到心中有数，应变自如。根据不同供应商所供货物在营销活动中的重要性，企业对为数较多的供货人，可按照资信状况、产品和服务的质量与价格等进行等级归类，以便合理协调、抓住重点、兼顾一般。为了减少供应商对企业的影响和制约，必须尽可能地联系多个供应商，避免过于依赖单一的供应商。

2.2.3 市场营销中介

营销中间商主要是指协助企业促销、销售和经销其产品给最终购买者的机构，包括中间商、实体分配公司、营销服务机构和财务中介机构。

（1）中间商。包括商人中间商和代理中间商，是协助企业寻找顾客或直接与顾客交易的商业性企业。商人中间商购买商品，拥有商品所有权，又称经销中间商，主要有批发商和零售商。代理中间商包括代理商、经纪人和生产商代表，专门介绍客户或与客户洽商签订合同，但不拥有商品所有权。

（2）实体分配公司。主要是指协助厂商储存并把货物运送至目的地的仓储物流公司。实体分配包括包装、运输、仓储、装卸、搬运、库存控制和订单处理等方面，其基本功能是调节生产与消费之间的矛盾，弥合产销时空上的背离，提供商品的时间效用和空间效用，以利适时、适地和适量地把商品供给消费者。

（3）营销服务机构。主要是指为厂商提供营销服务的各种机构，如营销研究公司、广告公司、传播公司等。企业可自设营销服务机构，也可委托外部营销服务机构代理有关业务，并定期评估其绩效，以促进其提高创造力、质量和服务水平。

(4)财务中介机构。协助厂商融资或分担货物购销储运风险的机构,如银行、保险公司等。财务中介机构不直接从事商业活动,但对工商企业的经营发展至关重要。在市场经济中,企业与金融机构关系密切,企业间的财务往来要通过银行结算,企业财产和货物要通过保险取得风险保障,贷款利率与保险费率的变动也会直接影响企业成本,而信贷来源受到限制更会使企业处于困境。

2.2.4 顾客

顾客就是企业的目标市场,是企业服务的对象,也是营销活动的出发点和归宿。企业的一切营销活动都应以满足顾客的需要为中心。因此,顾客是企业最重要的环境因素。从买方的角度,我们可以把市场分为消费者市场、生产者市场和政府市场。消费者市场是指由个人和家庭构成的、购买目的是用于个人消费的市场。进行最终产品生产和销售的企业要对消费者市场的规模、结构、行为进行研究。生产者市场又称企业市场,是指企业为从事经营活动实现获利而购买投入品的市场。生产中间产品的企业需要对企业市场的规模、数量、决策行为进行研究。政府市场是一国政府为履行政府职能所发生的消费构成的市场,实际表现为政府采购。

2.2.5 竞争者

市场经济是竞争经济。根据产品的替代性程度,可把企业的竞争对手分为不同层次:品牌竞争者、行业竞争者、需要竞争者和消费竞争者。企业把同一行业中以相似的价格向相同的顾客群提供类似产品或服务的所有企业称为品牌竞争者。品牌竞争者是企业最直接的竞争对手。例如,在汽车行业,生产同一档次汽车的制造商视对手为品牌竞争者。行业是提供一种或一类产品的企业集合,例如,医药行业是所有医药类企业的集合。企业把提供同一类或同一种产品的企业看作广义的竞争者,称行业竞争者。在同一行业中,不同企业生产或提供不同档次、型号、品种的产品,但是这些企业之间也存在竞争。因为消费者在不同档次、型号和品种的产品之间进行选择,这些产品就存在一定的相互替代性。例如,提供高档汽车的企业与提供中档汽车的企业之间就存在竞争,前者希望扩大高档汽车的市场,后者希望把中档汽车的市场做大。企业在分析竞争对手时,还要考虑提供不同产品但满足和实现消费者同一需要的企业,我们把它们称为企业的需要竞争者。处在不同行业的企业可以通过不同类型的产品传递同一利益,实现消费者的同一需要。因此,竞争可以跨行业展开。企业把提供不同产品,但目标消费者相同的企业看作消费竞争者。同一消费者可以把钱用于旅行、购置房产、购买汽车。目标消费者相同的企业在消费结构方面展开争夺。消费支出结构的改变将影响竞争者的地位。

2.2.6 公众

公众是指对企业实现营销目标的能力有实际或潜在利害关系和影响力的团体或个人。企业所面对的广大公众的态度,会协助或妨碍企业营销活动的正常开展。所有的企业都必须采取积极措施,树立良好的企业形象,力求保持和主要公众间的良好关系。企业所面对的公众主要有以下几类。

(1) 融资公众。指影响企业融资能力的金融机构，如银行、投资公司、证券经纪公司、保险公司等。企业可以通过发布真实而乐观的年度财务报告，回答关于财务问题的询问，稳健地运用资金，在融资公众中树立信誉。

(2) 媒介公众。主要是报纸、杂志、广播电台、电视台和网络等大众传播媒体。企业必须与媒体建立友善关系，争取有更多更好的有利于本企业的新闻、特写以至社论。

(3) 政府公众。指负责管理企业营销业务的有关政府机构。企业的发展战略与营销计划必须和政府的发展计划、产业政策、法律法规保持一致，注意咨询有关产品安全卫生、广告真实性等法律问题，倡导同业者遵纪守法，向有关部门反映行业的实情，争取有利于产业发展的立法。

(4) 社团公众。包括保护消费者权益组织、环保组织及其他群众团体等。企业营销活动关系到社会各方面的切身利益，必须密切注意来自社团公众的批评和意见。

(5) 社区公众。指企业所在地邻近的居民和社区组织。企业必须重视保持与当地公众的良好关系，积极支持社区的重大活动，为社区的发展贡献力量，争取社区公众理解和支持企业的营销活动。

(6) 一般公众。指上述各种公众之外的社会公众。一般公众虽未有组织地对企业采取行动，但企业形象会影响他们的惠顾。

(7) 内部公众。企业的员工，包括高层管理人员和一般职工，都属于内部公众。企业的营销计划需要全体职工的充分理解、支持和具体执行。企业应经常向员工通报有关情况，介绍企业发展计划，发动员工出谋献策，关心职工福利，奖励有功人员，增强内部凝聚力。员工的责任感和满意度必然得到传播并影响外部公众，从而有利于塑造良好的企业形象。

2.3 宏观营销环境分析

企业营销活动的宏观环境要素对微观环境要素施加影响，从而间接地对企业营销产生影响，也可能对市场营销活动直接产生影响。这些宏观环境要素是指给企业带来市场机会，同时有可能对企业营销活动产生威胁的各种力量。这些要素包括：人口因素、经济因素、政治与法律因素、科学技术因素、自然环境因素和社会文化因素。

2.3.1 人口因素

市场营销所指的市场是有购买意愿和购买能力的人群的集合。一定量的人口是进行市场营销活动的基础。人口环境要素包括人口规模、人口增长、人口结构和人口迁移等细分要素。

1. 人口规模

人口规模即人口总量，是指一个国家或地区的人口总数。世界上大多数人口集中在低收入国家和中等收入国家，这个比例大约为80%，而高收入发达国家人口约占总人口的20%。统计资料表明，人口总量与经济发展水平密切相关，发达国家人口总量一般低于发展中国家。导致这种现象的一个重要的原因是经济发展推动了道德观念的变革。

2. 人口增长

近十几年来,世界人口以年平均高于1.5%的速度增长。世界人口继续增长,意味着世界市场继续发展,市场需求总量将进一步扩大。所不同的是,发展中国家人口增长过快,经济收入低,市场需求压力很大,商品供应短缺,物价上涨,给企业开展市场营销提供了良好的机会。而发达国家人口增长缓慢,商品供应丰富,经济收入高,人们对产品和劳务的要求更高。这表明,对发达国家市场的营销将变得越来越困难。

但是,人口增长带来需求扩大的同时,也会带来资源短缺、污染加剧、环境恶化。

3. 人口结构

人口结构往往决定市场产品结构、消费结构和产品需求类型。人口结构主要包括年龄结构、性别结构、受教育程度和家庭特点,它们是影响最终购买行为的重要因素。

人口结构首先表现为不同年龄人口的比例,即人口年龄结构。人口的年龄结构包含着不同年龄消费者的审美差异、购买心理和消费兴趣差异等重要信息,它是企业划分市场的依据之一,并在很大程度上影响着企业的市场营销组合。根据消费者的年龄结构,市场可以细分为许多消费者子市场,如老年人市场、成年人市场、青年人市场、儿童市场和婴儿市场等。

4. 人口迁移

世界上人口迁移呈现出两大趋势:在国家之间,发展中国家的人口(特别是高级人才)向发达国家迁移;在一个国家和地区内部,同时存在人口从农村流向城市和从城市流向郊区和乡村的现象。

人口从农村流向城市,是一个与工业化和城市化发展同步的自发过程。人口集中在城市,使城市居民需求和城市市场迅速扩大,在城市出现繁华商业区、百货商店、专卖店、超级市场等。而且,由于城市人口结构趋于复杂,城市居民的文化价值观、生活习俗、购买动机、购买行为等均呈现出多层次性。

2.3.2 经济因素

经济因素是实现需求的重要因素。没有一定量的人口不会形成市场,同样,没有购买能力不能形成需求。经济因素在市场营销方面集中表现为购买能力,而购买能力决定于收入状况、储蓄与信贷等。

1. 收入状况

经济收入有多种衡量指标,不同衡量指标对分析市场需求有不同的意义。这些指标有国民收入、个人收入、可支配个人收入和可随意支配个人收入。

(1) 国民收入是指一个国家物质生产部门的劳动者在一定时期内新创造的价值的总和。一年的国民收入总额除以一国的总人口,即得到人均国民收入,它大体上反映了一个国家的经济发展水平。

(2) 个人收入是指个人从各种来源得到的经济收入。从国民收入中扣除企业上缴税金、企业未分配利润,可大体得到个人收入。个人收入的总和除以人口总量,得到个人平均收入。个人平均收入反映了购买力水平的高低。

（3）从个人收入中扣除个人所得税、公债等，得到可用于个人消费支出和个人储蓄的可支配个人收入。

（4）可随意支配的个人收入是指从可支配个人收入中减掉消费者用于购买生活必需品（如食品）的支出和各种必需的固定支出（如房租、水电费）所剩余的那部分个人收入。可随意支配的个人收入是影响市场消费需求比较活跃的因素，它通常对耐用高档消费品、奢侈品、享乐品等影响极大。

2. 储蓄与信贷

消费者的个人收入通常分为两部分：一部分用于当前开支；另一部分进行储蓄，用于未来的消费开支。在收入不变的情况下，储蓄数量越大，现实开支数量和市场购买力就越小；反之，储蓄数量越小，现实开支数量和市场购买力就越大，给企业提供的市场机会就越多。衡量一个国家、地区或家庭的储蓄状况，通常用三个指标：储蓄额、储蓄率和储蓄增长率。储蓄额是消费者储蓄的绝对数量，反映一定时期的储蓄水平；储蓄率指储蓄额与消费者收入的比例；储蓄增长率则反映某一时期的储蓄增长速度。通过这三个指标，可分析一定时期消费与储蓄、消费者收入与支出的变化趋势。

进行市场营销活动，必须了解影响消费者储蓄的现状、变化趋势以及影响储蓄的各种因素，以便分析并判断消费者需求、支出和消费水平的变化。

消费者信贷，是指消费者凭借信用先取得商品使用权，然后按期归还贷款，即消费者预先支出未来的收入，提前消费。可见，消费者信贷可以直接创造新的购买力。

3. 可支配收入的支出模式

边际消费趋向（MPC）是消费支出增量与收入增量之比。即：

$$MPC = \frac{消费支出增量}{收入增量}$$

从绝对数量来看，消费者的消费支出一般随着收入的增加而增加。但是，在收入达到一定水平后，消费支出的增量小于收入的增量，即消费的增加不如收入的增加，也就是MPC呈现递减的趋势。我国实际情况表明，高收入者的边际消费趋向低于低收入者的边际消费趋向。企业在市场营销中，市场营销人员不仅要分析和衡量目标市场人群的收入和总体购买能力，而且还要分析和衡量目标市场的边际消费趋向，特别是提供高档产品、享乐型产品的企业。

营销案例 2-1

奢侈品消费的"中国特色"

据世界奢侈品协会 2012 年 1 月 11 日最新公布的中国十年官方报告显示，截至 2011 年 12 月底，中国奢侈品市场年消费总额已经达到 126 亿美元（不包括私人飞机、游艇与豪华车），占据全球份额的 28%，中国已经成为全球占有率最大的奢侈品消费国家。中国式奢侈品热的背后是什么？对中国而言，登上奢侈品消费全球第一的位置是喜是忧？

中国加入WTO这十年来,世界各国奢侈品牌在中国走过了一个又一个辉煌的时期,在中国消费者记忆里,从曾经的"皮尔卡丹"到今天的"路易威登",形形色色的奢侈品牌在历史的舞台上逐次登场,走过了一个又一个奢华时代。

当整个社会逐步进入富裕和繁荣的阶段时,当社会上的财富不仅仅是满足生存时,奢华的生活方式以及奢侈品的流行几乎是不可避免的。

但是奢侈品消费在中国之所以引起很多人忧思的重要原因之一是奢侈品消费遭遇"中国特色"。

首先,我国奢侈品消费出现"扎堆儿"现象。国际上奢侈品的种类一般分为六个方面。第一,文化艺术市场中的各种昂贵的艺术品;第二,属于交通运输工具的奢侈品,诸如汽车、帆船等;第三,属于个人装备的奢侈品,主要指高级时装和服饰、香水、皮包和手表之类;第四,休闲旅游方面,诸如豪华游轮海上巡游和高级旅馆等;第五,居住方面的奢侈品,诸如各种昂贵的居室配备用品等;第六,奢侈的饮食,诸如昂贵的酒类、调味品等。对于中国人来说,奢侈品大部分还集中在服饰、香水、手表等个人用品上,而在欧美国家,房屋、汽车、合家旅游才是大家向往的奢侈品。对于其他种类奢侈品的消费,我国还处于起步阶段。

其次,我国的奢侈品消费呈现出一种"未富先奢"的特点。世界上奢侈品消费的平均水平是用自己财富的4%左右去购买,而在中国,用40%甚至更多的比例去实现"梦想"的情况屡见不鲜,甚至这些群体构成支撑奢侈品消费的重要组成部分。这个群体通过努力攒钱的方式来实现其购买奢侈品的梦想。他们经常在奢侈品打折时消费,而且热衷于买一些顶级品牌的小配件,比如领带、皮鞋、皮包等,从而暗示自己也是顶级消费阶层中的一员。

再次,我国奢侈品消费呈现出一种"年轻化"的趋势。奢侈品的消费必须建立在雄厚的经济财富之上,从社会的财富占有规律来说,社会主要财富应该集中在40岁到60岁的中老年人手中,他们才是奢侈品消费的主体。但是在中国消费者组成结构上,73%的中国奢侈品消费者不满45岁,45%的奢侈品消费者年龄在18~34岁之间。这个比例,在日本和英国分别为37%和28%。

最后,我国的奢侈品消费还展现出一种"礼品化"的倾向。奢侈品能够满足人们对生活品质的追求甚至是个人身份和地位的体现。但是在我国,出现了购买奢侈品的人和使用奢侈品的人相分离的奇特现象,也使得奢侈品腐败成为奢侈品消费浪潮中难以忽视的现象。

资料来源:http://finance.chinanews.com,2012年01月14日

4. 经济发展状况

企业的市场营销活动要受到一个国家或地区经济发展状况的制约,在经济全球化的条件下,国际经济形势也是企业营销活动的重要影响因素。

1)经济发展阶段

经济发展阶段的高低,直接影响企业市场营销活动。经济发展阶段高的国家和地区,着重投资于较大的,精密、自动化程度高、性能好的生产设备;在重视产品基本功能的同时,比较强调款式、性能及特色;大量进行广告宣传及营业推广活动,非价格竞争较占优势;分销途径复杂且广泛,制造商、批发商与零售商的职能逐渐独立,连锁商店的网点增加。美国学者罗斯托(Walt w. Rostow)的经济成长阶段理论,把世界各国经济发展归纳为5种类型:①传统经济社会;②经济起飞前的准备阶段;③经济起飞阶段;④迈向经济成熟阶段;⑤大量消费阶段。凡属前三个阶段的国家称为发展中国家,处于后两个阶段的国家称为发达国家。

2)经济形势

就国际经济形势来说,1997年7月发生在中国周边国家和地区的金融风暴,席卷东南

亚各国，以至撼动世界第二经济强国日本。这场金融危机影响到全世界，也给中国经济带来若干负面影响。由于我国金融市场尚未完全开放，人民币不能自由买卖，外汇储备丰富，短期外债较少，加之政府采取了有效地扩大内需的措施，因而保持了人民币币值的稳定，使亚洲国家的货币免于新一轮的竞相贬值，对世界金融体系的稳定以及东南亚国家早日走出困境，做出了积极的贡献。进入21世纪，经济全球化不断深入，已成为影响一国内部和国与国关系的重要因素。2004年世界经济增长5%，是近30年发展最好的一年。2005年以来，世界经济继续保持增长态势，预计2005年和2006年世界经济增长率将达4.3%。经济全球化使国与国之间的联系越来越紧密，相互依存度增加；同时，经济全球化也加剧了发展不平衡，一些国家内部的贫富差距、发达国家与发展中国家经济鸿沟进一步扩大。欧美等发达国家贫困人口增加，失业率上升，社会、政治矛盾发展；一部分发展中国家被边缘化，国际竞争力越来越弱，影响国内稳定。中国、印度等一些发展中大国继续保持了较快的发展态势，因此发展中国家作为一个整体，经济增速仍高于发达国家。在全球化的背景下，国际经济摩擦增多，国际贸易保护主义抬头，全球性、跨国性的问题较为突出，国与国之间竞争加剧。就国内经济形势讲，我国1979—2004年的26年间，GDP年均增长9.6%，人均GDP年均增长8.0%。经济的高速发展极大地增强了中国的综合国力，显著地改善了人民生活。同时，国内经济生活中还存在一些困难和问题，如经济发展不平衡、贫富差距扩大、产业结构不尽合理、就业问题压力很大等等。所有这些国际、国内经济形势，国家、地区乃至全球的经济繁荣与萧条，对企业市场营销都有重要的影响。此外，国际或国内经济形势都是复杂多变的，机遇与挑战并存，企业必须认真研究，力求正确认识与判断，并相应制定营销战略和计划。

2.3.3 政治与法律因素

1. 政治环境

政治环境是指企业市场营销的外部政治形势。在国内，安定团结的政治局面不仅有利于经济发展和人民货币收入的增加，而且影响群众的心理预期，导致市场需求的变化。党和政府的方针、政策规定了国民经济的发展方向和速度，也直接关系到社会购买力的提高和市场消费需求的增长变化。企业对国际政治环境的分析，应了解"政治权力"与"政治冲突"对企业营销活动的影响。政治权力对于市场营销的影响，往往表现为由政府机构通过采取某种措施约束外来企业或其产品，如进口限制、外汇控制、劳工限制、绿色壁垒等。政治冲突是指国际上的重大事件与突发性事件，这类事件在以和平与发展为主流的时代从未绝迹，对企业市场营销工作的影响或大或小，有时带来机会，有时带来威胁。

2. 法律环境

法律环境是指国家或地方政府颁布的各项法规、法令和条例等。法律环境对市场消费需求的形成和实现具有一定的调节作用。企业研究并熟悉法律环境，既可保证自身严格依法管理和经营，也可运用法律手段保障自身的权益。

各个国家的社会制度不同、经济发展阶段和国情不同，体现统治阶级意志的法制也不同，从事国际市场营销的企业，必须对有关国家的法律制度和有关的国际法规、国际惯例和准则进行学习研究，并在实践中遵循。

国 际 法

国际法指适用主权国家之间以及其他具有国际人格的实体之间的法律规则的总体。国际法又称国际公法，以区别于国际私法或法律冲突，后者处理的是不同国家的国内法之间的差异。国际法也与国内法截然不同，国内法是一个国家内部的法律，它调整在其管辖范围内的个人及其他法律实体的行为。

国际法是西方世界的三重发展过程的产物：即中世纪的欧洲社会瓦解，进入近代欧洲社会的过程；近代欧洲社会向外扩张的过程；处在发展中的世界社会里，权力逐渐集中到数量迅速减少的主要世界强国手中的过程。

国际法的基本原则是：各国主权平等，互相尊重主权和领土完整，互不侵犯，互不干涉内政，平等互利，和平共处，和平解决国际争端，禁止以武力相威胁和使用武力，以及民族自决原则等。

国际习惯法：实质上就是适用于尚未组织起来的国际社会的国际法。国际习惯法的构成有两个要素：①普遍的或区域性的国家实践；②这种实践为有关国家承认为法律在尚未组织起来的国际社会里的国际法；国际习惯法的主要规则可以概括为7个基本原则：即主权、承认、同意、信实、公海自由、国际责任和自卫。

资料来源：新华网 http：//news.xinhuanet.com/ziliao/2003－09/28/content_1104350.htm

2.3.4 科学技术因素

科学技术是第一生产力，科技的发展对经济发展有巨大的影响，不仅直接影响企业内部的生产和经营，还同时与其他环境因素互相依赖、互相作用，给企业营销活动带来有利或不利的影响。例如，一种新技术的应用可以为企业创造一个明星产品，产生巨大的经济效益；也可以迫使企业的某种曾获得巨大成功的传统产品不得不退出市场。新技术的应用会引起企业市场营销策略的变化，也会引起企业经营管理的变化，还会改变零售商业业态结构和消费者购物习惯。

当前，世界新科技革命正在兴起，生产的增长越来越多地依赖科技进步，产品从进入市场到市场成熟的时间不断缩短，高新技术不断改造传统产业，从而加速了新兴产业的建立和发展。值得注意的是，高新技术的发展促进了产业结构趋向尖端化、软性化、服务化，营销管理者必须更多地考虑应用尖端技术，重视软件开发，加强对用户的服务，以适应知识经济时代的要求。

2.3.5 自然环境因素

主要是指营销者所需要或受营销活动所影响的自然资源。营销活动要受自然环境的影响，也对自然环境的变化负有责任。

营销管理者当前应注意自然环境面临的难题和趋势，如资源短缺、环境污染严重、能源成本上升等。因此，从长期的观点来看，自然环境应包括资源状况、生态环境和环境保护等方面，许多国家政府对自然资源管理的干预也日益加强。人类只有一个地球，自然环境的破坏往往是不可弥补的，企业营销战略中实行生态营销、绿色营销等，都是维护全社会长期福利所必然要求的。

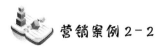

欧美挑战中国稀土政策 中国如何赢得资源博弈

美国总统奥巴马2012年3月13日宣布，美国已联合欧盟和日本向世界贸易组织提起一项针对中国限制稀土出口的贸易诉讼。中国工业和信息化部部长苗圩当天夜间表示，一旦在稀土出口问题上被西方国家向世界贸易组织提起诉讼，中方将"主动应诉"。中国稀土资源约占全球总量36.4%，但却承担着全球90%以上的稀土供应。多年来，尽管面临巨大的环境压力，中国一直努力保持一定数量的稀土出口。专家认为，欧洲一些工业化国家和美国之所以对中国稀土"穷追不舍"，一方面是出于其国内利益需要，以获得稳定的稀土供应；另一方面，欧美国家并非只关注某一种资源在某一阶段的市场，而是与其长远的战略布局密切相关，即企图通过稀土贸易压垮中国。美日等国稀土储备够用上十年乃至几十年，不管中国是否限制出口配额，都不会产生任何影响。说到底，稀土问题从根本上说还是一个话语权的问题。一段时间以来，中国资源类产品在国际贸易市场上陷入了一定深度的博弈之中。

3月13日中国收到美国、欧盟、日本在世贸组织争端解决机制下提出的有关稀土、钨、钼的出口管理措施的磋商请求。商务部条约法律司负责人就此发表谈话表示，中方此前就有关原材料产品出口政策与各方一直保持着沟通和接触，多次强调中方政策目标是为了保护资源和环境，实现可持续发展，无意通过扭曲贸易的方式保护国内产业。该负责人同时表示，中方将根据世贸组织争端解决程序，妥善处理有关磋商请求。

在中国外交部13日举行的例行记者会上，有记者问及美国将就中国限制出口稀土向世贸组织作出投诉一事的中方看法。外交部发言人刘为民说，稀土是一种稀有的不可再生资源，开发稀土势必对环境造成影响，基于保护环境和资源的考虑，为实现可持续发展，中国政府对稀土的开采、生产和出口各个环节均实施了管理措施，而不仅仅在出口环节，相关措施符合世贸规则。中国稀土资源占全球总量36.4%，但承担着全球90%以上的稀土供应。多年来，尽管面临巨大环境压力，中国一直努力保持一定数量的稀土出口。今后，中国将继续向国际市场供应稀土，并依据世贸规则对稀土出口实行有效的管理。中方希望其他拥有稀土资源的国家也积极开发稀土资源，共同承担全球稀土供应的责任，也愿意在寻找开发稀土的替代资源、提高稀土资源利用率等方面与各国加强合作。

事实上，2010年之前，中国廉价的稀土长期供应全球市场，廉价稀土一度供给充足。随着中国的经济发展和资源环境问题的凸显，自2008年以来，为保护稀土资源，中国开始对稀土生产加强管理，其中就包括实行出口配额管理制度。2010年下半年开始，中国又新出台了更为严格的稀土出口配额制度，这对保护自然资源、减少环境破坏以及满足内需十分必要。

资料来源：http://www.sina.com.cn 2012年03月14日，中国经济网

2.3.6 社会文化因素

社会文化因素包括文化与亚文化群体、宗教信仰、消费习俗、审美情趣、价值观念和道德规范。

1. 文化与亚文化

文化是人类需要和欲望的最基本的决定因素，也是影响消费者行为最广泛的环境因

素。文化有广义和狭义之分。广义的"文化"是指人类创造的一切物质财富和精神财富的总和,狭义的"文化"是指人类精神活动所创造的成果,如哲学、宗教、科学、艺术、道德等。在消费者行为学中,将文化定义为一定社会经过学习获得的、用以指导消费者行为的信念、价值观和习惯的总和。

一个社会的文化特别是文化价值观会影响这个社会中人们的购买和消费模式。

市场营销受文化影响同时又影响文化。虽然市场营销人员很难改变一个社会的深层文化,特别是持久的、普遍被接受的价值观。但是,在一定时期内,企业市场营销活动可以强化或改变消费者的某种信念。在某种程度上,广告、音乐和服装设计都是在传播和制造文化。生产的产品和传播的信息要么唤起人们某种内心的渴望,要么给人们制造一个新的梦想,如梦想具有苗条的身姿、美丽的容颜、独立的精神、尊贵的地位等。可见,市场营销与文化是相互影响的。

在一个国家或者一个特定社会,并不是每一个人都怀有相同的文化价值观。不同年龄、不同地区、不同民族的群体内部可能存在亚文化。这些次级群体的成员共同拥有某种独特的信念、价值观和生活习惯。不同亚文化群体之间在消费行为上可能具有很大差异,而在同一亚文化群体中在消费品位和购买行为上可能表现出相似性,营销人员可以根据不同亚文化群体所具有的不同需求和消费行为,选择不同的亚文化群体作为自己的目标市场。

小资料

目前,国内外营销学者普遍接受的是按民族、宗教、种族、地理划分亚文化的分类方法:

民族亚文化——不同的民族有独特的风俗习惯和文化传统;

宗教亚文化——不同的宗教群体具有不同的文化倾向、习俗和禁忌;

种族亚文化——白种人、黄种人、黑种人具有不同的文化传统、文化风格和生活态度;

地理亚文化——地理环境差异造就了不同消费习性和消费特点的亚文化群体。

2. 宗教信仰、消费习俗、审美情趣、价值观念和道德规范

宗教信仰是人们洞察文化行为或精神行为的文化层。宗教信仰影响人们的风俗、人生观、购买行为和消费方式。

消费习俗是人们长期形成的消费方式。作为社会文化环境的一个部分,消费习俗是长期形成的,具有相对的稳定性。市场营销人员要研究消费习俗,满足目标市场消费者的习俗的需要。

审美情趣是人们对音乐、艺术、戏剧、舞蹈、形状、色彩等的欣赏和偏好。

价值观念的形成与消费者所处的社会、心理状态、时间观念、对变革的态度、对生活和工作的态度等有关。随着生活水平的提高、生活节奏的加快,人们的时间观念正在发生改变,钟点工、熟食品、汽车等的需求正在扩大。

道德规范是指导和衡量人们行为的准则和标准,是一个社会健康发展的精神支柱。我国的道德规范体系大体可分为三个层次:一是一般的社会公德,如艰苦朴素、讲究信誉等;二是国民道德,如爱国主义、集体主义;三是共产主义理想道德。

各国不同的商业习惯

社会文化环境是各国商业习惯形成的基础,不同国家的社会文化环境形成了不同的商业习惯。主要体现为以下几个方面:

(1) 接触层次。在欧洲和阿拉伯国家,经理人员权威很大,因此谈判接触往往在较高层次进行。美国则不同,许多企业给管理的下层委托授权较多,因此有可能接触到中、下层经理。而远东地区的文化强调合作与集体决策。在这些国家里,与之打交道的不是个人而是集体,许多公司不允许以个人名义签发信函。此时头衔或职位很重要。在地中海地区,情况正好相反,可以与直接负责有关事务的本人进行联系。

(2) 交流方式。语言是交流的基本工具。任何一种语言都不可能轻易地准确地翻译成另一种语言,而且不同的语言词义概念又相差甚远。日本人喜欢用英语写合同,主要是因为日语在语义上有些含混,不太具体。然而,无论怎样,语言交流还是能表达出一定的意思。但也有部分商业信息不是用语言表达和交流,而是隐含在其他交流信息中的,如无声语言、肢体语言等。

(3) 礼节与效率。为人随和、不拘小节似乎是美国人的行为习惯,但这并不等于工作马虎。在鸡尾酒会或晚宴上,当美国人发现某人的谈吐和想法很重要时,会很快记录下来,以备后用。拉美商人很重友谊,但他们也不愿意把经营同个人生活扯在一起。相反,日本人喜欢把工作与个人生活结合起来。他们很有礼节,时而谈生活时而谈工作,慢条斯理,常使美国人和欧洲人失去耐心和冷静。

(4) 谈判重点。同样是汽车,各国所追求和谈判的重点会有所不同。有些注重质量,有些注重式样,有些则注重价格。同时,还要注意商业谈判会受到政府直接或间接的影响和干预,因此诸如通货的有效性、商品进出口的审批、产品性能及包装、广告、雇员条件、利润补偿和其他因素都可能成为谈判的重点。

(5) 商业道德。这个问题在国际市场营销中更为复杂,在一个国家被认为是正当的事情,在另一个国家可能完全不被接受。如馈赠礼品在世界上大多数国家都被认可,但在美国就不流行。世界各国都在试图区分礼品与贿赂之间的关系,界定一个金额范围也很难。如在德国,超过40美元的礼品就为贿赂,但在另一国,为了签订一个肉类加工厂合同,东道国企业在完全合乎法律手续的条款中规定,对方企业要捐款125万美元建设一个儿童医院。

资料来源:杨丽. 国际市场营销[M]. 大连:大连理工大学出版社,2008.

2.4 环境分析和企业对策

企业的营销活动是在一定的营销环境中进行的。在一定时期,对于特定行业和特定企业,环境要素的影响、作用和表现形式是不同的。我们把与总体环境中,与企业营销活动相互作用、相互影响的局部环境称为相关环境,这些局部环境要素称为相关环境要素。成功的企业,是对相关环境要素和相关环境适应力很强的企业,特别是对环境的营销战略适应能力非常强。在一定程度上,企业营销活动就是把自己的优势与营销环境中的市场机会相结合的行为。对营销环境进行分析,并根据环境提出相应的对策是营销管理者的一项重要的战略任务。

2.4.1 环境威胁与市场机会的分析

根据相关环境和相关环境要素的发展变化对相关企业发生作用的性质,我们可以把环境变化的趋势分为环境威胁和市场机会。环境威胁是指环境中存在对相关企业营销活动产生不利影响的环境要素的趋势。市场机会是指环境中存在某些环境要素,将促使相关企业营销活动向有利的方向发展。企业的市场机会和环境威胁的分析步骤如下。

1. 分析环境动向

根据营销信息,分析与企业相关环境要素及其动向。例如,某电视机生产企业通过营销信息系统了解到如下信息:①有些实力较强的其他家电经营者准备涉足电视机生产经营;②电视机市场已向多种规格发展;③数字化电视机已问世;④电视机将与计算机屏幕显示器合二为一,进入通信领域;⑤未来十年内我国农村市场对普通电视机的需求约达 1.68 亿台。

2. 评价机会与威胁

通过对以上列举的环境动态的分析,判断可能出现的机会和威胁,并评价出现概率的高低及对企业影响程度的大小,用表和图表示出来(表 2-1 和图 2.2)。

表 2-1 可能出现的市场机会与环境威胁

相关环境要素	市场机会	环境威胁
①	无	竞争者增多
②	企业开发各种规格的电视机	竞争者开发各种规格的电视机
③	企业开发数字化电视机	竞争者开发数字化电视机
④	企业开发通信领域业务	竞争者开发通信领域业务
⑤	企业开发农村市场	无

例如,在表 2-1 中,①为明显的环境威胁;⑤为明显的市场机会;而②③④中既可能带来威胁,又具有潜在机会。经分析、评价,可将以上因素转化为营销机会或环境威胁。

图 2.2 显示,各种环境因素出现的概率均很高。企业认为①②对其威胁极大,③④的威胁次之,但也比较大;②⑤带来的机会极大,③次之,④对企业来讲机会较小。说明该企业立足于现有业务的发展,注重市场拓展,而在新业务拓展方面则较弱。

3. 企业业务分类

根据市场营销环境变化所带来的机会与威胁的评价,可将企业所经营的业务分为四种类型。

第一,冒险的业务,即市场机会与环境威胁均高的业务。

第二,理想的业务,即市场机会多而环境威胁低的业务。

第三,困难的业务,即市场机会少而环境威胁高的业务。

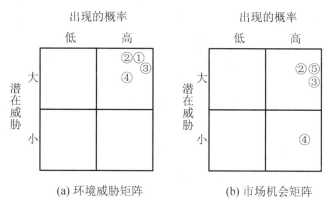

图 2.2 威胁与机会的评价

第四，成熟的业务，即市场机会和环境威胁均低的业务。

前例中，该企业有极大的市场机会②⑤，也有极大的潜在威胁①②，同时还有机会与威胁并存的环境因素③④，因此，该企业业务属于冒险业务。如果企业善于抓住机遇、规避风险，将取得长足的发展；否则，将在激烈的竞争中陷入困境。

2.4.2 企业识别市场机会和规避市场风险的对策

1. 识别市场机会

市场机会转瞬即逝，善于识别并抓住市场机会，是企业取得成功和发展的关键。市场机会纷繁复杂，企业应从以下几个方面进行分析和把握。

1) 环境机会与企业机会

前者是指由于环境变化而带来的市场机会。这种机会既可以为本企业所利用，又可以为相关行业中的其他企业所利用。后者是指与本企业的目标和任务相一致，有利于发挥企业优势的市场机会。企业要善于从环境机会的分析中寻找和发现企业机会，来发展企业的业务。

2) 行业机会与边缘机会

前者是指企业业务经营领域内的市场机会；后者是指可能延伸到其他行业中去，而又与本行业交叉、结合部分的市场机会，如电视机与计算机屏幕显示器的结合等。企业既要把握好行业机会，又要把握好边缘机会。

3) 当前机会与未来机会

企业对机会的分析与识别，既要注重当前的业务经营，又要着眼于未来的发展，要从战略发展的高度来进行把握。

4) 显性机会和隐性机会

较明显的、易发现的表面机会，固然是企业必须注重的，如当前农村市场、老年市场需求等。而有些隐藏于其他因素之中的潜在机会的发现，更会为企业带来新的发展。例如，私人轿车市场的发展，必将带来街边停车计价器、防盗方向盘锁等相关产品的需求，进而带来生产这些产品的原材料及建造停车场所需材料的需求等。

2. 规避市场风险的对策

规避市场风险的关键在于针对环境威胁采取相应的对策，主要有以下三种：

1）反抗。对于某些主观因素所造成的环境威胁，企业可采取一定措施，限制或扭转不利因素的发展。

2）减轻。对于一些无法扭转的环境威胁，企业可以通过调整企业战略和策略，来适应环境因素的变化，以减轻环境变化带来的威胁。这是最主要的规避风险的办法。

3）撤退。如果行业中面临的环境威胁关系到整个行业的发展，且又无法扭转和减轻，企业就必须对目前的经营方向等重大问题进行审定，作出决策，退出或部分退出目前的经营领域，寻找新的发展机会。

在环境分析与评价的基础上，企业对威胁与机会水平不等的各种营销业务，要分别采取不同的对策。对理想业务，应看到机会难得，甚至转瞬即逝，必须抓住机遇，迅速行动；否则，丧失战机将后悔不及。

对风险业务，面对高利润与高风险，既不宜盲目冒进，也不应犹豫不决、错失良机，应全面分析自身的优势与劣势，扬长避短，创造条件，争取突破性的发展。

对成熟业务，机会与威胁处于较低水平，可作为企业的常规业务，用以维持企业的正常运转，并为开展理想业务和冒险业务准备必要的条件。

对困难业务，要么是努力改变环境，走出困境或减轻威胁，要么是立即转移，摆脱无法扭转的困境。

本章小结

市场营销环境是环绕在企业周围对其市场营销活动具有潜在影响力的所有因素，包括市场营销宏观环境和市场营销微观环境。宏观环境是企业难以控制也较难影响的营销大环境，包括经济技术、社会文化、政治法律等，这些因素错综复杂、变化多端，既能提供机遇，也能造成威胁。企业在进行市场营销活动时，应充分认识到分析营销环境的重要性，通过环境分析来评估环境威胁与环境机会，以环境为依据，避害趋利，主动地去适应环境，同时通过营销努力去影响外部环境，使环境相对有利于企业营销目标的实现，争取比竞争者利用同一市场机会能获得较大的成效。

 名人名言

优胜劣汰，物竞天择，适者生存。

——达尔文

知己知彼，胜乃不殆；知天知地，省乃可全。

——孙子兵法

复习与练习

1. 选择题

(1)（　　）主要指协助企业促销、销售和经销其产品给最终购买者的机构。
   A. 供应商　　　　　B. 制造商　　　　　C. 营销中间商　　　D. 广告商
(2)（　　）就是企业的目标市场,是企业服务的对象,也是营销活动的出发点和归宿。
   A. 产品　　　　　　B. 顾客　　　　　　C. 利润　　　　　　D. 市场细分
(3)（　　）指人们对社会生活中各种事物的态度和看法。
   A. 社会习俗　　　　B. 消费心理　　　　C. 价值观念　　　　D. 营销道德
(4) 威胁水平和机会水平都高的业务,被称为(　　)。
   A. 理想业务　　　　B. 冒险业务　　　　C. 成熟业务　　　　D. 困难业务
(5) 出现于不同行业之间的交叉与结合部分的市场机会,被称为(　　)。
   A. 全面机会　　　　B. 行业市场机会　　C. 边缘市场机会　　D. 局部机会
(6) 企业的营销活动不可能脱离周围环境而孤立地进行,企业营销活动要主动地去(　　)。
   A. 控制环境　　　　B. 征服环境　　　　C. 改造环境　　　　D. 适应环境

2. 填空题

(1) _____是向企业及其竞争者提供生产经营所需资源的企业或个人。
(2) _____主要指一个国家或地区的民族特征、价值观念、生活方式、风俗习惯、宗教信仰、伦理道德、教育水平和语言文字等的总和。
(3) 影响消费需求变化的最活跃的因素是_____。
(4) 宏观营销环境指对企业营销活动造成_____和环境威胁的主要社会力量。
(5) 企业不仅要主动地适应和利用环境,而且透过营销努力去_____外部环境,使环境有利于企业的生存和发展,有利于提高企业营销活动的有效性。
(6) 市场机会实质是指市场上_____。

3. 判断题

(1) 微观环境直接影响与制约企业的营销活动,多半与企业具有或多或少的经济联系,也称直接营销环境。　　　　　　　　　　　　　　　　　　　　　　　(　　)
(2) 微观环境与宏观环境之间是一种并列关系,微观营销环境并不受制于宏观营销环境,各自独立地影响企业的营销活动。　　　　　　　　　　　　　　　(　　)
(3) 同一个国家不同地区的企业之间营销环境基本上是一样的。　　　　(　　)
(4) 市场营销环境是一个动态系统,每一环境因素都随着社会经济的发展而不断变化。
　　　　　　　　　　　　　　　　　　　　　　　　　　　　　　　　(　　)
(5) 只要企业制定好营销组合策略,做好内部营销,企业的营销活动就一定能够取得

很好的营销效益。（ ）

（6）营销活动只能被动地受制于环境的影响，因而营销管理者在不利的营销环境面前可以说是无能为力。（ ）

（7）面对目前市场疲软、经济不景气的环境威胁，企业只能等待国家政策的支持和经济形势的好转。（ ）

（8）在一定条件下，企业可以运用自身的资源，积极影响和改变环境因素，创造更有利于企业营销活动的空间。（ ）

（9）直接影响企业营销能力的各种参与者，事实上都是企业营销部门的利益共同体。（ ）

（10）市场营销目标从属于企业总目标，是为总目标服务的次级目标。（ ）

4. 问答题

（1）市场营销环境有哪些特点？分析市场营销环境的意义何在？
（2）微观营销环境由哪些方面构成？竞争者、消费者对企业营销活动有何影响？
（3）宏观营销环境包括哪些因素？各有何特点？
（4）消费者支出结构变化对企业营销活动有何影响？
（5）结合我国国情说明法律环境对整个营销活动的重要影响。

5. 讨论题

（1）举例说明由于微观或宏观环境的因素变化给企业市场营销活动带来的影响。
（2）通过实例说明企业面对市场机会或威胁可采取的相关策略。

6. 案例应用分析

中国企业跨国并购如何玩转"蛇吞象"

中国企业"蛇吞象"高潮迭起

历史总是在重演！经济崛起中的企业，总有一种情结，那就是国际化冲动。而对外扩张的捷径，无疑就是并购。日本经济崛起的时候，走过了这样的路；韩国经济起飞的时候，也同样经历了这样的过程。中国加入WTO之后，这一冲动又集中体现在中国民营企业上。

2003年11月，TCL集团和法国汤姆逊公司签署的合并重组协议，共同出资4.7亿欧元，成立新公司"TCL—Thomson"（TTE公司）。TCL预计，双方的彩电业务合并重组后，新公司彩电年总生产量将高达1800万台，销售额将超过30亿欧元，可以在全球一举夺魁。出于同样的理由，2004年4月，TCL与当时全球排名第四的阿尔卡特组建合资公司，TCL希望借此在快速发展的手机市场上谋求自己的国际地位。

2004年12月，联想以总价12.5亿美元收购IBM的PC业务，创下了当时中国民企海外并购的规模之最。宣布消息的当天，有一幕十分值得回味。联想掌门人柳传志当着数百名中外记者和嘉宾的面回忆："当初联想想做IBMPC在中国的代理，去参加IBM的一个会议，我坐在最后一排，看着IBM的人高高在上，感觉联想距离IBM太过遥远。想不到十多年后，IBMPC会加入联想的怀抱。"相信柳传志的这番感受，是那些已经和正在（包括渴望）走出去的企业家的共同心态。

2010年3月28日晚，吉利与福特公司签署协议，正式收购其旗下豪华车品牌沃尔沃。为了此次收购，吉利将支付18亿美元的资金。吉利此举被媒体解读为13岁"穷小子"娶86岁"洋公主"。

新兵遇到老问题　消化不良难题待解

吉利收购沃尔沃之后，吉利集团董事长李书福在收到大量祝福的同时，也面临巨大的质疑：吉利的年营业额只有140亿元人民币，沃尔沃的年销售额近130亿美元，吉利"蛇吞象"，会不会再次面对"消化不良"这一拦路虎？

业界的担忧并非无的放矢。过去几年多起中国企业海外并购的经验证明：收购的时候都怀着美丽的憧憬，但此后的漫漫整合路荆棘多过坦途。

TCL重组汤姆逊和阿尔卡特之后，2005年、2006年连续两年巨亏，TCL集团董事长李东生不得不痛下决心挥起利斧大削大砍进行止血。直到2009年，TCL才实现了集团国际化并购后的首次收入正增长。尽管李东生一再强调，TCL的国际化经过遭遇到了巨大挫折，但并不是失败。甚至在最困难之时，李东生写下了《鹰的重生》："我们必须把旧的、不良的习惯和传统彻底抛弃，可能要放弃一些过往支持我们成功而今天已成为我们前进障碍的东西，使我们可以重新飞翔。"但是，在绝大多数人（包括业内专家和同行）眼里，TCL的并购是失败的。

到目前为止，联想收购IBM的PC业务可以说是"最成功"的中国民企"蛇吞象"并购案例。但联想交出的成绩单，远没有达到当初的预想。联想为整合IBMPC业务付出的努力人所共见。2008—2009年，受金融危机冲击，联想全年净亏达2.26亿美元。已经退居幕后的柳传志不得不再次出山帮联想渡过难关。直到今年"两会"期间，柳传志还透露，目前联想重点抢占的是新兴市场，如俄罗斯、印度等，而在北美和欧洲市场，还要采取守势。

此次收购沃尔沃，吉利这个新兵不得不面临相同的难题。尽管吉利信心满满，对并购前景十分憧憬，并预言沃尔沃两年后将盈利。但中国兵器装备集团副总经理尹家绪（原长安集团董事长、总裁）就提醒：到目前为止中国汽车业的国际化还没有准备好，特别是要走出去兼并重组其他的汽车厂，在国际化经营、管理、开发和营销等各方面，现在都没有准备好。

资料来源：田志明，陈志杰，郭小戈．中国企业跨国并购如何玩转"蛇吞象"．南方日报 2010.4.1（有删改）

【问题】

1. 中国企业进入国际市场需要考虑哪些环境因素？
2. 企业进入国际市场应如何化解环境因素中的威胁或阻力？

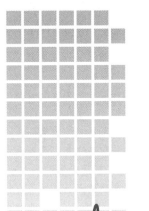

第 3 章

市场营销信息与调研

教学目标

通过本章的学习,了解市场营销信息与市场营销信息系统的构成,掌握市场调研的内容及基本程序和方法。熟悉市场预测的基本内容及方法。

教学要求

知识要点	能力要求	相关知识
市场营销信息系统	(1) 熟悉市场营销信息系统的功能和构成 (2) 了解建立市场营销系统的基本要素	(1) 市场营销信息的功能 (2) 市场营销信息的类型 (3) 建立企业营销信息系统的步骤
市场营销调研	(1) 熟悉市场营销调研的主要内容 (2) 具备运用常用营销调研的方法从事调研活动的能力	(1) 市场营销调研的内容 (2) 市场营销调研的程序 (3) 市场营销调研的常用方法
市场需求测量与预测	(1) 熟悉市场预测的基本内容和步骤 (2) 能运用基本预测方法进行市场预测	(1) 市场需求的测量 (2) 市场预测的步骤 (3) 市场预测的常用基本方法

第 3 章 市场营销信息与调研

> 没有调查就没有发言权。
>
> ——毛泽东

基本概念

市场营销信息系统　市场营销调研　询问法　观察法　实验法　市场需求测量　市场预测

导入案例

在经过详细的市场调研后，英国航空公司改变了它在横跨大西洋航线上头等舱的服务策略。对跨大西洋航线的头等舱，大多数航空公司强调的都是高档服务。而英国航空公司通过调研发现，大多数头等舱的乘客希望的仅仅是能够睡一个安稳觉。据此，该公司实施新的营销策略，现在头等舱的顾客在起飞前，可以先在头等舱休息室就餐，登机后，穿上英国航空公司提供的睡衣，枕上枕头，盖上毯子，享受一次免受打扰的旅行。到达目的地后，头等舱旅客可以进行梳妆和洗浴，并且吃早餐后穿上熨烫平整的衣服离开。

资料来源：［美］小卡尔·迈克丹尼尔，罗杰·盖兹. 当代市场调研［M］. 4 版. 范秀成，译. 北京：机械工业出版社，2000.

点评：拍脑袋与动脑筋

调研的结果使得英国航空公司改变了其想当然地认为头等舱客人都希望享受高档服务的现实做法，这种改变既符合客户的需求，也使公司大大降低了头等舱的客户服务成本。

3.1 市场营销信息系统

在现代市场营销观念的指导下，企业如果要比竞争者更好地满足市场消费需求，赢得竞争优势，实现企业经营目标，就必须从研究市场出发，进行各种定性与定量的分析，预测未来市场需求规模的大小。实践证明，市场营销职能活动需要详细、准确和最新的情报资料，营销调研正是为不断提供这些情报服务的。在深入了解、掌握市场信息的基础上，运用科学的预测方法可以帮助营销管理者认识市场的发展规律，制订正确的市场营销组合策略，作出针对新企业、新产品投资的正确决策。

3.1.1 市场营销信息的功能

1. 市场营销信息的定义

信息既不同于消息，也不同于知识。信息与消息的区别在于：第一，信息与消息是内容与形式的关系。信息是消息的内容，消息是信息的表现形式，信息以消息作为载体而进行传递。第二，信息具有有效性。以消息为载体所传播的内容中，只有那些对接收者具有一定价值，能满足接收者的某种特殊需要的部分才是信息，无用的部分称为噪声。知识是信息的一部分，是人们在社会实践中通过思维活动，对普遍存在的大量信息进行选择、处理所形成的系统化的信息。

市场营销信息属于经济信息范畴，是指一定时间和条件下，与企业的市场营销有关的各种事物的存在方式、运动状态及其对接收者效用的综合反映。如下一年度市场营销环境的变化趋势、企业销售额的变化、企业的广告效果等。市场营销信息一般通过语言、文字、数据、符号等形式表现出来。

2. 市场营销信息的功能

市场营销信息对于企业的营销活动具有以下功能。

1）市场营销信息是企业经营决策的前提和基础

企业在营销过程中，无论是对于企业的营销目标、发展方向等战略问题的决策，还是对于企业的产品、定价、销售渠道、促销措施等战术问题的决策，都必须建立在准确地获取市场营销信息的基础上，才可能作出正确决策。

2）市场营销信息是制订企业营销计划的依据

企业在市场营销中，必须根据市场需求的变化，在营销决策的基础上，制订具体的营销计划，以确定实现营销目标的具体措施和途径。市场营销信息是企业制订计划的重要依据，如果不了解市场信息，就无法制订出符合实际需要的营销计划。

3）市场营销信息是实现营销控制的必要条件

营销控制，是指按照既定的营销目标，对企业的营销活动进行监督、检查，以保证实现营销目标的管理活动。由于市场环境的不断变化，企业在营销中必须随时注意市场的变化，进行信息反馈，以此为依据来修订营销计划，对企业的营销活动进行有效控制，使企业的营销活动能按预期目标进行。

4）市场营销信息是进行内外协调的依据

企业在营销活动中，要不断地收集市场营销信息，根据市场的变化和内部条件的变化，来协调内部条件、外部环境和企业营销目标之间的关系，使企业营销系统与外部环境系统之间、与各要素系统之间都能保持协调发展，以实现企业营销的最佳效果。

3.1.2 市场营销信息的类型

市场营销信息来源广泛，种类繁多，我们可以依据不同的分类标准，对市场营销信息进行分类。

1）依据信息来源划分，可分为外部信息和内部信息

企业是市场环境的子系统，企业的外部信息是来自市场环境的其他子系统的信息。与市场营销有关的外部信息主要包括政治信息、经济信息、科技信息、人口信息、社会信息、法律信息、文化信息、心理信息、生态信息、竞争信息等各个方面的信息。企业内部信息是指来自企业的各种报表、计划、记录、档案的有关营销方面的信息。

2）依据决策的级别划分，可分为战略信息、管理信息和作业信息

战略信息是指企业最高层领导用于对企业方针、目标等方面进行决策的有关信息。它主要包括对新产品的研制、开发，对新市场的开拓，对设备的投资及服务方向的改变等决策信息。

管理信息是指企业一般管理人员在决策中所需要的信息。企业营销活动不仅要加强内

部管理,而且要接受国家的宏观调控,因此,管理信息既包括对现有资源的分配、应用、控制等有关计划方案的制订、执行、管理等方面的信息,即微观管理信息,又包括国家对企业的调控和管理的有关信息,如经济政策、经济杠杆、经济法规等。

作业信息是指企业日常业务活动的信息,主要包括商品的生产和供应信息、商品的需求和销售信息、竞争者动态信息等。

此外,市场营销信息还可以根据信息的表示方式分为文字信息和数据信息;根据信息的处理程度分为原始信息与加工信息;根据其稳定性分为固定信息和流动信息等。

3.1.3 市场营销信息系统的原则、构成和步骤

按照菲利普·科特勒教授提出的定义,市场营销信息系统是一个由人、机器和程序所构成的相互作用的复合体,企业利用此系统来收集、挑选、分析、评估和分配适当的、及时准确的信息,以利于营销管理者对市场营销计划进行分析、改进、执行和控制。这一定义既不单单从机器设备和计算机程序术语来解释,也不仅仅指对经过处理的营销信息的应用研究,它综合了以上两方面的内容,反映了三层含义:①市场营销信息系统是人、机器和计算机程序共同作用的复合体;②这一系统提供适当、及时和准确的信息;③它的服务对象是营销决策者。

市场营销信息系统分为传统的人工信息系统和以计算机为中心的现代信息系统两种。

传统的人工信息系统是通过人运用计算器、打字机、复印机、电话等工具来收集、处理、传递信息。它往往借助资料、报表、报告、账目等物质载体来传递信息,形成企业人员之间组成的营销信息系统。

以计算机为中心的营销信息系统是由人使用计算机对输入的信息进行分析、处理,以输出有用的信息。它通过计算机之间相互连接来传递信息,形成营销信息系统。

1. 建立市场营销信息系统的原则

随着商品经济的发展和企业管理的现代化水平的提高,建立以计算机为中心的信息系统势在必行。企业建立以计算机为中心的营销信息系统必须遵循以下原则。

1) 整体性原则

企业营销信息系统必须将企业的营销活动作为一个整体来看待,疏通企业内部的纵横关系,兼顾企业的现实运转和将来的发展。同时,企业信息从内容上要做到内外统一,当前需要与长远需要相统一,信息交流的形式与传递语言相统一。

2) 简洁、适当性原则

企业所加工和传递的信息应尽量简短明了,信息的处理过程应尽可能避免繁杂的手续,信息的筛选优化应以适当为标准。这样才能加快信息的流通,缩短信息流通时间,提高有效性。

3) 有效性原则

企业营销信息系统必须反映和满足企业营销活动的需要,适应企业营销决策和管理的要求。因此,营销信息系统要通过鉴别剔除无效或不适用的信息,选取有效、适用的信息。

2. 市场营销信息系统的构成

20世纪50年代以后，随着经济的增长和科学技术的迅猛发展，西方一些国家开始运用现代化管理技术和电子计算机进行营销信息的处理和应用。如美国米德·约翰逊公司、通用面粉公司、孟山都公司等都建立起作为企业中枢神经的市场营销信息系统。20世纪70年代以后，在美国、西欧、日本等国的许多公司中普遍建立以电子计算机数据处理为基础的市场营销信息系统。

在市场营销活动中使用信息，通常有三个目的：诊断、决策和控制。例如，当出现销售额低于预订目标时，对企业存在的问题进行分析，找出症结所在，这是任何一位谨慎的管理者在采取措施前一定会做的工作。即使对同一种现象，原因也是多种多样的，若不把原因剖析清楚，就无法对症下药。这个剖析过程就是不断把问题具体化，层层深入。首先要做的就是把问题阐述得尽可能详细，例如，是所有产品还是一种产品的销售额下降了？所有地区和客户的销售额是否都下降了？销售预测中的原有假设是否发生了变化？外部环境或我们的目标市场是否发生了一些出人意料的改变？竞争者是否采取了一些特殊的行动等。

企业的市场营销信息系统由内部报告系统、外部最新信息系统、市场营销调研系统和营销分析系统四个子系统组成，通过四个运行要素的运作，完成信息的沟通(图3.1)。

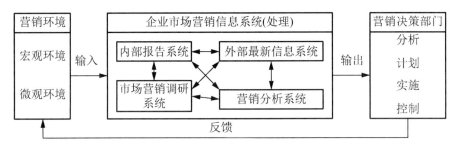

图 3.1　企业市场营销信息系统的构成

1) 内部报告系统

内部报告系统是反映企业内部目前营销活动状况的信息源。该系统主要报告有关企业各类产品的开发及其销售额、存货量、现金流动、应收应付账款等方面的瞬时信息和动态信息，为企业进行科学的销售管理、存货管理和客户管理，提高销售服务水平，降低销售成本，缩短销售周期提供依据。

(1) 提供销售信息，进行销售管理。提供各目标市场及总体市场每天或某段时期的销售实绩、销售成本及价格、实际销售与预定目标的百分比、本期与前期的销售增长额(率)、销售损益情况等信息，以及时发现销售中的问题，适时地调整销售策略及目标市场。

(2) 提供存货信息，进行存货管理。提供各个仓库的存货数量、出库量、入库量、运输线路及成本、缺货及调运情况等信息，为合理安排生产、发货和运输，及时进行补仓提供依据。

(3) 提供客户信息，进行客户管理。提供各客户的基本情况、订货数量及变动情况、收付款等信用情况,为争取有利客户及更多的订单、管理客户提供依据。

目前,很多企业都已建立计算机管理系统,决策者可以随时通过计算机查阅企业营销的有关信息。

2) 外部最新信息系统

外部最新信息系统是有关企业外部营销环境的发展变化的新动态的提供者。该系统可以通过互联网络及各种出版物、广告、资料等取得信息;也可以通过消费者、供应商、经销商、竞争者、内部员工等方面的反映来取得有关信息。

(1) 外部信息的收集。这种收集方法带有一定的偶然性。对于一个经营良好的企业来说,一方面,可以采取有效的办法鼓励销售人员去了解和报告新的变化。另一方面,企业还可以鼓励分销商、零售商和其他营销中介组织把重要的情报及时报告企业。此外,企业还要通过专业人士或专业机构收集营销情报,通过展销会、订货会、广告等了解竞争者信息;也可以从书籍、报刊、交流资料及网络上摘录有关信息,以此来提高市场营销情报的质量和数量。

(2) 外部信息的积累、处理与传递。信息系统的专职人员将信息按一定标准进行分类,建立营销信息资料库;并将重要信息摘录、编制成简报,供营销经理参阅;协助营销经理分析市场的新情况、新动态,为营销决策提供依据。及时取得并合理运用市场环境变化的最新信息,是企业不断发展、创新,取得竞争优势的前提和基础。

3) 市场营销调研系统

市场营销调研系统,就是企业市场营销人员为了特定的问题或机会而进行正式的调研。这种系统的建立可以系统地收集、分析和提出数据资料,以及提出跟企业所面临的特定的营销状况有关的调研结果。这个系统的主要任务是搜集、评估、传递管理人员制订决策所必需的各种信息。尽管调研的内容十分繁杂,但市场调研系统的主要任务是侧重于特定问题的解决,即对某一特定问题正式收集原始数据,并加以分析、研究,撰写报告。

该系统可由少量人员作为常设机构成员,也可以不设常设机构,由其他子系统成员兼任,负责某些特定调研问题的组织和联系工作,而具体的调研活动可由专业调研公司或专业研究机构承担。

4) 营销分析系统

营销分析系统又称为营销决策支持系统,是通过对以上三个子系统所提供的信息资料的科学分析,为决策者提供量化分析结论,进而提出多种决策建议,供决策者参考、选择的系统。该系统借助统计库和模型库中一系列统计分析模型和营销决策模型进行运作,是营销信息系统的高级处理系统。

市场营销信息系统是一个十分重要的信息处理系统,它对于企业进行信息分析的作用越来越重要。一般来讲,理想的市场营销信息系统一般应具备如下特征。

(1) 它能向各级管理人员提供从事其工作所需的一切信息。

(2) 它能够对信息进行选择,方便各级管理人员获得与他能够且必须采取的行动有关的信息。

(3) 它提供信息的时间限于管理人员能够且应当采取行动的时间。

(4) 它提供所要求的任何形式的分析、资料与信息。

(5) 它所提供的信息一定是最新的，并且提供的信息的形式都是有关管理人员最易了解和消化的。

3. 建立企业营销信息系统的步骤

建立企业营销信息系统的步骤，一般分如下三步进行。

(1) 分析：根据系统目标，进行调研、分析，提出系统的模型。

(2) 设计：根据以上分析，确定系统结构、确定子系统和储存方式、系统流程图等。

(3) 实施：包括程序设计、程序和系统的调试、技术文件的编写、系统转换及系统评价等内容。

企业的市场营销信息系统是一个有机整体，由输入、处理、输出、反馈四个运行要素组成。

(1) 输入：是指将企业内部和外部的有关企业营销的各种信息收集起来。如有关政策的变化、商品行情、价格变化、竞争者动态和消费者需求动态等。

(2) 处理：是指对原始信息的加工、鉴别、筛选、分类、编码和储存等一系列活动。

(3) 输出：是指将处理过的有用信息提供给企业决策者和管理部门，作为决策的依据。

(4) 反馈：也是一个输入过程，是将信息输出后而产生的反应再输入信息系统。

3.2　市场营销调研

营销学家菲利普·科特勒对市场调研的定义是："系统地设计、收集、分析并报告与公司面临的特定市场营销情况有关的数据和调研结果。"企业要作出正确的市场营销决策，就必须通过市场营销调研，及时准确地掌握市场情况，使决策建立在坚实可靠的基础之上。一般来说，企业市场营销决策的正确与否，取决于决策者的能力与素质、企业的内部条件以及企业所面临的一定的市场营销外部条件这三个因素。其中，决策者的能力与素质，以及企业的内部条件，常常是已知的、确定的，而企业所面临的市场营销外部条件，则是未知的、不确定的。所以，企业市场营销决策失误的风险，主要来自企业外界市场营销条件的不确定性，减少这种不确定性是市场营销调研的重要任务。

3.2.1　市场营销调研的内容

1. 市场营销环境调研

市场环境是影响市场需求和企业营销的重要因素。企业的市场研究必须了解市场环境的变化及其对企业营销的影响。市场环境的调研主要包括以下内容。

(1) 政策法令的变化。掌握一定时期内政府关于产业发展、财政、税收、金融、价格和外贸等方面的政策和法令；调研和分析在这些政策法令影响下市场的变化情况。

(2) 经济和科技的发展。掌握一定时期内社会生产总值及社会商品购买力的变化；了解新技术、新材料、新工艺及新产品的开发和问世情况；了解原材料及能源供应情况；分析经济与科技的发展对企业营销的影响。

（3）人口状况调研。了解目标市场人口的数量、构成的变化；掌握各类人的生活习俗、购买动机、购买习惯及其对市场的影响。

（4）社会时尚的变化。掌握一段时期内某些消费行为在广大群众中的流行趋势和流行性影响；分析时尚的流行周期及其对市场的影响作用。

（5）竞争状况调研。了解竞争者的生产状况、经营状况及其规模、特色；掌握竞争者所采取的各种营销策略及其对市场的影响。

 营销案例

20世纪80年代初，虽然可口可乐在美国软饮料市场上仍处于领先地位，但由于百事可乐公司多年的促销攻势，以口味试饮来表明消费者更喜欢较甜口味的百事可乐饮料，并不断蚕食可口可乐的市场份额。为此，可口可乐公司以改变可口可乐的口味来对付百事可乐对其市场的侵吞。可口可乐公司花费了两年多的时间，投入了400多万美元的资金，最终开发出新可乐的配方。在新可乐配方开发过程中，可口可乐公司进行了近20万人的口味试验，仅最终配方就进行了3万人的试验。研究人员在不加任何标识的情况下进行比较试验，试验结果是：在新老口味可乐之间，60%的人选择新口味可乐；在新口味可乐和百事可乐之间，52%的人选择新口味可乐。1985年5月，可口可乐公司将口味较甜的新可乐投放市场，同时放弃了原配方的可乐。在新可乐上市初期，市场销售不错，但不久就销售平平，并且公司开始每天又从愤怒的消费者那里接到1500多个电话和很多的信件，一个自称原口味可乐饮用者的组织举行了抗议活动，并威胁除非恢复原口味的可乐，否则将提出集体诉讼。1985年7月中旬，即在新可乐推出的两个月后，可口可乐公司恢复了原口味可乐的销售，在市场上新口味可乐与原口味可乐共存，但原口味可乐的销售量远大于新口味可乐的销售量。事后可口可乐公司公司了解到，消费者对原口味可乐的喜爱并非单纯的口感，一个重要的原因是将原口味可乐与美国文化相联系，公司放弃原口味可乐意味着对美国传统文化的否定，自然会受到消费者的抵制。

2．市场需求调研

市场需求调研主要包括以下几方面的内容。

（1）市场需求总量及其构成的调研。了解市场上可支配的货币总额、用于购买商品的货币额及投放于各类商品的货币额的变化情况，掌握行业及相关行业的市场需求状况，掌握市场的供求关系及其变化情况。

（2）各细分市场及目标市场的需求调研。了解各细分市场及目标市场的现实需求量和销售量，分析产品市场的最大潜在需求量、各细分市场的饱和点及潜在能力、各细分市场的需求量与行业营销努力的关系。

（3）市场份额及其变化情况调研。了解本企业及竞争对手产品的市场地位、市场份额及其变化情况，掌握市场上对某类产品的需求特征及其原因和规律性。

3．产品状况研究

从市场营销的角度来看，产品要满足市场的需要，一是要注重产品的性能质量；二是要注重产品外形及品牌包装；三是要注重产品的服务。产品状况的调研主要包括以下几方面的内容。

（1）产品实体研究。了解产品的市场生命周期，分析产品所处的生命周期的阶段，了解消费者对产品的耐用性、耐久性、坚固度等性能的要求；了解消费者对产品的特殊性能的要求及其变化,如对食品的甜度、色度、香度和口感的特殊爱好等。

(2) 产品形体研究。调研各个市场对各种色彩、图案的偏好和禁忌,了解各市场中各种色彩和图案的象征意义和情感。调研了解各市场对产品规格的要求,如尺寸大小、轻重等。调研了解市场对产品包装的要求,如对于运输包装,需了解运输过程中各环节的装卸、储存、防盗要求及温湿度等。

(3) 产品服务研究。了解市场对售前、售中、售后服务的要求,以及企业所进行的一系列服务活动的效果,为改进服务、提高服务水平提供依据。

4. 产品价格研究

产品价格研究主要包括以下几方面的内容。

(1) 产品成本及比价的研究。了解产品生产、经营过程中的各种成本费用、为合理定价提供依据,了解同一时期同一市场上各种相关产品之间的比价关系,了解同类产品消费者可以接受的各种差价。

(2) 价格与供求关系研究。调研研究各种产品的供求曲线和供求弹性,为合理制订和调整价格策略提供依据。

(3) 定价效果调研。了解本企业产品与竞争对手同类产品的价格差异及其对需求的影响,了解产品价格的合理性及价格策略的有效性,调研分析调整价格和价格策略的可行性和预期效果。

5. 销售渠道的研究

销售渠道的研究主要包括以下几方面的内容。

(1) 现有销售渠道的研究。了解本企业产品现有销售渠道的组成状况,各组成部分的作用及库存情况,渠道组成部分被竞争者利用的情况及其对各企业的态度,各渠道环节上的价格折扣及促销情况。

(2) 经销单位调研。了解各经销单位的企业形象、规模、销售量、推销形式、顾客类型、所提供的服务等。

(3) 渠道调整的可行性分析。了解新建渠道的成本、费用及预期收益,为合理调整销售渠道提供依据。

6. 广告及促销状况的研究

广告及人员推销、营业推广、公共关系等促销措施的合理运用,对企业产品的销售起着重大的催化作用。了解和分析企业的促销状况是企业进行市场调研的重要内容,广告及促销状况的研究主要包括以下几方面。

(1) 广告及促销客体的研究。需要运用广告等手段进行宣传和促销的产品及企业是促销的客体。调研了解欲宣传的企业及产品的情况,为合理选择促销手段、正确制订促销组合策略提供依据。

(2) 广告及促销主体的研究。承接和从事广告等促销活动的单位和个人是促销的主体,包括促销活动的决策者、设计者和操作者。了解可能承担促销任务的各个组织的业绩和素质,以便合理选择促销主体(如广告公司等)。

(3) 广告及促销媒体的研究。了解各种广告媒体及各种促销媒体的特征、费用及效果，以便正确选用促销媒体。

(4) 广告及促销受众的研究。了解目标市场消费者的生活习俗、购买习惯及消费心理，以便有针对性地开展促销活动。

(5) 广告及促销效果研究。运用定性和定量的方法，分析各种促销手段的认知率、促销率及收益成本比，以合理进行促销决策。

7. 企业形象的研究

企业形象是指企业及其产品在社会公众心目中的地位和形象。企业形象的研究主要包括以下内容。

(1) 企业理念形象的研究。调研了解企业高层领导的经营观念、经营风格与信条；调研了解企业组织的文化氛围、员工素质。通过调研和分析，为企业形象的理念精神系统的设计及企业的社会风格定位提供依据。

(2) 企业行为形象的研究。调研了解企业的经营现状、发展战略、同行业及同类产品的竞争态势和特色；调研了解企业的社会责任、公益活动、公共关系活动的实施状况及其效果。通过调研和分析，为企业的经营行为的规范化系统设计和企业的市场定位提供依据。

(3) 企业视觉传递形象的研究。调研了解企业的知名度及宣传措施；调研了解社会公众对企业的印象；了解和征询企业标志系统。通过调研和分析，为企业的象征图案、文字、色彩等标志系统的设计，以及包括大众媒体和非大众媒体在内的视觉传递系统的策划提供依据。

3.2.2 市场营销调研程序

市场营销调研是一种有计划、有组织的活动，必须遵照一定的工作程序，才能有条不紊地实施调研，取得预期的效果。市场营销调研的程序一般可分为确定调研主题与调研目标、制订调研计划、实施调研计划、确定费用预算四个阶段。

1. 确定调研主题与调研目标

在市场营销决策过程中，涉及的内容非常广泛，需要进行调研的问题也很多，不可能通过一次市场调研解决决策中所面临的全部问题。因此，在组织每次市场营销调研活动的时候应当首先找出需要解决的最关键、最迫切的问题，选定调研主题，明确这次调研活动要完成什么任务、实现什么目标。在确定调研主题时，调研主题的界定不能太宽泛，避免调研主题不明确、不具体的现象。当然，调研主题的界定也不能太窄、太细微，否则就不能通过调研充分反映市场营销的情况，使调研不能起到应有的作用。

根据调研主题的性质和调研目的的不同，调研项目可以分为探索性调研、描述性调研和因果关系调研三种类型。

1) 探索性调研

一般是在调研主题的性质与内容不太明确时，为了了解问题的性质、确定调研的方向与范围而进行的搜集初步资料的调研。如一个企业在自身的经营活动中发现近几个月产品销售量有所下降,其原因可能是竞争者争夺了市场、市场上出现了新的替代品、消费者的爱好发生了变化和企业产品质量出了问题,此时,企业就可以通过探索性调研寻找症结,通过探索性调研,可以了解情况,发现问题,还可以从人们司空见惯的市场现象中发掘出对市场营销决策有积极意义的新因素。

2)描述性调研

描述性调研是一种常见的调研,通常是对市场营销决策所面临问题的不同因素、不同方面现状的调研研究。描述性调研强调资料数据的采集和记录,着重于客观事实的静态描述。如果钢琴生产厂家面临着企业营销战略的调整,需要对今后5～10年内的钢琴需求发展变化做出分析与预测,而长期的战略调整依赖于对现实及未来相关情况的了解,需要对城乡居民的收支结构及变化情况,钢琴的社会拥有率和饱和普及率,以及现有钢琴厂家的生产现状等情况进行全面调研。此类调研基本上属于描述性的调研。

3)因果关系调研

因果关系调研是为了分析市场营销活动的不同要素之间的关系,查明导致某些现象产生的原因而进行的调研。企业在经营活动中,多种因素之间存在着许多关联,如有些数量是企业自身可控制的变量,如产品产量、价格、人员及费用开支等;有些则不同,其变化受多种因素的影响,如销售额、产品、成本、企业利润等,要受到相关因素的影响。通过因果关系调研,要搞清某种变量的变化究竟受到哪些因素的影响,多种因素的变化对变量的影响程度如何,以及这些影响因素将会发生怎样的变化等。

面向营销调研行业的道德问题

在营销调研过程中会涉及许多道德问题,这些道德问题出现在调研提供者和调研委托者之间,也出现在调研提供者和研究对象之间。

一、调研提供者和调研委托者之间的道德问题

1. 调研的真实性。
2. 对待调研委托者和调研提供者的公平性。
3. 研究结果的保密性。
4. 调研提供者在调研委托者的目标和社会舆论选择之间的道德问题。

二、调研提供者和研究对象之间的道德问题

1. 是否揭示真相。
2. 不诚实地许诺匿名。
3. 隐私权问题。

三、调研提供者和公众之间的道德问题

1. 不完整的报道。
2. 给人误导的报道。
3. 不真实的研究内容。

资料来源:[美]阿尔文·C·伯恩斯,罗纳德·F·布什. 营销调研[M]. 2版. 梅清豪,周安柱,徐炜熊,译. 北京:中国人民大学出版社,2001.

2. 制订调研计划

调研专题与调研目的确定之后，市场营销调研人员就应当准备一份专门的调研计划。调研计划的内容包括资料来源、调研对象、调研方法、费用预算等项目。

1) 确定资料来源

调研计划必须考虑资料来源的选择。调研资料按其来源分类，可分为第一手资料和第二手资料。

第一手资料指为了调研的目而采集的原始资料。大部分市场营销调研项目都需要采集第一手资料。采集第一手资料的费用一般比较高，但得到的资料通常与需要解决的问题关系更为密切，采集第一手资料常常来自现场调研。

第二手资料指为了调研目的而采集的现成资料。市场调研人员常常以查阅二手资料的方式开始调研工作。有时候市场调研人员不必搜集第一手资料，仅凭第二手资料便可以部分地甚至完全解决面临的问题。第二手资料的来源非常广泛，市场调研人员既可以利用内部资料来源，又可以利用外部资料来源。常见的内部资料来源有企业的财务报告、资金平衡表销售统计及其他报表档案等；常见的外部资料来源有政府公报与文件、书籍、报纸、期刊、网络资料，商品目录和广告等。第二手资料提供了市场调研的起点。与收集第一手资料相比，收集第二手资料的费用通常要低得多，花费的时间也比较少。但是，市场调研人员常常不容易找到现成的第二手资料，或者现成的资料已经过时，而且不精确、不完善，所提供的信息不可靠。在这种情况下，调研人员就不得不花费较多的时间与费用去收集更为准确、适用的第一手资料了。

2) 确定调研对象

根据市场调研对象范围的大小，市场营销调研可以分为普遍调研和抽样调研两大类。

普遍调研可以获得全面的统计数字，但实施起来费时费力，成本太高，通常只是由政府机构为了某些特定的目的才采用，如人口普查、经济普查等，在市场营销调研中则极少使用普遍调研。抽样调研是对调研对象总体中的若干个体进行调研，市场营销调研通常采用抽样调研的方法。

抽样调研的种类很多，一般可分为非随机抽样调研和随机抽样调研两大类。非随机抽样调研的样本是由调研者凭经验主观选定的，因而选取的样本能否代表调研的总体，取决于调研者的经验与判断，容易受到调研者主观意识的影响，使得调研结果误差较大，不能正确地反映调研对象总体的实际情况。如果调研人员经验丰富，有时非随机抽样也不失为一种简便的抽样调研方法。

随机抽样调研是根据随机原则从调研总体中选取一部分调研对象作为调研样本，用样本数据推算总体的一种调研方法。根据随机原则抽样，可以排除抽样时主观意识的干扰，使总体中每一个个体被抽取的机会都是均等的，从而保证了样本对总体的代表性。这样，就可以根据抽样调研的结果来推算总体的情况。由于随机抽样的特点和优越性，它在市场营销调研中被广泛运用。

根据抽样技术的差别，主要有以下几种抽样方式。

(1) 随机抽样。

随机抽样即样本的确定不受人们主观意志所支配，而是采取一定的统计方法进行抽取，总体中的每一个个体被抽取的机会是等同的。具体的随机抽样方法有如下几种。

单纯随机抽样法。首先将总体中的全部个体随意地标上不同编号，然后按照事先确定的样本数，利用"乱数表"或"号码机"随机地抽出调研样本的号码，对所抽取的样本进行调研。

系统抽样法。首先将总体中的全部个体按照一定的顺序（如按收入的高低等）编上号；然后按事先确定的样本数分为 n 段，每段中所含个体数（即间隔）相等；再在第一段中随意抽出一个个体，作为调研样本，并按每段间隔数确定各段中的样本。这样，就能按等间隔抽取代表各种特征的样本，作为调研对象。

分层随机抽样法。首先将调研总体按照不同特征进行分类，然后按各类样本占总体的比例，在各类样本中运用单纯随机抽样法抽取相应数量的调研样本进行调研。

分层抽样时，各层之间具有显著的差异性，而每层内部的各个个体具有某种共同的特征，因此，用分层抽样法抽取样本可以避免单纯随机抽样法所抽出的样本集中于某种特征，而遗漏另外一些特征的调研对象的缺点，而且兼顾了各特征个体所占的比例，从而增强了样本的代表性和普遍性。

分群随机抽样法。首先将调研总体分成若干个区域（群），然后选择一群或数群，在其中运用分层抽样或单纯随机抽样法抽取样本进行调研。

(2) 非随机抽样。

非随机抽样法抽取的样本往往受调研者主观因素的影响，抽样方法主要有如下几种。

便利抽样法。样本的选择完全按调研人员的方便而定。例如，在市场上将某段时间内所遇到的消费者作为调研样本。

判断抽样法。调研者根据经验来确定调研对象。市场营销调研中，常用的判断抽样法主要有典型调研和重点调研两种。典型调研是以某些典型个体作为调研对象，一般以"中等水平"或"平均水平"的个体作为典型来进行调研。重点调研是以一部分对企业的市场营销活动起决定作用的重点对象为样本进行调研。

配额抽样法。调研者根据调研项目的需要，事先确定各类调研对象所占比重，按照分配的数额来进行抽样。

3. 确定调研方法

市场调研中对数据资料的采集可以借助于三种常用的调研方法：询问法、观察法和实验法。

1) 询问法

询问法是一种双向沟通调研法，它包括口头询问调研与通信调研。采用口头询问调研时，市场调研人员可以逐个询问单个的调研对象，也可以借助座谈会的形式，一次调研一组对象。口头询问调研法比较灵活，反应迅速，可以把调研对象的回答当场记录下来。通信调研一般采用调研表的形式，它是将调研表通过邮寄方式发出，要求调研对象自己将调研表填好寄回，也可以采用其他的通信技术如电话、传真、电子邮件等方式进行调研。通信调研的成本比较低，一次可对大量调研对象进行调研，还可以利用电子计算机等先进手段迅速处理调研得来的数据资料，是发达国家企业常用的调研方法之一。

2) 观察法

观察法是一种单向调研法，主要是由市场调研人员通过直接观察人们的行为，进行实地记录，以获得所需资料的方法。采用观察法取得的资料的客观性比较好，但缺点是只注意观察事物的表面现象，容易忽略探索事物内在的因果关系。这种缺点是由观察法本身的局限性带来的。例如，通过观察消费者的购买行为，可以发现消费者购买行为的倾向性，但是不易观察到消费者这一特定的行为倾向背后隐藏的心理动机。观察法的这一缺陷，可以通过其他的调研方法加以弥补。

3) 实验法

实验法是一种较为正规的方法。它是通过小规模的市场进行实验，采用适当的方法记录事态的发展和结果。实验法的具体做法是调研人员首先将实验对象分组，在保证环境因素不变的情况下，每个组即为一个实验组，通过实验，比较不同小组的变化，并观察条件变化时对实验对象的影响。如果在剔除外来因素或可控因素的影响后，实验结果与条件变化有关，则说明一个事物(或市场现象)的变化会受到另一个因素的影响。因此，因果调研常采用此法。其优点是可以分析出各个实验对象受其他因素的影响程度，确定其影响因素的构成。缺点是技术性较强，实验成本较高，而且，当市场环境发生变化时，实验结果不具有代表性。

4. 确定费用预算

费用预算是制订调研计划时要考虑的一个重要内容。任何调研项目都是要花钱的，没有充足的经费，就无法进行营销调研。如果一项调研的费用大于实施调研后可能取得的收益，那么，这项调研也就失去了意义。因此，市场调研人员在制订调研计划时必须仔细地估算用于市场调研的费用，将费用预算编入调研计划，呈报主管部门或主管人员审批。

3.2.3 实施调研计划

实施调研计划包括三个步骤：数据资料的收集、加工处理和分析。

1. 数据资料的收集

在实施调研计划时，数据资料收集阶段往往是费用最高、也最容易出现错误的阶段。营销调研的主管人员必须密切地监督调研现场的工作，防止调研中出现偏差，以确保调研计划的实施。比如，在进行观察法调研时，要防止调研人员出现遗漏信息等差错；在进行询问法调研时，要防止调研人员有意或无意地诱导调研对象作出带有倾向性的、不诚实的回答，要协助解决可能发生的调研对象拒绝合作等问题；在进行实验法调研时，要正确控制实验条件，保证获得的实验结果的客观性和可靠性。

2. 数据资料的加工处理

对收集到的数据资料必须经过科学的加工处理，才能做到去伪存真、去粗存精。数据资料的处理包括对调研资料的分类、综合与整理。如果用电脑分析调研资料，还需将收集来的数据资料进行编辑处理后输入电脑。数据资料加工处理中的关键是保证信息的准确性与完整性。

3. 数据资料的分析

调研资料经过加工处理后，就可以对它进行分析，以获得调研结论。依资料分析的性质不同，可分为定性分析与定量分析；依资料分析的方式不同，可分为经验分析与数学分析。当前的趋势是，越来越多的企业借助数学分析方法对调研资料进行定量分析。人们通常认为，利用先进的统计学方法和决策数学模型，辅之以经验分析与判断，可以较好地保证调研分析的科学性和正确性。目前市场上出现的一些商品化的电子计算机数据处理软件，可供人们在调研分析中方便地处理信息量日益增多的市场营销调研资料。

3.2.4 提出调研报告

在对调研资料分析处理的基础上，调研人员必须得出调研结论，并以调研报告的形式总结汇报调研结果。

市场营销调研报告有两种常见的形式：一种是技术性报告，它着重报告市场调研的过程，其内容包括调研目的、调研方法、数据资料处理技术、主要调研资料摘录、调研结论等，主要供市场调研人员阅读；另一种是结论性报告，它着重报告市场调研的成果，提出调研人员的结论与建议，供营销决策主管人员参考。

小公司调研五条建议

(1) 像做销售一样做调研。

看到"市场调研"，也许你想到的是数据表和圆形分格统计图表，在介绍新产品或开展新业务之前的第一步应该是按照你计划销售的方式对潜在消费者进行访问。"如果你亲自销售，你就亲自调研；如果你电话销售，你就电话调研"。如果你不知道该找谁谈，那星期六早上带个纸夹到商场去，你必须跟你认为会购买你的产品的消费者有直接沟通。

(2) 关注公共数据。

各类网站上有你能用的统计信息，通常十分精确。想在早上乘车期间与你的顾客接触吗？查出你的国家大多数人几点去上班吧。想开个婴儿服装公司吗？看看去年有多少妇女生产吧。你可以不花一分钱就能在国家的数据库上搜索到关于金融、住房、农业和进出口的信息，很多数据是免费的。

(3) 雇用商学院的学生。

你也许请不起专业的研究专家，但你可以给当地的商学院打电话，看看某个营销班能不能帮你满足研究需要。许多教授很希望通过小企业主的项目给学生布置作业，学生也能从实战经验中获益。

(4) 网上调研。

你可以从一堆网上调研公司选择任何一家来做快速的产品或服务调研。把调研的问题放在博客或网站的空间中。营销专家的顾虑在于采用网上样本可能不如专业调研精确。但网上调研能提供又快又便宜的解决办法。

(5) 创建一个网络社区。

3.3 市场需求测量与预测

3.3.1 市场需求测量

市场需求测量,是指依据有关市场的信息、资料进行分析而做出对市场需求发展趋势的判断。企业进行市场预测实际上就是要对市场需求进行预测,这样才可以避免或减少经营决策中的失误,使企业紧跟市场需求的脚步,持续、稳定、协调地发展。

企业中的营销管理人员评估营销机会的第一步是估计总的市场需求。产品市场需求是在确定的地理区域、确定的时间、确定的市场环境中确定的顾客群,在一项确定的营销方案中总购买量的估计值。

市场需求不是一个固定的数字,而是上述各种条件的函数。因此,它也被称为市场需求函数。市场总需求与环境条件存在依存关系,在没有任何支出刺激市场需求的条件下,仍存在一些基本销售量,称其为最低需求量。产业的营销支出水平越高,市场需求的水平会越高,其增加率则是先递增而后递减。以果汁饮料为例,当所有的竞争对手来自于其他类型的饮料时,营销支出的增加会帮助果汁饮料异军突起,增加需求量和销售额。当营销支出水平超过某一水准后,便无法再刺激更多的需求,因此达到市场需求的上限。

市场低需求量和市场潜力两者之间的差距,可显示整体需求的营销敏感性。我们可以设想两个极端类型的市场,可扩张市场和不可扩张市场。例如,户外运动市场是受产业营销支出影响的可扩张市场,其总规模颇受产业营销支出水平的影响。而每周垃圾的清理则是一个非扩张市场,它受营销支出水平的影响就不大。在不可扩张市场上进行销售的公司,可以认为市场的规模(对一种产品的基本需求水平)是固定的,然后集中营销资源为该产品获取更大市场份额,即公司产品的选择性需求的更高水平。

将目前市场需求程度除以潜在需求程度,可以获得市场渗透指数。较低的市场渗透指数表明所有公司都有巨大的增长潜力;较高的市场渗透指数表明需要花费更多的成本以吸引市场中剩下的潜在顾客。一般来说,市场渗透指数很高时,市场中的价格竞争会更激烈,利润会降低。

公司也可以将其目前市场占有率除以潜在市场占有率,可获得公司的市场占有率渗透指数。低市场占有率渗透指数表明公司可以大幅度扩张它的份额,其背后的原因可能是品牌认知度尚低、品牌可获得程度不高、获利不足、价格太高等。公司应当计算移除哪些获利不足的投资可以提高市场占有率渗透指数,并分析哪些投资可以使市场占有率渗透指数达到最大。

3.3.2 市场营销预测的类型

市场营销预测是指通过对市场营销信息的分析和研究,寻找市场营销的变化规律,并以此规律去推断未来的过程。市场营销预测可以根据不同的标准分为不同的类型。

1. 根据预测范围划分,可分为宏观预测与微观预测

宏观预测是指对影响市场营销的总体市场状况的预测。主要包括对购买力水平、商品的需求总量及构成、经济政策对供求的影响等方面的预测。

微观预测是从一个局部、一个企业或某种商品的角度来预测供需发展前景。其主要任务是掌握本企业供应范围内商情的变化情况，为合理安排市场供应，扩大销量，提高企业经济效益提供依据。微观预测主要包括商品的资源、销售、库存情况以及企业的市场占有率和经营效果等情况的预测。

2．根据预测期的长短来划分，可分为长期预测、中期预测和短期预测

长期预测一般指5年以上的预测；中期预测是指1～5年的预测；短期预测是指一年以内的预测。中、长期预测主要用于宏观预测，主要任务是为制订长远规划和长期计划提供依据。短期预测的主要目的是为制订年度、季度计划，安排市场供应提供依据。

3．根据预测时所用方法的性质来划分，可分为定性预测和定量预测

定性预测是根据调研资料和主观经验，通过分析和推断，估计未来一定时期内市场营销的变化。市场调研预测法和经验判断预测法就是以定性为主的预测方法，这是我国目前营销预测中常用的方法。

定量预测是根据营销变化的数据资料，运用数学和统计方法进行推算，寻找营销变化的一般规律，对营销变化的前景作出量的估计。在预测中，往往是将定性预测与定量预测相结合，进行综合预测。

 知识链接

特性是事物的重要特征或者本质，而量则是数量；特性表示的是什么，而量表示的则是多少。定性是指含义，用来描述事物的特性的定义、类比、模型或者隐喻，而定量则是假设含义，指的是事物的测量值。

资料来源：[美]唐纳德·R·库珀，帕梅拉·S·辛德勒．商业研究方法[M]．7版．郭毅，詹志俊，译．北京：中国人民大学出版社，2006．

3.3.3 市场营销预测的步骤

市场营销预测的步骤主要包括以下几方面。

1．确定预测目标

预测目标的确定依据有：各时期的任务、上级布置的预测任务、本单位制订计划的需要、本单位急需解决的问题等。

2．收集整理资料

根据预测目标的要求进行营销调研，取得所需要的资料，并将资料进行整理，为预测做好充分准备。

3．选定预测方法

市场预测方法很多，根据不同的标准其分类方式也不同，通常可分为两大类，即定性分析方法和定量分析方法。

4．分析预测误差，调整预测结果，做出最终预测

对于各种定量预测的结果，运用相关检验、假设检验及插值检验的方法来分析预测误

差,进行可行性分析。并结合预测期间的政治经济形势,调整预测结论,做出最终预测。

3.3.4 市场营销预测的内容与方法

开展市场预测,必须有科学的方法。市场预测最主要的是需求预测,其方法很多,但主要有两类方法:定性分析方法和定量分析方法。

1. 定性分析方法

定性分析方法是指预测者通过调研研究,了解实际情况,凭自己的实践经验和理论、业务水平,对各种资料进行综合分析,来预测市场未来的变化趋势的方法,也称为判断预测或调研预测。这种方法简便易行,因为不需要太多的技术设备和数学基础作支持,一般比较容易普及和推广。定性预测的准确程度,由于主要取决于预测者的经验、理论、业务水平以及掌握的情况和分析判断能力,因此,带有一定的主观片面性。

定性分析方法主要有以下几种。

1) 购买者意向调研法

在营销环境和条件既定的情况下,通过向购买者调研其购买意图,预测顾客可能采取什么购买行为。它是一种潜在消费量的调研,通常通过定期抽样调研来实现。此外,要对顾客目前和将来的个人财务状况以及他对未来经济发展的看法进行调研,以便企业可以利用所获得的预测信息组织生产。采用这种方法,调研人员可以在访问时取得更多的信息资料,可以在进行总体市场需求预测的过程中掌握各行业和各地区的市场需求估计量。

2) 销售人员意见综合法

当调研者难以与顾客直接见面时,企业可以通过听取销售人员的意见来估计市场需求。这种方法是利用销售人员接近购买者,同其他人相比,销售人员对顾客有较全面的了解,有更充分的认识和洞察力,这样,由每一位销售人员对每位现行的和潜在的顾客做出估计会更具敏锐性,可以更好地把握未来市场销售的发展趋势。采用此法,仍存在一些不足,如销售人员的判断会有某些偏差,他们的判断可能是天生乐观或悲观,也可能由于受近期销售的成功与失败的影响而使他们的判断走向极端。

例如,某贸易公司有正、副经理共 2 人,负责某商品销售的营业员有 3 人,他们对下期的销售情况作了估计,见表 3-1。

表 3-1 各类人员对下期销售情况的预测

		营业员			经 理	
		甲	乙	丙	正	副
最低	销售量	240	200	250	280	300
	概率	20%	10%	10%	15%	10%
最可能	销售量	300	280	320	340	350
	概率	60%	70%	80%	75%	75%
最高	销售量	350	320	400	400	400
	概率	20%	20%	10%	10%	15%

首先计算每个人的期望预测值。营业员甲的预测值为：
$$240 \times 20\% + 300 \times 60\% + 350 \times 20\% = 298$$
同理可计算其余每个人的期望预测值分别为：

营业员乙：280

营业员丙：321

正经理：337

副经理：352.5

然后，计算各类人的平均预测值。假定三个营业员的预测水平相当，此时
$$营业员的平均预测值 = (298 + 280 + 321) \div 3 \approx 300$$
假定两位经理的预测水平也基本相同，那么
$$经理的平均预测值 = (337 + 352.5) \div 2 \approx 345$$
最后，计算综合预测值。假定在该企业中，经理们由于掌握情况比较全面，预测能力也比营业员要强一些，因此，分别给予经理和营业员权数为2和1，进行加权平均。得：
$$综合预测值 = (345 \times 2 + 300 \times 1)/3 = 330$$
由此，可以预测该商品下期销售量可能是330单位。

3）专家意见法

专家意见法是通过征询专家意见取得预测结果的方法。所谓专家主要是指经销商、供应商、营销顾问及其他一些营销方面的专业人员。这种方法进行预测的准确性完全取决于专家的专业知识和与此相关的科学知识基础以及专家对市场变化情况的把握。因此，运用此法要求企业所选择的专家必须具备较高的专业水平。专家意见法目前主要有三种形式。

（1）小组讨论法：通过专家召开会议集体讨论，得出预测结果。

（2）单独预测集中法：即由专家给出预测值，然后由项目负责人对其进行综合分析得出预测结果。

（3）德尔菲法：德尔菲是古希腊城名，相传城中阿波罗圣殿能预测未来因而命名。德尔菲法是20世纪40年代末美国兰德公司的专家们为避免集体讨论存在的屈从于权威或盲目服从多数的缺陷提出的一种定性预测方法。为消除成员间的相互影响，参加的专家可以互不了解，它运用匿名方式反复多次征询意见和进行背靠背的交流，以充分发挥专家们的智慧、知识和经验，最后汇总得出一个能反映群体意志的预测结果。德尔菲法的一般工作程序如下。

① 确定调研目的，拟订调研提纲。首先必须确定目标，拟订出要求专家回答问题的详细提纲，并同时向专家提供有关背景材料，包括预测目的、期限、调研表填写方法及其他的希望、要求等说明。

② 选择一批熟悉本问题的专家，一般至少为20人左右，包括理论和实践等各方面的专家。

③ 以通信方式向各位选定专家发出调研表，征询意见。

④ 对返回的意见进行归纳综合、定量统计分析后再寄给有关专家，如此往复，经过三四轮，意见比较集中后进行数据处理与综合，得出结果。每一轮时间约为7～10天，总共约一个月左右即可得到大致结果，时间过短由于专家很忙难于及时反馈，时间过长则外

界干扰因素增多,影响结果的客观性。

这种方法的优点主要是简便易行,具有一定科学性和实用性,可以避免会议讨论时产生的害怕权威而随声附和,或固执己见,或因顾虑情面不愿与他人意见冲突等弊病;同时也可使大家发表的意见较快收敛,参加者也易接受结论,具有一定程度综合意见的客观性。但缺点是由于专家的时间紧,回答往往比较草率,同时由于预测主要依靠专家,因此归根到底仍属专家们的集体主观判断。此外,在选择合适的专家方面也较困难,征询意见的时间较长,对于需要快速判断的预测问题难于使用等。

2. 定量分析方法

定量分析法是依据市场调研所得的比较完备的统计资料,运用数学特别是数理统计的方法,建立数学模型,用以预测市场变化未来数量表现的方法的总称。常用的方法主要有时间序列分析预测法和因果分析预测法两大类。

时间序列分析预测法就是应用数学方法找出时间数列的发展趋势或变化规律,并使其向外延伸,预测市场未来变化趋势的一种定量预测方法。由于这种方法考虑影响预测目标的因素只是时间,所以时间序列预测法的目的是力求寻找预测目标随时间变化的规律。

因果分析预测法,是从市场变化的因果关系本质入手,用统计方法研究市场变量之间相互影响、相互依存关系的一种定量预测方法。

3. 定量分析方法应用举例

1) 市场需求量预测

市场需求量的大小,既与行业的营销努力有关,又受市场营销环境中诸因素变化的影响。商品的市场需求量的预测,可以依商品的特征,通过对诸影响因素的分析,分别采用市场研究预测法、时间序列预测法、回归预测法等方法来进行预测。

例如,对于某地区某家用电器的需求量的预测用市场研究预测法进行预测。

由于消费者对耐用消费品购买的计划性,使得市场研究预测法在耐用消费品的需求预测中得以成功运用。预测步骤如下所述。

(1) 取得样本资料。以固定样本或根据预测需要以典型抽样或随机抽样所抽取的样本作为调研对象,通过对调研对象的直接访问或问卷调研,了解该商品的社会拥有量以及计划期间需要购买的数量、品种、规格、购买能力、购买要求等。

(2) 统计计算。根据调研取得的样本资料,计算每百人(户)的拥有量(即:样本拥有量÷样本数×100)、计划期间每百人(户)的需求量(即:样本需求量÷样本数×100)以及各收入层需求情况、对各不同规格商品的需求情况等。

(3) 推算计划期间该商品的需求量。根据计划期间每百人(户)的需求量及该地总人(户)数进行推算。计算公式为:计划期需求量=每百人(户)需求量×总人(户)数÷100。

例如,某地通过对400户家计调研点的问卷调研得知,在计划期间准备购买该产品的有20户。由此可知,计划期间每百户对该产品的需求量为(20÷400×100)5台,进而推算出该地16万户居民计划期间对该产品的需求量(5×160 000÷100)8 000台。

2) 商品销售量的预测

对于不同特征的商品,其销售量的预测方法也不相同。

(1) 市场因素分析法就是通过调研预测期间影响市场营销变化的诸因素及其影响程度，分析各影响因素的影响系数 R_i，并根据本期的实际销售量来进行预测的一种方法。其中影响系数是指某影响因素引起供求量变化的百分比。

市场因素分析法的一般公式为：
$$y_{t+1}=x_t(1+\sum R_i)$$
式中：y_{t+1}——下期预测值；$\sum R_i$——各影响系数之和。

例如，某企业本年度销售某商品 6 200 台。通过调研分析得知，在下一年中，①由于消费者收入增加，销售量可能增加 20‰；②由于产品的改进，销售量可能增加 40‰；③由于增加了售后服务，销售量可能增加 10‰；④由于压缩社会集团购买力，销售量可能减少 20‰；⑤由于同类产品的竞争，销售量可能减少 10‰；⑥由于减少某种品种，销售量可能减少 10‰；⑦由于实行赊销并送货上门，销售量可能增加 30‰。根据以上分析，由市场因素分析法可预测该商品下年度的销售量为：

$$y_{t+1}=6\ 200\times(1+20‰+40‰+10‰-20‰-10‰-10‰+30‰)=6\ 200\times1.06=6\ 572(台)$$

在分析影响市场营销的诸因素时，要对来自政治、经济、社会以及消费者心理等方面的影响全面加以考虑，找出对预测期影响较大的几个主要因素，通过调研、分析，确定其影响系数。对于其他次要因素的影响，则认为互相抵消了，从而忽略不计。

(2) 综合判断法是综合各类有经验者的判断意见，并根据各类人员的预测水平区别对待，进行统计处理，最后作出预测的一种方法。

(3) 主观概率法是指人们根据自己的知识和经验，对某一不确定事件发生的可能性大小的一个主观估计值。例如，对下个月某商品的销售量达到 100 件的可能性为 60% 的估计，估计值 60% 为主观概率。运用主观概率来进行预测的方法称为主观概率法。

3. 季节性商品的销售量的预测方法

季节性商品的销售往往随着时间的推移呈现出比较规则的周期性波动。对于季节性商品的销售量的预测，一般是依据五年以上的时间序列资料，通过对时间序列的长期趋势 T 的分析，以及不同时期受季节因素影响的季节指数 S_i 的分析，由时间序列与各分量之间的关系来实现。时间序列可分解为长期趋势 T、季节因素 S、循环因素 C 和随机因素 E 等分量。当循环性和随机性等不可控因素的影响作为误差处理时，时间序列与 T，S_i 之间的关系可近似地表示为：

$$Y=TS_i$$

上式即为季节性商品的预测模式。

式中的长期趋势值 T，在时期序列资料较少，或者是上升、下降趋势不明显时，可以近似地用近期各月(季)的平均值来代替。当上升或下降趋势明显时，可以由各年的销售实绩资料，用直线趋势外推法求出预测期年销售预测值，从而求得月(季)平均值作为趋势值 T；或由各月(季)销售实绩资料，用直线趋势外推法求得各月(季)趋势预测值；还可以用移动平均法求得长期趋势值。

季节指数 S_i 又称为季节比率或季节变动系数，它表示在季节因素影响下，各时期的时间序列值与趋势值之间的比率。季节指数 S 的计算方法如下：

首先，计算同季的平均数 $\bar{x}_i$。

$$\bar{x}_i = 各年度同季实际值之和 \div 年度数$$

其次，计算总平均数 $\bar{X}$。

$$\bar{X} = 各年度实际值之和 \div (年度数 \times 季度数)$$

第三，计算季节指数 S_i。

$$S_i = \frac{\bar{x}_i}{\bar{x}}$$

最后，调整季节指数 S_i^*。

$$S_i^* = S_i \times 季度数 \div \sum S_i$$

表 3-2 平均数法季节指数计算表

年 月	1	2	3	4	5	月平均数/件	季节指数 S_i	调整季节指数 S_i^*
1	50	70	85	100	120	85.0	0.791	0.772
2	48	70	90	110	140	91.6	0.852	0.831
3	60	75	90	115	110	90.0	0.837	0.817
4	70	86	95	120	124	99.0	0.921	0.899
5	64	84	100	110	130	97.6	0.908	0.886
6	52	86	96	105	135	94.8	0.882	0.861
7	88	100	110	140	180	123.6	1.450	1.415
8	80	90	105	130	160	113.0	1.051	1.025
9	73	80	100	125	150	105.6	0.982	0.958
10	90	92	90	115	145	106.0	0.990	0.966
11	81	90	105	130	150	111.2	1.035	1.010
12	110	150	160	200	240	172.0	1.600	1.560
$\sum$	866	1 073	1 226	1 500	1 784	107.45	12.299	12.000

例如，表 3-2 所列出的是某商品 5 年的分月销售实绩(单位：件)，以此为依据即可计算各月的平均数、总平均数，进而计算季节指数 S_i 及调整季节指数 S_i^*。

由 5 年的年销售实绩看出，销售量呈明显上升趋势，在预测时可以以年销售实绩资料为依据，用直线趋势外推法求出下年销售量趋势值，见表 3-3。

表 3-3 直线趋势外推法计算表

时间编号	年销售量 y	t^2	ty
-2	866	4	-1 732
-1	1 073	1	-1 073

续表

时间编号	年销售量 y	t^2	ty
0	1 226	0	0
1	1 500	1	1 500
2	1 784	4	3 568
$\sum$	6 449	10	2 263

公式：$T=a+bt$

其中：$a=\sum y \div n, b=\sum ty \div \sum t^2$

由最小二乘法得：

$$a=6\ 449 \div 5=1\ 289.8, b=2\ 263 \div 10=226.3$$

由此，预测得出下年销售趋势值（即 t=3 时）

$$T=1\ 289.8+226.3 \times 3=1\ 968.7（件）$$

进而预测各月的销售量，其公式为：

$$Y=T \div 12 \times S_i^*$$

例如，要预测下年三月份的销售量，则：

$$Y=1\ 968.7 \div 12 \times 0.871=134（件）$$

若年销售量反映出没有显著上升、下降趋势时，不必用直线趋势外推法来计算年销售趋势值，只需用上年的月平均值来代替，即：

$$T=1\ 784 \div 12=148.67（件）$$

由此预测得下年三月份销售量为：

$$Y=148.67 \times 0.871=121（件）$$

本章小结

营销职能需要详细、准确、及时的信息，营销调研会不断提供这种信息服务。市场营销信息系统由人、设备和程序组成，包括四个子系统：内部报告系统、外部最新信息系统、市场营销调研系统、市场营销分析系统。市场营销信息系统为营销决策收集、筛选、分析、评估和分配及时、准确的信息；市场营销信息除具备一般信息的特征外，还具有目的性、系统性和社会性的特征。营销信息系统由内部报告系统、营销情报系统、营销调研系统和营销分析系统构成。营销调研是运用科学的方法，有目的、有计划地收集、整理和分析有关营销的信息，提出建议，并以此作为市场预测和营销决策的依据。市场需求的测量与预测不仅包括市场需求、企业需求和市场潜量的测定，还包括在营销调研的基础上，对未来的市场需求量及影响需求的因素进行分析研究和预测。

名人名言

古谚说得好，机会老人先给你送上它的头发，当你因没有抓住而后悔时，却只能摸到它的秃头了。或者说它先给你一个可以抓的瓶颈，你不及时抓住，再得到的却是抓不住的瓶身了。

——英国哲学家　培根

危机不仅带来麻烦，也蕴藏着无限商机。

——美国大陆航空公司总裁　格雷格·布伦尼曼

21世纪，没有危机感是最大的危机。

——哈佛商学院教授　理查德·帕斯卡尔

复习与练习

1. 选择题

（1）市场营销调研划分为探测性调研、描述性调研和因果关系调研，其划分标准是（　　）。

　　A. 调研时间　　　B. 调研范畴　　　C. 调研内容　　　D. 调研目的

（2）在已明确所要研究问题的内容与重点后，拟定调研计划，进行实地调查，收集第一手资料，如实地反映情况和问题，这是属于（　　）。

　　A. 探测性调研　　　　　　　　B. 描述性调研
　　C. 因果关系调研　　　　　　　D. 定期性调研

（3）为了弄清市场变量之间的因果关系，收集有关市场变量的数据资料，运用统计分析和逻辑推理等方法，判明变动原因和结果以及它们变动的规律，这是属于（　　）。

　　A. 探测性调研　　　　　　　　B. 描述性调研
　　C. 因果关系调研　　　　　　　D. 定期性调研

（4）收集第一手资料的主要工具是（　　）。

　　A. 计算机　　　B. 乱数表　　　C. 调查表　　　D. 统计年鉴

（5）在其他条件相同的情况下，下列哪种抽样方法的抽样误差较小、样本代表性较好？（　　）

　　A. 纯随机抽样　　B. 机械抽样　　C. 类型抽样　　D. 整群抽样

（6）用抽样方法，从母体中抽出若干样本组成固定的样本小组，在一段时期内对其进行反复调查以取得资料，这种资料收集方法是（　　）。

　　A. 观察调查　　　　　　　　　B. 固定样本连续调查
　　C. 类型抽样　　　　　　　　　D. 询问调查

（7）随着行业营销费用的增加，刺激消费的力度加大，市场需求一般会随之增大，但当营销费用超过一定水平后，就不能进一步促进需求，市场需求达到极限值，这个极限值被称为（　　）。

　　A. 市场需求　　B. 企业需求　　C. 市场潜量　　D. 市场最低量

（8）某公司为了测量在某一省会城市的空调市场潜量，您认为应采用（　　）。

　　A. 购买力指数法　　　　　　　B. 市场累加法
　　C. 德尔菲法　　　　　　　　　D. 连锁比率法

（9）在营销调研的基础上，运用科学的理论和方法，对未来一定时期的市场需求量及其影响因素进行分析研究，寻找市场需求发展变化的规律，为营销管理人员提供未来市场需求的预测性信息，作为营销决策的依据，这被称为（　　）。

A. 市场开发　　　B. 市场调研　　　C. 市场预测　　　D. 市场控制

（10）通过直接询问购买者的购买意向和意见，据以判断销售量，这种购买者意向调查法适用于（　　）。

A. 长期预测　　　B. 短期预测　　　C. 消费品预测　　　D. 中期预测

2. 填空题

（1）市场营销信息除具有信息的一般特征外，还具有目的性、系统性和_____的特征。

（2）在竞争性的市场上，无数市场营销活动参与者以买者和卖者的身份交替出现，他们既是信息的发布者，也是信息的_____。

（3）内部报告系统主要用于向管理人员提供内部运营的"结果资料"，而市场营销情报系统则用于提供外部环境的_____。

（4）在市场营销决策过程中，营销经理需要_____与微观营销环境各方面的信息，营销信息系统的任务即是适时提供所需信息，并作为决策的依据。

（5）营销分析系统，通常由_____、统计库和模型库三部分组成。

（6）市场营销调研按_____可分为一次性调研、定期性调研、经常性调研和临时性调研。

（7）因果关系调研的目的是为了弄清市场变量之间的_____，掌握相互之间的变动规律。

（8）市场调研通常从收集_____开始，必要时再采用各种调研方法收集第一手资料。

（9）潜在市场的规模，取决于现实顾客与潜在顾客_____的多少。

（10）时间序列分析法主要特点是以_____的推移来研究和预测市场需求。

3. 判断题

（1）探测性调研一般要进行实地调查，收集第一手资料。　　　　　　（　　）

（2）描述性调研主要是收集、整理和分析第二手资料。　　　　　　　（　　）

（3）第一手资料通常花费较大、周期长，但能掌握市场的即时信息。　（　　）

（4）抽样调查依照同等可能性原则在所调研对象的全部单位中抽取一部分作为样本，因此抽样调查的目的是为了掌握样本的情况。　　　　　　　　　　　　　　（　　）

（5）即使不支出任何的营销费用，市场对某种产品仍然存在一个基本的需求量。

　　　　　　　　　　　　　　　　　　　　　　　　　　　　　　　（　　）

（6）市场潜量与经济的繁荣或衰退无关。　　　　　　　　　　　　　（　　）

（7）市场需求预测即是凭借预测者的经验和感觉对未来市场需求量所进行的猜断。

　　　　　　　　　　　　　　　　　　　　　　　　　　　　　　　（　　）

（8）购买者意向会随着时间而转移，因此，购买者意向调查法只适宜短期预测。

　　　　　　　　　　　　　　　　　　　　　　　　　　　　　　　（　　）

(9) 综合销售人员意见法预测中,参加预测者的概率是一个主观概率,取决于参加预测者对未来市场乐观或悲观的判断。　　　　　　　　　　　　　　　(　)

(10) 德尔菲法的特点是专家互不见面,以避免相互影响,且反复征询、归纳、修改,意见趋于一致,结论比较切合实际。　　　　　　　　　　　　　　　　(　)

4. 问答题

(1) 市场营销信息系统由哪几部分构成?

(2) 市场营销调研程序主要包括哪些步骤?

(3) 市场营销调研的方法主要有哪些?

(4) 在市场预测方法中定性和定量的方法主要有哪些?

5. 讨论题

(1) 比较各种市场调研方法的适用性特征。

(2) 用实例阐述市场调查对企业营销决策的重要性。

6. 案例应用分析

罗佛尔的彩色灯泡套为什么没有打入中国市场

年轻的罗佛尔先生是欧洲某国一家小型公司的总经理。他的公司在生产和销售一种彩色橡胶灯泡套方面非常成功,这种彩色橡胶灯泡套是罗佛尔先生的发明,并且已经获得了许多国家的专利权。彩色橡胶灯泡套是用一种耐高温、抗老化的透明合成橡胶制成的,具有各种不同的颜色。将它套在普通白炽灯泡或者日光灯管上,普通白炽灯或日光灯就成为彩灯了。而且,有了彩色橡胶灯泡套的保护,可以防止原来的灯泡或灯管碰撞和潮湿漏电,能够显著延长普通白炽灯泡或日光灯管的寿命。因此,彩色橡胶灯泡套特别适用于酒店、餐馆、商店等场合以及公众节日时广场、街道的露天灯装饰。一般来说,彩色灯泡或者灯管的价格是普通白炽灯泡或者日光灯管价格的2～3倍,而彩色橡胶灯泡套的价格却只有普通灯泡的1/5。所以,彩色橡胶灯泡套在其本国市场上颇受欢迎。

罗佛尔先生认为,作为世界上人口最多的国家,正在实行改革开放政策的中国也许是他的彩色橡胶灯泡套最理想的市场。他便委托一家在中国有良好业务关系的咨询公司协助他进行彩色橡胶灯泡套在中国的市场分析。经过与咨询公司信息部职员的多次商议,罗佛尔先生决定研究四个相关问题:第一,彩色橡胶灯泡套在中国的市场潜力;第二,中国市场对彩色橡胶灯泡套在规格、价格以及数量方面的要求;第三,中国民用照明灯具生产厂商的情况;第四,打入中国市场的最佳方式。

初步的市场分析表明,中国是一个民用照明灯具的生产大国。几乎在中国的每一个省市,都有不同规模的灯泡厂或者灯具厂,这些工厂生产各种各样不同系列、不同规格、不同功率与不同电压的通用和特种照明灯具。他们的产品包括各种民用白炽灯泡、日光灯管、彩色灯泡和灯管、汽车灯泡、高压汞灯、卤素灯泡、霓虹灯等。中国的灯具不仅可以自给,而且向东南亚等地大量出口。初步的市场分析结果还表明:无论是与欧洲市场的同类商品相比较,还是与中国普通家庭的收入相比较,中国市场上的灯具价格都十分低廉,还不到欧洲市场上灯具价格的1/5。当然了,罗佛尔先生的彩色橡胶灯泡套在中国市场无疑算得上是独一无二的产品,如果罗佛尔先生的彩色橡胶灯泡套能在中国市场打开销路的话.哪怕只有0.1%的中国用户使用,也会给他的公司带来相当数额的利润。

初步的市场分析结果给了罗佛尔先生和该咨询公司以巨大的鼓舞,他们对彩色灯泡套在中国的市场前景颇为乐观,决定开展进一步的市场研究。从《中国工商企业名录》中他们得到了几乎所有中国灯具生产厂的通信地址,并又与中国驻当地总领事馆的贸易官员会面,请他介绍中国灯具行业的生产经营状况。最后，他们决定挑选50家中国灯具生产厂家，用邮件轰炸（Mail Shot）的方式与他们建立联系，以求了解中国企业对彩色橡胶灯泡套的反应。

咨询公司迅速地准备好了一份信函，介绍说有一家外商要在中国寻求商业伙伴。信中详细地说明了彩色橡胶灯泡套的用途与性能，询问中国企业的合作意向。信中还要求有意合作的中国企业提供他们的职工就彩色橡胶灯泡套在中国市场的潜力所做的评价。这封信用中英文两种文字寄给了入选的中国灯具生产厂家。此外，咨询公司还与深圳一家大公司进行了电话联系，并收到了这家公司的电传答复，反应是积极的。

两个月后，咨询公司收到了八家中国灯具生产厂家的回信。这八家工厂都是中国屈指可数的大型灯具生产厂家，他们都对与罗佛尔先生合作怀有浓厚的兴趣，并且按照要求回寄了大量的资料，介绍各自企业的情况，并且有两家省级的灯具厂显得特别热心。不过，中国方面对经销或者许可证生产等合作方式兴趣不大，他们希望罗佛尔先生能够进行直接投资或者建立合资企业进行生产。他们要求咨询公司尽快寄去彩色橡胶灯泡套的样品，而且，中国方面不少厂家还要求了解彩色橡胶灯泡套的成本、价格等情况，看来事情进行得很顺利。罗佛尔先生当然不会拒绝提供样品，也不反对采取直接投资或者开办合资企业的合作方式。几十盒彩色橡胶灯泡套的样品迅速被寄往中国，连同这些样品寄去的还有进一步介绍彩色橡胶灯泡套产品性质和价格的说明信，信中还探询在中国设立销售代理的可能性。

六个月过去了，有三家中国灯具厂又回了信，他们都有礼貌地回绝了罗佛尔先生关于合作生产经营彩色橡胶灯泡套的要求。以后，关于彩色橡胶灯泡套一事，罗佛尔先生和几家咨询公司再也没有从中国方面得到进一步的音讯。罗佛尔先生和咨询公司的职员都很纳闷，看起来一切都很不错，可是，究竟什么地方不对头呢？

资料来源：刘建堤，梁东. 市场营销原理[M]. 北京：清华大学出版社，2011.

【问题】

（1）咨询公司的市场分析方法是否适当？

（2）罗佛尔先生的彩色橡胶灯泡套没有能够在中国找到合作者的主要原因何在？

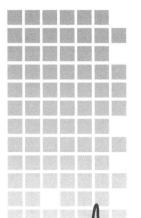

消费者市场及其购买行为分析

教学目标

通过本章的学习,了解影响消费者购买行为的因素。掌握消费者市场的购买行为特点。同时,掌握消费者购买行为模式和购买决策过程。

教学要求

知识要点	能力要求	相关知识
消费者市场	(1) 能概括和理解消费者市场 (2) 具备消费者市场购买行为特点的运用能力	(1) 购买者的广泛性 (2) 需求的差异性 (3) 购买行为的经常性和重复性 (4) 购买者的非专业性 (5) 需求的伸缩性
消费者购买行为模式	(1) 购买者角色的认识 (2) 消费者购买行为类型的实际运用	(1) 购买者角色 (2) 消费者购买行为类型
影响消费者购买行为的主要因素	(1) 理解霍桑试验的结论 (2) 理解和应用人性理论	(1) 社会文化因素 (2) 经济因素 (3) 心理因素 (4) 个人因素

续表

知识要点	能力要求	相关知识
消费者购买决策过程	(1) 理解消费者购买决策的过程 (2) 灵活运用针对消费者具体购买决策的过程	(1) 确认问题 (2) 收集信息 (3) 评估可行方案 (4) 购买决策 (5) 购后行为

> 有关影响消费者行为因素的知识有助于在实践中发展"坚实"的营销策略。
>
> ——D·I·霍金斯

基本概念

消费者市场　文化　社会阶层　参照群体　动机　感觉和知觉　信念与态度　生活方式

■ 导入案例

狮子与狐狸

一头狮子老了，经常感到自己觅食越来越吃力，它很有思想，决心改变方式，运用计谋取食。于是它整天躺在洞里装病，故意大声呻吟着，让野兽们听见。于是，百兽前来探望它，走进洞中的都成了狮子的腹中餐，来一个吃一个。后来一只狐狸识破了狮子的阴谋，他来探望狮子，远远地站在洞口，说什么也不肯靠近。狮子便装作和善的样子，劝狐狸进洞里与它聊聊天。狐狸拒绝了狮子的邀请，它说："谢谢你的好意，我看我就不必了，因为我很为自己担心。看看地上就明白了，这里有许多走近你洞里的脚印，可怕的是没有出来的脚印。"

点评：善于分析是聪明者的利器

任何行为都有其内在的原因，在庞大的消费者市场上，导致人们产生购买行为的原因更是形形色色、纷繁复杂，所以，必须对消费者市场及其购买行为进行分析。本章主要介绍消费者市场、消费者购买行为模式、影响消费者购买行为的主要因素、消费者购买决策过程等。

4.1 消费者市场

4.1.1 消费者市场的概述

消费者市场又称消费品市场，是向个人和家庭销售消费品和服务的市场。在消费者市场上，消费者购买实物产品和服务产品的目的是满足自身的最终消费，而不是作为生产资料牟取利润。消费者需求是人类社会的原生需求，生产者市场需求、中间商市场需求及政府市场需求都由此派生而来，消费者市场从根本上决定其他所有市场的需求，因此是现代市场学研究的主要对象。市场营销学研究消费者市场，核心任务是研究消费者购买行为。

4.1.2 消费者市场的购买行为特点

消费者的市场需求是随着社会经济、政治和文化的发展而不断地产生和发展的,尽管受到各种因素的影响而千变万化,但总是存在着一定的趋向性和规律性。企业为了更好地满足市场消费需求,必须分析、认识消费者需求的特点。消费者市场的特点主要表现为以下几方面。

1. 购买者的广泛性

个人和家庭是消费品市场的基本购买单位,人们要生存和发展,就需要消费。凡是有人群的地方,都有消费品交易存在。消费品市场的购买者分布在社会的各个地方、各个层面,因而消费市场是极其广阔的。

2. 需求的差异性

要求差异的体现是多方面的。由于消费者在年龄、性别、职业、收入、受教育程度、价值观念、兴趣爱好等方面存在着不同程度的差异,因此,他们对消费品的需求及其购买行为的表现存在着相当大的差别。

3. 购买行为的经常性和重复性

由于受家庭储藏条件和经济条件以及消费品本身特点的制约,消费者每次购买日常生活消费品的数量以能满足一定时间内个人及家庭的需要为限,一般来说比较少。由于消费者每次购买的数量较少,而其消费又具有日常性的特点,于是消费者就需要经常购买,购买频率非常高。

4. 购买者的非专业性

大多数消费者缺乏专门的商品知识,对消费品的性能、特点、使用、保养和维修等很少有专门研究,对消费品的购买表现出很强的情感性和可诱导性。购物时很容易受广告、包装、品牌、服务、商品的新奇特点、降价、商店的营业气氛、营业员的劝告等外在因素的影响,导致冲动性购买。随着人们生活水平的提高,人们的消费新奇感和购买行为越来越偏重情感需要和追求精神的享受。人们的消费需要和购买决策的形成除了受商品质量、价格和实用性的影响外,广告、商品的造型和包装以及营销人员的宣传和相关群体的影响,甚至销售现场气氛的影响也会越来越大。

5. 需求的伸缩性

消费者受政治、经济、社会、心理因素和企业促销力度的影响,其消费需求和购买力在某一时期会放大或缩小,这便是消费需求的伸缩性或弹性。不同类型的产品,消费者需求的伸缩性不同。

4.2 消费者购买行为模式

4.2.1 购买者角色

消费者通常是以家庭为单位的,但参与购买决策活动的有时是一个家庭的全体成员,有时是一个家庭的某个成员或某几个成员。无论是哪一种情况之下，购买活动中都会存在不同的角色并发挥着相应的影响作用。这些购买者角色包括以下几类。

（1）发起者：首先想到或提议购买某种产品或服务的人。

（2）影响者：其看法或意见对最终决策具有直接或间接影响的人。

（3）决定者：能够对买不买、买什么、买多少、何时买、何处买等问题作出全部或部分最后决定的人。

（4）购买者：实际采购产品或服务的人。

（5）使用者：直接消费或使用所购产品或服务的人。

由于购买者角色在购买活动中所起的作用不同，营销人员需要了解和确定每次购买活动中扮演角色的家庭成员，针对不同角色进行促销宣传活动，提高促销的适应性和效率。

4.2.2 消费者购买行为类型

消费者的购买行为会因其购买产品或品牌的不同而存在很大差异，比如牙膏与计算机的购买行为就有很大的不同。消费者在购物时因先前经验、兴趣、风险的知觉、情境和自信心不同，参与程度也存在差异。

根据欲购买的产品的不同和消费者在购物时的参与程度不同，消费者的购买行为可以分为四种类型（图4.1）。

	参与程度	
	高	低
品牌的差异 大	复杂的购买行为	寻求多样性的购买行为
品牌的差异 小	减少不协调感的购买行为	习惯性的购买行为

图 4.1　消费者的购买行为类型

1. 复杂的购买行为

复杂的购买行为是指消费者在购买价格高昂、购买频率低、不熟悉的产品时，会投入很大精力和时间，如计算机、汽车、商品房等。一般来说，如果消费者不知道产品的类型，不了解产品的性能，也不知晓各品牌之间的差异，缺少购买、鉴别和使用这类产品的经验和知识，则需要花费大量的时间收集信息，学习相关知识，做出认真的比较、鉴别和挑选等购买努力。

2. 习惯性的购买行为

习惯性的购买行为是指在购买商品价格低廉、品牌之间差异小的商品时，消费者的介入程度会很低，并且会形成购买习惯，如低质、易耗、又与生活质量无太大关联的商品等。对于类似的低度介入的产品，消费者没有对品牌信息进行广泛研究，也没有对品牌特点进行评价，对决定购买什么品牌也不重视；相反，他们只是在看电视或阅读印刷品广告时被动地接受信息。消费者不会真正形成对某一品牌的态度，他之所以选择这一品牌，仅仅因为它是熟悉的。产品购买之后，由于消费者对这类产品无所谓，也就不会对它进行购后评价。

第4章 消费者市场及其购买行为分析

3. 减少不协调感的购买行为

减少不协调感的购买行为指消费者在购买产品时的介入程度并不高，但在购买后容易产生后悔、遗憾，并会设法消除这种不协调感。比如有些产品价格高但是各品牌之间并不存在显著差异，消费者在购买时不会广泛收集产品信息，也不投入很大精力去挑选品牌，购买过程迅速而简单，但是在购买以后容易认为自己所买产品具有某些缺陷或觉得其他同类产品有更多的优点而产生失调感，怀疑原先购买决策的正确性。地毯、房内装饰材料、服装、首饰、家具和某些家用电器等商品的购买大多属于减少不失调感的购买行为。

4. 寻求多样性的购买行为

寻求多样性的购买行为是指消费者在购买某些价格不高但各品牌之间差异显著的产品时，容易有很大的随意性，频繁更换品牌。比如饼干这样的产品，品种繁多、各品牌之间差异大、价格便宜，消费者在购买前不作充分评价，就决定购买，待到入口时再作评价。但是在下次购买时又转换其他品牌。转换的原因可能是厌倦原口味或想试试新口味，通常是寻求产品的多样性而不一定有不满意之处。

4.3 影响消费者购买行为的主要因素

4.3.1 社会文化因素

1. 文化和亚文化

文化因素包括对消费者行为起到影响作用的文化、亚文化及社会阶层等因素，是各因素中对消费者的作用最为广泛深远的。

1）文化

文化是指经过学习获得的，用以指导消费者行为的信念、价值观和习惯的总和。了解特定社会环境中各种文化因素状况及其对消费者行为的影响，有利于营销人员提高对消费者购买决策的分析水平和促销活动的消费者适应性。

2）亚文化

亚文化是指每种文化中较小的，具有共同的价值观、相似的生活体验和环境的群体。

2. 社会阶层

社会阶层是指特定社会中所划分的具有相对的同质性和持久性的、按等级排列的群体。

3. 参照群体

参照群体是指那些直接或间接影响人的看法和行为的群体。参照群体可以分为直接参照群体和间接参照群体。直接参照群体又称为成员群体，即某人所属的群体或与其有直接关系的群体。成员群体又分为首要群体和次要群体两种。首要群体是指与消费者经常直接接触的群体，一般都是非正式群体，如家庭成员、亲戚朋友、同事和邻居等。次要群体是对其成员影响并不经常但一般都较为正式的群体,如工作单位、职业协会等。间接参照群体是指消费者的非成员群体,即此人不是其中的成员,但受其影响的一群人。间接参照群体又分为向往群体和厌恶群体。向往群体是指消费者推崇的群体或希望加入的集团,也称"仰慕团体"。人们经常羡慕某些人或团体,虽然自己目前还不能进入这些团体,但希望有一天能成为其中一员。厌恶群体是指消费者讨厌的群体。

4. 家庭

家庭是社会的一个基本组织单位,它对人们的影响最深远、最持久。人们的价值观、习惯、爱好多半都是在家庭影响下形成的。家庭对消费者的购买决策和购买行为有着显著的影响,影响程度会因国家或地区不同,规模、结构以及户主性别不同,购买的商品不同而有所不同。

4.3.2 经济因素

影响消费者行为的经济因素主要有商品的价格、消费者收入、商品效用和经济环境因素等。

1. 商品价格的高低

价格是影响消费者购买行为最关键、最直接的因素,这种影响主要表现在三方面。

1)消费品本身的价格

一般来说,某消费品本身的价格高,消费者对它的需求和购买便会减少;反之,便会增加。但某些消费品由于需求弹性等因素的影响,价格变化所带来的购买者购买行为的变化会有很大的不同。如需求弹性小的消费品价格变化大,消费者的购买行为却变化很小;而弹性大的消费品,消费者的购买行为会随着价格的涨跌而变化。

2)消费者的预期价格

消费者在一定时期对特定的消费品的价格有着一种预期心理。如果该消费品的预期价格提高,即该消费品的行情看涨,消费者现时可能会扩大购买;如果预期价格下降,即消费品的行情看跌,消费者现时可能会减少购买。

3)相关的其他消费品价格

具有替代性的消费品之间会在供给时互相影响。例如:即使苹果价格不变,如果梨子的价格下降了,消费者对苹果的购买也会减少。就是因为这两种水果在满足人们的食用欲望和功能中存在很大的替代性。

2. 消费者收入

收入是决定消费者购买行为的重要因素。从对市场的含义中可以看出,购买能力是判断一种产品能否形成市场的三要素之一,而没有一定的收入,就没有相应的购买能力,也就不能实现购买行为。不同的收入水平决定需求的不同层次和倾向。

3. 商品的效用

经济学理论认为,消费者的购买行为是一种理智的行为,即认为消费者总是会在他们预算允许的范围之内作出最合理的购买决策。他们总是会在自己的收入范围之内尽量考虑以最合理的方式安排他们的开支,以达到最大限度地满足自己需要的目的。经济学在阐述和分析上述规律时,遵循的是"最大边际效用原则"。所谓边际效用,就是在一定时间内,最后增加一个单位商品的消费时所增加的效用。边际效用是递减的。边际效用递减原则对于购买行为的影响在任何市场上都是存在的。

4.3.3 心理因素

心理因素的影响涉及消费者购买活动的各个方面和全过程。这里主要分析影响消费者购买行为的动机、知觉、学习、信念和态度等心理因素。

1. 动机

动机是指引起个体活动,维持已引起的活动,并促使活动朝向某一目标进行的内部动力。动机是一种升华到足够强度的需要,它能够及时引导人们去探求满足需要的目标。动机是产生行为的直接原因,它促使一个人采取某种行为,指明行动的方向。研究人类的行为必须研究其动机。

关于人类的需要和动机,亚伯拉罕·马斯洛提出需要层次论,认为人的需要是以层次的形式出现的,依其重要性的大小分别如下。

(1)生理需要:人们对于为了生存而不可缺少的吃、喝、睡眠和取暖等方面的需要。

(2)安全需要:人们对于人身、财产安全、社会秩序等的需要。

(3)社交需要:人们希望被群体接受从而有所归属和获得爱的需要。

(4)自尊需要:人们对于实现自尊和赢得他人好评、尊重的需要。

(5)自我实现需要,人们对于充分发挥个人才能,实现理想和抱负,获得成就的需要。

需要的满足从低到高依次进行,当低层次的需要基本满足之后,才设法满足高一层次的需要。马斯洛的需要层次理论如图 4.2 所示。马斯洛的需要动机理论能帮助人们理解消费者的购买动机和购买行为。

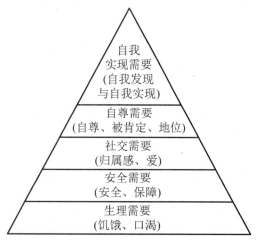

图 4.2 马斯洛的需要层次理论

2. 感觉和知觉

消费者对外部世界的认识从感觉开始,消费者通过感觉器官感觉到外部刺激物如商品的颜色、大小、形状、声响和气味等,使消费者感觉到这个刺激物的个别属性。随着感觉的深入,各种感觉到的信息在头脑中被联系起来进行分析结合,使人形成对刺激物或情境的整体反映,就是知觉。消费者对事物有无知觉以及知觉的内容和方向,不但取决于刺激物的特征,而且还依赖于刺激物同周围环境的关系以及个人所处的状况。知觉具有选择性特性,具体表现为以下几个方面。

(1)选择性注意。一个人不可能对所有信息都加以注意,其中多半被筛选掉,而只有少数信息脱颖而出,被消费者注意到。也就是说,消费者只注意那些与自己主观需要有关系的事物和期望的事物。

(2)选择性理解。消费者即使注意到刺激物,但不一定都能如实反映客观事物,总是按照自己的偏见或先入为主来曲解客观事物。

(3)选择性记忆。人们具有遗忘功能,因而不可能记住他们注意到的所有信息,并且他们会倾向于在记忆过程中记住那些符合和能够支持其态度和信念的信息。

注意知觉的选择性特点,使自己的产品或品牌被消费者注意、理解并记住,是营销人员的任务。

3. 学习

学习是指人们在社会实践中不断积累经验,获得知识和技能的过程。消费者在购买和使用商品的实践中逐步获得知识,积累经验,并根据经验调整购买行为。一个人的学习是通过驱使力、刺激物、诱因、反应和强化的相互影响、相互作用而进行的。驱使力是一种内在的心理动力,是一种驱使人们行动的强烈内在刺激。

案例:某大学生希望近期提高外语听说能力,这种提高外语听说能力的欲望就是一种驱使力。当这种驱使力被引向一种可以减弱它的刺激物,比如推介外语培训班时,就力求让人形成一种动机。在动机的支配下,消费者将作出参加外语培训班的反应。他何时反应、在何处反应和如何反应,常常取决于周围的一些较小的或较次要的刺激,即诱因,如同学的推荐、亲属的鼓励、广播广告等。他参加了某个品牌的外语培训班后,如果使用后感到满意,就会强化对它的反应。以后遇到同样的情况,他会作出相同的反应或推广他的反应。如果使用后感到失望,以后就不会作出相同的反应而且会避免这种反应。

强化可以是积极的,也可以是消极的。没有积极或消极的强化,一个人就没有重复或避免某种行为模式的动机。因而,营销人员需要了解本企业的品牌的消费者学习情况,分别就正向的、负向的以及中性的感觉采取相应的营销措施。

4. 信念与态度

信念是指坚信某种观点的正确性,并支配自己行动的个性倾向性。如消费者相信某种知名品牌的冰箱比其他的冰箱省电。营销人员应关注人们头脑中对其产品或服务所持有的信念,即本企业产品和品牌的形象

态度是指个体基于过去经验对其周围的人、事、物持有的比较持久而一致的心理准备

状态或人格倾向。包含认知、情感和行为意向三种成分。人们几乎对所有事物都持有态度，态度会使人们对相似的事物产生相当一致的行为，人们没有必要对每一事物都以新的方式作出解释和反应。消费者一旦形成对某种产品或品牌的态度，以后就倾向于根据态度作出重复的购买决策，不愿再费心去进行比较、判断。

4.3.4 个人因素

购买者的决策也会受到个人外在特征的影响，特别是受其年龄所处的生命周期阶段、经济环境、生活方式、个性以及自我观念的影响。

1. 年龄及家庭生命周期阶段

不同年龄的消费者的欲望、兴趣不同，购买消费品的种类和式样等也会不同。

消费者的消费需求和购买行为也明显受到家庭生命周期的影响。一般来说，家庭生命周期可分为以下几个阶段。

（1）单身阶段。消费者单身，刚参加工作不久，收入不高，但可随意支配的收入较多，因此具有一定的购买能力。这一阶段的消费者求新意识强，消费观念时尚，追求自我价值，是新潮服装、电子通信、度假休闲等产品的购买者。

（2）新婚阶段。新婚夫妻一般具有双份收入，因为建立家庭而产生很强的购买欲望，购买观念时尚，是家庭耐用消费品、家具、娱乐、保险等产品的主要购买者。

（3）满巢阶段Ⅰ。家庭中最小的孩子不到6岁。由于孩子的出生，家庭生活方式和消费方式发生很大的变化，家庭收入可能因照顾孩子而减少，支出费用增加，购买倾向于理性，购买的商品以保证孩子健康成长的婴幼儿用品和学前教育服务产品为主。

（4）满巢阶段Ⅱ。子女都已上学。消费者收入因家长全职工作而较前一阶段有所增加，购买取向仍以孩子为中心，除了孩子成长需要的衣食住行各种产品和服务外，教育服务产品购买的比重加大。

（5）满巢阶段Ⅲ。子女成年尚未独立。由于有的子女已经工作，经济负担减轻，会考虑更新住宅、耐用消费品和家具，购买的商品以住宅、家庭高档耐用品、旅游餐饮服务为主。

（6）空巢阶段。年长的夫妇无子女同住，仍在工作或已退休。后者经济收入较以前减少，但收入支配显得宽裕，也有了更多的闲暇时间，比较关注健康、健身和娱乐，成为医疗用品、保健产品、旅游休闲、家政服务等的主要购买者。

（7）鳏寡阶段。年长的夫妇一方已经离世，家庭进入解体阶段，消费者退休或仍在工作，经济收入相对减少，对医疗、保健、社会服务需求较大。

2. 职业

个人的消费形态受其职业的影响。如蓝领工人会购买工作服、午餐盒饭和进行棋牌类消遣，公司经理会购买昂贵西服、高档住宅、俱乐部会员证和进行度假消遣。

3. 经济状况

消费者的经济状况会大大地影响其对产品的选择和对价格的反应。消费者的经济状况包括消费者的可支配收入、储蓄与个人资产、举债能力和对消费与储蓄的态度。营销人员虽不能改变消费者的经济状况,但能影响消费者对消费与储蓄的态度,通过对产品的生产和营销方案进行重新设计来增加价格的适应性,从而使营销活动仍然能吸引目标顾客。

4. 个性特征

个性特征是导致一个人对其客观环境作出一贯、持久反应的明显心理特征。它具体表现在一个人的气质、性格、能力和兴趣方面。如外向与内向、乐观与悲观、柔顺与刚毅、活泼与文静、占有欲强与弱、防卫性高与低及自信心强与弱。消费者千差万别的购买行为往往是以他们各具特色的个性心理特征为基础的。一般来说,气质、性格影响、决定着消费者行为活动的方式,能力标志着消费者行为活动的水平。

5. 生活方式

生活方式是个人行为、兴趣、思想方面所表现出的生活模式,简单地说就是人如何生活。相对个性而言,用生活方式作为细分变量更易于操作和衡量,这一特点使得生活方式广泛用于各行业进行市场细分和目标消费者选择。

6. 自我观念

自我观念也称为自我感觉,是消费者个体对自身一切的知觉、了解和感受的总和。自我观念简单地说就是自己认为自己是怎样的一个人。自我观念可能发生变化,但是这种变化通常是很缓慢的。人们通过自我观念形成他们的身份认识,反过来,他们的身份认识又产生了一系列习惯行为。消费者总是购买那些能与其自我观念相一致的产品,避免选择与自我观念相抵触的产品。

4.4 消费者购买决策过程

复杂的购买行为一般会经历消费者决策全过程(图 4.3),包括 5 个步骤:需求确认、信息搜寻、评估可行方案、购买决策和购买后行为。

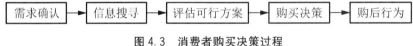

图 4.3 消费者购买决策过程

这 5 个步骤代表了消费者从产生购买需求到最后完成购买的总过程。很明显,购买过程在实际购买发生之前就已经开始了,并且购买之后很久还会有持续影响。

4.4.1 需求确认

当消费者感觉到需要,并且准备购买某种商品以满足这种需要时,购买决策过程就开始了。这种需要可能是人体内的生理活动引起的,如饥饿、寒冷等,也可能是受外界某种刺激所引起的,如精美的产品包装设计、面包的香味、电视上做的广告等,这些因素被称为触发诱因。需求确认实际上是由于消费者意识到了但未实现的需要。

4.4.2 收集信息

消费者产生了某种需要并引发购买某种商品的动机后，如果对这种商品不熟悉，往往就要先收集或寻找有关信息。消费者信息来源可分为四类：一是个人来源，即从家庭、朋友、邻居、同事和其他熟人处得到的信息；二是商业性来源，即从广告、售货员介绍、商品展览、包装、经销商等处得到的信息；三是公众来源，即从大众传播媒体、消费者评审组织等处得到的信息；四是经验来源，即通过现场试用、实际使用等得来的信息。

4.4.3 评估可行方案

消费者收集到各种信息资料后，就要对商品进行分析、对比、评价，最后做出选择。不同的消费者有着不同的评价标准和方法，因而对商品的选择也不同。

4.4.4 购买决策

消费者经过判断和评估后，如果对某种产品形成一定的偏爱，便会作出购买决定。但购买决定并不等于购买。从购买意向到购买，还要考虑两个因素，即他人态度和意外情况。他人态度是指购买者之外的他人的影响；意外情况如消费者的收入或产品价格的变动，或营销人员态度的变化，或购买条件的改变等意外情况，这些都可能影响购买的实现（图 4.4）。

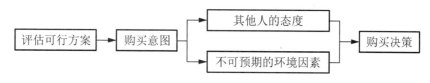

图 4.4 评估可行性方案到购买决策阶段

4.4.5 购后行为

对于企业而言，产品卖出了并不意味着营销活动的终结，企业更应重视消费者的购买后行为。具体而言，企业应重视分析产品购买后的使用和垃圾处理、购买后评价、使用后再购买这三种购买后的行为。购买后使用和垃圾处理是指消费者在购买产品后，产品的具体使用方法以及产品使用后的垃圾处理情况。企业在产品销售出去后应重视购买者是怎样使用该产品的。如果消费者将产品搁置一边几乎不用，那意味着消费者对产品不是很满意，消费者对产品的口头传播也就不会强烈。如果他们将该产品出售或交换，那就会妨碍公司产品的销售。如果消费者发现了产品的一种新用途，营销者就应该在广告中宣传这种新用途。由于消费者的环境保护意识正在日益加强，所以企业还应该关心消费者对产品废弃物的处理方式，特别是一些可能会造成环境污染的产品，如饮料容器和一次性尿布等。

购买后评价是指消费者在购买和使用某种产品后，基于购买前的产品期望和购买后的使用情况的比较，形成某种满意度。购买者的满意度是其对产品期望和该产品实际使用情况的函数。如果产品符合期望，顾客就会满意；如果超过期望，顾客就会非常满意；如果不符合期望，顾客就会不满意。购买者的满意度会在很大程度上决定他是否会再次购买产品，并且他们会把对该产品的感觉告诉其他人。如果他们对产品满意的话，他们将极可能继续购买该产品。而且具有满意感的消费者会向其他消费者传播该产品的优点，所以满意的顾客就是企业最好的广告代言人。

本章小结

本章主要介绍了消费者市场、消费者购买行为模式、影响消费者购买行为的主要因素、消费者购买决策过程等。消费者市场的购买行为特点有：购买者的广泛性、需求的差异性、购买行为的经常性和重复性、购买者的非专业性和需求的伸缩性。消费者购买行为模式有：购买者角色和消费者购买行为类型。影响消费者行为的主要因素有：社会文化因素、经济因素、心理因素和个人因素。消费者购买决策过程是：需求确认、信息搜寻、评估可行方案、购买决策和购后行为等。

名人名言

21世纪的前10年中，营销将会与以往有很大的不同。
未来20年内，营销将彻底地重新改造。

——P. 科特勒(1999)

消费者的偏好和习惯在20世纪90年代末发生了重大改变
消费者的生活方式是一个移动中的目标，社会的关注点和偏好处于不断发展变化之中。

——M. R. 所罗门(2001)

不能无视消费者做出选择时的文化背景而简单理解他们的选择。
文化是一面"透镜"，人们正是通过这块透镜来看待产品。

——M. R. 所罗门

超越下一次浪潮，想到下一代消费者的心里去。

——G. 彼得斯

复习与练习

1. 选择题

(1)（　　）的影响涉及消费者购买活动的各个方面和全过程，主要有动机、知觉、学习、信念和态度因素。

　　A. 心理因素　　　B. 经济因素　　　C. 社会文化因素　　　D. 个人因素

(2)（　　）是指引起个体活动，维持已引起的活动，并促使活动朝向某一目标进行的内部动力。

　　A. 需要　　　B. 动机　　　C. 兴趣　　　D. 理想

(3) 消费者对外部世界的认识从（　　）开始，消费者通过感觉器官感觉到外部刺激物如商品的颜色、大小、形状、声响和气味等，使消费者感觉到这个刺激物的个别属性。

　　A. 记忆　　　B. 想象　　　C. 感觉　　　D. 知觉

(4) 各种感觉到的信息在头脑中被联系起来进行分析结合，使人形成对刺激物或情境的整体反映，就是（　　）。
A. 记忆　　　　B. 想象　　　　C. 感觉　　　　D. 知觉
(5)（　　）是指人们在社会实践中不断积累经验，获得知识和技能的过程。
A. 学习　　　　B. 培训　　　　C. 训练　　　　D. 修炼
(6)（　　）是指坚信某种观点的正确性，并支配自己行动的个性倾向性。
A. 态度　　　　B. 信念　　　　C. 动机　　　　D. 兴趣

2. 填空题

(1) ＿＿＿＿是指个体基于过去经验对其周围的人、事、物持有的比较持久而一致的心理准备状态或人格倾向。
(2) ＿＿＿＿是导致一个人对其客观环境作出一贯、持久反应的明显心理特征。
(3) ＿＿＿＿也称自我感觉，是消费者个体对自身一切的知觉、了解和感受的总和。

3. 判断题

(1) 亚文化是指一定社会经过学习获得的，用以指导消费者行为的信念、价值观和习惯的总和。（　　）
(2) 文化是指每种文化中较小的，具有共同的价值观、相似的生活体验和环境的群体。（　　）
(3) 参照群体是指特定社会中所划分的具有相对的同质性和持久性的按等级排列的群体。（　　）
(4) 社会阶层是指那些直接或间接影响人的看法和行为的群体。（　　）
(5) 影响消费者行为的经济因素主要有商品的价格、消费者收入、商品效用和经济环境因素等。（　　）
(6) 不同年龄的消费者的欲望、兴趣不同，购买消费品的种类和式样等也会不同。（　　）
(7) 生活方式是个人行为、兴趣、思想方面所表现出的生活模式。（　　）
(8) 消费者总是购买那些能与其自我观念相一致的产品，避免选择与自我观念相抵触的产品。（　　）

4. 问答题

(1) 消费者的购买行为特点有哪些？
(2) 购买者角色包括的内容是什么？
(3) 消费者购买行为有哪些类型？
(4) 价格是如何影响消费者购买行为的？
(5) 商品的效用是如何影响消费者购买行为的？
(6) 个性特征是如何影响消费者购买行为的？
(7) 什么是生活方式，它如何影响消费者购买行为？

5. 讨论题

(1) 试讨论影响消费者购买行为的主要因素。

（2）如何看待消费者购买决策过程。

6．案例应用分析

寻找市场空白的"丑小鸭"

1977年，一位63岁的前保险推销员汤姆·达克用他1万美元的储蓄开始实行一项他视为娱乐性的退休计划。他携款来到一个小车场，在那儿买下了9辆运行良好而外观整洁的汽车。加上4辆他自己的车，达克将这一小队车辆在位于亚利桑那州图森州乡村的自家门前一字排开，同妻子朱尼娅一道，以比赫尔兹维得斯低得多的价格开始了出租旧车业务。当同行中的巨头们以15美元、20美元，甚至25美元一天的标准收费时，他们却以4.95美元一天和5美分一英里为起点收费标准出租"旧车"。达克回忆说，"区别显然在于，他们用的是新车而我们的是旧车。但据我估计，如果能节省开支，人们不会介意租用安全、实用的旧汽车。""我脑海中突然闪现出一个以前从来无人问津的好主意。我们的许多辆旧车停在我们自己的12英亩土地上，它们一直是我们不错的交通工具。因此有一天我想到，如果我们出租这种汽车供人驾驶，就像我们自己驾驶它们一样，这有何不可呢？"结果证明，美国公众都认为达克的主意不错。不仅是他的租价收费在精打细算的乘客中引起共鸣，而且他的这个出租旧汽车的主意，引起了那些寻求新的经营机会的企业家们的注意。在租出第一辆车以后的几个月内，达克一直收到人们的咨询，想了解如何在诸如阿尔伯克基、得梅因或皮奥里亚之类的地方开办类似的业务。的确，达克处在了一个特许经营的行业之中。从创业初期不到10年，他的企业已变成全国第五家最大的汽车出租联号，在除少数州之外的其他所有地区拥有近600个特许联号。以"丑小鸭"命名的该公司给人最深刻的印象就是它的发展速度。"雷·克罗克花了5年时间才使他的第二百个特许联号投入使用，而5年之内我们已拥有300个特许联号。所以你可以说，我们正跑在麦当劳快餐公司的前头。"这位公司创立者指出。达克把这种快速的发展归因于下述事实，即他的"丑小鸭"在汽车出租市场中认定了一个特殊的位置作为目标，由于较大的汽车出租公司的经营重点放在那些有公务在身的旅客上，所以他们都忽略了市场中的一个层面或者说是空白区。"我们典型的顾客并非那些可以报销费用的公司高级管理人员，而是那些自己掏钱付租金并喜欢低价的一般美国人，他们可能是那些自己的汽车在维修的人，或许是正打算到另一城市去度假的一家子"。"我们主要是在许多小城镇活动，其中的一些人口不超过几千。我们针对主要是中年美国人——还有妇女。我们的主顾中有40%是妇女，这是该行业平均数的4倍。她们没有IC卡向公司报销汽车费。"在他开业后的第一年年底，达克首次意识到他已成为"重要人物"。早些时候，当地的图森全国广播公司（NBC）分部一心要为达克夫妇及其简朴无华的出租汽车制作一档特别节目。节目在5点钟的新闻里播出后，那些未来的主顾们的电话立刻纷至沓来。"这档关于我们的电视节目播放了几个月"。达克说，"人们会把我们的事告诉另一些人，于是，不久我们就不得不迁往城里的一个商业点。从那时起，我们发展得更快了"。公司因为所在州是个旅游热点而获益匪浅。达克的许多早期主顾都是度假者，他们需要的是一辆汽车以便游览亚利桑那州和西南地区沿途的风景点。他的第一笔汽车出租生意是与一对夫妇做成的，他们驾车去新墨西哥州的阿尔伯克基进行了一次往返旅游。他们花了300多美元的租金，但他们清楚，这要比从一家全新式的汽车出租公司租车节约一大笔钱。当驾车去别的州的主顾们返回家后，他们经常把他们的这笔便宜"交易"告知亲朋好友。达克说，"丑小鸭"公司最早的特许经营就此开张了。到1977年底，达克夫妇已售出了7份特许联营权，都是主动联系的。一年以后，即1979年1月1日，他们组建了"丑小鸭"汽车出租系统有限公司，用以出售和批准特许联营权。最初，大多数新的特许联营分号陆续通过口头形式被吸收进"丑小鸭"集团。汤姆和朱尼娅·达克几乎没有对其旧车出租机构进行积极的宣传，而仅仅在《汽车时代》上刊登过一则广告。但随着生意日益兴隆，显然在特许权的出售方面需要更大胆和积极的努力。因此，达克夫妇，现在又加上他们的儿子小汤姆，建立了一个全国性的销售组织，它主要是由已经拥有"丑小鸭"公司的各个特许联号的个人组成的。每个新的特许联号要一次性地预付3 500美元。一旦机构开始运行，联号将把其全部利润按每月6%的比例以特许权使用费的名义支

第4章 消费者市场及其购买行为分析

付给母公司。到1984年,"丑小鸭"公司已有500多个特许联号,年交易额合计4 970万美元,这给汤姆·达克带来庞大的个人财富,而他曾一度希望在一生中的这一段日子里过一种舒适但却是朴素的退休生活。73岁时,他为公司确定了长远目标,首先是把经营范围扩展到比居本行业首位的赫尔兹公司更多的城市,其次是要在全美国建立6 000个"丑小鸭"公司的经营点。达克也并不特别担心近年来在旧车出租市场上急剧冒出的大量竞争者。首先"丑小鸭"公司有一个能提供合适的旧汽车的稳定来源,因为公司联号的多数经营者本身就是汽车商,他们可以把自己折价换进来的旧汽车转而用来出租。这一安排是精心设计的,对出租商和汽车租户都有利。其次,在一辆旧车被准许加入"丑小鸭"公司的车队以前,它必须经过K.马尔特汽车检修中心的安全检查。达克还与K.马尔特签订了一份汽车保养合同。根据该合同,汽车检修中心保存了有关"丑小鸭"公司所有车辆的电脑化检修和保养的记录。另外,汤姆·达克注重汽车的外表及其内部装潢,"我们强调车的内外都必须清洁,因为在我们的主顾当中,妇女占了一个很大的比例——而妇女是不愿进那些看上去很脏的汽车的"。他补充说,"我们的车受到妇女喜爱的另一个原因,是我们的丑小鸭标识。我们所有主要的联号都有这一标识,它引得许多人对之评头论足"。

资料来源:朱华. 市场营销案例精选精析[M]. 北京:经济管理出版社,2003.

【问题】

(1) 汤姆·达克先生的成功说明企业在市场营销工作中要研究什么问题?

(2) 针对我国已经加入世界贸易组织的现状,我国企业应该怎么做?

第 5 章

组织市场及其购买行为分析

教学目标

通过本章的学习，了解组织市场的含义及组织市场的构成类型，掌握生产者市场购买行为的特点、影响因素及购买决策的主要步骤。同时，理解中间商市场购买行为的决策构成、主要考虑因素，了解非营利组织和政府市场购买的主要特点。

教学要求

知识要点	能力要求	相关知识
组织市场的类型及特点	(1) 能辨析组织市场与消费者市场 (2) 能分辨组织市场的不同类型 (3) 掌握组织市场的特点	(1) 组织市场的含义 (2) 组织市场的类型 (3) 组织市场的特点
产业市场购买行为分析	(1) 掌握生产者市场的特点 (2) 能区分生产者市场的不同类型 (3) 能识别生产者市场购买行为的参与者 (4) 会分析生产者市场购买行为的主要影响因素	(1) 生产者市场的特点 (2) 生产者市场购买类型 (3) 生产者市场购买的主要参与者 (4) 生产者市场购买行为的主要影响因素 (5) 生产者市场购买决策过程
中间商市场购买行为分析	(1) 能区别中间商购买欲生产者购买的差异 (2) 能理解中间商购买的类型 (3) 会分析影响中间商购买的主要因素	(1) 中间商购买决策的主要内容 (2) 中间商购买的类型 (3) 影响中间商购买的因素

第5章 组织市场及其购买行为分析

续表

知识要点	能力要求	相关知识
非营利组织市场购买行为分析	(1) 能理解非营利组织的类型 (2) 能分析非营利组织的购买特点 (3) 会确定非营利组织的购买方式	(1) 非营利组织的类型 (2) 非营利组织的购买特点 (3) 政府组织的购买特点 (4) 非营利组织购买方式

> 具体的问题成千上万,不过绝大多数可以归结为如下一句话:怎样才能赢?
>
> ——杰克·韦尔奇

基本概念

组织市场　生产者市场　中间商市场　非营利组织市场　公开招标采购　议价合约采购

导入案例

对生产者市场推销失败的原因

推销员李宾销售一种安装在发电设备上的仪表,工作非常努力,不辞劳苦地四处奔波,但是收效甚微。您能从他的推销过程找出原因吗?

(1) 李宾得悉某发电厂需要仪表,就找到该厂的采购部人员详细介绍产品,经常请他们共同进餐和娱乐,双方关系相当融洽,采购人员也答应购买,却总是一拖再拖,始终不见付诸行动。李宾很灰心,却不知原因何在。

(2) 在一次推销中,李宾向发电厂的技术人员介绍说,这是一种新发明的先进仪表。技术人员请他提供详细技术资料并与现有同类产品作一个对比。可是他所带资料不全,只是根据记忆大致作了介绍,对现有同类产品和竞争者的情况也不太清楚。

(3) 李宾向发电厂的采购部经理介绍现有的各种仪表,采购部经理认为都不太适合本厂使用,说如果能在性能方面做些小的改进就有可能购买。但是李宾反复强调本厂的仪表性能优异,认为对方提出的问题无关紧要,劝说对方立刻购买。

(4) 某发电厂是李宾所在公司的长期客户,需购仪表时就直接发传真通知送货。该电厂原先由别的推销员负责销售业务,后来转由李宾负责。李宾接手后采用许多办法与该公司的采购人员和技术人员建立了密切关系。一次,发电厂的技术人员反映有一台新购的仪表有质量问题,要求给予调换。李宾当时正在忙于同另一个重要的客户洽谈业务,拖了几天才处理这件事情,认为凭着双方的密切关系,发电厂的技术人员不会介意。可是那家发电厂以后购买仪表时,又转向了其他供应商。

(5) 李宾去一家小型发电厂推销一种受到较多用户欢迎的优质高价仪表,可是说破了嘴皮,对方依然不为所动。

(6) 某发电厂同时购买了李宾公司的仪表和另一品牌的仪表,技术人员、采购人员和使用人员在使用两年以后对两种品牌进行绩效评价,列举事实说明李宾公司的仪表耐用性不如另一品牌。李宾听后认为事实如此,无话可说,听凭该电厂终止了同本公司的生意关系。

原因分析:

(1) 许多产业用品的购买决策者是工厂的工程师、总工程师等技术人员,采购部门的职责只是根据技术人员的购买决策购买产品,只是购买者而非决策者。

(2) 生产者市场的采购人员大都具有丰富的专业知识,供应方应当提供详细的技术资料,说明本企业产品优于同类产品之处。

(3) 推销员应当经常与客户沟通,重视客户对产品的品种规格、性能、质量等方面的要求,及时向公司反馈,在可能情况下按照客户要求予以改进。

(4) 被列入直接重购名单的供应商应当保持产品和服务的质量,提高买方的满意程度,否则,买方将重新选择供应商。

(5) 该厂资金有限,经营目标是总成本降低,只购买低价实用的仪表。李宾因为没有事先了解该厂的经营目标而碰了壁。

(6) 推销人员必须关注该产品的使用者和购买者在绩效评价中是否使用同一标准。李宾公司的仪表功能多,结构复杂,易于损坏。而竞争性品牌功能少,结构简单,不易损坏。该电厂在绩效评价中未注意到这个差别,得出的结论有片面性。李宾未认识到该电厂在绩效评价中使用了不同标准,使本公司产品蒙受"委屈"并丧失了销售机会。

5.1 组织市场的类型及特点

5.1.1 组织市场的含义及类型

组织市场(Organizational Market)是指各类组织为从事生产、销售业务活动,或履行职责而购买产品和服务所构成的市场。

组织市场和消费者市场的区别主要表现在:①构成主体不同。组织市场的购买者主要是企业或社会团体等正规组织,也称"法人市场";消费者市场由个人或家庭消费者组成,也称"个人市场"。②购买目的不同。组织市场的购买目的是用于生产或转卖以获取利润,以及为履行某种职责;消费者市场的购买目的是为了满足个人或家庭的生活需要。③决策方式不同。消费者市场购买决策的参与者是个人或家庭;组织市场购买决策过程的参与者往往不只是一个人,而是由很多人组成决策中心,甚至连采购经理也很少独立决策而不受他人影响。

组织市场包括产业市场、非营利组织市场和政府采购市场等。

1. 产业市场

产业市场,又称生产者市场或企业市场,是指所有购买产品和服务,并将它们用于生产其他产品或服务,以供销售、出租或供给他人;以及用于转卖或租赁,以获取利润的组织和个人。组成企业市场的主要行业有:农业、林业和渔业,矿业,制造业,运输业,通信业,公用事业,银行、金融和保险业,分销业,服务业等。

2. 非营利组织市场

非营利组织(Non-profit Organization)是不以营利为目的的向社会提供产品和服务的组织,是与政府机构、市场机制相平行的一种制度安排,是介于政府与企业以外的第三种组织。非营利组织市场(Non-profit Organizational Market)指为了维持正常运作和履行职能，而购买产品和服务的各类非营利组织所构成的市场。其主要是由学校、医院、疗养院、社会团体和其他机构组成。

3. 政府采购市场

政府市场(Government Market)是指为了执行政府职能而购买或租用产品和服务的各级政府单位构成的市场。大多数国家政府是产品和服务的主要购买者。在某些情况下，政府要考虑供应商良好的资质或能否按时完成合同的信誉；另一些情况下，政府通过协议合同进行采购。政府喜欢向国内供应商而不是国外供应商采购。

5.1.2 组织市场的特点

组织市场和消费者市场虽然相关，却截然不同。因此，搞清楚组织市场的特征有助于区分组织市场和消费者市场，特别是那些与消费者市场特别相似的组织市场。

1. 组织市场的规模和复杂性

通常组织市场的顾客数量较消费者市场的少，并且每个顾客每次交易的规模和价值相对比较大。同时组织市场的购买者往往集中在某些区域，以至于这些区域的业务用品购买量在全国市场中占据相当的比重。例如，中国汽车业的零部件供应商把产品卖给为数不多的几个汽车制造企业：一汽集团、上汽集团、北汽集团、广汽集团和东风集团等，它们多集中在北京、上海、广州、武汉等地。显然每个顾客对于供应商都是十分重要的，如果失去任何一个顾客，这将严重地影响供应企业的销售额(和就业)。大客户一般都是很重要的，要设法与他们建立密切长期的关系，有时要有专门为大顾客服务的营销队伍，进行多次长期的访问，从而赢取并保持持续的订单。

组织市场在总交易量、每笔交易的当事人数、客户经营活动的规模和多样性、生产阶段的数量和持续时间等方面，要比消费者市场大得多、复杂得多。此外，组织市场的数量并不受其下游消费者市场数量的限制，因为有些组织不参加任何消费者市场。一些组织对消费者提供服务而不直接收取费用(如慈善机构、教堂、学会等)，另外有些组织中则根本看不到消费者这一角色的作用(如军队)。

2. 组织市场需求的特性

组织市场通过一系列的增值阶段为消费者市场提供产品，所以对最终消费的需求是引发组织市场供给的最终力量。组织市场的需求是从组织市场到消费者市场之间各增值阶段一系列需求的派生。例如，出版社用纸市场的需求取决于对书籍和杂志的需求。如果对于最终消费品需求疲软，那么对所有用以生产这些消费品的企业产品的需求也将下降。组织市场的供应商必须密切关注最终消费者的购买类型和影响他们的各种环境因素。

组织市场对产品或服务的总需求量受价格波动影响较小。一般来说，原材料的价值越低或原材料成本在制成品成本中所占的比重越小，其需求弹性就越小。在短期内组织市场的需求特别无弹性，因为任何组织不能随时对其生产方式或运营模式做许多变动。

人们对企业用品和服务的需求要比对消费品及服务的需求更为多变。消费品需求增加一定比例，往往能够引起生产追加产出所必需的工厂和设备上升更大的比例。经济学家把这种现象称为加速原理。有时候，消费品需求仅上升10%，却能在下一阶段引起企业用品需求上升200%；而当消费品需求下降10%，可能会在企业需求上造成雪崩。

3. 组织市场购买的特性

由于组织市场具有购买者数量较少，而其购买规模较大的特性，与消费者市场相比，通常影响组织购买决策的人较多。大多数组织有专门的采购委员会，其由技术专家、高层管理人员和一些相关人员组成。特别在购买重要商品时，决策往往是由采购委员会中成员共同作出的。供应企业的营销人员不得不雇用一些受过精良训练、有专业知识和人际交往能力的销售代表和销售队伍，与经过专业训练、具有丰富专业知识的采购人员打交道。

由于专业性采购，且交易涉及的金额较大，组织购买者通常直接从生产厂商那里购买产品，而不经过中间商，那些技术复杂和价格昂贵的项目更是如此。同时，由于组织市场购买者处于谈判强有力的地位，可以让卖方作出让步，反过来购买自己产品。有些情况下，购买者要求卖方反过来购买自己的产品以确保订单的安全。

许多组织购买者日益转向大设备租赁，以取代直接购买。承租人能得到一系列好处：获得更多的可用资本，得到出租人最新的产品和上乘的服务以及一些税收利益。出租人则最终将得到较多的净收益，并有机会将产品出售给那些无力支付全部贷款的顾客。

营销视野

组织机构消费者和最终消费者的主要差异

采购差异
组织机构消费者
①采购为的是进一步生产、经营使用或转卖给他人，而最终消费者的采购则是为个人、家人或居家使用
②通常采购设备、原材料或半成品，而最终消费者却很少采购这些商品
③采购常常参考规格和技术资料，而最终消费者常常参考的是说明、时尚和风格
④比最终消费者更经常地采用多重采购和依据小组决策
⑤更适合于使用正式的价值和卖家分析
⑥更经常地租赁设备
⑦更频繁地使用竞争性投标和谈判

市场差异
组织机构消费者
①从最终消费者身上衍生获得需求

第 5 章 组织市场及其购买行为分析

续表

| ②需求状态比最终消费者的需求更容易有周期性波动 |
| ③同最终消费者相比，数量上更少，地理位置更集中 |
| ④通常雇有采购专家 |
| ⑤与面向最终消费者的营销相比，要求较短的分销渠道 |
| ⑥可能要求同卖家有特殊的关系 |
| ⑦与最终消费者相比，更有可能自己生产和承担服务，以替代采购物品和服务 |

资料来源：[美] 乔尔·埃文斯和巴里·伯曼. 市场营销教程（上）[M]. 北京：华夏出版社，2001.

5.2 产业市场及其购买行为分析

5.2.1 产业市场的特征

产业市场的特征表现在如下几个方面。

1. 购买者数量较少，但购买量大

消费者市场的购买者是个人或家庭，而产业市场的购买者绝大多数是企事业单位。因此，产业市场上的购买者比消费者市场上的购买者要少得多。由于资本和生产的集中，一家或少数几家大企业买主的购买量往往占某些行业产业市场的大部分或全部销售量。

2. 购买者的地理位置相对集中

由于产业集群效应以及自然资源、气候、运输条件的限制，产业市场购买者的地理分布相对集中。例如，在美国，石油化工企业云集在德克萨斯州和路易斯安那州，保险业集中在康涅狄格州，而许多联邦购买机构设于哥伦比亚特区、马里兰州或弗吉尼亚州附近。在中国，重工业主要集中在东北地区，小商品和纺织业主要集中在江浙一带，而汽车生产相对集中于长春、上海和湖北等地。

3. 衍生需求

衍生需求也称引申需求或振生需求。产业市场对产业用品的需求，归根到底是从消费者对消费品的需求引申出来的。一旦最终消费者的需求发生变化，产业需求也会随之发生变化。

4. 需求缺乏弹性

由于产业市场的需求是衍生需求，产业主要根据最终消费者的需求状况来确定自己的采购品种和数量，供应品的价格变化对其购买量的影响较小。在多数情况下，需求品的价格波动都可以转移到最终消费品中，因此，产业市场具有需求缺乏弹性的特征。

5. 需求波动大

产业市场需求的波动幅度大于消费者市场需求的波动幅度。有时消费需求仅上升

10%,就可导致生产这些消费品的企业对有关生产资料的需求增长200%;而若需求下降10%,则可导致有关生产资料需求的全面暴跌。这种现象在经济学上被称为"加速原理"(Acceleration Principle)。一般来说,衍生需求的层次越多,需求链条越长,其波动幅度也越大。生产企业可实行多角化经营,尽量增加产品的品种,扩大企业的经营范围,以减少风险。

6. 供需双方关系密切

由于产业市场的购买者数量较少且购买量较大,一旦建立业务关系,供需双方的转换成本则较高,相互依赖性也较强;另一方面,有些购买者在花色品种、技术规格、质量、交货期和服务项目等方面提出特殊要求,并希望介入设计和生产环节,供需双方常常相互沟通,通力合作。因此,经过一段时间的磨合后,产业市场供需双方通常会建立起一种长期的、互信的合作关系。

7. 专业性采购

产业市场的购买业务通常由经过专门培训、具有丰富专业知识和技能的采购人员完成。专业采购人员对所购产品的性能、质量、规格以及技术细节上的要求都较为明了,其购买行为是建立在对商品价格、质量、售后服务及交货期的逻辑分析基础之上的。因此,供应商需要向他们提供详细的技术资料和特殊的服务,从技术的角度说明本企业产品和服务的优点,以获得订单。

8. 直接采购

直接购买的成本低,有利于降低产业市场的采购成本;同时产业市场的购买活动在售前、售后都需要由产业提供技术服务。因此,产业购买往往是直接向产业直接采购所需用品,而不通过中间商。特别是那些技术复杂、价格高昂的产品,或需按照特定规格制造的产品尤其如此。

生产者市场与消费品市场存在着市场特点的差异,所以对应的营销策略也会不同,两种市场的比较见表5-1。

表5-1 生产者市场与消费者市场之比较

项 目	产业市场	消费品市场
市场结构	地理分布集中 购买者相对较少、量大 少数销售者垄断竞争	地理分布分散 购买者众多、量少、频率高 纯粹竞争
购买者行为	组织行为 理性/任务动机优先 买卖双方关系稳定 专业性人士采购	家庭行为 社会/感性动机优先 买卖双方忠诚度很小 非专家性购买
决策	明确分为几个阶段 经常是群体决策	模糊的、冲动型 通常是个人决策

第 5 章　组织市场及其购买行为分析

续表

项　目	产业市场	消费品市场
产品	许多是为客户定做的 服务、运输、可靠性非常重要	大多数是标准的 对服务、运输、可靠性要求一般
渠道	短、更直接、连接少	长、间接、多重关联
促销	强调人员推销	强调广告促销
价格	竞争招标 复杂、长时间谈判 停止使用成本非常重要	标出价格并有折让 只考虑几个因素 标出价格非常重要

 课堂讨论

您认为向组织市场推销其产品或服务时，最重要的卖点是哪些？

5.2.2　产业市场购买行为的主要类型

企业购买决策过程的复杂程度取决于购买类型。

1. 直接重购(Straight Rebuy)

直接重购是企业的采购部门按照过去的订货目录、购买方式和条件，再次向原供应商订购产品的购买方式。在这种情况下，原供应商将尽最大努力保持产品和服务的质量，提高采购者的满意度。新供应商试图提供新产品或新的服务来吸引企业采购，从零星交易开始，逐渐获得作为直接重购供货商的地位，然后逐步扩大市场份额。

2. 修正重购(Modified Rebuy)

修正重购是指根据企业的需要调整采购方案，修改所购产品的规格、数量、价格等条款，或重新选择更合适的供应商。这种购买方式比较复杂，通常需要更多的人参与和决策。

3. 新购(New Jask)

新购即新任务采购的简称，是指企业第一次购买某种产品或服务。新购是较复杂的购买类型，在新购时采购者必须决定拟购产品的规格、价格上限、交易条件及时间、服务条件、付款条件、订购数量以及选定供应商。新购的成本费用越高，风险越大，决策的参加者就越多，需要的信息量也就越多，制订决策花费的时间也就越长。一项成功的新购可能会导致企业直接重购，但更多的情况是企业进行一项新购后，会对购买不断修正，最终形成较佳的直接购买条款。

5.2.3　产业购买决策的参与者

购买类型不同，参与决策的人员也不同。所有参与决策的人员一起组成采购中心或决策单元。所谓采购中心，是指所有参与购买决策过程的个人和集体，他们具有某种共同目标并一起承担由决策所引发的各种风险。采购中心的人员在购买决策中扮演着以下角色中的一种或几种。

（1）发起者(Initiator)，即提出购买要求的人。他们可能是企业内的使用者或其他人。

（2）使用者(Users)，即企业内将直接使用所购产品或服务的成员。使用者通常是采购方案的倡议者，并协助确定产品的规格。

（3）影响者(Infiuencers)，即企业内能够直接或间接影响购买决策的人，如技术员、工程师等专业技术人员。他们协助明确采购产品的规格，从技术角度提供方案选择的有关信息。

（4）决策者(Deciders)，即有权决定产品规格、购买数量和供应商的人员，在常规的采购工作中，采购者通常就是决策者；而在较复杂的情况下，特别是在新采购中，决策者通常是企业的主管而非采购者。

（5）批准者(Approvers)，即有权批准采购决定或采购者所提采购方案的人员。

（6）采购者(Buyers)，即企业中被赋予职权按照方案选择供应商及商定采购条款的人员。在较复杂的采购中，采购者还包括采购单位的高层主管。

（7）信息控制者(Gatekeepers)，即企业内能够控制信息流入采购中心的人员。如采购代表、技术人员、接待员等有权阻止推销人员与本企业的使用者或决策者接触，或控制信息流入。

工业品营销的技巧

- 了解你的顾客如何经营他们的业务；
- 展示你的物品和服务如何适合顾客的业务；
- 确认你的销售眼前会获益；
- 了解顾客如何采购，使你的销售适合他们的采购过程；
- 在销售过程中，应同顾客一方中参与采购决策的每个人进行接触；
- 同每个决策者就其最关心的信息进行交流；
- 成为你的顾客愿意与之建立关系的人或公司；
- 确保你所做的每件事情都与你所选定的质量、服务、价格和性能相一致；
- 了解竞争对手的优势和劣势；
- 努力发挥你的优势；
- 训练你的工作人员，使他们了解你公司以及你的客户各方面的业务情况；
- 掌握一个既符合你又符合顾客要求的分销系统；
- 为你已有的产品开辟新的市场及新的用途；
- 用客户服务强化你的产品；
- 心中明确牢记你的目标。

资料来源：[美] 乔尔·埃文斯，巴里·伯曼．市场营销教程(上)[M]．北京：华夏出版社，2001．

5.2.4 影响产业市场购买决策的主要因素

影响产业购买决策的主要因素有很多，主要包括环境因素、组织因素、人际因素以及个人因素，如图5.1所示。

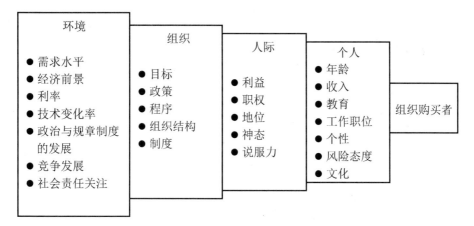

图 5.1 影响产业购买决策的主要因素

1. 环境因素

环境因素是企业无法控制的。环境因素包括需求水平、经济前景、利率、技术变化速度、政治与规章制度的变化、竞争发展和社会责任的关注等。如果经济不景气，生产企业就会压缩和减少投资，减少生产资料的采购；技术的进步会使企业增加投资，而工艺的改进将节省材料，使企业减少生产资料的采购。

2. 组织因素

组织因素是指企业自身有关的因素，如企业的目标、政策、程序、组织结构和制度等。营销人员必须尽量了解有关这方面的问题，以便作出最有利的购买决策。近年来，在经济发达国家采购领域有以下趋势值得注意：采购部门升级、集中采购、长期合同、网上购物、小额项目权力下放、零库存生产系统。

3. 人际因素

人际因素是指企业参与购买决策的各种角色的地位、职权、说服力，以及他们之间的关系对购买行为的影响。供应企业的营销人员需要了解用户购买决策人员的决策风格、评价标准、相互关系等，有针对性地促成交易，获得订单。

4. 个人因素

个人因素是指购买决策过程中，各个参与者的年龄、受教育程度、职位、个性及风险意识等个人因素。这些因素的差异会影响最终的购买决策和购买行为。

5.2.5 产业购买决策过程

不同的购买类型其购买决策过程不同。新购相对复杂，其购买决策过程分为八个阶段（表5-2）；直接重购最简单，只需经过两个阶段；而修正重购介于两者之间，只需部分阶段即可完成购买决策过程。

1. 需求识别

与消费者市场相同，产业市场的购买过程是以企业的各级人员认识到企业对某种产品的需要开始的。需求识别同样是由企业的内部因素或外部因素的刺激而引起的。内部因素主要来源于对企业内部资源的有效使用，如生产新产品所需的设备和原料，企业设备报废后所需新设备；提高质量和改进工艺所需的新原料与新设备等。外部因素主要来源于竞争和市场需求，如广告促销、顾客关系管理、为提高营销和销售效率进行的流程再造等。

2. 确定需求要项

企业在确定自身的某种需求之后，接下来的工作就是确立所需产品的需求要项，即对购买数量、可靠性、耐用性、价格等因素及其重要程度做出恰当的描述。需求要项的描述要切合企业的实际需要和财务能力。一般而言，简单项目的需求要项较易确定；某些复杂项目就需要企业决策、采购、管理、技术和客户等各方人员共同研究，以求对需求要项做出科学、满意的描述。

3. 确立产品规格

需求要项确立后，采购组织应对所购产品的品种、性能、数量、价格和服务要求作出详细说明，形成产品采购说明书，并以此作为采购人员的采购依据。同时，产品采购说明书应对采购人员的技术选择权和供应商的技术责任加以规范。作为供应商，也应运用价值分析突出自身产品的优势，强化自身的竞争力。

4. 寻找供应商

企业制订了购买对象和相应的产品采购说明书后，就可以通过各种途径寻找供应商或发布采购招标书。寻找的途径有内部采购档案、咨询、工商企业名录、网络搜索、电话、广告、博览会和展览会等。在接触供应商后，企业应对各供应商所提供产品的质量、价格、售后服务等进行全面、系统的分析比较，最终筛选出一些较好的供应商。

5. 征询报价

供应商名单确立后，购买者就应邀请名单中各供应商提交供应建议书。供应建议书应对企业的产品采购说明书的各项采购条款做出回答，供应商也可以提出其他交易条件。企业可以通过数次征求报价、筛选和淘汰，并要求候选供应商提交正式的交易条件。采购中心必须及时掌握市场行情，了解供应商的财务和资信情况。

6. 确定供应商

采购中心通过对备选供应商的正式交易条件进行细致评估，并结合实际需要最后确定供应商的名单。正式交易条件一般包括产品、价格、信誉、交货条件、技术服务、供应商灵活性等因素。在产业市场的采购过程中，购买者往往采用各种手段来取得更有利的交易条件，如让供应商相互竞争。采购中心一般会同时选择几个供应商，这样既可以拥有若干供应渠道，以免受制于人，又可以对交易条件保持动态比较，使供应商保持相互竞争的态势。

7. 正式订购

企业采购中心与被选定的供应商经过协议签订采购合同,也就是企业向供应商下订单。其主要内容应包括需求量、交货期、退货条件、价格、运输、维修、保养和担保等方面。目前,越来越多的企业乐于采用"无存货采购计划",即与某些优秀的供应商签订长期、有效的采购合同,这样企业可以节省因签订新订单而发生的交易费用,也可要求供应商在较长时期内以合同中的交易条件向企业随时供货,以节约大量的库存费用。

8. 绩效评估

绩效评估就是企业对各供应商履行合同的绩效进行评价。这种评价一般可通过三种方法进行:一是了解最终用户的看法;二是用几个指标对供应商进行加权评价;三是对绩效较差的购买进行成本汇总,以此作为修正企业采购成本和重新选择供应商的依据。

不同类型的购买,其阶段过程见表5-2。

表5-2 生产者购买过程的主要阶段

序号	购买执行阶段	新购	修正重购	直接重购
1	认定并预测需求	是	可能	否
2	确定所需	是	可能	否
3	描述所需	是	是	是
4	寻找并认定潜在的供货渠道	是	可能	否
5	征求并分析供应商的建议	是	可能	否
6	评估建议,选择供应商	是	可能	否
7	选择订购方式	是	可能	否
8	反馈意见并绩效评估	是	是	是

5.3 非营利组织与政府市场购买行为分析

5.3.1 非营利组织市场的类型

按照职能可将非营利组织分为以下两种类型。

1. 履行国家职能的政府机构

政府机构是指服务于国家和社会,以实现社会整体利用为目标的有关组织,包括各级政府和下属各部门,保障国家公共安全、社会稳定的军队、公检法等机构。

2. 提供社会服务的社会机构

社会机构是指为公众提供特殊服务,以及促进某些群体内部交流沟通的非营利组织,包括某些学校、医院、红十字会、新闻机构、图书馆、博物馆、文艺团体、福利慈善机构、宗教团体、专业学会和行业协会等。

5.3.2 非营利组织市场的购买特征

1. 低预算

非营利组织的采购经费是既定的，不能随意改变。政府采购经费主要来源于财政拨款，拨款不可能随意增减；社会机构的经费主要来源于社会、企业捐赠，以及少量的政府拨款，采购经费非常有限，因此，其采购的要求是产品质量不仅要能够满足最低标准，而且价格也要低廉。

2. 控制严格

非营利组织的采购目标并非为了利润，也非为了使成本最小化，而是为了维持组织运作和履行组织职能，其所购买的产品或服务的质量和性能必须保证实现这一目标。另外，为了使有限的资金发挥更大的效用，非营利组织采购人员受到较多的限制，只能按照规定的条件采购，缺乏自主性。

3. 公开采购

一般来说，非营利组织利用媒体发布采购信息，让有能力且有意向的供应商，提出各自的项目价格和交易条件。组织根据规章制度，通过严格的筛选，确定供应商。

4. 政府市场的购买方式

非营利组织的购买有三种方式：公开招标选购、议价合约选购和日常性采购。

（1）公开招标选购是指非营利组织（政府市场）的采购部门通过传播媒体发布广告或发出信函，说明拟采购的产品名称、规格、数量和有关要求，邀请供应商在规定的期限内投标。有意争取这一业务的企业要在规定的时间内填写标书，密封后送组织的采购部门。招标单位在规定的日期开标，选择综合条件符合要求的供应商作为中标企业。

供应商在竞争中为了夺标，除了遵守相关法律规定外，还需注意：自己的产品是否达到了招标人的要求和愿望；交易条件对自己是否有利；标价是否最低；能否符合买方的一些特殊要求等。

（2）议价合约选购是指非营利组织的采购部门同时与若干供应商就某一采购项目的价格和有关交易条件展开谈判，最后与符合要求的供应商签订合同，达成交易。这种方式适用于复杂的工程项目，或发生在缺乏有效竞争的场合。

（3）日常性采购是政府为了维持日常办公和其运作的需要而进行的采购。这类采购金额较少，一般是即期付清，即期交货，多为直接重购。

5.3.3 政府市场的购买特征

1. 政府采购的主要特点

与其他组织市场相比，政府采购由于资金来源的公共性、政府组织的非营利性，其采购行为具有以下特点。

(1) 采购对象的广泛性和复杂性。政府购买的目的，主要为了维护社会安全及其健全运行，因而采购对象的范围广泛、复杂，从办公用品到生活用品，从快速消费品到不动产，可能是"什么都卖"。

(2) 较强的政策性。政府采购与政府的宏观调控政策相协调，可以调节经济的运行，经费来源主要是财政拨款，一般不能突破；注重社会效益，以维护社会公共利益为出发点。

(3) 公开透明，并以竞争方式为实现购买目的的主要手段。政府采购把竞争机制引入公共支出的使用，符合纳税人对政府少花钱、多办事的愿望；同时提高了采购活动的透明度，便于纳税人监督公共资金的分配和使用。这一机制在市场经济国家已有两百多年的历史，被称为"阳光下的交易"。

(4) 受法律的严格限制。采购决策按照法定程序审批才能阻止展开，采购方式和程序有法律明文规定，采购机构权利受到法律制约，采购对象受法律限制和采购标准控制。一项复杂的、涉及金额较大的采购业务，往往可能要经过几个部门批准，有点还要反复论证，决策时间较长、手续烦琐。

(5) 强调价格。之所以如此，一是因为政府的采购经费有限；二是作为买方的政府采购部门是唯一的，作为卖方的供应商则有多家。供应商之间的竞争，使价格不能过高。一般情况下，政府部门会向那些既能提供合格商品、同时标价又低的供应商采购。

(6) 极大的影响力。政府采购市场的主体是政府，是一个国家内最大的单一消费者。由于购买力巨大，政府采购规模、采购结构的变化，会对社会经济发展、产业结构及公众生活带来十分明显的影响。政府采购的影响力是其他采购主体不可替代的，也成为各国政府经常使用的一种宏观经济调控手段。

值得注意的是，在政府与供应商的业务关系中，政府往往处于主导地位，竞争主要在卖者之间进行。因为政府部门的指出总额既定，所以政府采购市场的潜力有一定限度；每个供应商的营销努力，只能对自己所占有市场份额的大小影响。政府采购侧重强调价格，供应商唯有通过不断努力降低成本，在保证质量的前提下保持合理的价格水平，才能有更强的竞争力。

2. 影响政府购买行为的主要因素

政府市场的购买也受到环境因素、组织因素、人际因素和个人因素的影响，但由于其具有独特之处，还会受到以下因素的影响。

受到社会公众的监督。政府的采购工作受到来自国家权力机关、社会媒体、公民和民间团体等的监督。

受到国际国内政治形势的影响。国际国内政治形势的变化会影响到政府采购结构和支出预算。例如，在国家安全受到威胁时，军备开支和军需品的采购就会增加。

受到国际国内经济环境的影响。经济疲软时，政府会缩减支出；经济高涨时则增加支出。国家经济形势不同，政府用于调控经济的支出也会随之增减。

受到自然因素的影响。各种自然灾害会使政府用于救灾的资金和物资会大量增加。

本章小结

组织市场是由各种组织机构形成的对企业产品或服务需求的总和,可以分为四种类型:生产者市场、中间商市场、非营利组织市场和政府市场。企业采购中心通常包括五种类型角色:使用者、影响者、采购者、决定者和信息控制者。生产者市场的行为大体有三种:直接重购、修正重购和新购。生产者市场购买行为决策主要受四个方面因素的影响:环境因素、人际因素、个人因素和组织因素。新购构成阶段最为全面,主要有认识需要、确定需要、说明需要、物色供应商、征求建议、选择供应商、选择订货方式和评估绩效八个阶段,当然不是生产者的任何购买都需要经过这些阶段,修正重购和直接重购可能跳过其中某些阶段。中间商市场也成为转卖者市场,他们介于生产者和用户之间。中间商的需求主要也是消费者市场需求的引申,多带有组织购买属性,一般来说,中间商购买决策主要涉及购买时间、采购数量、选择供应商、决定采购的货色和选择购买条件等。

名人名言

与其费尽心思琢磨如何击倒客户,不如站在客户的立场上为对方多着想。

——《拒绝是客户的天性》

肯定的想法不迫使你做任何事情,但它比消极的想法能更好地帮你把任何事情都做好。

——美国著名营销大师齐格·齐格拉

没有商品这样的东西。顾客真正购买的不是商品,而是解决问题的办法。

——美国著名营销专家 特德·莱维特

不要过度承诺,但要超值交付。

——戴尔

复习与练习

1. 选择题

(1) 组织市场包括( )。
　A. 生产者市场　　　　　　　　　　　B. 中间商市场
　C. 非营利组织市场和政府市场　　　　D. AB 和 C

(2) 派生需求又叫( )。
　A. 负需求　　　　　　　　　　　　　B. 无谓需求
　C. 客观需求　　　　　　　　　　　　D. 引申需求或衍生需求

(3) 组织市场需求的波动幅度( )消费者市场需求的波动幅度。
　A. 小于　　　　B. 大于　　　　C. 等于　　　　D. 都不是

(4) 生产者用户初次购买某种产品或服务称为( )。
　A. 直接重购　　B. 修正重购　　C. 重购　　　　D. 新购

(5) 影响生产者购买决策的基础性因素是( )。

A. 商品质量　　　　B. 价格　　　　　　C. 服务　　　　　　D. AB 和 C
(6) 生产者用户自身的有关因素称为(　　)。
A. 人际关系因素　　B. 个人因素　　　　C. 组织因素　　　　D. 环境因素
(7) 供应商应把中间商视为顾客(　　)而不是销售代理人，帮助他们为顾客做好服务。
A. 采购代理人　　　B. 销售代理人　　　C. 供应代理人　　　D. 都不是
(8) 按照不同的职能，非营利组织可分为(　　)。
A. 履行国家职能的非营利组织　　　　　B. 促进群体交流的非营利组织
C. 提供社会服务的非营利组织　　　　　D. AB 和 C
(9) 非营利组织的采购部门通过传播媒体发布广告或发出信函，说明有关要求，邀请供应商在规定期限内投标的购买方式称为(　　)。
A. 公开招标选购　　B. 议价合约选购　　C. 日常选购　　　　D. 正常购买
(10) 政府采购的目的是(　　)。
A. 营利　　　　　　　　　　　　　　　B. 满足生活需要
C. 维护国家安全和公众的利益　　　　　D. 以上都是
(11) 非营利组织的日常性采购的采购金额相对(　　)。
A. 较多　　　　　　B. 较少　　　　　　C. 一般　　　　　　D. 量大
(12) 非营利组织的采购人员只能按照规定的条件购买，(　　)。
A. 有较大自由　　　　　　　　　　　　B. 缺乏自主性
C. 受控制少　　　　　　　　　　　　　D. 可任意选购

2. 填空题

(1) 组织市场是以某种组织为_____的购买者所构成的市场。
(2) 我国通常把非赢利组织称为"机关团体、_____"。
(3) 组织市场的购买者往往向供应方_____采购。
(4) _____是指生产者用户的采购部门按照过去的订货目录和基本要求继续向原先的供应商购买商品。
(5) 对机器设备、车辆等昂贵产品，许多企业无力购买或者需要融资购买，采用_____方式可以节约成本。

3. 判断题

(1) 就卖主而言，消费者市场是法人市场，组织市场是公家市场。　　　　(　　)
(2) 组织市场的购买者需要有源源不断的货源。　　　　　　　　　　　　(　　)
(3) 组织市场的需求是派生需求。　　　　　　　　　　　　　　　　　　(　　)
(4) 组织市场的需求弹性较大。　　　　　　　　　　　　　　　　　　　(　　)
(5) 组织市场的购买者往往经过中间商进行采购。　　　　　　　　　　　(　　)
(6) 组织市场需求的波动幅度大。　　　　　　　　　　　　　　　　　　(　　)
(7) 组织也常常通过租赁方式取得所需的产品。

4. 问答题

(1) 生产者用户的购买类型有哪几种?

(2) 说明非营利组织的类型与购买方式。

(3) 试述影响组织用户购买行为的因素及其营销应用。

5. 讨论题

(1) 组织市场有哪些特点?

(2) 影响政府购买行为的主要因素有哪些?

(3) 将学校的食堂采购与家庭购买进行比较,分析其需求和行为特征。

6. 案例应用分析

海淀区的政府采购方式变革

据有关资料测算:全国事业单位一年的采购金额约为7 000亿元,政府实际上成为国内最大的单一消费者。为适应市场经济体制的新形势,政府采购方式将发生变革。

以前,北京市海淀区下属各单位要购买设备,首先向财政局报预算,经财政局行财科按市场价格核定后给予拨款,再由各使用单位自行购买。但是行财科的职员们时常心里打鼓:商品价格究竟是多少,我们没底,采购环节的伸缩性实在太大了。今年5月,北京市海淀区出台了《海淀区采购试行办法》,规定区属各行政事业单位由区财政安排的专项经费,购置设备单项价值在10万元以上,或全区范围内一次集中配置的批量采购总价值在29万元以上,均需采取公开的竞争性招标、投标采购。海淀区专门成立了政府采购领导小组,区属两家机关购买133台空调的工作成为区政府采购方式改革的第一个试点。5月26日召开招投标大会,有6家公司投标。开标后,投标商单独介绍了产品技术、质量、价格等内容,并接受由空调专家、高级会计师和使用单位人员组成的评审委员会的质询。经专家们反复比较论证,科龙空调以较好的性能价格比中标。此次购买的预算资金177万元,实际支出108万元,节约69万元。采购部门负责人说:"想都没想到,效果好得出奇。"

海淀采购办公室正着手进行其他项目的政府采购工作。购买7辆公务车,预算金额208万。由于车型不一,不成规模,将采用"询价"的方式,也就是货比三家的方式购买。广播局购买两台专用设备则采取广播局主办,采购办参与的招标方式。还将进行教学用具、医疗设备、基本建设非标准设备的采购工作,争取今年的政府采购总额达到1 000万元。从长远而言,有关人员希望将采购办从财政局分离出去,使批钱的和买东西的是两部分,更便于监督和制约。

据悉,国家财政部的有关专家正在积极制定我国统一、规范的政府采购制度。他们认为,政府采购是加强采购支出管理的必由之路,但一定要做到规范、统一,使制度在各地不走样。要建立采购主管机构,明确采购模式,设立仲裁机构。财政部门不直接主管采购,防止由分散采购改为集中采购后出现新的"集中腐败"。

【问题】

(1) 结合本案例内容谈谈你对北京海淀区政府采购方式改革的看法?

(2) 这次政府采购改革是成功的吗?请阐述其原因是什么?

第 6 章 目标市场营销战略

教学目标

通过本章学习，应掌握战略营销的核心内容。具体包括：市场细分战略的产生与发展、市场细分的原理与理论依据、市场细分的标准、市场细分的层次和基本程序以及市场细分的原则；目标市场的概念、细分市场的评价和目标市场的选择、目标市场战略选择及条件；市场定位的含义、步骤和基本要求，市场定位战略的方法。

教学要求

知识要点	能力要求	相关知识
市场细分战略	(1) 市场细分理论的理解能力 (2) 市场细分的实际运用能力	(1) 温德尔·斯密斯的市场细分理论及市场细分战略的产生与发展 (2) 市场细分的原理、依据及标准 (3) 菲利普·科特勒的"市场细分层次"命题 (4) 麦肯锡提出的细分市场程序 (5) 市场细分的原则
目标市场战略	(1) 市场细分与确定目标市场关系的理解能力 (2) 目标市场营销战略选择的实际运用能力	(1) 评价细分市场和选择目标市场的五种模式 (2) 无差异性营销战略、差异性市场营销战略及集中性营销战略 (3) 选择目标市场营销战略的条件
市场定位战略	(1) 深入理解艾尔·里斯和杰克·特劳特的定位理论 (2) 市场定位的实际运用能力	(1) 艾尔·里斯和杰克·特劳特的定位理论 (2) 市场定位主要方式 (3) 市场定位的战略步骤 (4) 市场定位战略

市场营销教程

> 不要去购买市场份额,而应该想办法怎样去赢得它。
> ——菲利普·科特勒

基本概念

市场细分　目标市场　无差异性营销战略　差异性营销战略　集中性营销战略　市场定位

葡萄是甜还是酸?

这是一个流传很广的故事:曾有一位女士问卖葡萄的人,葡萄是甜的还是酸的,那个卖葡萄的人以为女士都爱吃甜的,就说葡萄是甜的,不料那位女士正身怀六甲,想吃酸的,于是就没买。随后,又有一位老者问卖葡萄的人同一个问题,因为前一次的经验,那个卖葡萄的人就改口说葡萄是酸的,谁知老人的牙不好,想吃甜的,所以也没买。

 点评:需求偏好的差异是市场细分的客观依据

消费者的需求偏好存在差异,这种偏差是对市场进行细分化的客观依据。企业应根据市场细分依据和细分程序,将一个整体市场细分为若干个细分市场。然后,对各个细分市场进行价值评价,选择一个或几个最有价值的市场作为目标市场。进而根据产品在细分市场上所处的地位和顾客对产品某些属性的重视程度,塑造出与众不同的鲜明个性的产品并传递给目标顾客,使该产品在细分市场上占有强有力的竞争位置。

6.1　市场细分战略

6.1.1　市场细分战略的产生与发展

1. 市场细分的概念

市场细分又称市场分隔或市场区隔,是指根据消费者需求和购买行为的差异性,把具有异质性需求的整体市场划分为若干需求大体相同的消费者群的小市场,它是一个辨别具有不同行为的消费者,并加以分类组合的过程。

市场细分以后所形成的具有相同需求的顾客群体称为细分市场或分市场。每一个顾客群体就是一个细分市场;每一个细分市场都是由需求倾向类似的消费者构成的群体;所有细分市场之总和便是整体市场。由于在顾客群体内,大家的需求、欲望大致相同,企业可以用一种商品和营销组合策略加以满足。但在不同的顾客群体之间,其需求、欲望则各有差异,企业要以不同的商品,采取不同的营销策略加以满足。因此,市场细分实际上是一种求大同、存小异的市场分类方法,它不是对商品进行分类,而是对需求各异的消费者进行分类,是识别具有不同需求和欲望的顾客群体或用户群的活动过程。在同类产品市场上,同一细分市场的顾客需求具有较多的共同性,不同细分市场之间的需求具有较多的差

第6章 目标市场营销战略

异性，企业应明确有多少细分市场及各细分市场的主要特征。

2. 市场细分战略的产生与发展

市场细分是20世纪50年代中期美国市场营销学家温德尔·斯密斯（Wendell R. Smith）提出的，其产生与发展经历了以下几个阶段。

1）大量营销阶段（Mass Marketing）

早在19世纪末20世纪初，西方经济发展的中心是速度和规模，企业市场营销的基本方式是大量营销，即大批量生产品种规格单一的产品和通过大众化的渠道推销。在当时的市场环境下，大量营销方式降低了成本和价格，获得了较丰厚的利润，企业没有必要也不可能重视市场需求的研究，市场细分战略不可能产生。

2）差异化营销阶段（Differentiated Marketing）

在20世纪30年代，发生了震撼世界的资本主义经济危机，西方企业面临产品严重过剩，市场迫使企业转变经营观念，营销方式从大量营销向产品差异化营销转变，即向市场推出许多与竞争者具有不同式样、花色和价格的产品，供消费者选择，以期扩大销售量。产品差异化营销与大量营销相比较，是一种进步，但这种差异并不是专门针对某类消费者的不同需求而设计，更不是在市场细分的基础上出现的。由于企业仅仅考虑自己现有的设计、技术能力而未研究顾客需求，缺乏明确的目标市场，产品试销的成功率仍然很低。

3）目标营销阶段（Target Marketing）

20世纪50年代以后，在科学技术革命的推动下，生产力水平大幅度提高，产品日新月异，生产与消费的矛盾日益尖锐，以产品差异化为中心的推销体制远远不能解决西方企业所面临的市场问题。于是，市场迫使企业再次转变经营观念和经营方式，由产品差异化营销转向以市场需求为导向的目标营销，即企业在研究市场和细分市场的基础上，结合自身的资源与优势，选择其中最有吸引力和最能有效地为之提供产品和服务的细分市场作为目标市场，设计与目标市场需求特点相互匹配的营销组合等。于是，市场细分战略应运而生。

市场细分化理论产生之后经过了一个不断完善的过程。最初，人们认为把市场划分得越细越好，越能适应顾客需求，从而取得更大收益。但是，自20世纪70年代以来，由于能源危机和整个资本主义市场不景气，营销管理者深感过分地细分市场必然导致企业总成本上升过快从而减少总收益。因此，西方企业界又出现了一种"市场同合化"的理论，主张从成本和收益的比较出发适度细分。这是对过度细分的反思和矫正，使市场细分理论又有了新的内涵，适应了20世纪90年代全球化营销趋势的发展。

 特别提示

市场细分理论的产生，使传统营销观念发生了根本的变革，在理论和实践中都产生了极大影响，被西方理论家称之为"市场营销革命"。

3. 市场细分的作用

市场细分被西方企业誉为具有创造性的新概念，它的作用主要表现在以下几个方面。

1) 有利于分析、发现、挖掘市场机会

在买方市场条件下,企业营销决策的起点在于发现有吸引力的市场环境机会,这种环境机会能否发展成为市场机会,取决于两点:与企业战略目标是否一致;利用这种环境机会能否比竞争者具有优势并获取显著收益。显然,这些必须以市场细分为起点。通过市场细分可以发现哪些需求已得到满足,哪些只满足了一部分,哪些仍是潜在需求。相应地可以发现哪些产品竞争激烈,哪些产品较少竞争,哪些产品亟待开发。

市场细分对中小企业尤为重要。与实力雄厚的大企业相比,中小企业资源能力有限,技术水平相对较低,缺乏竞争能力。通过市场细分,可以根据自身的经营优势,选择一些大企业不愿顾及、相对市场需求量较小的细分市场,集中力量满足该特定市场的需求,在整体竞争激烈的市场条件下,在某一局部市场取得较好的经济效益,求得生存和发展。

2) 有利于确定目标市场并掌握目标市场的特点

不进行市场细分,企业选择目标市场必定是盲目的,不认真地鉴别各个细分市场的需求特点,就不能进行有针对性的市场营销。例如,某公司出口日本的冻鸡原先主要面向消费者市场,以超级市场、专业食品商店为主要销售渠道。随着市场竞争的加剧,销售量呈下降趋势。为此,该公司对日本冻鸡市场做了进一步的调查分析,以掌握不同细分市场的需求特点。从购买者区分有三种类型:一是饮食业用户,二是团体用户,三是家庭主妇。这三个细分市场对冻鸡的品种、规格、包装和价格等要求不尽相同。饮食业对鸡的品质要求较高,但对价格的敏感度低于零售市场的家庭主妇;家庭主妇对冻鸡的品质、外观、包装均有较高的要求,同时要求价格合理,购买时挑选性较强。根据这些特点,该公司重新选择了目标市场,以饮食业和团体用户为主要顾客,并据此调整了产品、渠道等营销组合策略,出口量大幅度增长。

找 马

从前,有个秀才去京城应试。途中,在一小店投宿,将马拴在门口的木桩上,天亮准备上路时,马却不知去向。从此,秀才开始四处找马。

他找了一整天,没见找马的踪影;第二天,他远远看见前面好像有一匹马,但走近一看,却是一头驴,他失望地摇了摇头,继续往前走。

第三天,他有见到前面有匹马,心中暗喜:这回该是我的那匹马了吧,但走近一看,还是一头驴。他又走了,仍是每天都能看见一头驴,但他一直没有理睬这些驴,只是在寻找自己的马。考试的时间一天天临近,而这位秀才终因精疲力竭而死在了找马的路上。

3) 有利于制订市场营销组合策略、规划营销方案

市场营销组合是企业综合考虑产品、价格、促销形式和销售渠道等各种因素而制订的市场营销方案,就每一特定市场而言,只有一种最佳组合形式,这种最佳组合只能是市场细分的结果。前些年我国曾向欧美市场出口真丝花绸,消费者是上流社会的女性。由于我国外贸出口部门没有认真进行市场细分,没有掌握目标市场的需求特点,因而营销策略发生了较大失误:产品配色不协调、不柔和,未能赢得消费者的喜爱;低价策略与目标顾客

的社会地位不相适应；销售渠道又选择了街角商店、杂货店，甚至跳蚤市场，大大降低了真丝花绸产品的"华贵"地位；广告宣传也流于一般。这个失败的营销个案，从反面说明了市场细分对于制订营销组合策略具有多么重要的作用。

4）有利于提高企业的竞争能力

企业的竞争能力受客观因素的影响而存在差别，但通过有效的市场细分战略可以改变这种差别。市场细分以后，每一细分市场上竞争者的优势和劣势就明显地暴露出来，企业只要看准市场机会，利用竞争者的弱点，同时有效地开发本企业的资源优势，就能用较少的资源把竞争者的顾客和潜在顾客变为本企业的顾客，提高市场占有率，增强竞争能力。

6.1.2 市场细分的原理与依据

1. 市场细分的原理

一种产品或劳务市场可以有不同的划分方法。图6.1(a)表示在未进行市场细分之前的一个含有8个顾客的市场，假若这8个顾客对某种产品的需求与欲望是完全一致的，即无差异需求时，市场无须进行细分。相反，当这8个顾客的需求具有不同特点时，则每一种有特色的需求都可以视为一个细分市场。如图6.1(b)所示，企业的市场营销若能有针对性地满足这8个顾客具有不同特色的需求是最为理想的。但这种情况对企业营销而言，是极其困难的，因为这需要受到许多营销因素(特别是企业预期利润目标)的制约和影响。一般情况下，营销管理人员会按照"求大同，存小异"的原则进一步归纳这些不同需求。而且在现实生活中，顾客的需求与欲望也会有相似之处。如图6.1(c)中，以购买者的收入作为划分的标准，则可分割为4个子市场，表示不同收入层的顾客对产品有不同的需求。若以年龄作为划分的标准，以上8个顾客又可以划分为另外4个子市场。图6.1(d)表示年轻顾客和老年顾客对同一产品具有不同的偏好。假如我们以年龄和收入两个因素作为划分的标准，以上8个顾客又可以划分为图6.1(e)5个市场：A市场由一个a级收入和a'级年龄的顾客、一个b级收入及b'级年龄的顾客组成；B市场由一个b级收入和a'级年龄的顾客、一个d级收入及c'级年龄的顾客组成，其余依此类推。后面还将结合市场细分标准进一步说明。

2. 市场细分的依据

产品属性是影响顾客购买行为的重要因素，根据顾客对不同属性的重视程度，可以分为三种偏好模式。这种需求偏好差异的存在是市场细分的客观依据。

1）同质偏好

如图6.2(a)所示，市场上所有的顾客有大致相同的偏好(以某食品厂生产的奶油蛋糕为例)，且相对集中于中央位置。

2）分散偏好

图6.2(b)为分散型偏好表示模式，市场上的顾客对两种属性的偏好散布在整个空间，偏好相差很大。进入该市场的第一品牌可能定位于中央位置，以最大限度地迎合数量最多的顾客，同时，将顾客的不满足感降到最低水平。进入该市场的第二个品牌可以定位于第一品牌附近，与其争夺份额；也可远离第一品牌，形成有鲜明特征的定位，吸引对第一品

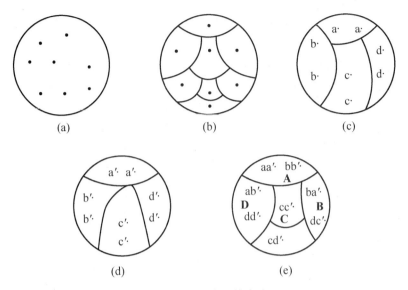

图 6.1　细分市场的方法

牌不满的顾客群。如果该市场潜力很大，会同时出现几个竞争品牌，定位于不同的空间，以体现与其他竞争品牌的差异性。

3）集群偏好

如图 6.2(c)所示，市场上出现几个群组的偏好，客观上形成了不同的细分市场。这时，进入市场的企业有三种选择：定位于中央，尽可能以赢得所有顾客群体（无差异营销）；定位于最大的或某一"子市场"（集中营销）；可以发展数种品牌各自定位于不同的市场部位（差异营销）。

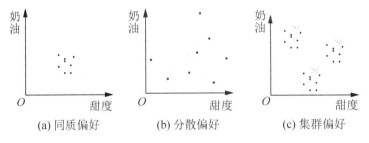

图 6.2　市场偏好模式

3. 市场细分的标准

市场营销学中，那些能导致顾客群体对某种产品的需求产生差异性的因素，成为市场细分变量或变数。市场细分时，企业可酌情从多种变量中选择一个或若干个主要变量作为市场细分的标准。无疑，不同性质的市场，其细分标准是不尽相同的。同时，在分割某一整体市场时，同一产业中的不同企业或者同一企业因经营条件或经营目标的变化，所选择的细分标准亦会有差异。

1）消费者市场细分的标准

随着市场细分化理论在企业营销中的普遍应用，消费者市场细分标准可归纳为四大类：地理环境因素、人口统计因素、消费心理因素和消费行为因素(表 6-1)。这些因素有些相对稳定，多数则处于动态变化中。

表 6-1 消费者市场的主要细分变量

变　量	应考虑的主要问题
地理变量	(1) 世界地区或国家。北美，西欧，中东，中国，日本 (2) 国内地区。东北，西北，华北，中南，西南，华南 (3) 城市规模。5 000 人以下；5 000～20 000 人…1 000 000～4 000 000 人；4 000 000 人以上 (4) 人口密度。城市，郊区，农村 (5) 气候。北方，南方
人口变量	(1) 年龄。6 岁以下，6～11 岁，12～19 岁，20～34 岁，35～49 岁，50～64 岁，65 岁以上 (2) 性别。男，女 (3) 家庭人口。1～2 人，3～4 人，5 人以上 (4) 家庭生活周期。青年、单身；年轻、已婚、无小孩；年轻、已婚、有小孩；较年长、已婚、有小孩；较年长、已婚、无 18 岁以下小孩；较年长、独身；其他 (5) 收入。1 万元以下，1～2 万元，2～3 万元，3～5 万元，5～10 万元，10 万元以上 (6) 职业。专业技术人员，官员，企业主，经理，工人，农民，学生，退休人员，无业 (7) 教育。小学或以下，中学，高中毕业，大学肄业，大学毕业 (8) 种族。亚洲人，拉美人黑种人，黄种人，白种人 (9) 年代。70 后，80 后，90 后 (10) 国籍。中国，日本，美国，德国，意大利 (11) 宗教。佛教，伊斯兰教，天主教，基督教，其他
心理变量	(1) 社会阶层。下等下层人，上等下层人，下等中层人，上等中层人，下等上层人，上等上层人 (2) 生活方式。成就者，奋斗者，幸存者 (3) 个性。冲动型，社交型，发号施令型，理智型
行为变量	(1) 购买时机。常规购买时机，特殊购买时机 (2) 寻求利益。质量，服务，经济，便捷 (3) 使用者状态。不使用，以前使用，可能用，第一次用，经常用 (4) 使用程度。非使用者，以前使用者，初次使用者，经常使用者，潜在使用者 (5) 忠诚度。铁杆品牌忠诚者，几种品牌忠诚者，转移品牌忠诚者，非忠诚者 (6) 购买准备阶段。不知，已知，已有兴趣，已有购买欲望，正打算购买 (7) 对产品的态度。热爱的，肯定的，不感兴趣的，否定的，敌对的

(1) 地理环境因素，即按照消费者所处的地理位置、自然环境来细分市场。具体变量包括：国家、地区、地理方位、城市规模、不同地区的气候及人口密度等。地理因素是一种相对静态的变数，处于同一地理位置的消费者对某一类产品的需求仍然会存在较大的差异，因此，还必须同时依据其他因素进行市场细分。

(2) 人口统计因素，指各种人口统计变量，包括：性别、年龄、国籍、民族、婚姻、职业、收入、教育程度、宗教信仰、家庭规模、家庭构成和家庭生活周期等。譬如，不同年龄、受教育程度不同的消费者在价值观念、生活情趣、审美观念和消费方式等方面会有很大的差异。按人口统计因素来细分市场，既可以按人口统计因素中某一个具体项目如性别来进行细分，也可以按两个或两个以上的具体项目进行组合细分。例如：某家具公司在市场调查中发现与家具销售关联最密切的人口变量有以下三项：户主年龄、家庭规模和收入状况。图6.3则以这三个变量为标准细分市场。如果依次把每一变数分为若干等级，形成了36(4×3×3)个不同的细分市场。企业在选择目标市场时，可以根据本企业的营销目标及其预期利润，分别考虑各个细分市场的家庭数目、平均购买率、产品的竞争程度等因素。经过分析研究和预测，即可比较准确地评估出每个细分市场的潜在价值。

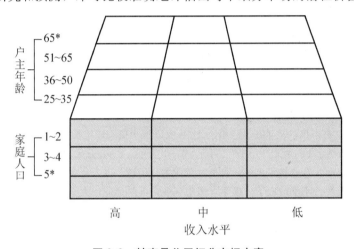

图6.3 某家具公司细分市场方案

（3）心理因素，即按照消费者的心理特征细分市场。按照上述几种标准划分的处于同一群体中的消费者对同类产品的需求仍会显示出差异性，可能原因之一是心理因素发挥作用。心理因素包括个性、购买动机、价值观念、生活方式、生活格调、社会阶层等变量。比如，生活格调是指人们对消费、娱乐等特定习惯和方式的倾向性，追求不同生活格调的消费者对商品的爱好和需求有很大差异。消费者的个性、价值观念等心理因素对需求也有一定的影响，企业可以把具有类同的个性、爱好、兴趣和价值取向相近似的消费者集合成群，有针对性地制订营销策略。在有关心理因素的作用下，按人们的生活方式可以将消费群分为"传统型""新潮型""奢靡型""活泼型""社交型"等群体。

（4）行为因素，即按照消费者的购买行为细分市场，包括消费者进入市场的程度、追求的利益、对产品的态度、对品牌的忠诚度、购买动机、购买准备阶段、使用率、支付方式等变量。按消费者进入市场程度，通常可以划分为常规消费者、初次消费者和潜在消费者。在常规消费者中，不同消费者对产品的使用频率也很悬殊，可以进一步细分为"大量使用户"和"少量使用户"。根据美国某啤酒公司的调查，某一区域有32%的人消费啤酒，其中，大量使用户与少量使用户各为16%，但前者购买了该公司啤酒销售总量的55%。因此，许多企业把大量使用者作为自己的销售对象。追求的利益是指消费者在购买过程中对产品不同效用的重视程度。消费者对品牌的忠诚度是指消费者对某品牌的喜爱程度，据此可以把消费者市场划分为四个群体：即绝对品牌忠诚者、多种品牌忠诚者、变换型忠诚者和非忠诚者。在"绝对品牌忠诚者"占很高比重的市场上，其他品牌难以进入；在变换型忠诚者占比重较高的市场上，企业应努力分析消费者品牌忠诚转移的原因，以调整营销组合，加强品牌忠诚程度；而对于那些非品牌忠诚者占较大比重的市场，企业应审查原来的品牌定位和目标市场的确立等是否准确，随市场环境和竞争环境变化重新加以调整和定位。

营销案例6-1

精确的市场细分，圈住消费新生代

中国移动作为国内专注于移动通信发展的通信运营公司，曾成功推出了"全球通""神州行"两大子品牌，成为中国移动通信领域的市场霸主。但随着市场的进一步饱和、联通的反击、小灵通的搅局，使中国移动通信市场弥漫着价格战的狼烟，如何吸引更多的客户资源、提升客户品牌忠诚度、充分挖掘客户的价值，成为运营商成功突围的关键。

根据麦肯锡对中国移动用户的调查资料表明，中国将超过美国成为世界上最大的无线市场，从用户绝对数量上说，到2005年中国的无线电话用户数量将达到1.5～2.5亿个，其中将有4 000～5 000万名用户使用无线互联网服务。从调查资料还可看出，25岁以下的年轻新一代消费群体将成为未来移动通信市场最大的增值群体。因此，中国移动将以业务为导向的市场策略率先转向了以细分的客户群体为导向的品牌策略，在众多的消费群体中锁住15～25岁年龄段的学生、白领，产生新的增值市场。

2003年3月，中国移动推出子品牌"动感地带"，宣布正式为年龄在15～25岁的年轻人提供一种特制的电信服务和区别性的资费套餐。并于同年4月举行"动感地带(M－ZONE)"形象代言人新闻发布会暨媒体推广会，台湾新锐歌星周杰伦携手"动感地带"。同年5～8月，在各地市场利用报纸、电视、网络、户外、杂志、公关活动等开始了对新品牌的精彩演绎。同年9～12月，在全国举办"2003动感地带M－ZONE中国大学生街舞挑战赛"，携600万大学生掀起街舞狂潮……

目前，动感地带的用户已远远超出一千万户，并成为移动通信中预付费用户的主流。

(资料来源：郑纪东．十大营销经典案例．中国营销传播网．2004-2-6)

2) 产业市场细分的标准

细分消费者市场的标准，有些同样适用于产业市场。如用户所处的地理位置、用户的规模、用户所追求的利益、用户的使用频率及用户对品牌的忠诚程度等因素。但产业市场细分变量又有些与消费者市场细分变量不同，其中，产业市场最常用的变量有最终用户、客户经营规模、对产品技术及质量和服务水平的要求、交货条件、客户采购政策与程序、客户个性等。

(1) 用户规模。在产业市场中，有的用户购买量很大，而另外一些用户购买量很小。许多情况下，企业需要根据用户规模大小来细分市场，并根据用户或客户的规模不同，采用不同的营销组合策略。比如，对于大客户，宜于直接联系、直接供应，在价格、信用等方面给予更多优惠；而对众多的小客户，则宜于使产品进入商业渠道，由批发商组织供应。

(2) 产品的最终用途。产品的最终用途不同也是产业市场细分标准之一。工业品用户购买产品，一般都是供再加工之用，对所购产品通常都有特定的要求。比如，同是钢材用户,有的需要圆钢,有的需要带钢;有的需要普通钢材,有的需要硅钢、钨钢或其他特种钢。企业此时可根据用户要求,将要求大体相同的用户集合成群,并据此设计出不同的营销策略组合。

(3)产业者购买状况。产业者购买的主要方式包括直接重购、修正重购及新任务购买。不同的购买方式的采购程度、决策过程等不相同,因而可据此将整体市场细分为不同的小市场群。

一般来说,产业市场可以通过一系列的细分过程来确定细分市场。许多企业实际上不是用一个标准,而是用几个标准有层次地或交错地来细分市场,辨别目标市场机会。下面以一家铝制品公司为例来说明企业是如何用几种标准来细分市场的(图6.4)。

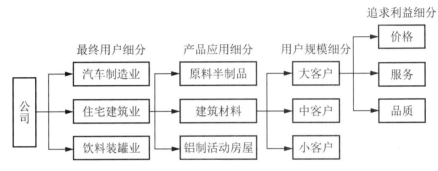

图6.4 用多标准细分产业市场

这家公司首先按照最终用户,把铝制品市场细分为汽车制造业、住宅建筑业和饮料装罐业三个子市场。根据这些市场的潜力,公司选择了住宅建筑业为目标市场。这称为"横的产品/市场选择"。第二步,再按照产品应用,进一步细分为原料半成品、建筑材料、铝制活动房屋三个子市场,公司选择了建筑材料市场为目标市场。第三步,再按照用户规模,把建筑材料市场进一步细分为大客户、中客户和小客户三个子市场,选择大客户为目标市场。细分到此并没有结束。公司进一步按大客户追求的不同利益,将市场再度细分。根据客户的需要和公司的优势,决定选择着重提供服务这一因素的市场部分。经过按照这一系列标准来逐步细分铝制品市场,这家公司的目标市场就十分具体了。

产业市场的细分还需要使用一些其他的变量。美国的波罗玛(Bonoma)和夏皮罗(Shapiro)两位学者,提出了一个产业市场的主要细分变量表(表6-2),比较系统地列举了细分产业市场的主要变量,并提出了企业在选择目标顾客时应考虑的主要问题。对企业细分产业市场具有一定的参考价值。

表6-2 产业市场的主要细分变量

变 量	应考虑的主要问题
人口变量	(1)行业。我们应把重点放在购买这种产品的哪些行业 (2)公司规模。我们应把重点放在多大规模的公司 (3)地理位置。我们应把重点放在哪些地区

续表

变　量	应考虑的主要问题
经营变量	(1) 技术。我们应把重点放在哪些顾客所重视的技术 (2) 使用者或非使用者情况。我们应把重点放在大量、中量、少量使用者身上，还是非使用者身上 (3) 顾客能力。我们应把重点放在需要很多服务的顾客上，还是只需少量服务的顾客上
采购方法	(1) 采购职能组织。我们应把重点放在采购组织高度集中的公司，还是采购组织高度分散的公司 (2) 权力结构。我们应把重点放在工程技术人员占主导地位的公司，还是财务人员占主导地位的公司 (3) 现有关系的性质。我们应把重点放在现在与我们有牢固关系的公司，还是追求最理想的公司 (4) 总采购政策。我们应把重点放在乐于采用租赁、服务合同、系统采购的公司，还是密封投标等贸易方式的公司 (5) 购买标准。我们应把重点放在追求质量的公司、重视服务的公司，还是注重价格的公司
情况因素	(1) 紧急。我们是应把重点放在那些要求迅速和突击交货的公司，还是提供服务的公司 (2) 特别用途。我们是否应把重点放在产品而非用途上 (3) 订货量。我们应把重点放在大宗订货，还是少量订货
个性特征	(1) 购销双方的相似点。我们是否应把重点放在那些价值观念与本公司相似的公司 (2) 对待风险的态度。我们应把重点放在敢于冒风险的顾客，还是避免冒风险的顾客 (3) 忠诚度。我们是否应把重点放在那些对本供应商非常忠诚的公司

4. 市场细分的层次和基本程序

1) 市场细分的层次

美国市场营销学专家菲利普·科特勒及时总结企业实施市场精细化的经验，提出"市场细分层次"这一崭新命题，即市场细分随着精细化程度的提高而呈现四个层次：细分市场、补缺市场、局部市场和个别市场。

(1) 若按少数主要细分变量分割整体市场，即得细分市场。在"细分市场营销"中，企业仅仅为同一细分市场中的不同顾客提供相同需求的产品而不考虑其差异性。

(2) 若将上述细分市场进一步分割，所得次级细分市场即为补缺市场。例如，按性别、年龄、消费水平和季节可将时装市场分割为若干细分市场；每个细分市场又可再按民族或其他变量分割为若干"补缺市场"。企业在实施"补缺营销"过程中，应强化管理，不断创新，抓住那些看似小却又众多的商业机会。

(3) 因种种原因可能会导致某局部地区消费者群体的需求出现差异而形成局部地区市场。例如，由于历史原因我国城市分布有铁路职工家属区、高校职工聚集区、回族聚集区等；如今又形成低收入家庭聚集区(经济住房)和高收入家庭聚集区(私人别墅)等。各局部地区市场的需求往往存在较大的差异，企业应分别满足之，即"局部地区营销"。

(4) 若将整体市场彻底细分化，即每位顾客为一个细分市场，称之为个别市场。企业的对策是按各位顾客的特殊需求分别制作产品和提供服务，即实施"定制营销"或"一对一营销"，又称"个别化营销"。

正如集体化大生产是20世纪的组织观念一样，大众化定制生产将成为21世纪的生产组织原则。有两种趋向使这一趋势日渐明显。第一，在客户服务中，顾客至上是重点，顾客不仅对产品的质量有所要求，而且还要求产品满足自己个性化的需要。营销专家里吉斯·麦克纳说："在美国，选择机会比品牌更有价值"。然而，如果不是考虑到其他趋势而为顾客提供多种选择成为明显的不可能，那么，阻止向顾客提供多种选择的一个因素就是它成本太高。但另一个趋势是新兴技术的突起。条形码扫描器也使追踪部件及产品成为可能。数据库也可储存数亿的消费者信息。所有这些，最重要的是因特网将它们连接起来，使公司可以很容易地与其顾客进行联系，获知他们的喜好和他们的反应。《大众消费》的作者约瑟夫·派因说："任何你可以数字化的东西都可以为用户定制"。

并不是只有那些销售给消费者的商人在驾驭这些趋势，企业对企业的商人也发觉在相同的时间内可以提供给顾客便宜和曾经提供过标准的零售商制造的商品和服务。特别是小公司，大众化定制营销提供了一个与大竞争者竞争的方法。

资料来源：菲利普·科特勒. 营销管理[M]. 新千年版·十版. 梅汝和，等译. 北京：中国人民大学出版社, 2001.

2) 市场细分的基本程序

美国市场学专家麦肯锡提出细分市场的一整套程序，这一程序包括如下7个步骤。

(1) 选择并确定产品进入的市场范围。产品的市场范围应以顾客的需求来确定，而不是产品本身的特性来确定。例如，某一房地产公司打算在乡间建造一幢简朴的住宅，若只考虑产品特征，该公司可能认为这幢住宅的出租对象是低收入顾客，但从市场需求角度看，高收入者也可能是这幢住宅的潜在顾客。因为高收入者在住腻了高楼大厦之后，恰恰可能向往乡间的清静，从而可能成为这种住宅的顾客。

(2) 列举企业所选定的市场范围内潜在顾客的基本需求。例如，公司可以通过调查，了解潜在消费者对前述住宅的基本需求。这些需求可能包括：遮风避雨、安全、方便、宁静、设计合理、室内陈设完备、工程质量好等。

(3) 了解、评议不同潜在顾客的不同要求，确定几种最迫切的需求作为细分市场的主要因素。对于列举出来的基本需求，不同顾客强调的侧重点可能会存在差异。比如，经济、安全、遮风避雨是所有顾客共同强调的，但有的用户可能特别重视生活的方便，另外一类用户则对环境的安静、内部装修等有很高的要求。通过这种差异比较，不同的顾客群体即可初步被识别出来。

(4) 剔除潜在顾客的共同需求特征，而保留各差异特征需求作为细分标准。上述所列购房的共同要求固然重要，但不能作为市场细分的基础。如遮风避雨、安全是每位用户的要求，就不能作为细分市场的标准，因而应该剔除。

(5) 根据潜在顾客基本需求上的差异特征，将其划分为不同的市场群体或子市场，并赋予每一子市场一定的名称。例如，房地产公司可以把购房的顾客分为好动者、老成者、新婚者、度假者等多个子市场，并据此采用不同的营销策略。

(6) 进一步分析每一细分市场的不同需求与购买行为特点,并分析其原因,以便在此基础上决定是否可以对这些细分出来的市场进行合并,或做进一步细分。

(7) 对每一细分市场的规模、消费群体的潜在购买力、细分市场上产品竞争状况及发展趋势进行分析,并结合本企业的资源情况选择目标市场。

在细分市场时,有两点需要注意。

第一,要认真观察、了解,准确把握消费者挑选产品时,选择有关变数的顺序。例如在20世纪60年代,美国大多数购买汽车的顾客选择汽车时的顺序是生产商,然后是其某个品牌,如有个购买者喜欢通用汽车公司的汽车,对此他特别看中了其产品系列中的庞迪亚克牌(Pontiac)汽车。而现在的购买者则首先选择国家,然后再选择品牌。例如,首先决定买德国汽车,然后再选择德国的奥迪车等。

第二,要密切注意消费者选购商品属性的层次中的变化,并适应这种变化。社会是不断发展的,市场也处在不断变化之中。因此,消费者对商品各种属性的重要程度的排序也是不断变化的。企业如果看不到或忽视这种变化,仍然用原来的变数细分市场,会失去发展机会而造成损失。我国市场上许多商品的这种变化是十分明显的。20世纪六七十年代,居民收入水平低,购买衣服、日用品讲求的是价廉、结实、耐用(重视价格/质量型),到了20世纪80年代末,随着人们收入水平的提高,消费观念发生了很大转变。过去穿衣服是"新三年,旧三年,缝缝补补又三年",而现在买衣服的标准是式样新、有个性、名牌等(重视式样/个性/品牌型),不少消费者随时都在添置新衣、新鞋,过时就被淘汰。显然注重的是其个性和时代特色。因此,企业必须善于把握时代脉搏,用动态的眼光看市场,及时发现消费者偏好的变化,甚至去引导这种变化,为企业发展开辟新路。

特别提示

市场细分的程序不是执行一次就万事大吉,而必须定期反复地进行,重新确定细分标准,重新对市场进行细分。

5. 市场细分的原则

从企业市场营销的角度看,无论消费者市场还是产业市场,并非所有的细分市场都有意义。所选择的细分市场必须具备一定的条件。

1) 可衡量性

可衡量性是指该细分市场特征的有关数据资料必须能够加以衡量和推算。例如在电冰箱市场上,在重视产品质量的情况下,有多少人更注重价格,有多少人更重视耗电量,有多少人更注重外观或兼顾几种特性。当然,将这些资料进行量化是比较复杂的过程,必须运用科学的市场调研方法。

2) 可实现性

可实现性即企业所选择的目标市场是否易于进入,根据企业目前的人、财、物和技术等资源条件,能否通过适当的营销组合策略占领目标市场。

3) 可营利性

可营利性即所选择的细分市场有足够的需求量且有一定的发展潜力,使企业赢得长期稳定的利润。应当注意的是，需求量是相对于本企业的产品而言，并不是泛指一般的人口和购买力。

4) 可区分性

可区分性指不同的细分市场的特征可清楚地加以区分。例如，女性化妆品市场可依据年龄层次和肌肤类型等变量加以区分。

6.2 目标市场战略

6.2.1 目标市场的概念

目标市场是企业打算进入的细分市场，或打算满足的具有某一需求的顾客群体。也就是企业投其所好、为之生产产品和提供服务的某一个或某几个顾客群体。

市场细分与确定目标市场既有联系又有区别。市场细分化是按照消费需求与购买行为的差异划分顾客群体的过程。确定目标市场则是企业选择某一个或某几个细分市场作为营销对象的决策。选择目标市场有赖于市场细分，市场细分的目的就是为了选择目标市场。市场细分又为企业选择目标市场提供了条件。

在市场营销活动中，任何企业都应选定目标市场。因为就企业而言，并非所有的环境机会都具有同等的吸引力，或者说，并不是每一个细分市场都是企业所愿意进入和能够进入的。企业在营销决策之前，要确定具体的服务对象，即选定目标市场。企业在市场细分的基础之上，通过分析、评估各个细分市场，并根据企业的主、客观条件来选择目标市场，以便最终实现市场细分而给企业带来利益。

 营销故事

情侣苹果

元旦，某高校俱乐部前，一老妇守着两筐苹果叫卖，因为天寒，问者寥寥。一教授见此情形，上前与老妇商量几句，然后走到附近商店买来节日织花用的红彩带，并与老妇一起将苹果两个一扎，接着高叫道："情侣苹果呦！两元一对！"过往的情侣甚觉新鲜，用红彩带扎在一起的一对苹果看起来很有情趣，因而买者甚众。不一会儿，全卖光了。

营销启示：这是一个成功进行目标市场定位营销的案例。即首先分清众多细分市场之间的不同，并从中选择一个或几个细分市场，针对这几个细分市场开发产品并制订营销组合。那位教授对俱乐部前来往的人群进行的市场细分可谓别出心裁，占比例很大的成双成对的情侣给了他突发灵感，使其觉察到情侣们将是苹果的最大需求市场，而对其产品的定位更是奇巧，用红彩带两个一扎，唤为"情侣"苹果，对情侣十分具有吸引力，即使在苹果不好销的大冷天也变得畅销了。

6.2.2 评价细分市场和选择目标市场

一旦确定了市场细分机会，企业就必须依次评价各种细分市场和决定为多少个细分市场服务。

第6章 目标市场营销战略

1. 评价细分市场

根据市场细分依据和细分程序，将一个整体市场细分为若干个细分市场。然后，对各个细分市场进行价值评价，选择一个或几个最有价值的市场作为目标市场。为了选择适当的目标市场，企业必须对有关细分市场进行评价。企业评价各种不同的细分市场时，必须考虑三个因素：细分市场的吸引力、细分市场的规模和增长潜力、企业本身的目标和资源。

1) 细分市场的吸引力

所谓细分市场的吸引力主要指它的长期盈利率、成长性等。决定一个市场是否具有长期吸引力的有五种力量：现实的竞争者、潜在的竞争者、替代产品、购买者或供应者。企业必须充分估计这五种力量对长期盈利率、成长性等所造成的威胁和机会。

如果某个市场上已有为数众多、实力强大或者竞争意识强烈的竞争者，该市场就失去吸引力；如果某个市场可能吸引新的竞争者进入，他们将会投入新的生产能力和大量资源，并争夺市场占有率，这个市场也没有吸引力；如果某个市场已存在现实的或潜在的替代产品，这个市场就不具有吸引力；如果某个市场购买者的谈判能力很强或正在加强，他们强求降价，或对产品或服务苛求不已，并强化买方之间的竞争，那么，这个市场就缺乏吸引力；如果企业的供应者——原材料和设备供应商、公用事业、银行等，能够随意提高或降低产品和服务质量，或减少供应数量，该市场就没有吸引力。

2) 细分市场的规模和增长潜力

所谓细分市场的规模和增长潜力主要指它的人口数量、现实及潜在购买力的大小等。如果市场规模狭小或者趋于萎缩状态，企业进入后难以获得发展，此时，应审慎考虑，不宜轻易进入。另外，细分市场的规模和增长潜力是相对于企业的规模与实力而言的。较小的市场对于大企业，不值得涉足；而较大的市场对于小企业，又缺乏足够的资源来进入，并且小企业在大市场上也无力与大企业相竞争。

3) 企业本身的目标和资源

在对细分市场进行评价时，企业还必须考虑对细分市场的投资与企业的目标和资源是否一致。有些细分市场虽然具有较大吸引力，也具有适合的规模和增长潜力，但要看是否符合企业的长远目标，如果不符合，就不得不放弃；另外，也要看企业是否具备在某个细分市场获胜所必要的能力和资源，如果企业在该细分市场缺乏一个或更多的提供优势价值的竞争能力和资源时，该细分市场就应放弃。

在强调市场细分化的过程中，有些公司认为把市场划分得越细越好，越能适应顾客需求，从而取得更大收益，因此实行了"超细分策略"。这种策略将市场过度地细分，因而导致企业总成本上升过快从而减少总收益。于是一种被称为"反细分策略"应运而生。

反细分策略并不是反对市场细分，而是将许多过于狭小的细分市场组合起来，以便能以较低的价格去满足这一市场的需求。实行这种策略的出发点，是基于许多消费者的价值观和态度的变化，某些产品虽不能适应消费者的某些特殊需要，或者在经济增长、物价稳定时期不可能被接受，但经济萧条与通货膨胀已使得消费者对购买所获得的满足与价格之间的关系更为敏感，为了获得较低的价格，他们宁愿购买稍低于他们期望的产品。而反细分策略能有效地降低生产与营销成本。如由于较低的购买成本及较低的材料处理成本，而降低制造费用；由于较少的通路及较少的推销等费用支出，而降低促销成本；由于较低的分配路线投资，而降低资金支出等。

反细分策略实施可采用两种方法：一是由缩减产品线来减少细分市场，较适合于拥有广大产品线的企业。减少产品线，放弃较小或无利的细分市场，仍能以不同品质、不同特色的产品来吸引不同的目标顾客，并不会影响市场占有率。二是将若干个较小的细分市场集合起来，实行"市场同合化"，用提供较低价格和较普遍的产品来吸引消费者，形成较大的细分市场。

2. 选择目标市场

企业在对不同细分市场评估后，可酌情选择一个或若干个甚至所有的细分市场，确定为企业的目标市场。企业在选择目标市场时有 5 种可供考虑的市场覆盖模式，如图 6.5 所示。

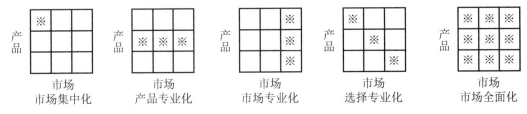

图 6.5　目标市场选择的 5 种模式

1) 市场集中化

这是一种最简单的目标市场模式，即企业只选取一个细分市场，只生产一类产品，供应某一单一的顾客群，进行集中营销。例如，某服装厂商只生产儿童服装。选择市场集中化模式一般基于以下考虑：企业具备在该细分市场从事专业化经营或取胜的优势条件；限于资金能力，只能经营一个细分市场；该细分市场中没有竞争对手；准备以此为出发点，取得成功后再向更多的细分市场扩展。

2) 产品专业化

产品专业化是企业集中生产一种产品，并向各类顾客销售这种产品。例如，饮水器厂只生产一个品种，同时向家庭、机关、学校、银行、餐厅、招待所等各类用户销售。产品专业化模式实际上是实施非市场细分化战略，即不分割整体市场。其优点是企业专注于某一种或一类产品的生产，有利于形成和发展生产和技术上的优势，在该领域树立形象。其局限性是当该领域被一种全新的技术与产品所代替时，产品销售量有大幅度下降的危险。

3) 市场专业化

市场专业化是企业专门经营满足某一顾客群体需要的各种产品。例如，某工程机械公司专门向建筑业用户供应推土机、打桩机、起重机、水泥搅拌机等建筑工程中所需要的机械设备。市场专业化经营的产品类型众多，能有效地分散经营风险。但由于集中于某一类顾客，当这类顾客的需求下降时，企业也会遇到收益下降的风险。

4) 选择专业化

选择专业化是企业选取若干个具有良好的盈利潜力和结构吸引力，且符合企业的目标和资源的细分市场作为目标市场，其中每个细分市场与其他细分市场之间较少联系。其优点是可以有效地分散经营风险，即使某个细分市场盈利不佳，仍可在其他细分市场取得盈利。采用选择专业化模式的企业应具有较强的资源和营销实力。

5) 市场全面化

市场全面化是企业生产多种产品去满足各种顾客群体的需要。实力雄厚的大型企业选用这种模式能收到良好效果。例如，美国 IBM 公司在全球计算机市场，丰田汽车公司在全球汽车市场等。

3. 目标市场营销战略选择

1) 无差异性营销战略

实行无差异营销战略的企业把整体市场看作一个大的目标市场，不进行细分，用一种产品、统一的市场营销组合对待整体市场(图 6.6)。实行此战略的企业基于两种不同的指导思想：第一种是从传统的产品观念出发。强调需求的共性，忽视需求的差异。因此，企业为整体市场生产标准化产品，并实行无差异的市场营销战略。在 20 世纪 60 年代前，美国可口可乐公司一直奉行典型的无差异战略，以单一的品种、标准的瓶装和统一的广告宣传内容，长期占领世界非酒类饮料市场。在大量生产、大量销售的产品导向时代，企业多数采用无差异性营销战略经营。实行无差异战略的另一种思想是：企业经过市场调查之后，认为某些特定产品的消费者需求大致相同或较少差异，比如食盐，因此可以采用大致相同的市场营销策略。从这个意义上讲，它符合现代市场营销理念。

采用无差异性营销战略的最大优点是成本的经济性。大批量的生产销售，必然降低单位产品成本；无差异的广告宣传可以减少促销费用；不进行市场细分，也相应减少了市场调研、产品研制与开发，以及制订多种市场营销战略、战术方案等带来的成本开支。

但是，无差异性营销战略对市场上绝大多数产品都是不适宜的，因为消费者的需求偏好具有极其复杂的层次，某种产品或品牌受到市场的普遍欢迎是很少的。即便一时能赢得某一市场，如果竞争企业都如此仿照，就会造成市场上某个部分竞争非常激烈，而其他市场部分的需求却未得到满足。例如，20 世纪 70 年代以前，美国三大汽车公司都坚信美国人喜欢大型豪华的轿车，共同追求这一大的目标市场，采用无差异性市场营销战略。但是 70 年代能源危机发生之后，美国的小轿车消费需求已经变化，消费者越来越喜欢小型、轻便、省油的轿车，而美国三大汽车公司都没有意识到这种变化，更没有适当地调整他们的无差异性营销战略，致使大型轿车市场竞争"白热化"，而小型轿车市场却被忽略。日本汽车公司正是在这种情况下乘虚而入的。

2) 差异性营销战略

差异性市场营销战略是把整体市场划分为若干需求与愿望大致相同的细分市场，然后根据企业的资源及营销实力选择部分细分市场作为目标市场，并为各目标市场制订不同的市场营销组合策略(图 6.6)。

采用差异性市场营销战略的最大长处是可以有针对性地满足具有不同特征的顾客群的需求，提高产品的竞争能力。但是，由于产品品种、销售渠道、广告宣传的扩大化与多样化，市场营销费用大幅度增加。所以，无差异性营销战略的优势基本上成为差异性市场战略的劣势。其他问题还在于：该战略在推动成本和销售额上升的同时，市场效益并不具有保证。因此，企业在市场营销中有时需要进行"反细分"或"扩大顾客的基数"。

3）集中性营销战略

集中性营销战略是在将整体市场分割为若干细分市场后，只选择其中某一细分市场作为目标市场(图6.6)。其指导思想是把企业的人、财、物集中用于某一个或几个小型市场，不求在较多的细分市场上都获得较小的市场份额，而要求在少数较小的市场上得到较大的市场份额。

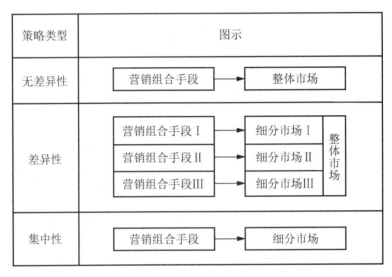

图6.6 三种可供选择的目标营销战略

这种战略被称为"弥隙"战略，即弥补市场空隙的意思，适合资源薄弱的小企业。小企业如果与大企业硬性抗衡，弊大于利，必须学会寻找对自己有利的小生存环境。用"生态学"的理论说，必须找到一个其他生物不会占领、不会与之竞争，而自己却有适应本能的小生存环境。也就是说，如果小企业能避开大企业竞争激烈的市场部位，选择一两个能够发挥自己技术、资源优势的小市场，往往容易成功。由于目标集中，可以大大节省营销费用和增加盈利；又由于生产、销售渠道和促销的专业化，也能够更好地满足这部分特定消费者的需求，企业易于取得优越的市场地位。

这一战略的不足使经营者承担风险较大，如果目标市场的需求情况突然发生变化，目标消费者的兴趣突然转移(这种情况多发生于时髦商品)或是市场上出现了更强有力的竞争对手，企业就可能陷入困境。

 营销案例6-2

欧莱雅的目标市场营销战略选择

法国欧莱雅集团为全球500强企业之一，由发明世界上第一种合成染发剂的法国化学家欧仁·舒莱尔创立于1907年。历经近一个世纪的努力，欧莱雅从一个小型家庭企业跃居为世界化妆品行业的领头羊。巴黎欧莱雅进入中国市场至今，以其与众不同的优雅品牌形象，加上全球顶尖演员、模特的热情演绎，向公众充分展示了"巴黎欧莱雅，你值得拥有"的理念。目前已在全国近百个大中城市的百货商店

第6章 目标市场营销战略

及超市设立了近400个形象专柜,并配有专业美容顾问为广大中国女性提供全面的护肤、彩妆、染发定型等相关服务,深受消费者青睐。回顾上述成功业绩,关键取决于欧莱雅公司独特的目标市场营销战略选择。

首先,公司从产品的使用对象进行市场细分,主要分成普通消费者用化妆品、专业使用的化妆品,其中,专业使用的化妆品主要是指美容院等专业经营场所所使用的产品。

其次,公司将化妆产品的品种进行细分,如彩妆、护肤、染发护发等,同时,对每一品种按照化妆部位、颜色等再进一步细分,如按照人体部位不同将彩妆分为口红、眼膏、睫毛膏等;再就口红而言,进一步按照颜色细分为粉红、大红、无色等,此外,还按照口红性质差异将其分为保湿型、明亮型、滋润型等。如此步步细分,光美宝莲口红就达到150多种,而且基本保持每1~2个月就向市场推出新的款式,从而将化妆品的品种细分几乎推向极限地步。

然后,按照中国地域广阔特征,鉴于南北、东西地区气候、习俗、文化等的不同,人们对化妆品的偏好具有明显的差异。如南方由于气温高,人们一般比较喜欢使用清淡的装饰,因此较倾向于淡妆;而北方由于气候干燥以及文化习俗的缘故,一般都比较喜欢浓妆。同样东西地区由于经济、观念、气候等的缘故,人们对化妆品也有不同的要求。所以欧莱雅集团敏锐地意识到了这一点,按照地区推出不同的主打产品。

最后,又采用了其他相关细分方法,如按照原材料的不同有专门的纯自然产品;按照年龄细分等。

总之,通过对中国化妆品市场的环境分析,欧莱雅公司采取多品牌战略对所有细分市场进行全面覆盖的目标市场营销战略。

4. 选择目标市场营销战略的条件

1) 企业能力

企业能力是指企业在生产、技术、销售、管理和资金等方面力量的总和。如果企业力量雄厚,且市场营销管理能力较强,即可选择差异性营销战略或无差异性营销战略。如果企业能力有限,则宜选择集中性营销战略。

2) 产品同质性

同质性产品主要表现在一些未经加工的初级产品上,如水力、电力、石油等,虽然产品在品质上或多或少存在差异,但用户一般不加区分或难以区分。因此,同质性产品竞争主要表现在价格和提供的服务条件上。该类产品适于采用无差异战略。而对服装、家用电器、食品等异质性需求产品,可根据企业资源力量,采用差异性营销战略或集中性营销战略。

3) 产品所处的寿命周期阶段

新产品上市往往以较单一的产品探测市场需求,产品价格和销售渠道基本上单一化。因此,新产品在引入阶段可采用无差异性营销战略。而待产品进入成长或成熟阶段,市场竞争加剧,同类产品增加,再用无差异经营就难以奏效,所以成长阶段改为差异性或集中性营销战略效果更好。

4) 市场的类同性

如果顾客的需求、偏好较为接近,对市场营销刺激的反应差异不大,可采用无差异性营销战略;否则,应采用差异性或集中性营销战略。

5) 竞争者战略

如果竞争对手采用无差异性营销战略时,企业选择差异性或集中性营销战略有利于开拓市场，提高产品竞争能力。如果竞争者已采用差异性战略，则不应以无差异战略与其竞争，可以选择对等的或更深层次的细分或集中化营销战略。

6.3 市场定位战略

6.3.1 市场定位的概述

1. 市场定位的概念

市场定位（Marketing Positioning）是根据竞争者现有产品在细分市场上所处的地位和顾客对产品某些属性的重视程度，塑造出本企业产品与众不同的鲜明个性或形象并传递给目标顾客，使该产品在细分市场上占有强有力的竞争位置。亦即，市场定位是塑造一种产品在细分市场的位置，产品的特色或个性可以从产品实体上表现出来，如形状、成分、构造、性能等；也可以从消费者心理上反映出来，如豪华、朴素、时髦、典雅等；还可以表现为价格水平、质量水准等。

企业在市场细分化的基础上，一旦选定自己的目标市场，紧接着的工作就是进行市场定位。

"定位"一词是由艾尔·里斯（Al Ries）和杰克·特劳特（Jack Trout）提出而后流行的。他们认为：定位起始于产品。然而，定位并非是对产品本身做什么行动。定位是指要针对潜在顾客的心理采取行动，即要将产品在潜在顾客的心目中定一个适当的位置，向他们灌输品牌独一无二的利益和差异化。

企业在市场定位过程中，一方面要了解竞争者的产品的市场地位，另一方面要研究目标顾客对该产品的各种属性的重视程度，然后选定本企业产品的特色和独特形象，从而完成产品的市场定位。

2. 市场定位的方式

市场定位作为一种竞争战略，显示了一种产品或一家企业同类似的产品或企业之间的竞争关系。定位方式不同，竞争态势也不同，下面分析三种主要定位方式。

1）避强定位

这是一种避开强有力的竞争对手的市场定位。其优点是：能够迅速地在市场上站稳脚跟，并能在消费者或用户心目中迅速树立起一种形象。由于这种定位方式市场风险较少，成功率较高，常常为多数企业所采用。

营销案例 6-3

以"低廉的价格、较高的品质"打开北京市场

1997年夏天，北京街头几乎所有的冷饮网点都被国外的"和路雪"和"雀巢"覆盖，而在如此激烈的冰淇淋市场竞争中，"伊利"却独秀一枝，作为国有品牌取得了极佳的战绩。

早在1993年，内蒙古伊利实业股份有限公司就曾在北京进行过尝试性的销售，但是终因产品知名度太低而没能打入北京市场。于是伊利公司的经营者们制订了"以农村包围城市，以外地包围北京"的营销策略。几年间，伊利先后在哈尔滨、太原、石家庄等北方城市以及南方的武汉、南昌打开了销路。随着企业规模的扩大，实力的增强，伊利在1996年正式进军北京市场。

1996年，"和路雪"在中国经过三年的征战，逐步在中国市场上站稳了脚跟，在知名度和销售量上占据着绝对的优势。1996年，雀巢公司也将他们在中国的总部由我国香港迁至北京，并在天津和青岛同时投下巨额资本大兴建现代化的冰淇淋生产线。然而，"和路雪""雀巢"的定位与普通人的收入水平有相当的距离，2元以上的产品人们问的多买的少，而5~6元的产品更是很少有人问津。相比之下，名不见经传的"伊利"冰淇淋却以"低价优质"这一市场定位赢得了众多消费者的青睐。对于大多数工薪消费者来说，他们在选择冰淇淋时除了需要口感外，价格是更主要的决定因素。伊利正是在这一点上迎合了大多数人的需要，他们希望能在同样产品中占据价格上的优势，而在同样的价格中以高质量取胜，伊利产品有较强的奶香味，具备了较高的品质。伊利之所以能迅速地在北京打开销路，正是得益于"低廉的价格、较高的品质"这一避重定位策略。同时又采用了其他相关细分方法，如按照原材料的不同有专门的纯自然产品；按照年龄细分等。

2）对抗性定位

这是一种与在市场上占据支配地位的、亦即最强的竞争对手"对着干"的定位方式。显然，这种定位有时会产生危险，但不少企业认为能够激励自己奋发上进，一旦成功就会取得巨大的市场优势。例如，可口可乐与百事可乐之间持续不断的争斗，肯德基与麦当劳之间的竞争等。实行对抗性定位，必须知己知彼，尤其应清醒估计自己的实力，不一定试图压垮对方，只要能够平分秋色就是巨大的成功。

3）重新定位

重新定位是对销路少、市场反应差的产品进行二次定位。这种重新定位旨在摆脱困境，重新获得增长与活力。这种困境可能是企业决策失误引起的，也可能是对手有力反击或出现新的强有力竞争对手而造成的。不过，也有重新定位并非因为已经陷入困境，而是因为产品意外地扩大了销售范围引起的。例如，专为青年人设计的某种款式的服装在中老年消费者中也流行开来，该服饰就会因此而重新定位。

  特别提示

实行市场定位应与产品差异化结合起来。正如上述：定位更多地表现在心理特征方面，它产生的结果是潜在的消费者或用户怎样认识一种产品，对一种产品形成的观念和态度；产品差异化是在类似产品之间造成区别的一种战略，因而，产品差异化是实现市场定位目标的一种手段。

 营销故事

重新创造一个富有男子汉气概的举世闻名的"万宝路"

20世纪20年代的美国，被称为"迷惘的时代"。经过第一次世界大战的冲击，许多青年都自认为受到了战争的创伤，并且认为只有拼命享乐才能将这种创伤冲淡。他们或在爵士乐的包围中尖声大叫，或沉浸在香烟的烟雾缭绕当中。无论男女都会衔着一支香烟。妇女们愈加注意起自己的妆容，与一个男人又一个男人"伤心欲绝"地谈恋爱；她们挑剔衣饰颜色，感慨红颜易老，时光匆匆。妇女是爱美的天使，社会的宠儿,她们抱怨白色的香烟嘴常沾染了她们的唇膏。于是"万宝路"出世了。"万宝路"这个名字也是针对当时的社会风气而定。"MARLBORO"其实是"Man Always Remember Lovely Because Of Romantic Only"的缩写,意为"男人们总是忘不了女人的爱"。

"万宝路"从1924年问世,一直至20世纪50年代,始终默默无闻。

抱着心存不甘的心情,菲利普·莫里斯公司开始考虑重塑形象。公司派专人请利奥—伯内特广告公司为"万宝路"做广告策划,以期打出"万宝路"的名气销路。"让我们忘掉那个脂粉香艳的女子香烟,重新创造一个富有男子汉气概的举世闻名的'万宝路'香烟!"——利奥—伯内特广告公司的创始人对一筹莫展的求援者说。一个崭新大胆的改造"万宝路"香烟形象的计划产生了。产品品质不变,包装采用当时首创的平开式盒盖技术,并将名称的标准字(MARLBORO)尖角化,使之更富有男性的刚强,并以红色作为外盒主要色彩。广告以硬铮铮的男子汉为形象,以强调"万宝路"的男子气概,吸引所有爱好追求这种气概的顾客。菲利普公司最终以具有男子汉气概的美国西部牛仔为男主角:一个目光深沉、皮肤粗糙、浑身散发着粗犷、豪气的英雄男子汉,在广告中袖管高高卷起,露出多毛的手臂,手指总是夹着一支冉冉冒烟的"万宝路"香烟。这种洗尽女人脂粉味的广告于1954年问世,它给"万宝路"带来巨大的财富。仅1954—1955年间,"万宝路"销售量提高了3倍,一跃成为全美第十大香烟品牌,1968年其市场占有率上升到全美同行业第二位。

6.3.2 市场定位的步骤和基本要求

1. 市场定位的步骤

市场定位通过识别潜在竞争优势、企业核心竞争优势定位和制订发挥核心竞争优势的战略三个步骤实现。

1)识别潜在竞争优势

识别潜在竞争优势是市场定位的基础。通常企业的竞争优势表现在两方面:成本优势和产品差别化优势。成本优势是企业能够以比竞争者低廉的价格销售相同质量的产品,或以相同的价格水平销售更高一级质量水平的产品。产品差别化优势是指产品独具特色的功能和利益与顾客需求相适应的优势,即企业能向市场提供在质量、功能、品种、规格、外观等方面比竞争者更好的产品。为实现此目标,首先必须进行规范的市场研究,切实了解目标市场需求特点以及这些需求被满足的程度。这是能否取得竞争优势,实现产品差别化的关键。其次,要研究主要竞争者的优势和劣势,知己知彼,方能战而胜之。可以从三个方面评估竞争者:一是竞争者的业务经营情况,如近三年的销售额、利润率、市场份额、投资收益率等;二是竞争者核心营销能力,主要包括产品质量和服务质量的水平等;三是竞争者的财务能力,包括获利能力、资金周转能力和偿还债务能力等。

2)企业核心竞争优势定位

核心竞争优势是与主要竞争对手相比,企业在产品开发、服务质量、销售渠道和品牌知名度等方面所具有的可获取明显差别利益的优势。应把企业的全部营销活动加以分类,并将主要环节与竞争者相应环节进行比较分析,以识别和形成核心竞争优势。

3)制订发挥核心竞争优势的战略

企业在市场营销方面的核心能力与优势,不会自动地在市场上得到充分的表现,必须制订明确的市场战略来加以体现。譬如,通过广告传导核心优势战略定位,逐渐形成一种鲜明的市场概念,这种市场概念能否成功,取决于它是否与顾客的需求和追求的利益相吻合。

2. 市场定位的基本要求

(1) 研究、分析消费者对于某种产品属性的重视程度(包括对实物属性的要求和心理上的要求)。

(2) 研究、分析目标市场上竞争对手在产品空间中的分布状况。

(3) 研究、分析消费者的心目中对该类产品"理想点"的位置。

(4) 研究、分析本企业为目标市场提供的产品应确定的产品空间位置。

假设某企业选定了消费者用(家庭用)170升电冰箱市场为目标市场。该企业最高管理层要研究:在这个目标市场上,自己的产品与竞争对手的产品在消费者心目中都处于何种位置上?怎样才能最有效地适应消费者的需要?竞争对手在产品空间中的分布状况如何?这家企业经过调查研究,了解到消费者所关心的主要是产品质量和价格。目标市场上竞争对手的分布状况及提供产品的情况如图6.7所示。图6.7中的A、B、C、D 4个圆圈代表目标市场上4个竞争者,圆圈的面积大小表示这4个竞争者的销售额大小。它们分别为消费者提供不同质量和价格的电冰箱:竞争者A生产和出售高质量和高价格的170升电冰箱;竞争者B生产和出售中等质量和中等价格的170升电冰箱;竞争者C生产和出售低质量和低价格的170升电冰箱;竞争者D生产和出售低质量和高价格的170升电冰箱。

当竞争者的产品定位处于上述情况的时候,这家企业的产品应当定在什么位置上呢?一般可以有两种选择:第一种是选择在某一个竞争者的同样位置上,也就是说,争夺这个竞争者的现有消费者;第二种选择,是把产品定位于产品空间图的空白处(图6.7的左上方),也就是决定生产和出售高质量和低价格的170升电冰箱。企业最高管理层通过进一步分析消费者对该类产品的"理想点"就是高质量、低价格,而本企业又具备为消费者提供这一"理想点"产品的条件,所以决定采取第二种选择。

图6.7 产品空间分布状况

3. 市场定位战略

1) 产品差别化战略

产品差别化战略是从产品质量、产品款式等方面实现差别。寻求产品特征是产品差别化战略经常使用的手段。在全球通信产品市场上，苹果、三星、索尼、HTC等全球化竞争对手，通过实行强有力的技术领先战略，在智能手机等领域不断地为自己的产品注入新的特性，走在市场的前列，吸引顾客，赢得竞争优势。实践证明，某些产业特别是高新技术产业，哪一企业掌握了尖端的技术，率先推出具有较高价值的产品创新特征，就能够发展成为一种十分有效的竞争优势。

产品质量是指产品的有效性、耐用性和可靠程度等。譬如，A品牌的止痛片比B品牌疗效更高，副作用更小，顾客通常会选择A品牌。但是，这里又带来新的问题，是否质量、价格、利润三者完全呈正比例关系呢？一项研究表明：产品质量与投资报酬之间存在着高度相关的关系，即高质量产品的盈利率高于低质量和一般质量的产品，但质量超过一定的限度时，顾客需求开始递减。显然，顾客认为过高的质量，需要支付超出其质量需求的额外的价值（即使在没有让顾客付出相应价格的情况下可能也是如此）。

产品款式是产品差别化的一个有效工具，对汽车、服装、房屋等产品尤为重要。日本汽车行业中流传着这样一句话："丰田的安装，本田的外形，日产的价格，三菱的发动机。"这句话道出了日本四家主要汽车公司的核心专长。说明"本田"外形设计优美进入时，颇受年轻消费者的喜欢。

营销案例6-4

农夫山泉——产品差异化勾勒市场定位

农夫山泉股份有限公司原名浙江千岛湖养生堂饮用水有限公司，成立于1996年9月26日，2001年6月27日改制成为股份有限公司。

从一句"农夫山泉有点甜"闯入市场，公司宣布"农夫山泉……全力投入天然水的生产销售"。公司在农夫山泉瓶装饮用水口感定位方面，用"有点甜"的广告语突现农夫山泉是"天然水"这个核心概念，对口感（有点甜）、水质（采用千岛湖湖水）进行差异化细分，明确市场的切入点。

口感是水质最有力、最直接的感官证明；将水的广告诉诸口感，这在国内还是第一家。饮用水的口感是衡量水质好坏最直观的标准，一种好的饮用水应该口感清爽、无异味，通常认为，水是无色无味的。在生活中我们往往有这样的体验：当我们喝清凉的泉水时，往往觉得有点甜，那么这种甜味是纯粹的心理作用还是一种真实味觉？事实上，水的甜味是一种综合味觉。它说明：水中没有有机物及腐殖酸；水中异味金属离子含量极低；矿物质及微量元素含量适中，搭配合理。因此，可以说，水的甜味本身就是水质优良的证明。农夫山泉突出了"天然水"、"口感清爽有点甜"的这一特性，水和广告的品位都随这一广告语而凸现出来，通过"有点甜"的潜在形象也提升了农夫山泉在顾客心目中的品牌形象，取得了极大的成功，"有点甜"被大家所熟知，几乎成了农夫山泉的代名词。

2) 服务差别化战略

服务差别化战略是向目标市场提供与竞争者不同的优异服务。企业的竞争力越能体现在顾客服务水平上，市场差别化就越容易实现。如果企业把服务要素融入产品的支撑体系，就可以在许多领域建立"进入障碍"。因为，服务差别化战略能够提高顾客总价值，保持牢固的顾客关系，从而击败竞争对手。

服务战略在各种市场状况下都有驰骋的天地，尤其在饱和的市场上。对于技术精密产品，如汽车、计算机、复印机等更为有效。

强调服务战略并没有贬低技术质量战略的重要作用。如果产品或服务中的技术占据了价值的主要部分，则技术质量战略是行之有效的。但是，竞争者之间技术差别越小，这种战略作用的空间也越小。一旦众多的厂商掌握了相似的技术，技术领先就难以在市场上有所作为。

 营销故事

星巴克的"第三空间"

100多年前，星巴克是美国一本家喻户晓的小说里主人公的名字。1971年，三个美国人开始把它变成一家咖啡店的招牌。如今，星巴克咖啡已经成为世界连锁咖啡的第一品牌。

关于人们的生存空间，星巴克似乎很有研究。霍华德·舒尔茨曾这样表达星巴克对应的空间：人们的滞留空间分为家庭、办公室和除此以外的其他场所。第一空间是家，第二空间是办公地点。星巴克位于这两者之间，是让大家感到放松、安全的地方，是让你有归属感的地方。20个世纪90年代兴起的网络浪潮也推动了星巴克"第三空间"的成长。于是星巴克在店内设置了无线上网的区域，为旅游者、商务移动办公人士提供服务。在网络社区、博客或是文学作品的随笔中，不少人记下了"星巴克的下午"这样的生活片断，似乎在这个地方每天发生着可能影响着人们生活质量与幸福指数的难忘故事："我奋斗了五年，今天终于和你一样坐在星巴克里喝咖啡了！"此时的星巴克还是咖啡吗？不！它承载了一个年轻人奋斗的梦想。

其实我们不难看出，星巴克选择了一种"非家、非办公"的中间状态。舒尔茨指出，星巴克不是提供服务的咖啡公司，而是提供咖啡的服务公司。因此，作为"第三空间"的有机组成部分，音乐在星巴克已经上升到了仅次于咖啡的位置，因为星巴克的音乐已经不单单只是"咖啡伴侣"，它本身已经成了星巴克的一个很重要的商品。星巴克播放的大多数是自己开发的有自主知识产权的音乐。迷上星巴克咖啡的人很多也迷恋星巴克音乐。这些音乐正好迎合了那些时尚、新潮、追求前卫的白领阶层的需要。他们每天面临着强大的生存压力，十分需要精神安慰，星巴克的音乐正好起到了这种作用，确确实实让人感受到在消费一种文化，催醒人们内心某种也许已经快要消失的怀旧情感。

3）人员差别化战略

人员差别化战略是通过聘用和培训比竞争者更为优秀的人员以获取差别优势。实践早已证明，市场竞争归根到底是人才的竞争。日本航空公司多年来一直在"北京—东京—夏威夷"这条航线上与美国最大的航空公司"联航"和韩国的"韩航"展开激烈的竞争。"联航"的规模实力与硬件设备几乎无与伦比，"韩航"的价格比"联航"低30％，而日航则以整合的优良服务，贯穿入关—空中—出关的全过程，赢得各国旅客的赞美，凡乘过此航线的旅客，很难再选择其他航空公司。日航优良服务的根基在于他们有一支训练有素的从机长到空中小姐的高素质的航空员工队伍。

一位受过良好训练的员工应具有以下基本的素质和能力。

（1）能力。具有产品知识和技能。

（2）礼貌。友好对待顾客，尊重和善于体谅他人。

(3) 诚实。使人感到坦诚和可以信赖。
(4) 可靠。强烈的责任心，并准确无误地完成工作。
(5) 反应敏锐。对顾客的要求和困难能迅速作出反应。
(6) 善于交流。尽力了解顾客，并将有关信息准确地传达给顾客。

4) 形象差异化战略

形象差异化战略是在产品的核心部分与竞争者类同的情况下塑造不同的产品形象以获取差别优势。为企业或产品成功地塑造形象，需要具有创造性的思维和设计，需要持续不断地利用企业所能利用的所有传播工具。具有创意的标志融入某一文化的气氛，也是实现形象差别化的重要途径。"麦当劳"的金色模型"M"标志，与其独特文化气氛相融合，使人们无论在美国纽约，还是日本东京或中国北京，只要一见到这个标志马上会联想到麦当劳舒适宽敞的店堂、优质的服务和新鲜可口的汉堡、薯条。

 本章小结

本章从介绍市场细分的概念、作用入手，阐述了企业进行市场细分和目标市场营销、市场定位的有关原理。市场细分是20世纪50年代中期美国市场营销学家温德尔·斯密斯（Wendell R. Smith）提出的，其产生与发展经历了三个主要阶段：大量营销阶段；差异化营销阶段；目标营销阶段。市场细分理论的产生，使传统营销观念发生根本的变革，在理论和实践中都产生了极大影响，被西方理论家称之为"市场营销革命"。企业应根据市场细分依据和细分程序，将一个整体市场细分为若干个细分市场。然后，对各个细分市场进行价值评价，选择一个或几个最有价值的市场作为目标市场。企业一旦选定自己的目标市场，紧接着的工作就是进行市场定位，即根据竞争者现有产品在细分市场上所处的地位和顾客对产品某些属性的重视程度，塑造出本企业产品与众不同的鲜明个性或形象并传递给目标顾客，使该产品在细分市场上占有强有力的竞争位置。任何一个企业都无法满足整个市场的需要，因此，准确地选择目标市场，有针对性地满足某一消费层次的特定需要，是企业成功地进入市场的关键，企业只有正确地细分市场，识别市场机会，才能选好目标市场，迈向成功之路。

名人名言

占领市场必先占领消费者的心灵

——李奥贝纳

我们未来的富有不在于财富的积累，而在于观念的更新。

——彼得·德鲁克

在一个变化越来越快、越来越复杂的世界里，企业应该通过不断学习发展自身的适应能力。

——彼得·圣吉

顾客是重要的创新来源。

——汤姆·彼得斯

产品定位指消费者在一些重要属性上对某一特定产品的定义——特定产品在消费者心目中相对于竞争产品的地位。定位包括向消费者灌输品牌的独特利益和差异性。

——菲利普·科特勒、加里·阿姆斯特朗

复习与练习

1. 选择题

(1) 提出市场细分的是 20 世纪 50 年代中期美国市场营销学家( )。
A. 基恩·凯洛西尔 B. 鲍敦
C. 温德尔·斯密斯 D. 菲利普·科特勒

(2) 同一细分市场的顾客需求具有( )。
A. 绝对的共同性 B. 较多的共同性
C. 较少的共同性 D. 较多的差异性

(3) 属于产业市场细分标准的是( )。
A. 职业 B. 生活方式 C. 收入 D. 采购方法

(4) 采用无差异性营销战略的最大优点是( )。
A. 市场占有率高 B. 成本的经济性
C. 市场适应性强 D. 需求满足程度高

(5) 有针对性地满足具有不同特征的顾客群的需求,宜采用( )。
A. 产品专业化 B. 市场专业化
C. 无差异营销 D. 差异性营销

(6) 重新定位,是对销路少、市场反应差的产品进行( )定位。
A. 避强 B. 对抗性 C. 竞争性 D. 二次

2. 填空题

(1) 市场细分理论的产生,使传统营销思路发生根本的变革,被西方理论家称为"_____"。

(2) _____的存在是市场细分的客观依据。

(3) 采用_____营销战略的企业,只选择其中某一细分市场作为目标市场。

(4) 市场专门化是企业专门经营满足某一顾客群需要的_____。

(5) 根据顾客对产品不同属性的重视程度,可以把需求偏好分为同质偏好、分散偏好和_____三种模式。

3. 判断题

(1) 产品差异化营销以市场需求为导向。 ( )
(2) 市场细分标准中的有些因素相对稳定,多数则处于动态变化中。 ( )
(3) "反市场细分"就是反对市场细分。 ( )
(4) 无差异性市场营销战略完全不符合现代市场营销理论。 ( )
(5) 同质性产品适合于采用集中性市场营销战略。 ( )
(6) 无差异性市场营销战略完全不符合现代市场营销理论。 ( )
(7) 市场定位是塑造一种产品在细分市场的位置。 ( )

(8) 识别潜在竞争优势是市场定位的基础。　　　　　　　　　　　　　（　）

4．问答题

（1）为什么说市场细分战略是现代市场营销观念的产物？
（2）市场细分的理论依据是什么？
（3）细分消费者市场和产业市场的主要标准有哪些？
（4）企业怎样选择目标市场？
（5）企业应怎样进行市场定位？

5．讨论题

（1）阐述企业如何识别有吸引力的细分市场。
（2）论述企业如何定位自己的产品，使其在市场上具有最大的竞争优势。

6．案例应用分析

华为的目标市场营销战略

中国的电信市场不但广阔，而且用户的水平和层次相差很大，需求多种多样，繁杂无比。要想满足所有用户的所有需求，对于任何一家通信设备制造商来说都是不可能的，因此华为的领导人开创性地把市场细分作为企业营销策略的第一步，希望通过合理的市场细分，有效地了解和把握不同市场的竞争状况和满足程度，挖掘那些尚待开发和有上升空间的细分市场，形成并确立一个适合自身发展的目标市场，迅速取得市场优势，提高市场占有率。

总的来说，市场细分的依据很多，而相对于强劲的国际竞争对手而言，华为在开拓市场初期技术优势并不明显，所以，华为根据自身的特点，在打入市场的初级阶段主要采用"地理细分"作为市场细分的依据。

创业初期的华为在市场战略上并不领先于竞争对手。1992年，华为自主研发出的C&C08交换机及设备，却由当时的阿尔卡特、朗讯、北电等洋巨头把持，再加上国家政策向国有企业倾斜、产品知名度不高等因素，使企业在国内市场没有多少生存空间。在这种情况下，华为并没有轻易地放弃和退出，而是决定从农村市场切入，选择竞争对手根本不屑一顾的农村市场作为突破口，运用"农村包围城市"的战略来攻城略地。任正非的理由是：(1)跨国公司之间在城市市场展开的竞争牵扯了其精力，使他们无暇顾及农村市场；(2)跨国公司"高投入、高回报"的经营模式不适应农村市场低成本、低价格的需求。所以，华为运用这种"农村包围城市"的战略占领被这些电信巨头忽略的农村市场，进而提出了能满足运营商网络改造的需求，迅速取得了一把打开市场大门的金钥匙，并在国内市场站稳了脚跟。

随着企业的进一步强大，华为的产品无论是在农村还是在城市都占据了有利的地位，而且，华为的产品技术也逐渐在市场上取得了优势地位，这时，华为即采用了"标准差异"和"需求差异"来进一步巩固自身在市场上的地位。比如在NGN网络和3G技术、还有高端路由器等，华为采用的都是在国内处于领先地位的国际一流的先进技术，实行"标准差异"，因为在当今市场，使用竞争对手所没有的技术来诱惑和鼓动用户，无疑是最为有效的一个手段。

在面对国外的竞争对手时，华为主要还是采用"需求差异"来巩固市场。因为华为面对的竞争对手很多都是国际一流的大公司，像思科、北电、朗讯等，他们拥有多年的历史和经验，有高端的技术设备和先进的管理经验，华为要想在产品技术上完全压过他们是不可能的，但是这些国际公司的劣势就是不能像华为那样对客户的需求做出迅速反应。例如，到2006年初，华为已经将研发领域覆盖6大产品线，为了满足不同客户的需求，华为还提出了独具特色的解决方案：从城市的无线市话到偏远地区的普通服务，从提供宽带移动数据业务到建设企业专网，几乎所有的用户都能从华为找到满意的方案。也正因为如此，华为得到全球越来越多的运营商和用户的尊重和认可，华为的市场越来越具备成熟性和完备性。

资料来源：周恒. 华为的营销策略[M]. 深圳：海天出版社，2008.

【问题】

(1) 华为在创业初期选择"地理变量"作为市场细分依据的出发点和理论基础是什么？

(2) 占据有利的市场地位之后，华为采用的目标市场营销策略是什么？

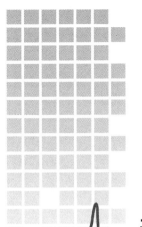

新产品开发战略

教学目标

通过本章的学习,了解新产品开发的意义、新产品开发的组织、新产品开发过程以及新产品的采用。

教学要求

知识要点	能力要求	相关知识
新产品开发的意义	了解新产品开发的意义	(1) 产品生命周期要求企业不断开发新产品 (2) 消费需求的不断增长与变化要求企业不断开发新产品 (3) 市场竞争的加剧迫使企业不断开发新产品 (4) 科学技术的发展推动着企业不断开发新产品
新产品开发的组织	了解新产品开发的预算与组织工作	(1) 新产品开发的预算 (2) 新产品开发的组织工作
新产品开发过程	了解新产品开发的各个阶段	(1) 创意的产生 (2) 创意筛选 (3) 概念开发和测试 (4) 营销战略的制定 (5) 商业分析 (6) 产品开发 (7) 产品开发市场测试 (8) 商品化
新产品的采用	了解新产品采用过程及其影响因素	(1) 采用过程的各个阶段 (2) 影响采用过程的因素

第7章 新产品开发战略

新产品 换代新产品 顾客测试 销售波研究 意见领袖

导入案例

强生公司

为了提高在不断增长的医疗器械业务中，新产品获得成功的机会（或概率），强生公司做出了一系列变革：首先，通过建立向强生公司的其他单位进行融资的内部新建企业，试图在公司内部建立起动态的风险资本业务。由富有创意的团队制订商业计划，并试图赢得公司内部的风险资本的支持——来自强生开发公司（它长期以来一直对外部新建企业进行投资）和强生公司的一个或多个业务单位。强生公司同时也努力争取来自医生及保险公司的更大投入，以便提供更有力的保障，确保它所推出的每一种器械产品都是物有所值的、可行的和具有成本经济性的。例如，通过跟外科医生讨论，爱惜康内镜部（Ethicon—Endo）认识到存在这样的需求——寻找使外科手术具有更小伤害的方法。据此，爱惜康内镜部设计了新的外科小夹钳。强生公司把本公司最成功的科学家之一任命为新设的首席科学技术官（模仿首席执行官的思路），以便鼓励强生公司的不同部门之间加强合作，并克服松散的组织结构所形成的障碍。结果，所获得的引人注目的一个成功就是：销售额达到26亿美元的Cypher药物涂层支架的推出。强生公司绝不是一切从头开始，它拥有15000名研发人员和63亿美元的研发预算，从而使其连续多年在新产品的成功方面都遥遥领先。但是，创新型公司是永远不会停滞不前的，而是一直探索驱动新产品成长的新方法和更好的方法。

点评：新产品开发决定着企业的未来

强生公司深知新产品开发在世界器械领域中的价值。为了保证创意得以不断产生，该公司正在努力探索几个不同的研究与投资前沿技术项目。

7.1 新产品开发的意义

市场营销学认为，产品只要在功能或形态上得到改进，与原有产品产生差异，不论任何一部分的创新或变革，为顾客带来了新的利益，或者企业向市场提供过去未生产的产品或采用新的品牌的产品都可以称为新产品。

按产品的创新的程度不同，可以将新产品分为以下几类。

（1）全新产品：指应用新技术、新原理、新工艺、新结构、新材料研制而成的前所未有的产品，是企业率先发明创造出来的。在这种新产品问世之前，市场上没有相同或类似的产品。全新产品的研制生产，往往是重大科学技术取得突破的成果，适合于人们的新需求，并且对人类的生产和生活都会产生深远的影响。

（2）换代新产品：指在原有产品的基础上，部分采用新技术、新材料、新结构制成，在性能上有显著提高的产品。

（3）改进新产品：指采用各种改进技术，对原有产品的品质、特点、花色、式样及包装等做一定改变与更新的产品。改进后的产品具有性能更佳，结构更合理，精度更加提高,特征更加突出,功能更加齐全等特点。

(4) 仿制新产品:指模仿市场上已有的产品而企业自己首次生产,又称为企业新产品。开发生产仿制新产品可以有效利用其他企业的成功经验和技术,风险较小。

企业需要通过不断地开发新产品并开拓新市场来增加收入。新产品开发决定着企业的未来。产品的改进和更新对保持或增加企业的销售具有决定性影响。世界性的新产品可能会改变整个行业、整个企业乃至改变生活。

全世界的企业都在努力探索更快、更有效的新产品开发方法,以便开发出更好的新产品。营销者在新产品的开发中扮演着十分重要的作用——它们有助于产品创意的识别和评估,并在产品开发的每一个阶段都与研发人员和其他部门的员工进行合作。

新产品开发的意义主要表现在以下几方面。

(1) 产品生命周期要求企业不断开发新产品。企业同产品一样,也存在生命周期。如果企业不开发新产品,当原来产品走向衰落时,企业也就走到了生命周期的终点。相反,企业如果能不断开发新的产品,就可以在原有产品退出市场舞台时利用新产品占领市场。一般来说,当一种产品投放市场时,企业就应着手设计新产品,使企业在任何时期都有不同的产品处于周期的各阶段,保证企业盈利的稳定增长。

(2) 消费需求的不断增长与变化,要求企业不断开发新产品。由于社会经济的发展,人们的生活水平不断提高,消费者对产品的需求越来越多,也越来越复杂,变化也越来越快,产品的生命周期也越来越短。要求企业不断地扩大花色品种,推陈出新,以适应市场变化的需要。

(3) 市场竞争的加剧迫使企业不断开发新产品。现代市场上企业之间的竞争日趋激烈,企业要想在市场上保持竞争优势,只有不断创新,开发新产品,才能在市场上占据领先地位,增强企业活力。同时,企业不断向市场提供品质卓越的新产品,可以提高企业在广大消费者中的声誉,扩大企业在市场上的影响,增强竞争能力。

(4) 科学技术的发展推动着企业不断开发新产品。科学技术的迅速发展导致许多高科技新产品的出现,并加快了产品更新换代的速度。科技的进步有利于企业淘汰旧有的产品,生产出性能更优越的产品,并把新产品推向市场。企业只有不断运用新的科学技术改造自己的产品,开发新产品,才不至于被挤出市场。

7.2 新产品开发的组织

今天,许多企业都采用顾客驱动工程来设计新产品。顾客驱动工程认为,把顾客偏好纳入最后的产品设计中至关重要。新产品的开发工作往往要求高层管理人员要明确界定业务领域、产品大类和具体的标准。

施乐公司(Xerox)

施乐公司过去也像其他公司那样开发新产品:提出创意、制作原型,然后让顾客提供一些反馈。当

第7章 新产品开发战略

施乐公司的研发人员首先提出双引擎的商用打印机创意的时候,他们决定在开发产品原理之前先直接向消费者征求建议。他们这样做是很幸运的。虽然施乐公司的研究与开发团队认为顾客希望拥有第二个引擎并将其用于其他的特殊用途,但事实上第二个引擎一般只是作为主擎失效后的"一种后备"。正如一位顾客所说的:"如果引擎出问题,那什么也没了。"2007 年的 4 月,在推出双引擎 Nuvera 288 双面打印系统(Digital Perfecting. System)时,施乐公司的首席技术长索菲·凡德布洛克(Sophie V. Vandebroek)把"顾客创新"作为一个十分重要的驱动因素。现在,施乐公司相信头脑风暴或者"和顾客一起想象"的力量,并尽量使懂得技术的专家和知道"症结点"的顾客组合起来,一起探讨最有价值的产品属性可能是什么。另外,施乐公司也鼓励科学家和工程师与顾客面对面进行研讨,在一些情况下甚至是在现场工作几个星期,以便了解顾客到底是如何使用产品的。

施乐公司经典的新型双引擎打印机是在对顾客反馈进行分析的基础上设计而成的,主要突出了具有后备引擎的商用打印机的价值。

7.2.1 新产品开发的预算

高层管理人员必须确定新产品开发的预算支出。由于研发新产品的结果是非常不确定的,以至于很难按照常规的投资标准来编制预算。在这种情况下,有些企业为解决这一问题所采取的方法,就是对尽可能多的项目进行投资,并期望其中有几个项目可以获得成功。另外一些企业则采用传统的销售额百分比法,或根据竞争对手的研发水平来确定本企业的研发投资额。此外,也有一些企业首先确定到底需要多少个成功的新产品,然后倒过来估算所需要的投资费用。

7.2.2 新产品开发的组织工作

企业在处理新产品开发的组织工作时往往有若干种方法。许多企业把新产品创意工作交给产品经理去做。实际上,这种制度也存在一些缺陷。例如,产品经理常常要忙于管理现有的产品线,所以他们除了对产品线的延伸给予足够的兴趣之外,往往很少有时间去构思新产品。同时,他们可能也缺乏开发新产品所必需的专业技能和知识。例如,卡夫公司和强生公司都设置了新产品经理这一职位,并要求他们向产品大类经理汇报工作。大型企业常常也会设立专门的新产品部,该部门的主管往往拥有很大的实权,并与高层管理人员保持着密切的联系。对于新产品部而言,主要职责就是产生和筛选新的创意、与研究和开发部门通力合作、进行实地测试和实现商品化。

Adobe 系统公司

Adobe 系统公司是一家面向图形设计与发布的软件解决方案开发商。2004 年,Adobe 系统公司组建了一个任务小组,以便识别公司的创新者在努力开发新产品过程中所面临的全部困难。通过研究,这个任务团队发现,公司组织层次阻碍了有关新销售渠道、新商业模式或者新的包装等创意的产生与提炼。公司规模变得如此之大,以至于分支办公室所产生的创意无法得到公平的对待。于是,该公司创建了新事业启动团队,负责每个季度进行一次公司最佳创意评选。其中,大约 20 个产品经理和其他员工(除了高层经理人员,因为禁止他们参与)被视为潜在的员工创业者,由他们进行简短的展示汇报并回答相关问题。然后,由公司内部创业者对这些创意进行鉴别。不过,即使是一个遭到拒绝的创意,也要在公司的讨论网站上通过头脑风暴方式进行研讨。自从上述新事业启动团队组建以来,上述活动已成为Adobe系统公司深受欢迎的活动了——成为搜寻好创意的"美国偶像"。

3M公司、陶氏化学公司和通用磨坊公司等已经把新产品开发的主要工作分派给新事业团VA(Venture Team)来完成。这种新事业团队是由跨职能的人员组成的,负责开发特定的产品或业务。这些"内企业家"(Intrapreneur)不受其他责任的约束,并被给予一定的预算、时间期限和鼓励创新的工作环境——这是一种非正式的工作场所,有时就在车库,是内企业家团队努力开发新产品的场所。

跨职能团队能够通过协作的方式以及并行的新产品开发等途径,成功地把新产品推向市场。其中,并行的产品开发就像一场橄榄球比赛,而不是接力赛——所有成员都以团结协作的方式共同向目标迈进。就是通过运用这种系统,工业控制产品制造商——艾伦一布拉德利公司(Allen-Bradley)能够在短短的两年里就开发出新的电气控制装置,而在以前的老系统中这一过程往往需要6年的时间。当潜在客户并没有要求时,跨职能团队还有助于确保工程师不去开发没有潜在需求的、更好的"捕鼠器"。

很多领先企业在管理创新过程中应用了"阶段门系统"(Stage-gate System)。具体的思路是:把创新过程划分为几个阶段,在每个阶段的最后都有一道门或检查点。项目负责人要与如上所述的跨职能团队通力合作,并确保在把研发项目交给下一个阶段之前已经向每道"门"提供了一组详细资料。在从业务计划阶段向产品开发阶段过渡时,需要在对消费者的需求与利益进行研究和对竞争对手分析和技术评价的基础上,准备一份具有说服力的市场研究报告。然后,由高层管理人员根据每道"门"的标准进行审查和评价,以便判断该项目是否应该进入下一阶段的决策。在此过程中,高层管理人员的决策可能有四种:进入下一个阶段、结束项目、暂时保留、重新进行。通过运用"阶段一门"系统,可以使创新过程变成一个可视的透明过程(对所有参与者都是可视的),而且可以明确每一阶段中项目领导人和研发项目团队的责任。

7.3　新产品开发过程

有关新产品开发的决策过程,如图7.1所示。许多企业都包括一系列并行的项目,一般都会经历这样的开发过程,但每个项目在某一时间点上可能处于不同的开发阶段。这个过程就像一个漏斗:最初的时候往往有许多新产品创意和概念,经过层层筛选,最终会挑选并推出具有市场潜力的几种产品。但是,这个过程一般不是线性的,而是螺旋式的。许多企业都是利用"螺旋式的开发过程"来进行产品开发的,它们认识到回归到前一阶段的重要价值,并在继续向前推进之前尽可能对产品创意进行改进。

7.3.1　创意的产生

新产品开发过程起始于产品创意的搜寻。有些营销专家深信,发现最可能的、未被满足的顾客需求或技术创新,往往可以为企业带来最大的机会,最有可能开发出成功的新产品。新产品创意可能源自于不同团队的互动,也可能是运用激发创意产生的技术。

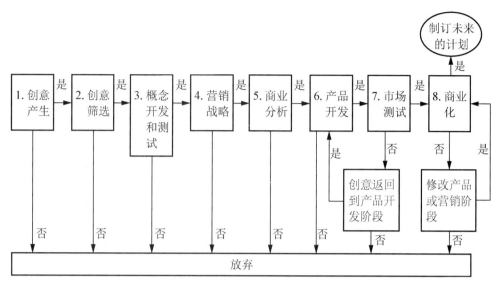

图 7.1 新产品开发的决策过程

1. 与他人互动

在"开放创新运动"的鼓励下,很多企业正日益把注意力转移到企业的外部,以便充分挖掘和利用外部的创意源泉,其中包括来自顾客、员工、科学家、工程师、渠道商、经销商以及最高管理者甚至是竞争对手的创意。

顾客的需求和欲望是寻找新产品创意的逻辑起点。一对一访谈和焦点小组访谈都是可以用来探索产品需要和反应的有效方法。格里芬(Griffin)和豪泽(Hauser)指出,围绕每个细分市场进行10～20次深入的体验访谈,往往可以揭示出大多数的顾客需要。但是,也存在许多其他有利可图的有效方法。

传统的、以企业为中心的产品创新,目前正逐渐让位给企业与顾客共同创造产品的新环境。现在,越来越多的企业日益趋向于采用"众包"(Crowdsourcing)方式来创造新的创意,或者实施"顾客生成营销"活动。其中,这里所说的"群众外包",是指邀请互联网社区的力量来帮助创造内容或软件,其中常常会涉及赏金或荣誉。这一战略有助于创造出新的产品或造就新的企业。

iStockphoto 网站

图片摄影行业曾经一度为 Getty 和 Corbis 等大型公司所主导,它们以每张图片上百美元或上千美元的价格把一些高端图片许可给代理机构或顾客使用。那时,加拿大卡尔加里的摄影师布鲁斯·利文斯敦(Bruce Livingstone)开始在网上发布他的图片。只要用户通过网站交易图片,利文斯敦就决定微利出售图片,并给予摄影师40%的版税。无论是作为一家公司,还是作为自由摄影师的一种工具,iStockphoto 网站都取得了巨大的成功。其中,在2006年,摄影师丽萨·刚聂(Lisa Gagne)是第一个销售超过50万张图片的 iStockphoto 网站的摄影师。现在,她每年可以制作6位数的图片。最近,Getty 公司决定以5 000万美元收购 iStockphoto 网站，而不是与其进行竞争。

除了生成新的、更好的创意以外，合作创造也有助于使顾客觉得与企业保持更近的距离，并可以通过积极的口碑营销而把自己的参与告诉其他顾客。

领先用户往往在没有征求企业同意或使用企业知识的情况下对产品进行创新，因此领先用户已成为最重要的创意源泉之一。山地自行车就是年轻人为了骑车到达山峰、然后又从山峰上骑下来而开发的。每当自行车出现故障的时候，年轻人就会着手制作更耐用的自行车，增加诸如摩托车制动器等零部件，改进悬架和附件等。就是说，是这些年轻人开发了这些创新，而不是企业本身。实际上，对于许多企业而言，特别是对于那些想要赢得年轻人喝彩的企业而言，把领先用户纳入产品设计过程之中都是一种明智的选择。

技术企业往往可以从下列现象中受益良多：对那些在更高层次上运用本企业的产品的顾客进行研究，对那些在其他顾客之前就认识到需要对企业产品进行改进的顾客进行研究。

但是，并不是每个人都相信关注顾客能够有助于创造出更好的产品。对于那些过于关注并不知道自己真正需要或可能需要什么的消费者的企业而言，最终的结果可能是导致短视的产品开发，进而错过了潜在的突破式创新。

企业员工也是改进企业生产、产品和服务的新创意的源泉。企业也可以通过激励员工向创意经理提供创意，当然，该经理的名字和电话都是众所周知的。同时，内部的头脑风暴活动，如果组织得适当的话，也会很有效果。

此外，企业也可以通过对竞争者和其他企业的产品与服务进行监视而发现好的创意。它们可以获悉顾客喜欢或不喜欢竞争对手产品中的哪些方面，它们也可以购买竞争对手的产品，然后把它们拆开，最终制造出更好的产品。类似地，企业的销售代表和经销商也是好的新产品创意的来源，他们掌握着有关顾客需求和抱怨的第一手资料，往往是率先获悉竞争对手产品的最新动向的人或组织。

高层管理者也是新产品创意的主要来源。当然，新产品创意的其他来源还包括发明家、专利代理人、大学和商业实验室、行业顾问、广告代理、营销调研公司和工业出版物等。不过，虽然创意可能来自于许多不同的渠道，但各种创意是否能够受到应有的关注，还主要取决于该组织中对产品创意承担责任的那个管理者上。

2. 创意技巧

目前，存在许多激发个体或团队创造力的技巧。

(1) 属性列举法：列出一个产品的各种属性(如螺丝刀)，然后对每一个属性进行修正。如对一把螺丝刀而言，可以考虑把木柄改为塑料柄、提供旋转力、增加不同的螺丝刀头等。

(2) 强制关联法：将几个不同的创意排列出来，然后考虑每一种创意与其他创意之间的关系。例如，在设计新的办公用具的时候，可以考虑对桌子、书橱和文件柜分别进行构思。然后，再去考虑设计一种连着书橱的书桌，或一种带有文件柜的书桌，或是一种包括文件柜的书橱。

(3) 形态分析法：这种方法往往是从一个问题出发，如"通过动力运输工具把一个物体从一个地方运送到另外一个地方"。那么就需要考虑几个不同的维度，如平台的种类(汽车、椅子、吊索和底座)，介质(空气、水、油、铁轨)，动力来源(压缩空气、电动机、磁场)。然后，可以发挥自由联想，尽量列出所有可能的组合，这样往往可以获许多新的解决方案。

(4) 逆向假设分析：列出所有的正常假设，然后再从逆向进行思考。假设饭店有菜单、提供食物并收费，然后再反过来重新思考逆向的假设。通过这种方法，新饭店可能会决定只供应厨师当天早上所买、所做的饭菜，也可能是根据顾客在店堂的停留时间来决定应该提供的食品和收取的金额，还可能设计成外国情调并允许顾客自带酒菜(只提供可以出租的吃饭场所)。

(5) 新情境分析：列举一些熟悉的流程，如面向人提供的护理服务，然后把相关流程应用到新的环境中来。想象一下为狗或猫(而不是人)提供护理服务的情况，如减少压力、心理疗法、动物葬礼等。再举一个例子，设想酒店不需旅客去前台进行登记，而是在路边就开始欢迎旅客，并利用无线设备帮助他们办理入住手续。

(6) 思维图法：这种方法从某个想法出发，如汽车，然后把想法写在纸上，接着去想象另外一个想法(如梅塞德斯)，然后将其与前面想到的汽车联系起来，然后再去联想(如德国)。这样，每次使用一个新词深入联想。也许，在依此循环几次之后，新的创意可能就会逐渐具体化了。

随着时间的推移，水平营销中逐渐产生了新的产品创意，即把两种产品概念或创意组合起来，以便生成新的供应物。

7.3.2　创意筛选

在进行创意筛选的时候，企业应该努力避免两种错误。其中误舍错误(DROP-error)是指企业错过了好的创意。实际上，对别人的创意进行挑剔是很容易办到的。一旦想起来自己曾经差点舍弃某些后来获得巨大成功的创意时，或是意识到自己曾经放弃了很好的创意时，有些企业往往就会感到不寒而栗。

当企业允许一个有错误的创意投入开发并进入商品化阶段时，就发生了误用错误(GO-error)。在发生产品的绝对失败(Absolute Product Failure)的情况下，不仅会给企业造成财务损失，而且销售成本和变动成本也无法收回。在发生产品的部分失败(Partial Product Failure)的情况下，虽然给企业造成了一定的财务损失，但销售额往往可以弥补全部的变动成本和一部分固定成本。在发生产品的相对失败(Relative Product Failure)的情况下，虽然也会给企业带来一定的利润，但所带来的利润水平却往往低于企业正常的目标回报率。

对创意进行筛选的目的，就是尽可能早地放弃错误的创意。其理由是：随着产品开发项目的继续，在每个后续开发阶段所发生的成本都会大幅度提高。在大多数企业里，都要求采取一种标准的表格来描述新产品创意，以便于新产品委员会进行评价和审核。在这种表格中，需要详细描述产品的创意、目标市场、竞争状况以及经过粗略估计的市场规模、产品价格、开发时间和成本、制造成本和回报率等。

然后，执行委员会就根据一组既定的标准来核查每一种新产品创意。产品能够满足市场的需求吗？它提供了优越的价值吗？它有明显的优势吗？可以通过企业对其独特性进行有效宣传吗？企业有必需的专有技术和资本吗？新产品能够实现预期的销售量、销售增长和利润吗？实际上，为了深入而真实地揭示出市场现状，努力获取消费者的反馈往往是必须要做的一项重点工作。

对于经过筛选以后保留下来的创意，管理人员可以利用指数加权法进行比较。最后一步是使每一成功因素的权重和本企业的能力水平相乘，从而得到企业成功地把这种产品导入市场的能力总分。随着新产品创意的产生、筛选以及产品开发过程的持续进行，企业可能需要持续不断地对其总的成功概率进行评价。

7.3.3 概念开发和测试

1. 概念开发

让我们用下面的例子来说明概念开发。有一家大型食品加工厂找到了这样一种创意：往牛奶中添加一种粉状物，以便增加营销价值和改善产品的味道。上面所描述的，就是产品创意。然而，消费者不会购买产品创意，他们要买的是产品概念。

一种产品创意可以转化成几种产品概念。首先，要问的问题是谁将使用这种产品？这种牛奶添加粉的对象是婴儿、小孩、少年、青年、中年人还是老年人；第二，这种产品的主要益处是什么？口味、营养、提神还是强身健体？第三，消费者会把这种产品作为什么？早餐、上午点心、午餐、下午点心、晚餐还是夜宵？通过思考和回答上述这些问题，企业可能会生成以下几种产品观念。

概念1：一种快速的(即时的)早餐饮料，使成年人很快得到营养，而且并不需要专门的准备。

概念2：一种可口的快餐饮料，供孩子们中午饮用提神。

概念3：一种康复补品，适合于老人夜间就寝前饮用。

上述每一种概念都代表着一种产品的类别概念(Category Concept)，它们将会对产品的竞争产生重要影响。其中，快速的(即时的)早餐饮料必然会与火腿和鸡蛋、早餐麦片、咖啡茶点和其他早点相互竞争；可口的快餐饮料将会与软饮料、水果汁和其他饮料相互竞争。

假定快速的(即时的)早餐饮料概念看上去是最好的。那么下一项任务就是明确地搞清楚该产品与其他早餐产品之间的竞争关系，即定位。其中，感知图(Percep-tual Map)就是这样一种工具，它可以清晰地表明消费者的感知和偏好，而且可以定量地刻画出不同的市场形势以及消费者从不同的角度如何看待不同的产品、服务和品牌。通过列出消费者对品牌感知的偏好，营销者可以发现未被满足的消费者需求，即发现市场漏洞或市场机会。

2. 概念测试

概念测试是指通过符号或实体形式向目标消费者展示产品概念，并观察他们的反应。概念测试和最后的产品或体验越相似，概念测试的可靠性也就越高。产品原型的概念测试有助于避免高代价的错误，但对于有很大差异的、全新的产品而言，概念测试却是一项巨大的挑战。

在过去，制作产品原型既费时又费钱。比较而言，现在往往可以在计算机上运用快速成型技术(Rapid Prototyping)来设计各种实体产品，然后制成塑料模型，并展示给潜在的消费者，然后要求他们给予评价。

概念测试是向消费者展示详细的产品概念。在上面有关牛奶的例子中，一种产品概念是添加在牛奶中的粉状物，可以制成速食早餐，它不仅可以给消费者提供一天的营养，而且美味可口、操作简便。这种产品主要有三种口味(巧克力味、香草味、草莓味)，装成小包，每盒6包，每盒售价2.49美元。

在收到这些信息以后，调研者通过让消费者对下列问题作出反应来测量产品的维度。

(1) 可传播性和可信度：是否已清楚该产品的概念并相信它所带来的利益？如果得分较低的话，那么就需要重新提炼或修订这一产品概念了。

(2) 需求水平：是否认为该产品解决了自己的某个问题、满足了某一需要？需求越强烈，则潜在消费者的兴趣也就越高。

(3) 差距水平：目前，是否有其他产品可以满足这一需求，并使自己满意呢？一般而言，差距越大，潜在消费者的兴趣也就越高。需求水平可与差距水平相乘，所得的乘积代表着需求差距分数；需求差距分数越高，潜在消费者的兴趣也就越高，意味着其强烈的需求还无法被现有的产品所满足。

(4) 感知价值：相对于价值而言，价格是否合理？感知价值越高，潜在消费者的兴趣也就越高。

(5) 购买意图：是否(肯定、可能、可能不、肯定不)会购买这种产品？对于那些在前三个问题的答案中给出积极回答的消费者而言，其购买意图很可能就是"肯定购买"。

(6) 用户目标、购买时间和购买频率：谁可能会使用这一产品？什么时候？以什么频率？

被调研者的答案将表明：对于消费者而言，这一产品概念是否具有广泛的、强大的吸引力、它会与哪些产品展开竞争、哪些消费者是最好的目标顾客。同时，还可以把需求差距水平和购买意图同该产品大类的平均水平进行比较，以便看出这一产品概念是能够获得成功、存在较大的风险，还是彻头彻尾的失败项目。

3. 联合分析法

消费者对不同产品概念的偏好，可以采用一种日益广泛使用的技术——联合分析法(Conjoint Analysis)来衡量。联合分析法是根据消费者对某一产品属性的不同性能水平的偏好来推断出该产品的效率价值的一种方法。目前，联合分析法已逐渐成为最为流行的一种概念开发与测试工具。

在运用联合分析法时，通过向被测试者展示不同的假设供应物——产品属性在不同性能水平下的各种组合，然后要求他们根据偏好对各种供应物进行排序。这样，管理人员就可以根据结果来识别出最有吸引力的产品供应物，并估计市场份额和利润水平。

7.3.4 营销战略的制订

在概念测试结束之后，新产品经理将会着手制订把该种产品投放市场的初步营销战略计划，该计划主要包括以下三部分内容。

（1）描述目标市场的规模、结构和行为、产品定位、销售量、市场份额以及最初几年的利润目标。

（2）描述产品的计划价格、分销战略和第一年的营销预算。

（3）描述长期销售量和利润目标以及不同时间的销售战略组合。

7.3.5 商业分析

一旦管理人员开发了产品概念并制订了营销战略，下面就可以对这个提议的商业吸引力进行评价了。管理人员必须通过预测销售情况、成本和利润情况来确定该种产品是否能够满足企业的目标。如果符合企业目标，那么就从产品概念阶段进入产品开发阶段。随着信息时代的到来，商业分析阶段也将经历进一步的修订与补充。

1. 估计销售总额

估计销售总额是估计的第一次销售量、重置销售量和重购销售量的总和。销售估计方法的选用，往往取决于是一次性购买的产品（如订婚戒指、退休住房），还是属于非经常性购买的产品，或是经常性购买的产品。对一次性购买的产品而言，开始时的销售量会逐渐上升到顶峰，然后伴随着潜在购买者数量的减少，其开始下降并逐渐趋于零。

对于非经常购买的产品而言，如汽车、烤面包炉和工业设备，往往会出现重置周期，这既受到实体产品磨损的影响，又会受到不断变化的样式、属性和性能等因素的影响。这类产品的销售预测，往往要求分别作出首次销售量和重置销售量的估计。

对于经常性购买的产品而言，如非耐用消费品和非耐用工业品，往往呈现出产品生命周期以及销售量的变化。最初是首次购买人数逐渐增加。然后，随着未购买该产品的人数（假设人口数量是既定的）的减少，销售量会逐渐降低。如果该产品能够使某些顾客深感满意，那么他们还会重复购买。最后，销售曲线会落在相对稳定的水平上，即代表着稳定的重复购买量。此时，该产品就不再属于新产品的范畴了。

在估计新产品的销售量时，管理人员的首要任务是估计新产品在各个阶段的首次购买量。在估计重置（或更新）购买量时，管理人员必须研究产品的生存年限分布（Survivalage Distribution），即在第一年、第二年、第三年里出现故障产品的次数，依此类推。其中，分布表中的最低点表明了第一次出现重置（或更新）销售的情况。由于在产品实际使用之前往往很难估计重置销售量，所以有些制造商在开始推出新产品时，只以首次销售量作为估计的基础。

对于经常性购买的新产品而言，卖方不但要估计首次销售量，而且还要估计重复销售量。高重复购买率意味着顾客对该产品很满意，即使在所有的首次购买行为都发生之后，销售量可能还处在较高的水平上。同时，卖方还应该注意在不同类型的重复购买人群中的重复购买率：谁购买一次、两次或三次等。有些产品和品牌在上市一小段时间之后（重复购买几次之后），就退出了市场。

2. 估计成本和利润

运用现金流量表，企业的研发部门、制造部门、营销部门和财务部门共同对相关成本进行估计。

当然，企业也可使用其他财务方法来评估某新产品项目的价值。其中，最简单的方法就是盈亏平衡分析法(Break-even Analysis)，即管理人员估算出该企业应该销售出多少产品才能够在既定的价格和成本结构上实现盈亏平衡。如果管理人员认为至少能卖到保本点的数量，那么就应该把该项计划落在实处，进入新产品的实际开发阶段。

最复杂的方法是风险分析法(Risk Analysis)。在这里，在假设的营销环境和营销战略下，在计划周期内，我们可以获得有关影响利润的、每个不确定变量的三种估计(乐观估计、悲观估计和最可能估计)。计算机模拟各种可能的结果，并计算出可能的报酬率及其分布范围。

7.3.6 产品开发

把目标顾客的要求转变成实际产品原型的工作，就称为质量功能展开(Quality Function Development，QFD)。这种方法将把市场调研所获得的各种顾客属性(Customer Attributes，CA)罗列成具体的清单，然后将其转化为工程属性(Engineer-ing Attributes，EA)，以便供工程师使用。例如，潜在卡车的用户可能希望获得一定的加速度(CA)，而工程师就可以把这一需求转化为所必需的马力或其他工程量值(EA)。同时，这一方法也有助于权衡和测量满足顾客需求的成本。实际上，质量功能展开的一项主要贡献就在于：它增进了营销人员、工程师和制造人员之间的沟通。

1. 实体原型

研究开发部门将会围绕某一产品概念开发出一种或几种实体原型，其工作目标是找到满足下列标准的一种产品原型：产品概念声明中所描述的关键属性都体现在原型当中；在正常使用和正常条件下，该原型能够安全地执行其功能；能够在预算的制造成本约束下生产实际的产品。在过去，开发和制造成功的原型可能要花费数日、数周、数月甚至数年的时间。现在，网络技术加快了上述的原型制作过程，而且还产生了更灵活的开发过程。此外，复杂的虚拟现实技术也加强这一过程。例如，通过虚拟方式来设计和测试产品设计，企业可以灵活地对所获取的新信息作出反应，并且能够迅速地探索各种行动方案，以便更好地应对不确定性。

实验室的科学家不仅要设计产品的功能特性，而且还要知道如何通过实体暗示来传播其心理含义和品牌形象。消费者对不同颜色、尺寸和重量有什么不同反应？在漱口水的例子中，黄色象征着"防腐"的效用，红色象征着"清新"的效用，绿色则象征着"凉爽"的效用。营销人员要告诉实验室人员：消费者需要什么样的产品品质以及是如何判断这些品质的。

2. 顾客测试

在制作好新产品原型之后，就必须在最终投放到市场之前进行一系列的功能测试和顾客测试。阿尔法测试(Alpha Testing)是指在企业内部测试产品，以便观察它在不同应用环境中的具体表现如何。在对产品原型进行进一步提炼以后，企业就进入了面向顾客的贝塔测试(Beta Testing)。

消费者测试可以采用多种方式进行,从"把消费者带入实验室试验产品"到"送样品上门试用"。例如,宝洁公司设立了现场实验室,如在尿布测试中心,母亲可以把他们的孩子带来测试产品。为了开发封面女郎(Cover Girl)唇膏,宝洁公司邀请了 500 个女性每天早上来试用口红,记录她们的活动并让她们 8 小时后再回来,以便测量残留唇膏,并生产了有镜面效果的唇膏管、不用照镜子就可以涂抹的唇膏。家庭产品测试也广泛地应用在从风味冰淇淋到新器具等不同类型的产品上。当杜邦公司开发新的合成地毯时,它为许多家庭提供了免费地毯。作为交换条件,这些用户要反馈他们对地毯的看法,喜欢哪些属性以及与不喜欢哪些地方。

那么应该如何评价顾客的偏好呢?排序法(Rank-Order)要求消费者排列出他们自己的选择;配对比较法(Paired-comparison)则给出几对不同的选择,让消费者在每对选择中选择自己所偏好的那一对;单元分等法(Monadic-rating)要求消费者根据等级量表,对每种产品的喜好程度进行打分,以便营销者可以推断出顾客的偏好排序和偏好水平。

7.3.7 市场测试

在管理人员对产品功能和心理性能表示满意之后,就需要给新产品准备确定的品牌名称和包装设计了,然后就进入市场测试阶段。在一种更可信的环境中进行测试,营销者可以了解市场的潜在规模以及消费者和经销商如何处理、使用和重复购买该种产品。

在实践中,并非所有企业都进行市场测试。例如,露华浓公司的一位管理人员指出:"在我们的领域内,主要是不采用大规模分销的高价化妆品,我们不需要进行市场测试。当我们开发一种新产品时,如一种改良的液体化妆品,因为我们十分熟悉这个领域,所以我们知道它会畅销。而且,我们在百货商店里还有 1 500 名示范者在进行促销。"然而,大多数企业都深信市场测试能够获得许多有价值的信息——关于购买者、经销商、营销方案的有效性、市场潜力等方面的重要信息。因此,主要问题是要搞多少次市场测试以及选用哪一种方式进行测试。

一方面,市场测试的次数会受到投资成本和风险的影响;另一方面,也会受到时间压力和研究成本的影响。对于高投资—高风险的产品而言,由于失败的概率很大,所以进行市场测试是值得的,市场测试成本在项目中只占有微不足道的比例。与某些改良产品(如另一种牙膏品牌)比较而言,高风险产品——那些创造新的产品大类(如首次推出的速食早餐饮料)或具有新奇特性的产品(最早推出的含氟牙膏)往往也很值得进行市场测试。

如果由于换季或竞争者即将推出新产品而受到巨大的时机压力,那么市场测试的次数将会急剧减少。例如,当家乐氏(Kellogg)公司的追踪结果显示,通用磨坊(General Mills)公司的 Toast-Ems 烘饼在市场测试时颇受欢迎时,家乐氏公司很快就推出了面向全国市场的营销计划——推出了自己的 Pop-Tarts 烘饼,并占有了很大的市场份额。企业宁可承担产品失败的风险,也不愿意使非常成功的产品面临分销或市场渗透的风险。

1. 消费品市场测试

消费品市场测试主要是为了估计四个变量,分别为:试用、首次购买、采用和购买频率。企业希望看到所有这四个变量的水平都很高。实际上,可能是许多消费者试用,但并不重复购买；或者是高的持久采用率，但购买频率却很低（如美食家冷冻食品）。

下面是有关消费品市场测试的四种主要方法，从销售波研究法一直到测试市场法，其成本费用的水平也从低成本过渡到高成本。

1) 销售波研究法

在实施销售波研究法（Sales-wave Research）的过程中，企业开始免费向消费者提供产品试用，然后再以低价再次把该产品或竞争对手的产品提供给消费者。这样重复提供该产品3~5次（销售波）左右，企业然后密切注意有多少消费者选择该种产品以及他们的满意程度。同时，销售波研究法也把一种或几种广告概念展示给目标消费者，以便观察广告对重复购买所产生的影响。

销售波研究法可以快速地加以贯彻，能够在竞争条件相对有把握的情况下进行，并能够在不需要完成最后的包装和广告的情况下加以实施。但另一方面，因为消费者是事先被挑选出来试用新产品的，所以销售波研究法无法表明不同的促销或诱因所促成的试用率，也无法表明品牌在赢得分销和有利的货架位置方面所发挥的作用。

2) 模拟测试营销法

在模拟测试营销法（Simulated Test Marketing）中，往往要求找到30~40名熟悉品牌、符合条件的购物者，询问他们对某一产品大类的品牌熟悉度和品牌偏好。在此过程中，会邀请消费者观看简短的著名商业广告片和新的电视商业广告片或印刷版广告。其中，包括企业要推出的新产品广告片，但由于不想引起特别的注意而没有把它特别标识出来。然后，发给每个消费者一点钱并让他们到商店去选购任何产品。这样，企业就可以发现到底有多少消费者购买了新产品、有多少购买了竞争对手的品牌，从而反映出"在刺激试用的条件下本企业的广告相对竞争对手的广告的相对效果"。接着，企业会把消费者召集在一起，请他们回答购买或不购买的理由。然后，企业还会给那些未购买的消费者发放样品试用。在几个星期之后，企业会通过电话询问他们，以确定他们对产品的态度、使用情况、满意程度和重复购买意图，并同时为他们重复购买任何产品提供机会。

这种方法可以在相对较短的时间里获得相对精确的结果——有关广告效果可试用率的结果（有时还包括重复购买率），而其成本却只是真实市场测试成本的一小部分。企业可以把这种方法所获得的研究结果纳入新产品预期模型中，从而预测出最终的销售水平。有些调研企业就专门提供这种服务，它们往往可以对随后投放到市场上的产品的销售水平进行精确的预测，而且其精确性常常令人惊讶不已。随着媒体和渠道越来越分散，只用传统营销方法来模拟市场条件以进行模拟测试营销正变得越来越难。

3) 控制测试营销法

在实施控制测试营销法（Controlled Test Marketing）的过程中，调研公司会以付费的方式安排一系列商店销售新产品。一般而言，准备投放新产品的企业会详细阐明市场测试所需要的商店个数以及具体的地理位置。然后，调研公司会依照预定的计划，把产品交给参与测试的商店，负责安排货架位置、饰面的数量、产品陈列和购物点促销及定价等。销售结果能够通过商店的电子收款扫描系统而记录下来。在测试期间，企业也能够评价本地广告和促销的效果。

控制测试营销法也使企业可以测试店内各个因素所产生的影响，以及有限广告对消费者购买行为所产生的影响。随后，再使用抽样调查法抽选一部分消费者，询问他们对产品的印象。企业可以不需要动用自己的销售力量，也不需要给予商业折让，也没有必要"购买"渠道。但是，控制测试营销法并不能提供有关把新产品推销给经销商的信息。此外，这种方法也很容易把本企业的产品暴露在竞争对手面前。

4）测试市场法

测试市场法（Test Markets）是测试新消费品的终极方法，把测试产品投放到特定的、真正的市场上进行测试。企业会选定少数有代表性的测试城市，然后由企业的销售队伍努力向经销商推销该种产品，并为其争取良好的货架陈列位置。在这类市场里，企业将会像向全国市场推销那样，展开全面的广告和促销活动。测试市场法也会设法衡量不同的营销方案的市场效果，具体是通过改变在不同城市的营销方案来实现的：全面测试可能会使企业花费超过100万美元，这主要取决于测试城市的数目、持续的时间和企业需要收集的数据总量。

虽然测试市场法有其固有的优势，但现在有不少企业都开始跳过测试营销阶段，并运用一些其他的市场测试方法——更快的、更为经济的测试方法。例如，通用磨坊公司就喜欢把新产品推向美国国内大约25%的地区。这样，由于面积较大，因而不易为竞争者所瓦解。管理人员对零售扫描数据进行分析，往往可以获悉在最近几天里该产品的销售情况如何以及应该采取哪些必要的矫正措施。高露洁公司经常先在小的"领先国家"推出新产品。如果成功了，再推向其他国家。

2. 组织产品市场测试

组织产品也可以从市场测试中获得好处。贵重的工业品和新技术通常要进行阿尔法测试（企业内部）和贝塔测试（围绕企业外部的顾客展开）。在贝塔测试中，企业的技术人员会观察这些测试顾客是怎样使用该产品的，以便发现在安全和服务方面未能预见的一些问题，并收集有关顾客培训和顾客服务方面的信息。同时，企业还能观察到在顾客的运营中该设备到底添加了多少价值，以作为后期制订价格决策的依据。

在测试结束之后，企业往往会要求测试顾客阐明自己的购买意图及其他反馈。由于贝塔测试中只选择少量的顾客来进行，而且测试顾客也不是通过随机方式抽取的，会根据每一个测试的情况对测试进行一定的调整，所以企业必须非常仔细地研究测试结果。此外，另一个风险是：如果被测试顾客对产品效果印象不佳，往往会向外界发布不利的产品信息。

在组织产品领域中，得到普遍应用的第二种市场测试方法，就是在贸易展览会上推出并介绍新产品。企业可以观察到购买者对新产品的兴趣有多大，他们对新产品的各种属性和销售条款有什么样的反应以及到底有多少购买者表明了购买意图或签订了订货合同。

新的工业产品还可以在分销商与经销商的展览室中进行测试，可以把该新产品正放在本企业其他产品和竞争对手的产品的旁边。通过这种方法，可以获得在产品正常销售环境下有关顾客偏好和定价等方面的信息。其缺点是有些顾客可能想要订货，但当时却无法满足其需求，而且进入展览室的那些顾客也未必代表着目标顾客。

有些工业品制造商往往倾向于使用完全营销测试法。它们生产和供应数量有限的产品，并让销售队伍在限定的地区进行销售，同时给予销售支持和提供印刷版产品目录。

7.3.8 商品化

如果企业决定对该产品实施商品化，那么它将面临最高的成本。此时，企业必须建立或租赁全套生产制造设施或与制造商签订制造外包协议。同时，另外一项主要成本是市场营销成本。

1. 何时（时机）

在新产品商业化的过程中，市场进入时机的选择是一个关键性问题。假设某家企业已经完成了新产品的实际开发工作，并获悉竞争对手也马上就要完成新产品的开发工作了。在这种情况下，上述这家企业一般面临以下三种选择。

（1）第一个进入市场：第一个进入市场的企业往往可以获得"先行者优势"，可以锁定关键的经销商和顾客，并赢得市场领先地位。但是，如果新产品未经彻底审查（调试）而匆匆上市的话，那么就有可能产生令人失望的结果。

（2）同时进入：企业可能决定与竞争对手同时进入某一市场。当有两个竞争对手对新产品同时做广告宣传时，往往会吸引更多的市场注意力。

（3）后期进入：企业可能有意推迟进入某一市场，而让竞争对手先行进入市场。这时，竞争对手将会为开拓市场付出"教育成本"，而且竞争对手的产品可能会暴露出一些缺陷，那么后进入者就可以努力加以避免。此外，后进入者也可以相对准确地预测市场的规模。

时机选择也要求企业必须考虑其他一些关键因素。如果企业用一种新产品来替换企业的老产品的话，那么在正常情况下应该推迟到老产品的存货销售完毕为止。如果该产品有很强的季节性，那么在合适的季节还没有到来之前应该延迟推出新产品——新产品的推出往往会促使老产品退出市场。另外，使新产品的推出变得更为复杂的是：很多企业正遭遇着竞争性的"回避设计"——竞争对手会模仿某些发明，但它们会对产品版本进行修改，以便避免侵犯专利权的行为、避免支付知识产权费用。

2. 何地（地理战略）

企业必须决定在单一地区，还是在一个区域或几个区域，还是在全国市场或国际市场上推出特定的新产品。大多数企业会在一段时间内有计划地、分步骤地推出自己的新产品。其中，一个十分重要的影响因素就是企业的规模。小型企业可能会选择一个有吸引力的城市，然后闪电式地把新产品投放到市场上。不过，它们也可能会在相应的时机选择进入其他几个城市。比较而言，大型企业往往会把自己的产品同时投放到整个区域，然后再进入另一个区域。对于那些具有全国分销网络的企业而言，如汽车企业，它们往往会选择把新产品一下子推向全国市场。

对于大多数企业而言，所设计的新产品往往主要在国内市场进行销售。如果产品销售不错，那么企业可能会考虑把该产品推向邻近的国际市场或全球市场，并在必要时对产品进行适当的调整。在选择扩张的目标市场时，主要的标准包括市场潜力、企业的本地声誉、相应的渠道成本、媒体与沟通成本、对其他地区的影响力以及竞争渗透情况等。

是否存在强大的竞争对手也会对市场拓展战略产生很大的影响。假设麦当劳计划推出生产比萨饼的新快餐连锁店McPizza。按照历史发展情况，必胜客已经牢固地占领了东海岸市场，达美乐和小恺撒（Little Caesar's）则在中西部地区享有盛誉，棒约翰（Papa John's）在南部地区也享有盛誉，它们都希望在西部地区展开竞争活动。为此，麦当劳必须审慎地选择市场拓展战略，以便在消费者、竞争对手和企业三者之间找到适当的平衡。

随着互联网把世界边远地区连为一体，竞争也越来越有可能跨越国界。因此，企业日益倾向于在全球范围内推出新产品，而不是以一个国家或一个地区作为目标市场。然而，策划在全球推出新产品仍然面临着巨大的挑战，有步骤、有计划地实施国际市场拓展战略可能仍将是一项最佳选择。

3. 给谁（目标市场预期顾客）

在拓展市场时，企业必须把自己的分销和促销目标对准那些最有希望购买新产品的潜在顾客群体。在这方面，企业需要整理与分析有关这些顾客的数据，比较理想的潜在购买者应该具备以下几个特点：他们是早期采用者、产品的重度使用者、可以通过低成本方式接触的意见领袖。不过，可能只有少数顾客群体具有上述全部特征。为此，企业就必须对具有上述某些或全部特征的顾客群体进行归类分析，并从中选择出最具吸引力的目标顾客群体。在此过程中，企业的目标应该是尽快提高销售水平，并尽快吸收更多的潜在顾客。

4. 用什么方法（导入市场战略）

企业必须制订把新产品投放到各个目标市场的行动方案。由于新产品的投放往往比预期要花费更多的时间和成本，所以许多成功的产品都面临资金不足的困境。因此，分配足够的时间和资源是很重要的，但不要过度投入，因为新产品可以在市场上获得巨大的牵引力。

投放新产品的成功典范——苹果公司在1998年进行了闪电式的大规模营销攻坚战——向市场投放新产品iMac，这标志着苹果公司在14年休眠以后又重新进入个人计算机行业。

为了对新产品推出过程中的许多活动进行协调，管理人员可以采用各种网络计划技术，如关键路线计划法。其中，关键路线计划法（Critical Path Scheduling，CPS）要求设计一张主计划表，标明在新产品投放过程中同时发生的以及先后顺序发生的各项活动。通过估计每项活动所需要的时间，就可以估计整个项目的完工时间了。在关键路线（完成项目的最短路线）上，任何一项活动的推迟都会影响到整个项目的进度。如果必须提前推出某个新产品，那么计划者就必须要探索如何缩短的关键路径，并寻找减少时间的方法。

7.4 新产品的采用

采用（Adoption）是使个人成为某种产品的固定消费者的个人决策。在实践中，首先是消费者采用过程，然后是消费者忠诚过程。其中，消费者忠诚是所有生产者都格外关注的重要问题。在几年以前，新产品营销人员在推出产品时，所采用的往往是大众市场方法（Mass-market Approach）。然而，这种大众市场方法却存在两个固有的缺陷：一个是需要

第7章 新产品开发战略

庞大的营销费用作为支撑,另外一个是并没有把信息暴露都集中在潜在消费者身上,从而存在一定的浪费,正是由于存在这些缺陷,最终导致了第二种方法,即面向重度使用者的目标营销方法。这种方法在下列条件下往往是最为有效的:可以通过某种方式识别出重度使用者,而且他们同时也是新产品的早期采用者。但是,即使是在重度使用者中,许多重度使用者可能也是忠诚于现有品牌的。现在,越来越多的新产品营销者瞄准那些早期采用者,并利用创新扩散理论和消费者采用理论来识别那些早期采用者。

7.4.1 采用过程的各个阶段

创新(Innovation)可以是任何产品、服务或创意,只要有人认为是新的就可以了,而不管历史是否久远。埃弗雷特·罗杰斯(Everett Rogers)对创新扩散(Innovation Diffusion Process)所下的定义是"新的创意从发明创造者那里扩散到最终用户或采用者的传播过程"。比较而言,消费者的采用过程则是一种心理过程,是个体从第一次听到一种创新到最后采用的心理过程。

新产品采用者往往要经历以下五个阶段。
(1) 知晓:消费者对创新有所觉察,但缺少关于它的信息。
(2) 兴趣:消费者受到刺激,开始寻找有关该项创新的信息。
(3) 评价:消费者考虑是否试用该项创新产品。
(4) 试用:消费者开始试用该项创新产品,以便自己对其价值的评价。
(5) 采用:消费者决定全面地、经常地使用该种创新产品。

新产品营销者应该采取有力的措施,推动上述过程可以顺利从前一个阶段过渡到下一个阶段。某家便携式电动洗碗机的制造商可能会发现:许多消费者停留在"兴趣"阶段,但他们并没有进入试用阶段。之所以这样,是因为他们害怕洗碗机靠不住,而且要投入大量的费用。但是,如果每个月只要支付少量的费用,那么这些消费者就表示愿意试用。为此,制造商应该考虑制订这样一种试用计划:让消费者具有选择是否购买的机会。

7.4.2 影响采用过程的因素

营销者已经发现,采用过程往往具有如下特征:个体在准备试用新产品的态度方面存在明显的差异,个人影响也会发生作用,采用率不同,组织在试用新产品方面也存在不同。一些调研者关注的是使用扩散过程,并将其看作消费者采用过程的补充,以便研究消费者到底是如何使用新产品的。

1. 准备试用新产品和个人影响

埃弗雷特·罗杰斯把一个人的创新性水平界定为"在这个人的社会系统中,此人比其他成员相对较早地采用新创意的程度"。在每一种产品领域,总是存在消费先驱者和早期采用者。

创新者是技术的热衷者,喜欢冒险,愿意试用新产品或改进新产品,而且对其中的复杂性也了如指掌。作为对低价的回报,他们也很乐意参加早期的阿尔法测试和贝塔测试,并把使用过程中出现的各种异常情况予以反馈。

早期采用者是意见领袖，他们会认真地搜寻新技术，以便能够给他们自己带来竞争优势。如果能够提供个性化的解决方案和提供优异的服务支持，他们对价格的敏感程度也往往较低，并且愿意采用这种新产品。

早期大众是理智的务实主义者，只有在新产品的利益或好处得到证实以后，只有在许多人已经开始采用该项新技术以后，他们才会采用该项新技术。他们构成了主流市场。

晚期大众往往是那些不愿意冒险、持怀疑态度的、对价格比较敏感的怀疑主义者或保守者。落伍者是那些传统的保守者，他们抵制革新，直到发现已经无法维持现状了才会使用新产品。

如果企业想要使某项创新经历整个产品生命周期的话，那么就应该面对不同类型的消费者实施不同类型的营销方式。

个人影响(Personal Influence)是指某个人对其他人的态度或购买意愿所产生的影响。在某些情境下，个人影响是非常重要的一个因素，而且对于某些人而言，这种影响可能会比对其他人而言更为重要。同时，与其他阶段比较而言，个人影响在采用过程的评估阶段显得更为重要。此外，个人影响对于晚期采用者的影响也远比早期采用者要大。最后，在危险情境中，个人影响的作用也会变得相对较大。

在产品首次展示时，企业常常都以创新者和早期采用者为目标顾客。比如，伟士(Vespa)小型摩托车的推广，比亚乔(Piaggio)曾雇用一批模特深入洛杉矶的咖啡馆和俱乐部，树立并传播其品牌形象。当耐克公司决定进入滑板运动市场时，它认识到一家已建大企业所面临的困境——目标市场对大型企业的偏见可能会形成非常大的挑战。为了获取年轻顾客的认可和声誉，它只在特许专卖店中出售产品，只在溜冰杂志上做广告，并通过邀请备受赞誉的职业选手来参与产品设计这一途径赢得他们的支持。

2. 创新的特征

有些产品几乎只需要一个晚上(强调速度之快)就会大受欢迎(如滑旱冰)，而有些产品则要经过较长的时间才会被接受(如柴油发动机)。一般来说，在对创新采用率产生影响的因素中，有五个特征表现得尤为重要。下面就结合家用个人录像机(PVR)产品 TiVo 的采用率，对这些特征进行探讨。

第一个特征是创新的(Relative Advantage)，即优于现有产品的程度。如果消费者觉得个人录像机的相对优势越大，比如说能便利地录下喜爱的节目、能让电视节目暂停或是看电视时可以跳过广告，那么采用这种产品的速度就会很快。第二个特征是创新的兼容性(Compatibility)，即新产品与社会中的个人价值和经验相吻合的程度。个人录像机特别适合那些渴望看电视的人。第三个特征是创新的复杂性(Complexity)，即了解和使用新产品的相对困难程度。个人录像机总体上是有一定的复杂性的，因此要经过一段时间才能渗透到各个家庭。第四个特征是创新的可分性(Divisibility)，即新产品在有限基础上被试用的程度。这一点对个人录像机来说具有很大的挑战性，因为"试用"基本只会出现在零售店或朋友家里。第五个特征是可传播性(Communicability)，即新产品的好处能否被观察得到或是很容易向别人描述的程度。个人录像机有明显的优点，它可以令人产生兴趣和好奇心。

第7章 新产品开发战略

当然也存在其他一些影响采用率的因素，如成本、风险、不确定性、科学可靠性和社会的赞许等。新产品营销者必须对所有这些因素进行研究，并在设计新产品和营销方案时对那些关键因素给予最大的关注。

3. 组织是否具备采用创新的条件

一种新教学方法的发明者希望去识别富有创新性的学校，新医疗设备的生产商也希望找到那些富有创新性的医院。实际上，组织的采用往往与各种组织环境（社会进步、社区收入）、组织本身（规模、利润、变革压力）和管理者（教育水平、年龄、经验）等因素有着密切的联系。当试图让一些基本由政府资助的组织（如公立学校）接受一种新产品时，其他因素也会扮演着十分重要的作用。有时，一些反传统或创新性的产品可能会被持反对意见的公众所扼杀。

本章小结

新产品开发决定着企业的未来。全世界的企业都在努力探索更快、更有效的新产品开发方法，以便开发出更好的新产品。

成功的新产品开发要求企业建立有效的组织，以便对新产品的开发过程进行管理。企业可以选择采取设置产品经理、新产品经理、新产品委员会或成立新产品部或新产品开发团队等形式。在当今的环境中，越来越多的企业开始采用跨职能团队、与企业外部的个体与组织建立起联系以及开发多个产品概念。

新产品开发过程主要包括八个阶段：创意的产生、创意的筛选、概念开发与测试、营销战略制订、商业分析、产品开发、市场测试和商品化。在上述的每一个阶段里，企业都必须决定是否应该进一步开发或放弃某一个特定的创意。

消费者的采用过程是顾客对新产品的认识、试用、采用或拒绝的过程。在当今的市场环境下，许多营销者都把目标锁定在新产品的重度使用者和早期采用者身上。之所以这样做，主要是可以通过特定的媒体来接触到这两类群体，而且它们往往是意见领袖。在实践中，消费者的采用过程会受到许多因素的影响——超出了营销者的控制范围——其中包括消费者和组织对新产品的试用意愿、个人的影响以及新产品或创新的特点等。

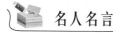

名人名言

畅销的产品并非无中生有，而是发觉身旁的物品，加以改良而成；只要你比别人发现得早、变化得巧，便能称为巨富。

——藤田田（日本麦当劳商社创始人、社长）

复习与练习

1. 选择题

（1）新产品开发的意义主要表现在：产品（　　）要求企业不断开发新产品。

A. 生命周期　　　B. 开发过程　　　C. 测试阶段　　　D. 采用阶段

（2）将几个不同的创意排列出来，然后考虑每一种创意与其他创意之间的关系属于（　　）。

A. 属性列举法　　　　　　　　　B. 形态分析法
C. 强制关联法　　　　　　　　　D. 逆向假设分析

（3）对于新产品部而言，主要职责就是（　　）

A. 新产品开发的预算　　　　　　B. 产生和筛选新的创意
C. 新产品的组织　　　　　　　　D. 新产品的测试

（4）（　　）往往要求找到30～40名熟悉品牌、符合条件的购物者，询问他们对某一产品大类的品牌熟悉度和品牌偏好。

A. 销售波研究　　　　　　　　　B. 测试市场法
C. 控制测试营销法　　　　　　　D. 模拟测试营销法

（5）新产品的采用包括知晓、兴趣、评价与（　　）。

A. 接受　　　　　B. 试用　　　　　C. 反馈　　　　　D. 调查

（6）许多新产品在开发过程中达到商品化以前都要经过的一个阶段是（　　）。

A. 试销　　　　　B. 开发　　　　　C. 促销　　　　　D. 试验

2. 填空题

（1）现在，越来越多的企业日益趋向于采用_____方式来创造新的创意。

（2）目标顾客的要求转变成实际产品原型的工作，就称为_____。

（3）_____不仅会给企业造成财务损失，而且销售成本和变动成本也无法收回。

（4）如果企业决定对该产品实施_____，那么它将面临最高的成本。

（5）_____是指某个人对其他人的态度或购买意愿所产生的影响。

3. 判断题

（1）新产品的预算要对尽可能多的项目进行投资，并期望其中有几个项目可以获得成功。　　　　　　　　　　　　　　　　　　　　　　　　　　　　　　（　　）

（2）新产品创意工作一般交由高层的管理委员会来负责。　　　　　　（　　）

（3）发生产品的相对失败的情况下，给企业带来的利润水平往往高于企业正常的目标回报率。　　　　　　　　　　　　　　　　　　　　　　　　　　　　（　　）

（4）在"开放创新运动"的鼓励下，很多企业正日益把注意力转移到企业的外部。
　　　　　　　　　　　　　　　　　　　　　　　　　　　　　　　　（　　）

（5）估计销售总额是估计的最后一次的销售量、重置销售量和重购销售量的总和。
　　　　　　　　　　　　　　　　　　　　　　　　　　　　　　　　（　　）

（6）企业使用财务方法来评估某新产品项目的价值。其中，最简单的方法就是风险分析法。　　　　　　　　　　　　　　　　　　　　　　　　　　　　　（　　）

（7）采用在实践中，首先是消费者忠诚过程，然后是消费者采用过程。　（　　）

（8）创新的第一个特征是创新的相对优势。　　　　　　　　　　　　（　　）

第7章 新产品开发战略

4．问答题

（1）新产品开发有何意义？

（2）简述新产品开发的过程。

（3）新产品商业化有哪些步骤？

（4）市场测试的有何意义？

（5）新产品的团队创意技巧有哪些？

（6）简述新产品采用的五个阶段。

（7）简述新产品的创新的特征。

5．讨论题

（1）在现实的企业中新产品是如何被开发出来的？

（2）在"创新型社会"背景下，企业如何实现产品创新？

6．案例应用分析

小米手机如何开发设计出消费者喜欢的产品？

什么才是好的产品设计呢？小米前产品经理向化盛为大家列出了网络产品与程序设计的八项原则，其他产品的设计也可以吸收、借鉴这八项原则的精髓。

（1）用户界面应该介于用户的心理模型，而不是工程实现模型，如"食神摇摇"的摇动手机找餐厅就符合大众用户的心理。

（2）设计思维要符合或能培养用户的使用情境。微信之所以反超米聊，就是在用户使用情境方面，微信更为透彻。

（3）尽量少地让用户输入，输入时尽量多给出参考。

（4）全局导航能预览其他模块的动态。全局导航的价值在于让用户在使用过程中不会丢失信息，减少主页面和次级页面之间的跳转次数。

（5）提供非模态的反馈，不打断任务 K 歌达人第 2 版的弹框是模态处理，用户在 K 歌过程中要被打断三次才能发表一首自己唱的歌曲。

（6）等待界面不能枯燥。

（7）一定要自动保存用户的输入成果。

（8）用设计掩护程序响应速度的瑕疵。程序响应的速度很多时候不仅是技术的问题，与网络环境也有很大的关系，要通过设计来掩护这些瑕疵，让用户感觉到在使用时是流畅的。

资料来源：http：//tech2ipo．com/57037．

【问题】

（1）小米公司在开发信产品时，如何将产品概念转化为具体产品？

（2）新产品开发中的"商业化阶段"应注意哪些问题？

第 8 章 产品策略

教学目标

通过本章学习,应在了解产品的概念和产品分类的基础上,掌握产品组合策略、产品生命周期策略、新产品开发策略、品牌策略和包装策略的基本内容。

教学要求

知识要点	能力要求	相关知识
产品组合策略	(1) 对产品概念和分类的理解能力 (2) 产品组合及其决策的理解与运用	产品概念、分类、产品组合及其决策的基本内容
产品生命周期策略	(1) 对产品生命周期概念与产品生命周期各阶段特点的认识和判断 (2) 对产品生命周期各阶段营销策略的理解与运用	(1) 产品生命周期概念与产品生命周期各阶段的特点 (2) 产品生命周期各阶段营销策略的理解与运用
品牌策略	(1) 认识掌握品牌的基本概念 (2) 对品牌策略内容的理解与灵活运用	(1) 品牌的基本概念 (2) 品牌策略的基本内容
包装策略	(1) 了解包装的概念、分类、作用 (2) 懂得如何运用包装策略	(1) 包装的概念、分类、作用 (2) 包装策略

第8章 产品策略

基本概念

产品　产品分类　产品组合　产品线　产品生命周期　产品策略　品牌　商标　包装

导入案例

欧莱雅构建品牌金字塔

在中国的化妆品市场，没有哪一家企业能像欧莱雅集团这样占领每一个阶层，在每一个消费层都试图攫取最大利益。实力较弱的中国化妆品企业通常在品牌管理方面缺乏科学系统的管理经验，致使很多中国化妆品品牌只是昙花一现。与众不同的是，欧莱雅集团的产品行销全球150个国家，共有500多个品牌，每个产品品牌都瞄准一个市场，而且各产品的市场之间少有交叉，如果一个品牌失败，也不会对其他品牌造成危险，同时降低了企业经营的风险。同时，大力投入研发、不断推陈出新，也是欧莱雅集团套牢顾客的法宝。

在使用品牌战略的时候，欧莱雅集团在各个品牌之间实施严格的市场区隔，并协同对外。欧莱雅集团在中国的迅速成功，也在于这种经营模式。盖保罗从来没有放过中国每一个阶层的消费者，在高档的商店里，欧莱雅集团出售像兰蔻、赫莲娜、碧欧泉这样价格在300～800元之间的高端产品；金字塔的中部，它拥有百元左右的巴黎欧莱雅及只在药房中出售的价值150～250元的薇姿、理肤泉品牌，还有仅在专业发廊中出售的卡诗和欧莱雅护发系列；在大众化消费品方面，也就是金字塔塔底，则是美宝莲、卡尼尔等价格定位在几十元的大众品牌。但是长期以来这个塔底都不是那么牢固。在人口众多的中国市场，想要争取更多的利益，当然是要争取更大的消费层，因为抓住大众消费市场就等于抓住了主要的经济来源。同样欧莱雅集团也面临像资生堂等竞争对手的压力，于是欧莱雅集团在上海的兰蔻概念店中首次推出了男士护理品，并在北京等大城市开设分店，引入多种男士化妆品品牌。

请问：欧莱雅集团采用的是何种品牌策略？这种策略有何利弊？

点评：

企业满足消费者需要的一切市场营销活动都是围绕着产品进行的，产品决策直接影响和决定着市场营销组合中其他因素的决策。因此，产品策略是企业市场营销组合策略中最重要的策略。

8.1　产品组合策略

8.1.1　产品及产品整体概念

市场营销学认为，所谓产品，是指企业提供给市场，用于满足人们某种欲望和需要的任何事物，包括实物、服务、场所、组织、思想和主意等。

营销学中的这种产品概念通常称为产品整体概念。产品的整体概念把产品理解为由五个层次有机组合的系统，如图8.1所示。

1. 核心产品（实质产品）

核心产品指产品能够提供给购买者的最基本的效用和利益。例如，人们购买电视机是为了满足其"信息和娱乐"的需要，而购买牙膏就是要获得牙膏能"洁齿、防龋"的效用。对于核心产品，所有的购买者对它的要求是一致的。它体现了用户对同一需求的共性。产品如果没有核心产品这一层次，也就失去了存在的必要，也不会有人花钱去购买它。所以核心产品是顾客真正要买的东西。因而在产品整体概念中也是最基本、最主要的部分。

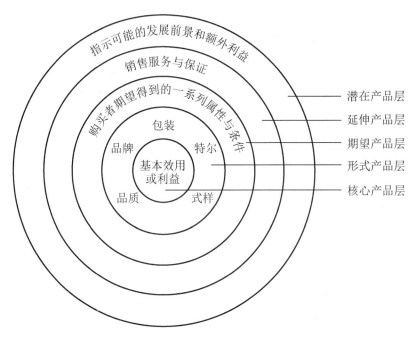

图 8.1　产品整体概念的层次

2. 形式产品

形式产品即核心产品的外部特征。它包括品质、特征、式样、品牌、包装五个特征。它满足的是购买同种商品的顾客的不同要求。消费需求的多样性和产品的差异化也都表现在这里。形式产品呈现在市场上，可以为顾客所识别，是消费者选购商品的直观依据。产品的基本效用必须通过形式产品有效地实现，才能满足消费者的需要。

3. 期望产品

期望产品是产品的第三个层次，是顾客在购买产品时期望的一系列属性和条件。例如，顾客在餐馆消费时，期望洁净的餐具和可口的饭菜。由于大多数餐馆能满足这一最低的期望，因此，顾客在档次大致相同的餐馆中，一般会选择一家最便宜、最便利的餐馆。普遍公众的期望产品得不到满足时，会影响消费者对产品的满意程度、购后评价及重复购买率。

4. 延伸产品

延伸产品是指顾客购买形式产品和期望产品时所能得到的附加服务和利益，包括提供信贷、免费送货、产品安装调试、售后服务等。IBM的延伸产品包括与电子计算机本身有关的一整套服务，如使用说明、事先设计好的软件程序、程序设计服务、维护修理、质量安全保证等。在IT行业,该公司之所以能独占鳌头,主要是因为它最早认识到用户购买电子计算机时需要这些服务。当然,延伸产品设计也不是越多越好,而是要坚持以顾客的需求为中心,做到:第一,延伸产品所增加的成本是顾客愿意承担也承担得起的;第二,延伸产品给予顾客的利益将很快转变为顾客的期望利益,企业应根据顾客期望利益的需要不断地改进延伸产品;第三,在重视延伸产品的同时考虑顾客差异性需求,生产一些确保核心产品、减少延伸产品的廉价产品,以满足低收入消费者或实惠型消费者的需要。

5. 潜在产品

潜在产品是指包括现有产品的所有延伸和演进部分在内,最终可能发展成为未来产品的潜在状况的产品。潜在产品指出现有产品的可发展前景或可带来的额外利益,如彩色电视机可能发展成为电脑终端机等。

产品整体概念是市场营销理论的重大发展。它强调企业在实现实质产品的同时,也要重视形式产品、期望产品、延伸产品和潜在产品的研究与开发,强化产品在竞争中的动态作用,以全方位地满足消费者的需要。

丰田以服务征服消费者

日本是汽车制造大国,也是汽车生产强国,其众多的产品均强调服务与质量。日本丰田汽车在争夺美国市场上成功地运用了服务策略。处处为顾客着想成为其在美国市场上成功的秘诀之一。通常,当某一车型中的零部件被发现有设计缺陷时,美国汽车公司的做法是:发函或电话通知顾客将车开到某个维修点,等待替换零部件后再通知顾客来取车。与这一做法不同的是,丰田公司每逢遇到这种情况,总是派职员开车去顾客家中,说明情况,并将开来的车留下供顾客使用,把需要维修的车开回维修站,换好零部件后,将顾客的车洗刷干净,注满汽油,再送车上门,换回原来开去的车。正是凭借着这种体贴入微的服务,"丰田"征服了美国消费者,在美国市场上畅销不衰。

丰田公司以"用户第一,销售第二,制造第三"为基本信念,并表明了他们的关系,要求努力为顾客服务,特别是加强售后服务。良好的服务使丰田赢得了顾客的心,也树立了丰田品牌的形象,创出了汽车界的名牌。

8.1.2 产品分类

按营销活动的需要,应对产品进行分类。分类的目的是将产品的不同特征或特点区分开来,为每一类产品制订合适的营销战略或策略。对产品进行分类,可使用不同的分类标准进行。

1. 按购买目的划分

按购买目的划分,产品可分为消费品和产业用品。

1) 消费品

凡是为家庭和个人的消费需要而进行购买和使用的产品或服务,都是消费品。消费品是最终产品,它是社会生产的目的所在。

2）产业用品

凡是为了生产和销售其他的产品或服务而购买的产品和服务，就是产业用品。产业用品是为了生产和销售最终产品而购买的，所以产业用品是中间产品。

2. 按耐用程度划分

按耐用程度划分，产品可分为非耐用品和耐用品。

1）非耐用品

凡是在一定的时期内只能一次或有限几次使用的产品，为非耐用品。其使用时间较短，用途较少，消费速度快，重复购买率高。如绝大部分日常生活用品都属于此类。非耐用消费品的特点决定了其适合的营销策略是：定价中单位产品的毛利率要低、销售网点要多、多做提醒性（低度介入）广告，以培养消费者的品牌偏好。

2）耐用品

凡是在一定时期内，能充分多次使用，而且使用期长的产品，就是耐用品。其使用时间长，重复购买率低，单位产品和毛利率高。适合的营销策略是：要提供更多的附加服务，应有质量保证，营销者要向顾客提供更多的担保条件和售后服务，需要更多的介绍性（高度介入）广告。

3. 按有形与否划分

按有形与否划分，产品可分为有形产品和服务。

1）有形产品

有形产品指有一定物质实体的产品。有形产品在消费前一般需要先生产出来，然后通过交换后使消费者得到并消费，例如洗衣机、照相机、牙膏等。

2）服务

服务作为产品，与有形产品相比的最大特点是它是无形的，例如理发、医疗服务、企业咨询等。

4. 按购买习惯划分

按购买习惯划分，产品可分为方便品、选购品、特殊品和非寻求品。

1）方便品

方便品是指顾客经常要购买和基本不做购买计划，想到了就要购买的产品。在购买中，顾客也不会为之作购买努力。比如，消费者要购买一块肥皂，就没必要去"货比三家"。方便品可进一步分为：日用品，指与日常生活有关的、经常要购买的产品；冲动品，指消费者没有计划和寻找，在听到、看到或突然想到就购买的产品；应急品，指消费者在有紧急需要时，才要购买的商品，如当身体不适时购买的药品等。

2）选购品

选购品指顾客在购买过程中，要对产品的适用性、质量、特色、样式和价格进行有针对性比较、挑选后才购买的产品。耐用品一般属于此类。选购品可进一步分为两种：一种是同质品，指消费者认为在有关的产品属性上，如质量、外观方面没有什么差别的产品；另一类是异质品，即消费者认为在有关的产品属性上，具有差别，因此，要按照自己所好进行挑选的产品,比如服装等。

3) 特殊品

特殊品指具有一定的特征和品牌标志的产品。这类产品,绝大多数顾客是愿意为之做出特殊的购买努力,例如纪念邮票等。

4) 非寻求品

非寻求品指消费者没有听说或听说了也不想购买的产品,最典型的是殡葬用品。

8.1.3 产品组合

1. 产品组合及其相关概念

1) 产品组合

产品组合是指一个企业生产和销售的全部产品的结构。它由若干产品线和产品项目构成,具有一定的宽度、长度、深度和关联性。

2) 产品线

产品线是由密切相关的满足同类需求的多种产品项目组成。一条产品线就是一个产品类别。

3) 产品项目

产品项目是指那些品牌、规格、款式或价格档次有所不同的单个品种。例如:柯达照相器材公司所有的产品包括照相机、摄影机及其器材、冲洗药品等,是公司的产品组合。照相机系列产品是其中的一条产品线,快速成相照相机则是照相机产品中的一个产品项目。

4) 产品组合的广度

产品组合的广度是指产品组合中包含的产品线的多少。产品线越多,产品组合越宽。例如:超级市场经营的产品线很多,所以产品组合的广度较宽,而服装店、眼镜店等专业商店,其产品组合的广度就窄得多。

5) 产品组合的长度

产品组合的长度是指一个企业所有产品线中产品项目的总和。

6) 产品组合的深度

产品组合的深度是指产品线中某一产品项目包含的不同花色、规格的具体产品的总和。多者为深,少者为浅。例如,某种品牌的口香糖有四种规格、三种口味,这种产品的深度就是 $3 \times 4 = 12$。

7) 产品的关联度

产品的关联度是指各种产品线的最终用途、生产条件和销售渠道或者其他方面互相关联的程度。例如:某电器公司拥有电视机、电冰箱、洗衣机、收录机、电子琴等多条产品线,但每条产品线都与电有关,所以它的产品关联度高。集团式多角化经营的公司,其产品线之间的关联度低。

分析产品组合的宽度、长度、深度和相关性,有助于企业更好地制订产品组合策略。扩大产品组合的宽度,即增加产品系列,扩大经营范围,实行多角化经营,一方面可以充分发挥企业潜在的技术、资源优势，提高经济效益；另一方面可以分散企业投资风险，提高企业适应能力和竞争能力。其次，增加企业产品组合的长度和深度，即增加产品项目、花色式样等，可以适应不同顾客的需要和爱好，吸引更多的买主。增加产品组合的关联性，则可以使企业在某一特定的市场领域内加强竞争和赢得良好的声誉。

2. 产品组合决策

产品组合决策，就是根据企业目标，对产品组合的深度、广度和关联度等策略所进行的抉择。

1）扩大产品组合策略

扩大产品组合策略包括拓展产品组合的宽度和加强产品组合的深度两个方面。前者是在原产品组合中增加一条或几条产品线，扩大产品的经营范围；后者是在原有产品线内增加新的产品项目。当企业预测现有产品线的销售额和赢利率在未来一段时间要下降时，就应考虑在原有产品组合中增加新的产品线或加强其他有发展潜力的产品线；一个企业计划增加产品特色，或为更多的细分市场提供产品时，则可选择在原有产品线内增加新的产品项目。一般而言，扩大产品组合，可以使企业充分利用现有的人、财、物资源，有助于企业避免风险，增强竞争能力。

2）缩减产品组合策略

缩减产品组合策略指企业从产品组合中剔除那些获利少的产品线或产品项目，集中资源经营那些获利多的产品线或产品项目。这种策略一般是在市场不景气，特别是原料和能源供应紧张时采用。使用这种策略有利于企业更合理地分配资源，集中优势力量生产和经营那些企业擅长、有优势、竞争力强的高利润产品，但由于投资过于集中，也会相应地增加经营风险。

3）产品线延伸策略

产品线延伸策略指通过增加产品档次，将产品线加长，全部或部分改变公司原有产品的市场定位。具体做法有如下三种。

（1）向下延伸。这种策略是把企业原来定位于高档产品市场的产品线向下延伸，在高档产品线中增加低档次产品项目。当企业的高档产品在市场上受到严重威胁，销售增长缓慢时；或者企业为了利用高档产品声誉，吸引购买力水平低的顾客慕名购买产品线中的低档产品时；或为了以较低档的产品填补产品线的空缺，以防新的竞争对手乘虚而入时，均可采取这一策略。但实行这一策略也会给企业带来一定的风险，如处理不慎，很可能影响企业原有产品的市场形象及名牌产品的市场声誉。

（2）向上延伸。向上延伸即把原来定位于低档次产品市场的企业，在原有的产品线内增加高档产品项目，使企业进入高档产品市场。实行这一策略的主要原因是：高档产品市场具有较大的潜在成长率和较高的利润率；企业的技术设备和营销能力已具备加入高档产品市场的条件；企业要重新进行产品线定位，想通过增加高档次产品来提高整个产品线的市场形象。但由于改变产品在消费者的心目中的地位是相当困难的，所以采用这一策略也有一定的风险，处理不当，不仅难以收回开发新产品项目的成本，还会影响老产品的市场声誉。

(3) 双向延伸。原来定位于中档产品市场的企业掌握了市场优势以后，决定向产品线的上、下两个方向延伸。一方面增加高档产品，另一方面增加低档产品，扩大市场阵容。

4) 产品线现代化策略

有时产品线的长度虽然适当，但是产品还是停留在多年前的水平，那就需要更新产品，实现产品线的现代化。否则就会败在产品线较新的竞争者手下。

产品线现代化可采取两种方式实现：一是逐项更新，逐项更新可在整条产品线更新之前，观察顾客及中间商的反应，了解市场动向，同时可节省投资。但容易使竞争对手洞察本企业的意图，从而也更新其产品线；二是全面更新，全面更新可避免上述缺点，出奇制胜，但所需投资较大。

要妥善选择改进产品的最佳时机。因为如果过早，会使现有产品线的销售受到不良影响；如果太迟，竞争者会先行推出较先进的产品并建立声誉。

8.2 产品生命周期

8.2.1 产品生命周期的概念

市场营销学认为产品是有生命的。新产品的构想和开发就是产品生命的孕育。新产品投入市场以后，经过一定时间的成长，逐渐成熟，接着慢慢衰退，直至最后退出市场，呈现一个从产生到消亡的过程。但所谓的产品生命周期，并不包括产品的孕育期，它是指产品从进入市场到最后退出市场所经历的市场生命循环过程，一般分为导入期、成长期、成熟期和衰退期四个阶段。

产品的生命周期与产品的使用寿命是两个不同的概念。产品的使用寿命是指产品从开始使用到磨损、消耗、废弃为止所经历的时间。产品是使用价值和交换价值的统一体。从使用价值消失的过程看，是产品的使用寿命。从产品交换价值消失的过程看是产品的生命周期。产品的使用寿命是具体的、有形的，是由消费过程中的时间、使用强度、维修保养等因素所决定；而产品的生命周期是无形的、抽象的，它的长短主要取决于技术进步、市场竞争、政府干预和消费需求的变化等各方面因素的影响。

8.2.2 产品生命周期各阶段的划分

产品的生命周期，一般可分为四个阶段：即导入期（也称为引入期、介绍期）、成长期、成熟期和衰退期，如图8.2所示。

由图中可以看到总销售额曲线与总利润额曲线变化的趋势是大体相同的，但变化的时间却有所不同，例如，总销售额曲线还在上升时，总利润额曲线已开始下降。产品的导入期是新产品投入市场的初级阶段，销售量和利润的增长都比较缓慢，利润一般为负；产品进入成长期后，市场销量迅速增长，公司开始盈利；市场销量在成熟期达到顶峰，但此时的增长率较低，利润在后期开始下降；之后，产品的销量和利润显著下降，产品将退出市场，这时产品也就处于最后的衰退期。

这四个阶段的本质区别在于各阶段市场的销售增长率的变化不同，因而直接决定着企

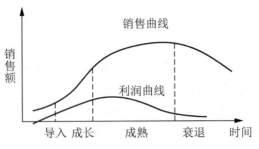

图 8.2 产品的生命周期

业的盈亏状况。以上只是对产品生命周期各个阶段的定性描述,具体划分可采用以下几种方法。

(1) 类比法,即根据类似产品的发展情况,进行类比分析和判断,例如,我们可以根据 VCD 的发展过程来预见 DVD 的发展前景。

(2) 销售增长率法。一般来说,介绍期的销售增长率小于 10%,成长期的销售增长率大于 10%,而成熟期的增长率大约在 0.1%~10%,衰退期的增长率则小于 0。

(3) 普及率法。当产品在市场上的普及率小于 5% 时,为引入期;普及率为 5%~50% 时为成长期;普及率在 50%~90% 时为成熟期;普及率为 90% 以上时则进入衰退期。

8.2.3 产品生命周期各阶段特点及企业营销策略

1. 市场导入期

1) 导入期市场特征

(1) 新产品投入市场初期,技术和工艺还未完全过关,工人技术还不熟练,废品率高、生产批量小,因而生产成本较高。

(2) 由于用户对新产品还不熟悉,因而需求量不大,生产企业要花大量费用来推销产品,因而,销售成本较高,一般没有利润,甚至发生亏损。

(3) 在导入期,市场上同种商品的竞争威胁不大,因为这时生产这种产品的企业只有一家或少数几家,但与旧产品竞争激烈。

(4) 新产品的销售渠道还未完全沟通,销售额增长缓慢。

2) 可供选择的市场策略

处于导入期的产品,企业营销策略应重点突出"快"字,把销售力量直接投向最有可能的购买者,使产品尽快地为市场所接受,缩短产品的市场投放时间。下面按"价格-促销矩阵"(图 8.3),提出导入期产品的市场四种营销策略。

(1) 快速取脂策略,是指采用高售价、花费大量广告宣传费用,迅速扩大销售量。这一策略的优点是能突然引起消费者的兴趣,增加购买的冲动性,并可借高价迅速回收投资。但其适用范围有一定限制:产品必须确实别具特色,优于市场上已有的同类产品。同时经过市场调查,确认市场对该产品有很大的潜在需求量。大部分潜在的消费者根本不了解这种新产品,已经知道这种新产品的消费者求购心切,愿出高价。企业面对潜在竞争者的威胁,急于树立名牌。

图 8.3 价格-促销矩阵

(2) 缓慢取脂策略,是指以高价格低促销进入市场。如果奏效,将比快速掠取策略获得更多的利润。不过,这一策略适应范围更小:只有在市场容量相对有限、消费者对此类产品需求缺乏价格弹性也没有较大的选择性、潜在竞争者威胁不大的时候才能使用。

(3) 快速渗透策略,是指采用低价格、花费大量广告宣传费用。目的在于先发制人,迅速打进市场,取得最大的市场占有率。这种策略适合的市场环境是:市场容量相当大,消费者对这种新产品不了解,但对价格十分敏感,潜在竞争的威胁大,新产品的单位成本可因大批量生产而降低。

(4) 缓慢渗透策略,是指采用低价格、低促销的姿态进入市场。低价的目的在于,便于消费者接受新产品;少量费用的目的,在于企业有利可图。采用这种策略的市场环境是:市场容量大,顾客对这种新产品已经了解,因为它通常是原有产品略有改进的新产品,消费者对价格十分敏感,有相当数量的潜在竞争者。

2. 市场成长期

1) 市场特征

(1) 产品在市场上有很大的吸引力,并已普遍被消费者接受,分销渠道已经畅通,销售量增长迅速。

(2) 产品已基本定形,大批的生产能力已经形成,生产成本在不断下降,促销费用也在降低,利润较大。

(3) 由于大量竞争者的加入,仿造品和代用品大量增加,使市场竞争日趋激烈。

2) 可供采用的市场策略

(1) 对产品的质量、性能、设计、式样及包装都应有相应的改进,以继续增强市场竞争力。

(2) 广告宣传要从介绍产品转向建立商品形象、争取创立名牌。具体做法是宣传厂名和商标,并着重介绍产品经过改善后的质量、性能和式样等特点。

(3) 积极寻求新的细分市场,并进入有利的新市场。

(4) 在大量生产的基础上,选择适当时机降低售价,以吸引对价格敏感的潜在买主。

3. 市场成熟期

1) 市场特征

(1) 销售量虽然仍有增长,但已达到饱和程度,增长率呈下降趋势。

(2) 竞争十分剧烈。竞争者之间的价格趋于一致,市场上不断出现各种类似的产品和仿制品。

(3) 企业利润开始下降。

这个阶段持续的时间比较长，在实际情况下，市场的商品大都是成熟期的产品。一个企业的大部分时间是经营处于成熟期的产品。如果采用防守性策略，满足于现状，势必很难得到发展；成功的企业必须采取进攻性策略，努力使产品寿命周期出现再循环的局面。

2) 可供选择的市场策略

(1) 改变市场策略：一般不需要改变产品本身，只是改变产品用途或者改变销售方法、扩大销售对象。这种策略有三种形式：第一，寻找新的细分市场，使产品进入尚未试用过的本产品的市场；第二，刺激现有顾客增加使用频率；第三，重新树立产品形象，寻求新的买主。

(2) 改变产品策略：这种策略是提高产品质量或者改变产品的特色和款式，向顾客提供新的利益。

(3) 改变营销组合：为了延长产品的成长和成熟阶段，除了改变产品本身以外，还可以改变其他营销因素，如可以降低售价、扩大销售渠道、增加销售网点或加强广告宣传来促进销售。

4. 市场衰退期

1) 市场特征

(1) 销售量由缓慢下降变为急剧下降，利润下降甚至亏损。

(2) 促销手段开始失灵，特别是新产品出现以后，降价和增加售后服务等促销手段已毫无吸引力。

2) 可供选择的市场策略

由于产品进入衰退期是经济发展、科技发展和生产力发展的必然结果。企业对此应采取灵活的、实事求是的态度。企业首先要作出继续留在市场，还是退出市场的决策。可能由于许多竞争对手退出市场，而留在市场的企业还可以暂时维持原来的销量。留在市场则可采用以下策略。

(1) 连续策略：继续沿用过去的策略不变，仍然保持原来的细分市场、销售渠道、定价和促销手段。

(2) 集中策略：把人力、物力集中到最有利的细分市场和销售渠道上去，缩短经营战线，从最有利的市场中获取利润。

(3) "榨取"策略：大力降低销售费用，精简推销人员，增加眼前利润。这可能导致销售量迅速下降，但企业可保持一定的利润。

如果企业决定退出市场，也必须做出慎重选择：可以立即停产，或将生产所有权转让给乡镇企业；也可以采取逐日减产、逐步淘汰方法，使企业资源有序地转向新的经营项目。

8.2.4 产品生命周期的其他形式

上面讨论了典型的 S 形产品生命周期曲线及其各阶段相应的营销策略。但并不是所有的产品生命周期曲线都是 S 形的，还有其他变形的产品生命周期性形状。

1. 循环-再循环型

产品在市场经过一个周期衰退以后，过一段时期又重新兴起，开始第二个周期，如图 8.4(a)所示。这种现象产生的原因是由于企业采取各种不同的市场营销策略，使产品生命周期出现再循环的现象。例如在医药产品的生命周期曲线中，最具代表性的就是循环-再循环型。

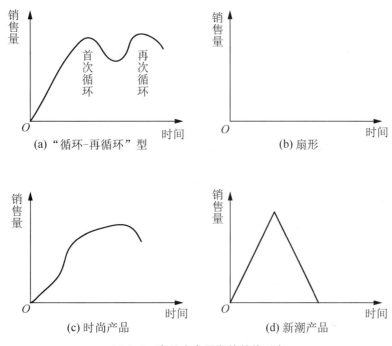

图 8.4 产品生命周期的其他形态

2. 扇形

这是在产品进入成熟期以后，在产品销量未下降以前，由于发现了新的产品特性，找到了新的用途，或找到了新的市场，使得产品的需求呈阶梯式向上发展，如图 8.4(b)所示。如尼龙开始是用来制造降落伞，后来袜子、衣服和地毯等都用它作为原料，从而使其需求大幅增长。

3. 时尚产品

时尚产品是指某一方面的特性已经被消费者普遍接受的产品。其生命周期与正常生命周期类似，都要经历产品生命周期的几个阶段，如图 8.4(c)所示。消费者购买这类产品的动机是追求一致性，一旦消费者的购买兴趣发生转移，其生命周期马上就结束。

4. 新潮产品

新潮产品是一种存在时间极短的流行时尚产品，生命周期曲线形状与一般的时尚产品不同，如图 8.4(d)所示。这类产品在某一时间内非常流行，产品迅速进入市场并很快达到销售顶峰，然后又迅速衰退，生命周期相当短。例如，呼啦圈从风行到衰退不到半年的时间。这类产品的发展情况难以预测,经营风险较大。

8.2.5 产品生命周期理论的应用

1. 进行产品决策的重要依据和方法

进行产品决策时,可应用产品生命周期原理,判断企业生产的产品处于其生命周期的哪一阶段,作出相应的决策,使处于投入期的产品迅速完善,开拓市场;处于成长期的产品大力发展,扩大销售量;处于成熟期的产品继续提高竞争能力,为企业更多地盈利;处于衰退期的产品减少生产能力并及时淘汰。

2. 推断和预测产品市场销售额的发展趋势

根据产品生命周期各阶段销售额的变化规律,可以推断和预测产品市场销售额的发展趋势,为市场预测提供依据。例如,处于成长期的产品,销售量将迅速增长,其增长率往往按二次曲线的速度发展,可选择二次曲线方法计算预测值。当产品进入成熟期,销售量趋向稳定,一般可按各种平均法进行预测;当产品进入衰退期,销售量将很快下降,可按一次线性模型预测。

3. 对产品更新换代时机的确定有分析和控制作用

运用产品生命周期理论,可以控制产品更新换代、新产品投入市场的时机。新产品接替老产品的时间,最好是选择在老产品的成熟期接近衰退期的临界区间,这样能保证当老产品进入衰退期后,新产品已进入成长期。过早投入市场,必将使老产品加速衰退,造成企业现有生产能力的浪费。过晚投入市场,市场将被别人占领(图 8.5)。

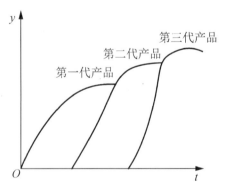

图 8.5 产品更新换代曲线

8.3 品 牌 策 略

品牌属于产品整体概念中的形式产品,是产品的一个重要组成部分。一个好的品牌,有利于消费者接受本企业的产品,扩大产品的市场占有率,提升产品的价值,是企业的一项无形资产。因此,对于企业而言,正确认识品牌并运用好品牌策略具有重要的意义。

8.3.1 品牌的含义与作用

1. 品牌的含义

品牌,是用以识别某个销售者或某群销售者的产品或服务,并使之与竞争对手的产品或服务区别开来的商业名称及其标志,通常由文字、标记、符号、图案和颜色等要素或这些要素的组合构成。这是品牌这个词的一般或普通含义,其内涵并不丰富。品牌是一个集合概念,它包括品牌名称和品牌标志两部分。

(1) 品牌名称:指品牌中可以用语言称呼的部分——词语、字母、数字或词组等的组合。例如海尔、红双喜1999、TCL,奔驰(Benz)、奥迪(Audi)等。

(2) 品牌标志:指品牌中可以被认出、易于记忆但不能用语言称呼的部分,通常由图案、符号或特殊颜色等构成。例如,奔驰的三叉星圆环,耐克的一勾造型,小天鹅的天鹅造型,IBM的字体和深蓝色的标准色等。

品牌,就其实质来说,它代表着销售者(卖者)对交付给买者的产品特征、利益和服务的一贯的承诺。

2. 品牌的作用

品牌无论对经营者还是消费者来说,都具有重要作用。

1) 对于消费者来说品牌的作用

(1) 品牌便于消费者辨认、识别所需商品,有助于消费者选购商品。有了品牌,消费者在选购同类产品时,便于比较其质量和价格。品牌能减少消费者选择产品时所花费的时间和精力,减少消费者的交易费用。

(2) 同一品牌的产品一般具有相同的品质,容易消除消费者对新产品的疑虑。

(3) 消费者可以按品牌知道生产(经营)者,便于产品的维修和更换零配件,以维护消费者的利益。

(4) 品牌有利于促进产品改良而使消费者受益。

(5) 满足功能与情感需要。品牌使商品除了使用价值外,还有其身价、品位、档次和自我满足,即附加价值,还具有一定的象征价值和情感愉悦价值,能够给消费者提供更多的心理满足。

2) 对于经营者来说品牌的作用

(1) 有利于广告宣传和产品陈列,加深消费者对企业和产品的印象。品牌本身就是企业的重要宣传手段。企业宣传品牌要比介绍企业名称或产品制造技术方便得多。

(2) 有利于保持和扩大市场占有率,吸引消费者重复购买,建立顾客偏好。

(3) 有助于减少价格弹性,使产品自然地与竞争对手产生差异。品牌所有者可以确立自己的产品价格,而不轻易随竞争者的价格波动而波动。

(4) 有助于产品组合扩张,在有品牌的产品线中增加新的产品项目较之没有品牌的产品线要容易得多。

(5) 有利于维护企业的正当权益。品牌经注册登记成为注册商标后,就使企业的产品特色得到法律保护，防止别人模仿、抄袭或假冒，保护了企业的正当权益。

(6) 有利于接受社会监督，提高产品质量。

8.3.2 品牌与注册商标

1. 品牌与商标的异同

品牌与商标是极易混淆的一对概念，两者既有联系，又有区别。在企业的营销实践中，品牌与商标的基本目的也都是为了区别商品来源，便于消费者识别商品，以利竞争。但品牌并不完全等同于商标。

1) 商标是品牌的一部分

商标是品牌中的标志和名称部分，便于消费者识别。但品牌的内涵远不限于此，品牌不仅仅是一个易于区分的名称和符号，更是一个综合的象征，需要赋予其形象、个性、生命。品牌标志和品牌名称的设计只是建立品牌的第一道工序，但要真正成为品牌，还要着手品牌个性、品牌认同、品牌定位、品牌传播、品牌管理等各方面内容的完善。这样，消费者对品牌的认识才会由形式到内容，从感性到理性，完成由未知到理解、购买的转变，形成品牌忠诚。

2) 商标属于法律范畴，品牌是市场概念

商标是法律概念，它强调对生产经营者合法权益的保护；品牌是市场概念，它强调企业（生产经营者）与顾客之间关系的建立、维系与发展。

商标的法律作用主要表现在通过商标专用权的确立、续展、转让、争议仲裁等法律程序，保护商标权所有者的合法权益；同时促使生产经营者保证商品质量，维护商标信誉。在与商标有关的利益受到侵犯的时候，可以通过法律手段来维护自己的权益，商标显现出法律的庄严与不可侵犯。

品牌的市场作用表现在：品牌有益于促进销售，增加品牌效益；有利于强化顾客品牌认知，引导顾客选购商品，并建立顾客品牌忠诚度。

3) 商标掌握在企业手中，而品牌是属于消费者的

商标的所有权属于企业，属于注册者，而品牌是属于消费者的，它只是存在于消费者的头脑中。当消费者不再重视你的品牌时，品牌就一文不值了。

2. 注册商标

经国家工商行政管理局商标局核准注册的商标为"注册商标"，商标注册人享有商标的专用权，受法律保护。

在我国是采用注册在先原则，即规定商标专用权归商标的首先注册者，并在我国法律所涉及的全部范围内有效。因此在我国，企业的品牌或品牌的一部分只有经过政府有关部门注册登记后才能成为商标，品牌注册成商标后一般带"R"标记或"注册商标"字样。注册商标为企业专用，具有排他性，受法律保护。

3. 商标设计的原则

一个好的商标，在设计上应注意以下几点。

1）简洁鲜明

人在单位时间内所接受的信息量是有限的，对商标的注意时间极短。商标的图案、文字如果过于复杂难懂，消费者就不易辨认和记忆，将影响消费者对商品和企业的认知程度。

2）有感染力

形象生动的商标易捕捉消费者视觉，从而引起注意，产生强烈感染力，达到过目难忘的效果。

3）个性显著

商标是用来表达企业的性格和商品独特性质的。它要让消费者认识商品或企业的独特品质、风格和服务精神。因此，商标设计必须别出心裁，创造出富有特色、个性显著的商标。只有这样，商标才能在使用过程中，把自己代表的商品与其他同类商品区别开来。

4）尊重风俗

商标设计要符合不同民族、不同宗教信仰以及不同地区人们的风俗习惯。特别要注意避免采用主销地区的人们忌讳的形象和文字作为商标，这一点在外销商品商标设计中尤其显得重要。

8.3.3 品牌的分类

依据不同的划分标准，品牌可划分为不同的类型。

1. 根据品牌知晓度的辐射区域分类

（1）当地品牌：是指一个区域或城市的品牌。例如许多城市的老字号，其他地方的人根本不知道，而当地人却耳熟能详。

（2）地区品牌：相当于我国的省内品牌，享有一定的知晓度，例如，北京的二锅头、湖南的白沙啤酒等。地区品牌产品在地区内销售势头较好。

（3）国内品牌：是指在国内有较高知晓度的品牌，例如小天鹅牌洗衣机、长虹牌彩电、五粮液等。

（4）国际品牌：是指在国际市场上有较高知晓度的品牌，例如，可口可乐、雀巢咖啡、奔驰汽车等。

2. 根据产品的经营环节不同分类

（1）制造商品牌：是指产品生产企业为产品设计的品牌。产品生产企业根据产品的特色、功能，为其设计独特的品牌标志、名称、包装以及颜色等。

（2）中间商品牌：是指中间商所拥有的品牌，具有给各种非相关性产品群起同一个品牌的特点。零售商、批发商等中间商取代制造商自行开发产品或要求制造商按照自己提出的产品规格生产产品并赋予自己的品牌。据统计，在欧洲，中间商品牌商品的销售额已占全部销售额的40％以上。

3. 根据品牌持续时间的长短分类

（1）短期品牌。这类品牌往往在短时间内知名度提高很快，但由于多种原因，又很快在市场上消失。其持续的时间非常短。曾轰动一时的三株口服液、秦池酒就属于这一类。

（2）长期品牌。这类品牌持续时间较长。从吸引消费者的兴趣，获得消费者认可，到最终在市场中占有一席之地，经历了一个相当长的过程。

（3）时代品牌。它是指能在一个时代都长盛不衰的品牌，例如可口可乐、福特汽车等。

4. 根据品牌的来源渠道不同分类

（1）自有品牌：是指企业自己创造并一直使用的品牌，例如 TOYOTA（丰田）、海尔等。

（2）外来品牌：是指企业通过特许经营、兼并或收购等形式取得的品牌，例如香港陆氏实业公司购买的"TCL 王牌"（彩电）等。

8.3.4 品牌策略的内容

为了使品牌在市场营销中发挥更好的作用，必须采用适当的品牌策略。品牌策略是企业产品策略的重要组成部分，一般包括以下内容。

1. 品牌化决策

有关品牌策略的第一个决策就是要决定是否给产品建立品牌。在历史上，许多产品不使用品牌，生产者和中间商直接从桶、箱子等容器内取出产品予以销售。但是随着商品经济的发展，商品的不断丰富，从品牌的诞生到发展，直至今日基本普及化，发展的势头相当迅猛。而品牌所具有的积极作用也在其中不断得到体现。例如，品牌化可以吸引更多的品牌忠诚者，良好的品牌有助于树立良好的企业形象，有助于企业细分市场，注册商标可以使企业产品得到法律保护，防止别人仿冒等。

但是，这并不意味着现代市场上的商品都应建立品牌。因为建立品牌是要付出代价的。它包括设计费、制作费、注册费、广告宣传费等。要使一个品牌成功地打入市场，往往要花费巨额费用，导致成本的增加。万一经营失利，会导致严重的亏损，而且会使企业信誉和企业其他产品的销路受到影响。

所以是否建立品牌，要看它对识别商品、促进销售的作用大不大，还要看产品的特点，权衡利弊再作出决策。可以不使用品牌的商品一般有以下几种。

（1）用户习惯上不认品牌购买的商品。

（2）产品本身不具有因制造商不同而形成不同质量特点的商品。

（3）生产简单、选择性不大的商品。

（4）大多数未经过加工的原料商品。

2. 品牌归属决策

一旦决定对产品使用品牌，对品牌的归属就面临三种选择。

（1）使用制造商品牌，或称生产者品牌、制造商标。从传统上看，因为产品的质量、特色是由制造商决定的，所以制造商品牌一直支配着市场。制造商使用自己的品牌可以获取品牌所带来的利益，也有利于新产品上市。品牌打响后，销售商也乐意销售。

(2) 使用经销商品牌，或称中间商品牌、销售商标。当制造商实力薄弱、市场营销经验不足、商誉不高或进入一个不熟悉的新市场；而经销商有一个良好的品牌、良好的商誉、庞大的分销体系，在这种情况下生产企业宁可采用经销商品牌，把产品成批地卖给经销商，由经销商用自己的品牌销售。

(3) 混合品牌，即制造商品牌与经销商品牌混合使用。这可能有三种情况：一是制造商品牌与经销商品牌同时使用，双方都可以建立自己的信誉。二是制造商在部分产品上使用自己的品牌，另一部分则以批量的形式卖给经销商，使用经销商品牌，以求既扩大销路，又能建立品牌形象。三是为了进入新市场，先采用经销商品牌，待产品在市场上受到欢迎后改用制造商品牌。

3. 品牌统分决策

制造商在决定给自己的产品使用自己的品牌之后，还面临着进一步的抉择：对本企业产品是分别使用不同的品牌，还是使用一个统一品牌或几个品牌？一般来说，可以有以下三种选择。

1) 统一品牌策略

统一品牌策略即企业生产经营的所有产品（包括不同种类的产品）都统一使用一个品牌的做法。例如，海尔集团生产经营的电冰箱、空调、洗衣机、电视机等全部产品都标有"海尔"商标；佳能公司生产的照相机、传真机、复印机等所有产品都统一使用 Canon 品牌。

企业采用统一品牌策略，优点很多。其一是因所有产品共用同一品牌，可以比多品牌节约品牌设计、品牌传播等项费用，从而减少企业品牌运营的总支出。其二，可在企业品牌已赢得良好市场信誉的情况下顺利推出新产品。其三，使得同一品牌下有多种商品在同时销售。有助于显示企业实力，塑造品牌及企业形象。

企业采用统一品牌策略还隐含着一些负面效应。一方面，若统一品牌下的某一种产品质量出现问题，就可能发生"株连效应"而使其他种类产品受到牵连，从而影响全部产品和整个品牌的声誉；另一方面，统一品牌策略也存在着易相互混淆、难以区分产品质量档次等缺憾，而且，当同一品牌下的产品性质差异性较大（如洗衣粉与纯净水），引起消费者心理产生矛盾时，就会使品牌个性淡化，品牌形象自毁。

鉴于统一品牌策略的优缺点，一般认为，在企业的品牌享有较高的市场声誉、各种产品具有大致相同的质量水平、各种产品不会使消费者产生心理冲突的情况下，企业采用统一品牌策略的效果较好。

2) 个别品牌策略

个别品牌策略即企业对各种不同的产品分别赋予不同的品牌的做法。采用个别品牌名称，为每种产品寻求不同的市场定位，有利于增加销售额和对抗竞争对手，便于消费者识别不同质量、档次的商品。此外，还能够较好地分散风险，不致将企业声誉过于紧密地与个别产品相联系，如果某一产品失败，不会对企业整体造成不良后果。

企业采用个别品牌策略的负面效应是因品牌分散而不利于树立整体形象，加大了广告促销费用。个别品牌策略，一般适合于企业同时生产、经营两种或两种以上不同种类甚至性质截然不同的产品；也适合于企业的产品质量、性能存在较大差别的时候选用。

3）分类统一品牌策略

分类统一品牌策略，即企业所有产品在分类的基础上各类产品使用不同的品牌的做法。如企业可以对自己生产经营的产品分为器具类产品、妇女服装类产品、主要家庭设备类产品等，并分别赋予其不同的品牌名称及品牌标志。分类统一品牌策略实际上是对统一品牌策略与个别品牌策略的一种折中。

4．复合品牌策略

1）主副品牌策略

主副品牌策略是指同一产品使用一主一副两个品牌的做法。在主副品牌策略下，用涵盖企业全部产品的品牌作为主品牌，借其品牌之势；同时，给各个产品设计不同的副品牌（专属于特定产品的品牌），以副品牌来突出不同产品的个性。

主副品牌策略兼容了统一品牌策略与个别品牌策略的优点；它既可以像统一品牌策略一样实现优势共享，使企业产品均在主品牌下借势受益；同时，又能达到像个别品牌策略一样比较清晰地界定不同副品牌标定下产品之间的差异性特征。采用主副品牌策略，有以下好处。

（1）副品牌能直观、形象地表达产品的个性特征。主品牌往往难以充分展现每个产品大类的个性，副品牌正好能弥补这一不足，副品牌凸显商品个性之美。副品牌的设立就是为了便于与消费者进行比较准确的沟通，所以副品牌多是根据其标定下的产品特征来设计的。例如，海尔集团的统一品牌下设立的副品牌，"小小王子"显现冰箱微型化的特性，"画王子"告知其产品是具有色彩外观的冰箱，"冰王子"暗示冰箱制冷速度快，而"双王子"则是分体式冰箱的称谓。每个副品牌都能比较准确或恰如其分地表达各个产品的特征，必然有利于消费者识别与选择，因此也有利于消费者产生信任感。

（2）主副品牌策略能够减少宣传费用，增强促销效果。一方面，在主副品牌并用的情况下，由于主品牌有较好的宣传基础，使得品牌及产品的宣传费用可以因此而节省；另一方面，与全部产品都使用统一品牌相比，主副品牌并用，通过在品牌宣传中对副品牌的适度宣传，可以突出副品牌的差异性，相对提高消费者对品牌标定下的产品的辨识能力，从而增强促销效果。副品牌兼具商品促销功能 副品牌往往概括了产品特征，贴近目标市场的审美观念，能造就新的刺激，树立新的概念，创造新的卖点，对市场促销作用比较明显。如"即时洗""健康快车""美之声""冷静王"等，容易抓住消费者的心，缩短与消费者的时空距离，促使消费者把购买欲望转化为行动。

（3）副品牌预留未来发展空间。主品牌形象在竞争中往往不便做大的变动，副品牌则可随时间、地点和产品的特征不同而做出相应的变动，为统一的主品牌不断推出新产品留下了空间和余地。

（4）副品牌构筑新的竞争优势。副品牌不断撞入消费者视野，不仅加深其主品牌的印象，还可赢得规模大、实力强、创新快、活力足、服务优等新鲜感觉，提升对主品牌的信赖感和美誉度。在这方面，海尔就比春兰等占有优势。

从上述主副品牌策略的优点可以看出，主副品牌策略简直就是对统一品牌策略和个别品牌策略的必要补充。主副品牌策略一般适合于企业同时生产两种或两种以上性质不同或质量有别的商品,同时还要求拟作为主品牌的品牌应有高的知名度与较好的市场声誉,如果主品牌知名度不高或市场声誉不佳,也无势可借,进而也难以带活副品牌。

2) 品牌联合策略

品牌联合策略是指对同一产品使用不分主次的两个或两个以上品牌的做法。品牌联合可以使两个或更多品牌有效地协作、联盟,相互借势,来提高品牌的市场影响力与接受程度。这种扩散效应要比单独品牌要大得多,或者说,品牌联合所产生的传播效应是"整体远远大于单体"。依照联合品牌的隶属关系,品牌联合策略又可大致分为"自有品牌联合并用""自有品牌与他人品牌联合并用"两种做法。

(1) 自有品牌联合并用。如"Coca Cola+Coke+可口可乐"等,这样三个品牌同时并用,就会使人感到"可口可乐"与美国的"Coca Cola""Coke"是相同的;"Coca Cola"和"Coke"已得到了美国人的信赖,市场声誉很好,"可口可乐"是值得信任的。这比单独使用"可口可乐"效果要好。正因如此,很多企业的品牌策略选择都乐于此道,例如"Nescafe+雀巢咖啡""PEPSI+百事可乐"和"乐百氏+ROBUST"等。又如摩托罗拉公司的一款手机使用的是"摩托罗拉掌中宝",掌中宝也是公司注册的一个商标。

(2) 自有品牌与他人品牌联合并用。对不太知名的品牌而言,通过自有品牌与他人品牌联合并用可以借助已知名品牌的盛誉影响、消除消费者的疑虑,接受并信任知名品牌托起的这个不太知名的品牌及产品;两个或多个重量级品牌之间的联合,它们在宣传中往往会互为补充,有时又彼此互映。例如日立的一种灯泡使用"日立"和"GE"两个品牌。可见,自有品牌与他人品牌联合并用的品牌策略同时也是企业之间合作的一种有效方式。

3) 企业名称加个别品牌

这种在各不同产品的品牌名称前冠以企业名称的做法,可以使新产品与老产品统一化,进而享受企业的整体信誉。与此同时,各种不同的新产品分别使用不同的品牌名称,又可以使不同的新产品各具特色。"通用"与"凯迪拉克""雪佛莱",则属于企业品牌与产品品牌之间的关系。"丰田"与"皇冠""佳美""凌志""宝洁"与"飘柔""海飞丝""舒肤佳",也是典型的企业品牌与产品品牌之间的关系。

5. 多品牌策略

多品牌策略是指对同一种类商品使用两个或两个以上品牌。这种决策是宝洁公司首创的。许多人认为,多品牌会引起兄弟之间自相残杀的局面。但宝洁则认为:最好的决策就是自己不断地攻击自己,与其让对手开发出新产品来瓜分自己的市场,不如自己向自己挑战,让企业各种品牌的产品分别占领市场,以巩固自己在市场中的领导地位。多品牌策略追求每个品牌的鲜明个性,使每个品牌都有自己的发展空间。由于品牌多,形成了对竞争对手的包围趋势,有利于树立企业形象,造成公司实力雄厚的感觉。

1) 多品牌策略的好处

一般来说,企业采用多品牌策略的好处有以下几个方面。

(1) 制造商可以获得更多的货架面积,而使竞争者的产品陈列面积相对减少。

(2) 多种不同的品牌可以吸引更多顾客,提高市场占有率。事实上一贯忠诚于某一品牌而不考虑其他品牌的消费者是很少的，大多数消费者都是品牌转换者，发展多品牌不同品牌，才能赢得这些品牌转换者。

（3）突出和保护核心品牌。当需要保护核心品牌的形象时，多品牌的存在更显得意义重大，核心品牌在没有把握的革新中不能盲目冒风险。在价格大战中把那些次要品牌作为小股部队，给发动价格战的竞争者以迅速的侧翼打击，有助于使挑衅者首尾难顾。核心品牌的领导地位则可毫发无损。

（4）多品牌的建立，能引起企业内部各品牌负责人之间的互相竞争，有利于提高工作效率和管理效率。

2）多品牌策略的局限性

多品牌策略虽然有着很多优越性，但同时也存在诸多局限性。

（1）随着新品牌的引入，其净市场贡献率将成一种边际递减的趋势。这一方面是由于企业的内部资源有限，支持一个新的品牌有时需要缩减原有品牌的预算费用；另一方面，企业在市场上创立新品牌会由于竞争者的反抗而达不到理想的效果，他们会针对企业的新品牌推出类似的竞争品牌，或加大对现有品牌的营销力度。此外，另一个重要的原因是，随着企业在同一产品线上品牌的增多，各品牌之间不可避免地会侵蚀对方的市场。在总市场难以骤然扩张时，很难想象新品牌所吸引的消费者全部都是竞争对手的顾客，或是从未使用过该产品的人，特别是当产品差异化较小，或是同一产品线上不同品牌定位差别不甚显著时，这种品牌之间相互蚕食的现象尤为显著。

（2）品牌推广成本较大。企业实施多品牌策略，就意味着不能将有限的资源分配给获利能力强的少数品牌，各个品牌都需要一个长期、巨额的宣传预算。对有些企业来说，这是可望而不可即的。

6. 品牌延伸策略

品牌延伸，是指一个现有的品牌名称使用到一个新类别的产品上。即品牌延伸策略是将现有成功的品牌，用于新产品上的一种策略。品牌延伸一方面在新产品上实现了品牌资产的转移，另一方面又以新产品形象延续了品牌寿命，因而成为许多企业的现实选择。

1）品牌延伸策略的好处

品牌延伸的好处有以下几方面。

(1) 它可以加快新产品的定位，保证新产品投资决策的快捷准确。

(2) 有助于减少新产品的市场风险。品牌延伸可以大大缩短新产品被消费者认知、认同、接受、信任的过程，极为有效地防范了新产品的市场风险。

(3) 品牌延伸有益于降低新产品的市场导入费用，可以节省数以千万计的巨额开支，有效地降低了新产品的成本费用。

(4) 品牌延伸有助于强化品牌效应，增加品牌这一无形资产的经济价值。

(5) 品牌延伸能够增强核心品牌的形象，能够提高整体品牌组合的投资效益。

2）品牌延伸策略的弊端

品牌延伸策略的弊端有以下几方面。

(1) 损害原有品牌形象，淡化品牌特性。如果企业用同一品牌推出功用、质量相差无几的同类产品，使消费者晕头转向，该品牌特性就会被淡化。

（2）有悖消费心理。企业把强势品牌延伸到和原市场不相容或者毫不相干的产品上时，就有悖消费者的心理定位。如"999"原是胃药中的著名品牌，"999"延伸到啤酒上，消费者就难以接受。这类不当的品牌延伸，不但没有什么成效，而且还会影响原有强势品牌在消费者心目中的特定心理定位。

（3）容易形成此消彼长的"跷跷板"现象。当一个名称代表两种甚至更多的有差异的产品时，必然会导致消费者对产品的认知模糊化。当延伸品牌的产品在市场竞争中处于绝对优势时，消费者就会把原强势品牌的心理定位转移到延伸品牌上。这样一来，就无形中削弱了原强势品牌的优势。这种原强势品牌和延伸品牌竞争态势此消彼长的变化，即为"跷跷板"现象。

（4）产生株连效应。将强势品牌名冠于别的产品上，如果不同产品在质量、档次上相差悬殊，这就使原强势品牌产品和延伸品牌产品产生冲突，不仅损害了延伸品牌产品，还会株连原来较强势的品牌。

8.4 包 装 策 略

8.4.1 包装的含义与分类

商品包装有两层含义。一是指盛装商品的容器和外部包扎，即包装器材；二是指包装商品的操作过程，即包装方法。在实际工作中，二者往往难以分开，故统称为商品包装。

商品包装是为了保护商品数量与质量的完整性而必需的一道工序。由于商品的包装直接影响到产品的价值与销路，因而对绝大多数的商品来说，包装是商品运输、储存、销售不可缺少的必要条件。

商品包装按其在流通过程中作用的不同，可以分为运输包装和销售包装两种。

1. 运输包装

运输包装又称外包装或大包装，主要用于保护商品品质安全和数量完整。运输包装可细分为单件运输包装和集合运输包装。

（1）单件运输包装，是指商品在运输过程中以箱、桶、袋、包、坛、罐、篓、笼、筐等单件容器对商品进行的包装。按其使用的包装材料，又可分纸、木、金属、塑料、化学纤维、棉麻织物等制成的容器和绳索；按其包装造型又可细分为箱、桶、袋、包、捆、瓶、罐、篓等。

（2）集合运输包装，是指将一定数量的单件包装组合在一件大包装容器内而合成的大包装。这种包装方法适应了运输、装卸现代化的要求，可以实现货物整批包装，有利于降低成本，提高工作效率。

目前常用的集合运输包装有集装包(或集装袋)、托盘和集装箱等。

2. 销售包装

销售包装又称内包装或小包装，它随同商品进入零售环节，与消费者直接接触。销售包装实际上是零售包装，因此，销售包装不仅要保护商品，而且更重要的是要美化和宣传商品，便于陈列展销，吸引顾客，方便消费者认识、选购、携带和使用。

在市场竞争日益激烈的今天，厂商竞相以日新月异的包装装潢作为吸引消费者的手段，借以达到开创市场、拓宽销路的目的。近些年来，随着超级市场的发展，销售包装的发展趋势日益呈现出小包装大量增加，透明包装日益发展，金属和玻璃容器趋向安全轻便，贴体包装、真空包装的应用范围越来越广泛，包装容器器材的造型结构美观、多样、科学，包装画面更加讲究宣传效果等发展趋势。这些都是营销企业应研究的内容。

8.4.2 商品包装的作用

在现代市场营销活动中，包装作为商品的重要组成部分，其作用主要表现在以下几个方面。

1. 保护商品

这是包装的主要目的。保证商品在流通过程中不致损坏、散失和变质。例如易碎、易腐、易潮、易燃、易蒸发、易被虫蛀的商品，有了完善的包装，就能保护商品在流通过程中不受自然环境和外力的影响，从而保护其使用价值。

2. 提高储运效率

包装对小件商品起着集中的作用，便于装卸、搬运、堆码、计数，简化了验货和交接手续，提高了运输工具的利用率、仓库容积利用率，能明显地提高这些环节的工作效率和降低成本。

3. 便于使用

合理的包装还可以起到便于使用和指导消费的作用。科学的包装设计可给消费者携带、开启、保管、使用商品带来方便；必要的文字说明、注意事项等，对消费者使用、保养、保存商品具有重要指导意义。

4. 增进销售

在商品销售中，包装是争取顾客的手段。利用包装来宣传商品的性能、特点、用途，并美化和提高产品的形象，有效地促进了销售。

5. 增加利润

装潢美观、造型科学的包装，往往可以抬高商品的价格。超出的价格远高于包装的附加成本，并且为顾客所乐意接受。

8.4.3 包装的设计原则

"佛要金装，人要衣装"，商品要包装。重视包装设计是企业适应市场竞争的需要。在进行商品包装设计时，必须遵循以下原则。

1. 保护商品的原则

商品包装首先要保证商品质量，保持商品数量。要根据商品的不同性质和特点，例如：固态、液态、笨重、易燃、易碎、贵重和精密等，选用包装材料和包装技术。包装材料、包装强度、包装方法等必须适合商品的物理、化学、生物性能，保证商品不损坏、不变质、不变形、不渗漏等。

2. 便于使用的原则

为了方便用户和满足购买者的不同需要，包装的容量和形状应当多种多样。例如包装的容量要考虑到储存、陈列、携带和使用的方便。在保证包装封口严密的条件下，要求容易开启，为适应消费者的不同需要，可以采用单件包装、多件包装和配套包装。此外，还要注意尽量采用可供重复使用和再生的包装器材，以便于处理废弃包装和充分利用包装材料。

3. 便于运输保管与陈列的原则

销售包装一般要组合成中包装和运输包装，才能适应运输和储存的需要。因此，销售包装的造型结构、尺寸大小，应同运输包装的要求相吻合，以便运输和储存。在保证商品安全的前提下，尽可能缩小销售包装的体积，以利于节省包装材料和运输、储存费用。

商品零售前，一般都陈列在货架上，成千上万的商品，通过堆叠、悬挂、摆放等方式，形成了一个琳琅满目的商品海洋，销售包装的造型结构，既要便于陈列摆放，又要便于用户识别和选购，如采用透明包装和"开窗"包装等。

4. 美观大方，突出特色的原则

销售包装具有美化商品、宣传商品、促进销售的作用。因此，包装造型要美观大方、图案生动形象，不落俗套、不搞模仿，尽量采用新材料、新图案、新形状，看后使人得到一种美的享受。美观大方的包装给人以美的感受，有艺术感染力，进而使其成为激发顾客购买欲望的主要诱因。这客观要求包装设计要注重艺术性。与此同时，包装还应突出产品个性。这是因为包装是产品的组成部分，追求不同产品之间的差异化是市场竞争的客观要求，而包装是实现产品差异化的重要手段。富有个性、新颖别致的包装更易满足消费者的某种心理要求。

5. 包装与商品价值相匹配的原则

包装作为商品的包扎物，尽管有促销作用，但也不可能成为商品价值的主要部分。因此，包装应有一个定位。一般说来，包装应与所包装的商品的价值和质量水平相匹配。经验数字告诉我们，包装不宜超过商品本身价值的13%～15%。若包装在商品价值中所占的比重过高，即会因易产生名不副实之感而使消费者难以接受；相反，价高质优的商品自然也需要高档包装来烘托商品高雅贵重。

8.4.4 包装策略的内容

包装策略通常有以下几种。

1. 类似包装

企业生产的各种产品，在包装外形上采用相同的图案、近似的彩、共同的特征，使顾客极容易地联想到是同一厂家出品。类似包装策略可以壮大企业声势、扩大企业影响，可以节省包装设计费用，有利于介绍新产品。特别是新产品初次上市时，可以用企业的信誉消除用户对新产品的不信任感，使产品尽快打开销路。但是，类似包装策略只适用于同一质量水平的产品。如果质量相差过于悬殊，使用这一包装策略，就会增加低档产品的包装费用，或使优质产品蒙受不利的影响，所以生产不同种类、不同档次的商品的企业不宜采用。

2. 配套包装

配套包装即把数种有关联的产品放在同一包装容器内，便于消费者购买，也有利于新产品的推销。如将新产品与其他旧产品放在一起出售，可以使用户在不知不觉中接受新观念、新设计，从而习惯于新产品的使用。

3. 双重用途包装

双重用途包装也称复用包装。包装内产品用完之后，包装本身还有其他用途。例如，果酱、罐头采用杯形包装，空的包装瓶可以做旅行杯；糖果包装盒还可以用作文具盒等。这种包装策略一方面可以引起用户的购买兴趣，另一方面还能使带有商标的容器发挥广告宣传作用，吸引用户重复购买；但是，这类包装成本一般较高，实际上包装已成为一种商品。

4. 附赠品包装

附赠品包装是利用赠品吸引消费者购买。包装内附有彩券、赠品或包装本身可以换取礼品等。在儿童影响力较大的市场，这一策略效果尤为显著。

5. 等级包装策略

等级包装策略是指企业将产品分成若干等级，对高档优质产品采用优质包装，一般产品则采用普通包装；使包装与商品的价值和质量相称，表里一致，等级分明，以方便购买力不同的消费者选购。

本章小结

产品是指企业提供给市场，用于满足人们欲望和需要的任何事物，包括实物、服务、场所、组织、思想和主意等。整体产品概念是核心产品、形式产品、期望产品、延伸产品、潜在产品五个层次有机结合的系统。

对产品进行分类，可使用不同的分类标准进行。按购买目的，可分为消费品和产业用品；按耐用程度可分为非耐用品和耐用品；按有形与否可分为有形产品和服务；按购买习惯可分为方便品、选购品、特殊品和非寻求品。

产品组合是指一个企业生产或经营的全部产品的结构，它包括四个变数，即产品组合的宽度、长度、深度和关联度。

产品组合策略是指企业根据市场状况、自身资源条件的竞争态势对产品组合的广度、长度、深度和关联度进行不同组合的过程。可供企业选择的产品组合策略有：扩大产品组合策略、缩小产品组合策略、产品线延伸策略、产品线现代化策略。

产品市场生命周期是指一种产品从投入市场开始到退出市场为止的周期性变化的过程。它包括导入期、成长期、成熟期、衰退期四个阶段。不同阶段有其不同特点,应采取不同的营销策略。

新产品就是在产品整体概念中任何一部分有所创新、改革和改变,且能给需求者带来新的利益和满足的都属于新产品。按产品研究开发过程,新产品可分为全新产品、模仿型新产品、改进型新产品、形成系列型新产品、降低成本型新产品和重新定位型新产品。

品牌是用以识别某个销售者或某群销售者的产品或服务,并使之与竞争对手的产品或服务区别开来的商业名称及其标志,通常由文字、标记、符号、图案和颜色等要素或这些要素的组合构成。它包括品牌名称和品牌标志两部分。

品牌策略是企业产品策略的重要组成部分,一般包括以下内容:品牌化决策、品牌归属决策、品牌统分决策、复合品牌策略、多品牌策略、品牌延伸策略。

包装具有保护产品、提高储运效率、便于使用、增进销售、增加利润等功能。包装的策略有:类似包装、配套包装、等级式包装、复用包装、附赠品包装等策略。

名人名言

没有降价两分钱抵消不了的品牌忠诚。

——菲利普·科特勒

自然价格可以说是中心价格,一切商品的价格都不断地向其靠拢。不同的意外事件有时可能会使它们保持在这个中心价格之上,有时又会迫使它们降到这个中心价格之下。

——亚当·斯密(Adam Smith)

复习与练习

1. 选择题

(1) 企业在考虑营销组合策略时,首先需要确定生产经营什么产品来满足(　　)的需要。
A. 消费者　　　　B. 顾客　　　　C. 社会　　　　D. 目标市场

(2) 形式产品是指(　　)借以实现的形式或目标市场对某一需求的特定满足形式。
A. 期望产品　　　B. 延伸产品　　　C. 核心产品　　　D. 潜在产品

(3) 延伸产品是指顾客购买某类产品时,附带获得的各种(　　)的总和。
A. 功能　　　　B. 利益　　　　C. 属性　　　　D. 用途

(4) 产品组合的广度(宽度)是指产品组合中所拥有(　　)的数目。
A. 产品项目　　　B. 产品线　　　C. 产品种类　　　D. 产品品牌

(5) 产品组合的长度是指(　　)的总数。
A. 产品项目　　　B. 产品品种　　　C. 产品规格　　　D. 产品品牌

(6) 产品组合的(　　)是指产品项目中每一品牌所含不同花色、规格和质量的产品数目的多少。
A. 宽度　　　　B. 长度　　　　C. 关联度　　　　D. 深度

(7) 产品生命周期由（   ）的生命周期决定的。
   A. 企业与市场   B. 需要与技术
   C. 质量与价格   D. 促销与服务
(8) 导入期选择快速掠取策略是针对目标顾客的（   ）。
   A. 求名心理   B. 求实心理   C. 求新心理   D. 求美心理
(9) 成长期促销策略的主要目标是在消费者心目中建立（   ）争取新的顾客。
   A. 产品外观   B. 产品质量   C. 产品信誉   D. 品牌偏好
(10) 处于市场不景气或原料、能源供应紧张时期，（   ）产品线反而能使总利润上升。
   A. 增加   B. 扩充   C. 延伸   D. 缩减
(11) 期望产品，是指购买者在购买产品时，期望得到与（   ）密切相关的一整套属性和条件。
   A. 服务   B. 质量   C. 产品   D. 用途
(12) （   ），指消费者不了解或即便了解也不想购买的产品。
   A. 方便品   B. 非渴求商品   C. 选购品   D. 特殊品
(13) 所谓产品线双向延伸就是原定位于中档产品市场的企业掌握了市场优势后，向产品线的（   ）两个方向延伸。
   A. 前后   B. 左右   C. 东西   D. 上下
(14) 一种产品的生命周期指的是该产品的（   ）。
   A. 使用寿命   B. 物理寿命   C. 合理寿命   D. 市场寿命
(15) 欧洲某香水制造商通过广告和人员推销来说服那些不用香水的女人使用香水，说服男人使用香水，其所采用的是（   ）方式。
   A. 改进市场   B. 改进产品   C. 改进服务   D. 改进营销组合
(16) 某企业生产的产品有冰箱、冷柜、空调三大类，其中：冰箱有四种型号、冷柜有两种型号、空调有五种型号。据此可以推知（   ）。
   A. 该企业产品组合的广度为3，冰箱、冷柜和空调各产品线的深度分别为4、2、5
   B. 该企业产品组合的广度和深度分别为3和11
   C. 该企业产品组合的广度和深度分别为11和3
   D. 该企业冰箱、冷柜和空调各产品线的宽度分别为4、2、5
(17) 品牌有利于保护（   ）的合法权益。
   A. 商品所有者   B. 生产商   C. 品牌所有者   D. 经销商
(18) 我国对商标的认定坚持（   ）原则。
   A. 注册在先   B. 使用优先辅以注册优先
   C. 使用在先   D. 注册优先辅以使用优先
(19) 品牌联合策略指对（   ）产品使用不分主次的两个或两个以上品牌的做法。
   A. 同一种   B. 两种   C. 多种   D. 不同种类

(20) 企业欲在产品分销过程中占有更大的货架空间来为获得较高的市场占有率奠定基础，一般会选择（　　）策略。
　　A. 统一品牌　　　B. 分类品牌　　　C. 多品牌　　　D. 复合品牌
(21) 企业利用其成功品牌的声誉来推出改良产品或新产品，称为（　　）。
　　A. 品牌延伸策略　　　　　　　　B. 品牌转移
　　C. 品牌更新　　　　　　　　　　D. 品牌再定位
(22) 我国现行的《商标法》规定，注册商标的有效期为10年，自（　　）之日起计算。
　　A. 申请注册　　　　　　　　　　B. 核准注册
　　C. 实际使用　　　　　　　　　　D. 商品投入市场
(23) 商品包装包括若干个因素，（　　）是最主要的构成要素，在整体包装上应居突出的位置。
　　A. 商标或品牌　　B. 图案　　　C. 包装材料　　　D. 形状
(24) 为了使包装成为激发顾客购买欲望的主要诱因，客观要求在包装设计中注重（　　）。
　　A. 差异性　　　　B. 安全性　　C. 便利性　　　D. 艺术性
(25) 对于生产经营不同质量等级产品的企业，应采用（　　）包装策略。
　　A. 类似　　　　　B. 等级　　　C. 便利性　　　D. 艺术性
(26) 在应用（　　）时，必须注意市场需求的具体特点、消费者的购买能力和产品本身的关联程度大小。
　　A. 更新包装策略　　　　　　　　B. 附赠品包装策略
　　C. 配套包装策略　　　　　　　　D. 再使用包装策略
(27) 三叉星圆环是奔驰的（　　）。
　　A. 品牌名称　　　B. 品牌标志　　C. 品牌象征　　　D. 品牌图案
(28) 某化妆品公司把各种护肤品包装在一起，既方便顾客购买和使用，又有利于产品销售，该公司使用的是（　　）。
　　A. 配套包装决策　　　　　　　　B. 附赠品包装决策
　　C. 复用包装决策　　　　　　　　D. 分等级包装决策
(29) 品牌中可以被认出但不能用语言称呼的部分称为（　　）。
　　A. 品牌标志　　　B. 商标　　　C. 品牌名称　　　D. 品牌延伸
(30) 宝洁公司的洗发水有"飘柔""潘婷""海飞丝"等品牌，这种做法属于（　　）。
　　A. 品牌延伸策略　　　　　　　　B. 多品牌策略
　　C. 统一品牌策略　　　　　　　　D. 品牌联合策略
(31) 品牌中可以用语言称呼、表达的部分是（　　）。
　　A. 品牌知名度　　B. 商标　　　C. 品牌标志　　　D. 品牌名称

2. 填空题

(1) 菲利普·科特勒最新提出的产品整体概念应包括五个层次，即：核心产品、形式产品、期望产品、延伸产品和_____。

（2）产品整体概念是建立在需求＝_____这样一个等式基础之上的。

（3）消费品分成四种类型，即：方便品、选购品、特殊品和_____。

（4）产品组合的关联度是指各条产品线在最终用途、_____、分配渠道或其他方面相互关联的程度。

（5）产品组合决策就是根据_____，对产品组合的深度、广度和关联度等策略所进行的抉择。

（6）产品线延伸策略，具体有_____、向下延伸和双向延伸三种实现方式。

（7）企业开展市场营销活动的思维视角不是从产品开始，而是从_____出发的。

（8）产品种类、形式和品牌和生命周期长短不等，相比之下，其中具有最长的生命周期是_____。

（9）新产品的_____过程，从创新采用者→早期采用者→早期大众→晚期大众→落后的购买者，形成类似正态分布的曲线。

（10）品牌暗示了购买或使用产品的_____类型。

（11）使用在先是指品牌或商标的专用权归属于该品牌的_____。

（12）品牌是市场概念，是_____在市场上通行的牌子。

（13）产品是否必须有品牌，要视品牌运营的_____测算而定。

（14）品牌重新定位策略是指全部或部分调整品牌原有_____的做法。

（15）驰名商标与一般商标相比，有其独特的_____特征。

（16）从现阶段看，全球企业品牌管理的组织形式主要有_____和品牌经理制。

（17）产品包装按其在流通过程中作用不同，可以分为运输包装和_____。

（18）商品给消费者的第一印象，不是来自产品的内在质量，而是它的_____。

（19）包装材料的选择，不仅影响包装成本，而且还影响商品的_____。

3．判断题

（1）产品是市场营销组合中最重要的因素，其他因素，如价格、分销和促销等必须以产品为基础进行决策。（   ）

（2）核心产品指产品的品质、特征、式样、品牌、包装等基本特征。（   ）

（3）即使是内在质量符合标准的产品，若没有完善的服务，实际上是不合格的产品。（   ）

（4）产品整体概念的内涵和外延都是以追求优质产品为标准的。（   ）

（5）企业高层领导人员，如果没有产品整体概念，就不可能有现代市场营销观念。（   ）

（6）人员推销技巧，常常在推销非渴求商品的竞争过程中得到不断提高。（   ）

（7）产品项目是指产品线中不同的品种、规格、品牌、价格的特定产品，例如：某商店经营的服装、食品和化妆品等。（   ）

（8）实行多角化经营的企业，其产品组合中各条产品线在最终用途、生产条件、分配

渠道或其他方面相互关联的程度高。　　　　　　　　　　　　　　　　（　）
　　（9）产品生命周期的长短，主要取决于企业的人才、资金、技术等实力。（　）
　　（10）不同的产品种类，其产品生命周期曲线的形态亦不相同。　　　（　）
　　（11）产品品牌的生命周期比产品种类的生命周期长。　　　　　　　（　）
　　（12）新产品处于导入期时，竞争形势并不严峻，而企业承担的市场风险却最大。
　　　　　　　　　　　　　　　　　　　　　　　　　　　　　　　　　（　）
　　（13）企业产品进入成熟期时，竞争形势并不严峻，而企业承担的市场风险却最大。
　　　　　　　　　　　　　　　　　　　　　　　　　　　　　　　　　（　）
　　（14）产品生命周期不同阶段的市场特点与新产品的市场扩散过程密切相关。（　）
　　（15）继续生产已处于衰退期的产品，企业无利可图。　　　　　　　（　）
　　（16）品牌的实质是卖者对交付给买者的产品特征、利益和服务的一贯性的承诺。
　　　　　　　　　　　　　　　　　　　　　　　　　　　　　　　　　（　）
　　（17）联想计算机中的"联想"二字是品牌名称。　　　　　　　　　（　）
　　（18）品牌资产常常在利用中增值。
　　（19）国际上通行的驰名商标认定的最基本原则是个案认定。　　　　（　）
　　（20）品牌管理水平的高低直接关系到品牌资产投资和利用效果的好坏。（　）
　　（21）品牌设计雷同，将有助于提高消费者的品牌忠诚度。　　　　　（　）
　　（22）商品包装既可以保护商品在流通过程中品质完好和数量完整，同时还可以增加商品的价值。
（　）
　　（23）对于拥有良好声誉、生产质量水平相近产品的企业宜采用分类包装策略。
　　　　　　　　　　　　　　　　　　　　　　　　　　　　　　　　　（　）

4．问答题

　　（1）什么是产品整体概念？产品整体概念对企业营销有何意义？举例说明产品整体概念的五个层次。
　　（2）什么是产品组合？什么是产品组合的广度、深度和关联度？
　　（3）产品组合决策有哪些？
　　（4）什么是产品生命周期？产品生命周期各阶段有何特点？
　　（5）开发新产品应遵循哪些基本程序？
　　（6）如何认识品牌概念？
　　（7）品牌策略的作用有哪些？
　　（8）企业如何使用包装策略？

5．讨论题

　　（1）阐述产品生命周期各阶段的营销策略。
　　（2）企业应如何运用品牌策略？

6. 案例应用分析

案例 1

J 牌小麦啤酒生命周期延长策略

国内某知名啤酒集团针对啤酒消费者对啤酒口味需求日益趋于柔和、淡爽的特点，积极利用公司的人才、市场、技术、品牌优势，进行小麦啤酒研究。2000 年利用其专利科技成果开发出具有国内领先水平的 J 牌小麦啤酒。这种产品泡沫更加洁白细腻、口味更加淡爽柔和，更加迎合啤酒消费者的口味需求，一经上市在低迷的啤酒市场上掀起一场规模宏大的 J 牌小麦啤酒消费的概念消费热潮。

(1) J 牌小麦啤酒的基本状况

J 牌啤酒公司当初认为，J 牌小麦啤酒作为一个概念产品和高新产品，要想很快获得大份额的市场，迅速取得市场优势，就必须对产品进行一个准确的定位。J 牌集团把小麦啤酒定位于零售价 2 元/瓶的中档产品，包装为销往城市市场的 500ml 专利异型瓶装和销往农村、乡镇市场的 630ml 普通瓶装两种。

合理的价位、精美的包装、全新的口味、高密度的宣传使 J 牌小麦啤酒 2000 年 5 月上市后，迅速风靡本省及周边市场，并且远销到江苏、吉林、河北等外省市场，当年销量超过 10 万吨，成为 J 牌集团一个新的经济增长点。由于上市初期准确的市场定位使 J 牌小麦啤酒迅速从导入期过渡到高速成长期。

高涨的市场需求和可观的利润回报使竞争者也随之发现了这座金矿，本省的一些中小啤酒企业不顾自身的生产能力，纷纷上马生产小麦啤酒。

一时间市场上出现了五六个品牌的小麦啤酒，而且基本上都是外包装抄袭 J 牌小麦啤酒，但酒体仍然是普通啤酒，口感较差，但凭借 1 元左右的超低价格，在农村及乡镇市场迅速铺开，这很快造成小麦啤酒市场竞争秩序严重混乱，J 牌小麦啤酒的形象遭到严重损害，市场份额也严重下滑，形势非常严峻。

J 牌小麦啤酒因此而从高速成长期，一部分市场迅速进入了成熟期，销量止步不前，而一部分市场由于杂牌小麦啤酒低劣质量的严重影响，消费者对小麦啤酒不再信任，J 牌小麦啤酒销量也急剧下滑，产品提前进入了衰退期。

(2) J 牌小麦啤酒的战略抉择

面对严峻的市场形势，是选择维持策略，尽量延长产品的成熟期和衰退期最后被市场的自然淘汰，还是选择放弃小麦啤酒市场策略，开发新产品投放其他的目标市场？

决策者经过冷静的思考和深入的市场调查后认为：小麦啤酒是一个技术壁垒非常强的高新产品，竞争对手在短期内很难掌握此项技术，也就无法缩短与 J 牌小麦啤酒之间的质量差异；小麦啤酒的口味迎合了当今啤酒消费者的流行口味，整个市场有较强的成长性，市场前景是非常广阔的。

所以选择维持与放弃策略都是一种退缩和逃避，失去的将是自己投入巨大的心血打下的市场，实在可惜，而且研发新产品开发其他的目标市场，研发和市场投入成本很高，市场风险性很大，如果积极采取有效措施，调整营销策略，提升 J 牌小麦啤酒的品牌形象和活力，使其获得新生，重新退回到成长期或直接过渡到新一轮的生命周期，自己将重新成为小麦啤酒的市场引领者。

事实上，通过该公司准确的市场判断和快速有效的资源整合，使得 J 牌小麦啤酒化险为夷，重新夺回了失去的市场，J 牌小麦啤酒重新焕发出强大的生命活力，重新进入高速成长期，开始了新一轮的生命周期循环。

【问题】

(1) 分析 J 牌小麦啤酒的优势与劣势。
(2) 如果你是公司的决策人，你会采取哪些具体措施来延长 J 牌小麦啤酒的生命周期？

案例 2

大班冰皮月饼——中秋节的一轮新月

月饼是中秋佳节的传统食品，但近年来其主要用途已由家庭消费转变为人情消费，成为中秋送礼之

第 8 章 产品策略

首选。高额的利润驱动着厂家拼命生产,结果每年月饼大战过后便是月饼过剩,造成巨大浪费。究其原因,在各式或豪华或精美的包装之下的这些月饼本身差异不大,试想如此众多的雷同产品一齐供应短暂的时令市场,怎能不造成积压呢?

(1) 市场环境

1993 年我国香港地区月饼市场已不如从前那么具有吸引力,由于业内生产企业越来越多,而生产成本由于某种原因还在上升,同时产品的差异性越来越小,故整个市场竞争非常激烈。众多厂商纷纷以品牌或价格作为竞争的主要手段,有的甚至兼打两张牌进行促销。但大班决定采取不同的策略,推出全新的冰皮月饼,以差异化对抗同质化。

(2) 产品推广

开发新产品是有风险的,但大班制作冰皮月饼有其依据:市场调查的结果告诉他们,人们已经厌倦了月饼甜、腻的传统口味,转而渴望清爽、清淡的口感。大班冰皮月饼采用进口原料制作,不经烘制,故而毫不油腻,它的颜色也一反传统的金黄而呈清冷的白色。细看一个个月饼冰清玉洁、晶莹剔透,微微显出里边绿豆沙的馅——连这馅也是与众不同的!大班的冰皮月饼从里到外都与众不同,如新月般悄然出场。

对冰皮月饼这一概念的测试表明,人们愿意接受这一新产品,对月饼的独特颜色也不排斥,白色令人们联想更多的是"纯洁"而不是"不吉利",无疑是对大班产品创新的巨大肯定。在 1991 年和 1992 年两届香港食品博览会上,大班连续对其冰皮月饼进行市场测试,结果显示,该产品对 25 岁至 40 岁年龄阶段的人们更具吸引力,而他们正是中秋月饼的购买主力,这就大大鼓舞了大班。于是,大规模的市场推广活动在 1993 年全面展开。

大班冰皮月饼市场推广活动的营销目标有两个:在市场份额方面希望获得 5 个百分点的提高;在品牌方面期望形成联想,让消费者想到冰皮月饼就想到大班,从而提升大班富于创新精神的品牌形象。

此次活动主要针对"潮流领先者"这一细分市场,鼓励他们尝试购买。产品生命周期理论告诉我们,这类人正是新产品引入期的主要消费群体,他们乐于接受新产品、新概念,愿意成为某种潮流的首创者,继而充当这方面的舆论领袖。只要这部分人接受、认可了冰皮月饼,他们的舆论领袖影响将会带来更多人的购买,礼品市场也会迅速跟进,从而实现打开市场的目的。

基于上述营销目标及目标市场的特点,大班制定并实施了如下营销策略。

① 产品:以与众不同的清爽口味为其定位,以精美包装衬托其独特、高贵的形象。大班冰皮月饼的定位清晰、准确,针对潜在顾客的心理,牢牢把握他们对清淡口味的渴望,其独有的特点迅速深入人心。

② 价格:高价格通常意味着高质量。大班对其冰皮月饼采取了高出一般水平的定价,以与其高质量、高档次的形象相衬。作为一种意欲树立良好形象的高档产品,其在产品设计、定价、包装、促销等各个环节都必须协调相衬,任何一方面的疏漏都可能破坏整体的理想效果。大班在这方面考虑得很周密,冰皮月饼高价高质量的形象在高档月饼中显得非常突出。

③ 促销:配合高价策略,大班冰皮月饼采取了高水平促销。高价高促销有利于建立品牌偏好,同时亦向消费者说明该产品定价虽高,但物有所值。月饼是时令性产品,在竞争激烈的市场上推出高价位的新品种,就必须尽快实现市场渗透,高水平促销则有助于加快这种渗透进程。大班在该年的食品博览会以及大班的专卖店中提供免费品尝,对先期购买的顾客,则给以折扣,优惠售价每盒不到 100 港元,尝过冰皮月饼美味的人们无不心动,纷纷解囊购买。

④ 渠道:大班冰皮月饼只在大班专卖店中销售,不经过任何中间商。这种专卖的形式一方面有助于大班严格控制其服务水平,对产品销售进行有效管理;另一方面也再次体现了大班冰皮月饼的"高贵矜持",非同一般,的月饼。结果人们果然为觅"新月"慕名而来,又都满载而归。除零售之外,大班也不忘集团消费是另一块巨大的市场,他们特别指定了 30 家机构,专门服务于集团购买。大班冰皮月饼尽量吸引人们的购买力,却不失新月优雅的风度。毕竟,冰皮月饼不是哪儿都能买到的。

⑤广告：大班冰皮月饼的电视广告颇具新意，虽然少不了反映传统的一面，但整体风格显得轻松有朝气，充满活力。电台的广告也秉承这一特色，强化这种风格。此外，广泛散发的产品宣传册和传单也不断传达着冰皮月饼独具特色的信息。

（3）活动成效

大班以全新的冰皮月饼上市，精心策划的推广活动得以准确施行而大获成功。清爽味淡的冰皮月饼在市场上大受欢迎，简直供不应求，在中秋节前几天就销售一空，销售收入超过预期50%，业内戏称大班冰皮月饼的成功为"新月传奇"。

【问题】

(1) 分析大班冰皮月饼所处的行业生命周期阶段及其特点。

(2) 全面评价大班冰皮月饼从产品导入期迅速进入成长期的成功之处。

(3) 进入成长期的大班冰皮月饼的营销策略应做哪些调整？

案例3

柠檬香皂失败的原因

早在1968年，台湾有一家专门生产肥皂的公司推出一种柠檬香皂，它不但以柠檬为原料制造，而且在造型上也和真实的柠檬一模一样，完全以柠檬的形状、颜色、香味取胜，一时引起消费者的好奇，刺激了购买欲。但顾客使用之后发现，它的优点也正是缺点：圆滚的皂身，沾水之后不容易握住，而且凹凸不平的表面擦在身上也不舒适。于是，许多顾客在用过一次之后就不再光顾它了。

【问题】

款式、造型很新颖的柠檬香皂遭到了失败，试从产品整体概念的角度分析其原因。

案例4

老产品俏起来

一个公司的某种产品，在市场营销的成熟后期和衰落期时，就应提早考虑对老产品的改造和开发新用途。下面是三个美国公司发展原有产品的第二、第三作用与用途，对原有产品线进行改进的案例。

(1) 苏打的新用途

C&D公司具有100多年历史，已发展成为国际知名企业。它不但生产那种改善人类居住环境和生活环境的优质产品，而且在公益事业上做出了许多贡献。该公司最初仅是一个生产食用苏打的小公司。可想而知，尽管产品质量、销量都比较令公司满意并占据一定的区域市场。但随着社会的发展，众多厂家市场竞争的加剧，求生存发展仍是摆在公司面前的主要问题。公司认识到只有扩大市场，才能站稳脚跟，获得更大的利润。然而各个地方有许多生产食用苏打的厂家。各占一方区域市场。加之苏打粉的使用范围很有限，这种产品的营销区域不易扩大，利润难以提高，公司发展举步维艰，如何解决发展问题呢？公司另辟蹊径，根据其基础产品、苏打成分的基本特性分析认定，苏打除可以制成食用焙粉外，还具有抗酸特性。即能发酵又能杀菌消毒。这样的功能特点促使公司开发出了新一代的苏打产品，对新一代的苏打粉，采用了原苏打的品牌，即"胳臂与铁锤"牌，因为原产品的质量与功效已在消费者心里留下了较好的形象。正如一位专门研究品牌发展与市场权益之间关系的咨询公司主任真正感受到的那样："一旦把品牌形象建立起来，公司就可用其品牌展开另一产品的营销了。"该公司便对原苏打粉进行改造，生产出的新一代苏打粉具有多种用途(其品牌获得政府批准的经销权)。除了可以烤面包外，还能做清凉饮料，用作牙膏、洗衣粉、清洁剂、地毯清新剂、冰箱除味剂，等等。为使消费者尽快了解、接受新一代苏打产品，他们在所做的一则广告中提示消费者，把苏打粉盒盖打开，放在冰箱里就能达到消除异味的功用。现在这一产品早已被大众所接受。

(2) 食用醋成为清洗剂

美国的海思兹公司原来只是生产普通的食用醋。为了拓展市场，经过调研，发现美国39%的家庭多

第8章 产品策略

多多少少都使用醋来清洁东西。一位专门从事家用清洁、修理及食品消费市场研究的专家认为，完全可以把醋当作清洁剂，用来清洗木制地板、门窗和地毯污渍等。公司针对这一目的，开发出了醋清洁剂这种高效浓缩型新产品，其功效比普通的食用醋高出一倍多，并且带有一种柠檬的清香，能除去强烈的坏、臭、霉等气味而使人感到清新。至此，原来只能放在副食品货架上出售的食用醋，经过改造开发，现在也出现在日用品货架上了。产品能否被消费者接受而拓开销路呢？公司对产品的营销方向和营销规模进行仔细划。1991年，首先在三个区域市场上对醋清洁剂的销售情况作了市场营销测验，结果令人满意。因此，公司开始营销第二步棋，把产品推向全国，公司采用了如下营销手段：将印刷广告夹在报纸杂志中，一起发往顾客手中，扩大影响；利用广播、电视广告媒介宣传；开展公共关系活动促进销售。

所有这些方法的运作都由公司内部人员操作管理和实施，没有花钱请广告公司代理。在营销宣传中，公司还考虑分析广告、宣传时间与季节对消费者影响程度的利害关系。把促销手段和宣传活动多集中安排在恰逢秋季来临之际，因为秋季是美国人民家家户户都要进行里里外外大扫除的时期。这种宣传与时间的默契安排，增强了产品在消费者心目中的意义与形象，促进了产品销售。

（3）酸乳酪的妙用

近年来，丹恩公司想要发展酸乳酪的市场销售。那么该怎么办好呢？丹恩公司不像海恩兹和C&D公司那样。改造原产品为新一代产品。那实际是寻求老产品的变体。丹恩公司采用了加大老产品使用范围的方法争取更大的市场与销路。公司通过广告宣传媒介，引导和开发消费者的消费意识和习惯以达到营销的目的。这对营销人员来说，听起来似乎难以操作。但当你了解丹恩公司的实际方法时，就会幡然醒悟。1990年前后，为了促进酸乳酪的销售和宣传引导，公司经过认真考虑和计划，兴起一场散发印刷广告的宣传活动。建议消费者在烘烤一种名为 brownie 的蛋糕时（一种带巧克力的蛋糕，与普通的蛋糕味不大一样，且不如一般蛋糕膨松），用乳酪替代鸡蛋和油。而且竟组织编写出版了一本"乳酪烹饪全书"。这种不断的广告宣传使消费者越来越多地把乳酪的用途自然地与制作 brownie 蛋糕联系起来，认为乳酪就是制作这种蛋糕的用料。这种制法使味道比以前更加甜美，更适宜大众口味。宣传赋予了乳酪一种与制作蛋糕不可分割的使用特性和用途。可在圆饼干上、松饼上或蛋糕上涂夹乳酪制作各种食品，使公司获得了很大利润。为了进一步强化消费者对乳酪的认识和市场销售，1992年，公司通过纽约一家广告公司发动了第二次散布印刷广告的宣传浪潮，并与P&G公司合伙制作 brownie 蛋糕半成品投放市场，以促进快食与方便食品的开发与销售，争取了更大的市场。除此外，在超级市场货架上陈列的本类产品大都提供有制作方法或食谱说明，如胡萝卜蛋糕、苹果风味蛋糕和用醋乳酪制作的各种甜食等，其中一则食谱告诉消费者如何处理酸乳酪，制成干乳酪，而后如何制成乳酪饼的几个过程。丹恩公司由此获得巨大的利润。

【问题】

（1）三家公司老产品共同的特点是什么？
（2）它们对老产品采取的是什么策略？
（3）是不是所有的老产品都可以采用这种策略？

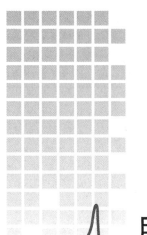

第 9 章 服务市场营销策略

教学目标

通过本章的学习，了解服务经济时代、服务、服务市场、服务市场营销等相关知识，掌握服务营销理论、服务质量管理理论等有关理论，并能有效运用服务有形展示、服务定价、服务分销及服务分销等策略。

教学要求

知识要点	能力要求	相关知识
服务市场营销概述	(1) 能服务经济时代的理解 (2) 能服务与服务营销的理解 (3) 能服务市场营销理论的理解和实际运用	(1) 服务经济时代 (2) 服务的概念与特点 (3) 服务市场概述 (4) 服务营销学的发展 (5) 服务营销的特征 (6) 服务营销组合模型 (7) 服务营销三角形模型
服务质量管理	(1) 能理解服务质量研究进展 (2) 能理解服务质量概念及维度 (3) 能理解和实际运用服务质量差距模型 (4) 能运用服务质量管理模式	(1) 服务质量概念 (2) 服务质量维度 (3) 服务质量差距模型 (4) 服务质量管理模式
服务的有形展示	(1) 理解服务展示的概念及类型 (2) 理解有形展示作用 (3) 有形展示策略的理解和实际运用	(1) 有形展示概念及类型 (2) 有形展示作用 (3) 有形展示策略

第 9 章　服务市场营销策略

续表

知识要点	能力要求	相关知识
服务定价、分销与促销	(1) 服务定价的理解和实际运用 (2) 服务分销的理解和实际运用 (3) 服务促销的理解和实际运用	(1) 服务定价的目标、影响因素及方法 (2) 服务分销渠道的概念、类型及创新 (3) 服务促销概念、目标及组合策略

> 在服务经济时代，有形产品与服务已经融为一体。
>
> ——格罗鲁斯（Gronroos）

基本概念

服务　服务营销组合　服务质量　有形展示　服务定价　服务分销　服务促销　服务促销组合

导入案例

IBM 的转型

一本 IBM 公司的小册子上写道："IBM"是世界上最大的服务产业。从 20 世纪 90 年代中期开始，服务就开始成为 IBM 成长战略的主导，而且在 21 世纪的第一个 10 年，这种情况继续保持下去。IBM 通过其全球服务分部在全球范围内提供产品支持服务、专业咨询服务和网络计算服务，许多企业已经开始向 IBM 外购整套服务职能，因为 IBM 提供的服务比其他公司都要好。在 IBM 里，没有人认为这些积极的成果是容易获得的。从一个制造型企业转向服务和以客户为中心确实是一种挑战，这些需要在管理理念的转变、文化的变革、员工工作和奖励方式的变化以及采取新的方法来实现客户解决方案。

点评：以客户为中心已成为许多企业的一种重要战略

在全球范围内，服务和服务业的快速发展已成为一种趋势，这使得许多传统的制造型企业面临着向服务和以客户为中心的转型。本章主要介绍服务和服务业的发展、服务营销的特点、服务营销相关理论、服务质量管理、服务有形展示、服务定价、分销及促销策略等。

9.1　服务市场营销概述

9.1.1　服务经济时代的来临

目前，在全球范围内，服务业在整个社会经济活动中的地位日益重要，已经成为经济社会的中心和市场竞争的焦点。自 20 世纪 60 年代以来，主要发达国家的经济重心开始由制造业向服务业转移，全球产业结构逐渐由"工业型经济"向"服务型经济"转型，人类进入服务经济时代。对服务经济的公认定义是：服务经济是服务部分所创造的价值在国民生产总值中所占的比重大于 60% 的经济形态。按照这一定义，西方发达国家早在 20 世纪 60 年代就已经步入服务型社会或服务经济时代。

20世纪80年代以来，多数国家的服务业产值在整个国家的经济活动中逐渐取得了主导地位。2000年全球服务业增加值占GDP比重达到63%，主要发达国家达到71%，中等收入国家达到61%，低收入国家达到43%，大多数国家服务业产值的年平均增长速度超过了本国GDP的增长速度，发达国家约2/3的GDP来自服务业。2008年OECD国家服务业产值占GDP的70%，欧盟国家服务业产值占GDP的71%，美国服务业产值占GDP的比重由1948的54%上升到2008年的78.3%。在我国，2008年服务业增加值比重为40.1%，一些新兴的服务行业，如电信服务业、科研和综合服务业、金融保险业、咨询业等新兴服务业快速成长，已经成为新的经济增长点。从服务业的就业情况来看，20世纪80年代以来，服务业的就业增长率达到4.8%，高于同期制造业3.8%的增长率。2000年主要发达国家服务业吸纳就业人口的比重均超过70%，即有3/4的人从事服务业。以美国为例，2005年美国82%的就业人口从事服务业，这些数据还不包括制造企业提供的内部服务以及制造企业外销的服务，它们的就业人数所生产服务的价值已划入制造业中。

知识链接

自20世纪50年代以来，全球经济经历着一场结构性的变革，对于这一变革，美国经济学家维克托·福克斯(Victor R. Fuchs)在1968年称之为"服务经济"。所谓服务经济，是指服务业的产值在国内生产总值(GDP)中的比重超过60%的一种经济状态，福克斯认为美国在西方国家中率先进入了服务经济社会，福克斯的宣言预示着始于美国的服务经济在全球范围的来临。

9.1.2 服务与服务营销

1. 服务的概念及特征

作为服务市场营销学基石的"服务"概念，营销学者一般是从区别于有形的实物产品的角度来进行研究和界定的。菲利普·科特勒把服务定义为"一方提供给另一方的不可感知且不导致任何所有权转移的活动或利益"。1960年AMA(美国市场营销学会)的定义：服务是用于出售或是同产品联结在一起进行出售的活动、利益或满足感。1963年著名学者雷根(Regan)的定义：服务是直接提供满足(交通、房租)或者与有形商品或其他服务(信用卡)一起提供满足的不可感知活动。著名服务营销学家克里斯廷·格罗鲁斯(Christian Gronroos)认为："服务是由一系列或多或少具有无形特征的活动所构成的一种过程，这种过程是在顾客与员工、有形资源的互动关系中进行的，这些有形的资源(有形产品或有形系统)是作为顾客问题的解决方案而提供给顾客的"。

与有形产品相比，服务具有四个共同特征。

1) 不可感知性

不可感知性是服务最为显著的一个特征，它可以从三个不同的层次来理解。第一，服务的很多元素看不见，摸不着，无形无质。第二，顾客在购买服务之前，往往不能肯定他能得到什么样的服务，因为大多数服务都非常抽象，很难描述。第三，顾客在接受服务后通常很难察觉或立即感受到服务的利益，也难以对服务的质量做出客观的评价。

第 9 章　服务市场营销策略

2）不可分离性

有形的工业品或消费品在从生产、流通到最终消费的过程中，往往要经过一系列的中间环节，生产和消费过程具有一定的时间间隔。而服务的生产过程与消费过程必须同时进行，即服务人员向顾客提供服务时，也正是顾客消费服务的时刻，二者在时间上不可分离。

3）差异性

差异性是指服务无法像有形产品那样实现标准化，每次服务带给顾客的效用、顾客感知的服务质量都可能存在差异。这主要体现在三个方面：第一，由于服务人员的原因（如心理状态、服务技能、努力程度等），即使同一服务人员提供的服务在质量上也可能会有差异；第二，由于顾客的原因（如知识水平、爱好等），也直接影响服务的质量和效果；第三，由于服务人员与顾客间的相互作用，在不同次数的购买和消费过程中，即使是同一服务人员向同一顾客提供的服务也可能会存在差异。

4）不可储存性

产品是有形的，因而可以储存，而且有较长的使用寿命；服务则无法储存。外科手术、酒店住宿、旅游等都无法在某一年生产后并储存，然后在下一年进行销售或消费。

2. 服务市场概述

服务市场是服务产品交换关系的集合，是指提供劳务和服务场所及设施，不涉及或甚少涉及物质产品交换的市场形式。传统的服务市场是狭义概念，即指生活服务的经营场所和领域，主要指旅社、洗染、照相、饮食和服务性手工业所形成的市场。现代服务市场是一个广义的概念，所涉及的行业不仅包括现代服务业的各行各业，而且包括物质产品交换过程中伴生的服务交换活动。现代服务市场所涉及的服务业的范围包括：

（1）金融服务业，如银行、金融、信托等。

（2）公用事业，如供水、供电、供气、电话、电信和水陆空运输。

（3）个人服务业，如理发、美容、照相、洗染、修补、旅游、文艺和殡葬等。

（4）企业服务，如情报资料、技术咨询、广告业务和设备租赁等。

（5）教育慈善事业，如宗教及其他非盈利企业提供的体育、卫生、社会福利等服务。

（6）各种修理服务，如修理各种日用品。

（7）社会公共需要服务部门，如国际组织、社会团体等。

（8）其他各种专业性或特殊性的服务行业。

在传统经济条件下，服务市场伴随着商品市场而存在；在现代经济条件下，服务市场逐渐成为独立于实物商品市场之外的有机部分，并充当市场体系中具有生命活力的组成因素。

服务市场运行中的供求机制有别于商品市场，其突出特点是，服务产品的生产能力与购买能力之间的矛盾在通常情况下难以暴露，只有在矛盾相当尖锐激化的时候才反映出来。例如海港由于泊位少，装卸能力不足，在平时难以觉察，直到压船压港，问题积压严重时，才暴露了海港泊位少、装卸能力不足的矛盾。这表明服务市场的供求弹性大，市场运行的自由度高。

3. 服务营销学的发展

相比较于市场营销学的发展而言,服务营销学所覆盖的时间段则更为短暂,服务营销自取得学术地位至今只有 30 多年的时间。关于服务营销学术地位的确切时间,目前并无定论。有学者认为,Shostack(1997)在 Journal of Marketing 上发表的一篇论文"从产品营销中解脱出来"是服务营销发展过程中的一个重要标志事件。但大多数学者认为,服务营销学的学术地位真正确定是在发展阶段(1980—1985)实现的。目前,学术界普遍认为服务市场营销学的发展经历了四个阶段:萌芽阶段、探索阶段、发展阶段、反思阶段。

第一阶段:萌芽阶段(1980 年以前),即 Fisk et al.(1993)所提到的诞生阶段。在该阶段,一些学者开始注意到服务的独特性,并采用将服务与产品相比较的视角来进行研究。实际上在该阶段服务营销学并未真正取得学术地位,很多学者并没有将服务营销视为一个独立的学术领域。

第二阶段:探索阶段(1980—1985)。该阶段是一个过渡阶段,尽管时间短暂,但出现了大量的服务营销主题,如服务质量、服务接触等,针对服务营销的教科书和学术论文也大量涌现,随着研究数量的增加以及服务营销主题的丰富和深入,使得服务营销的学术地位得以确立,许多学者开始承认服务营销的学术地位,并选择服务营销作为自己的学术研究领域。

第三阶段:发展阶段(1986—2003)。在这个阶段,服务营销思想得到了充分的发展。该阶段是服务营销思想发展的繁荣阶段,许多学者投入到服务营销研究中来。服务营销文献覆盖了全部 30 个服务营销主题。除了覆盖面广外,服务营销研究的深度也在加深。在大的服务营销主题下,子营销主题也在不断出现。该阶段可谓"百花齐放,百家争鸣"。除了新的服务营销主题继续涌现外,对服务营销的研究更加深入,并且服务营销研究的跨学科性日趋明显。

第四阶段:反思阶段(2004 至目前)。在该阶段,一些学者对传统的服务营销范式进行了反思、批判,并从不同视角提出了新的服务营销范式。2004 年,Vargo 和 Lusch 在 Jornal of Marketing 杂志上发表了题为"向新的营销主导逻辑迈进"的文章,对服务重新进行了定义,提出了"服务主导"范式,并认为以服务为主导的范式应成为整个营销学研究的范式,而不仅仅是服务研究的范式。目前,尚无一种范式为学术界所公认,因此该阶段新、旧范式并存,并共同对服务营销的研究起到指导作用。

据世界银行统计,发达国家服务业生产总值占国民生产总值的 70%以上,中等发达水平的国家的服务业产值平均亦为国民生产总值的 50%左右,而根据国家统计公报,2010 年我国服务业占国民生产总值的 43.1%。中国服务业的增长速度明显低于同等发展中国家的水平,服务业增加值比重和就业比重都处于较低的水平。因此,我国服务业的发展空间较大,有必要通过服务营销的传播推动我国服务业的发展。

4. 服务营销的特征

由于服务的特征,服务营销具有一系列不同于产品营销的特征。

(1)服务质量很难判断和衡量。因此,顾客将更多地根据服务设施和环境等有形线索来进行判断,有形展示成了服务营销的一个重要工具。

(2)服务生产中的顾客参与性。传统的产品生产管理完全排除了顾客在生产过程中的角色,管理的对象是企业的员工而非顾客。而在服务行业中,顾客参与服务过程的事实则迫使服务企业的管理人员正视如何有效引导顾客正确扮演他们的角色,如何鼓励和支持他们参与生产过程。

(3)服务的供求平衡更为重要。与有形产品不同的是,服务不能轻易地运输到需求水平较高的经销商那里。至少在短期内,当需求大于供给时,与增加产品进货相比,增加服务能力(如设备、设施和训练有素的人员)要困难得多。因此,与制造业企业相比,供给与需求间的"同步营销"对确保服务企业经济地使用其生产能力重要得多。

(4)服务易导致"形象混淆"。因为,对于同一个企业,透过两家不同的分支机构所提供的服务,可能出现一个分支机构的服务水平明显优于另一个的情形。前者的顾客确实会认为该企业的服务质量很好,而另一分支机构的顾客则可能认为整个企业的服务都质量低劣。这种"企业形象"和"服务产品形象"的混淆将对服务产品的推广产生严重的负面影响。

(5)服务分销具有特殊性。有形产品可以在一地或多地生产,然后运送到中间商或最终用户所在地进行销售。大多数服务却不能这样做,对这些服务来说,要么顾客必须到生产设施所在地,要么生产设施必须运到顾客所在地。

(6)服务业的规模经济效益更难。服务不能储存或运输的特性也给大规模地生产和销售服务带来了限制,所以服务企业要获得规模经济的效益就必须比制造企业付出更多的努力。

5.服务市场营销理论

1)服务营销组合模型

由于服务的四个独有特点,传统的4Ps营销组合模式对服务营销而言显得力不从心。考虑到服务的特性,1981年布恩斯(Booms)和比特纳(Bitner)提出了7Ps服务营销组合模型,即在传统4Ps基础上,增加了3个因素:人员(People)、过程(Process)、有形展示(Physical Evidence)。人员是指卷入服务产出过程的所有人,包括顾客和员工;有形展示是指服务环境以及服务的其他有形层面;服务过程是指为顾客提供服务所发生的一系列活动。7Ps服务营销组合模型,抓住了服务与有形产品的区别,体现了服务营销的本质,为服务企业实施服务营销活动和管理服务过程提供依据。

(1)产品(Product):服务产品的设计主要考虑提供服务的范围、服务质量、品牌、保证和售后服务。服务产品包括核心服务、便利服务和辅助服务三个层次。

(2)价格(Price):服务定价需要考虑价格水平、折扣、折让和佣金、付款方式和信用等因素。服务因其质量难以标志化,加上季节、时间因素的影响,其定价必须有一定的灵活性。

(3)分销(Place):是指服务企业需要做出关于它在什么地方提供服务和员工处于何处的决策。对服务来说,位置的重要性取决于顾客和服务提供者之间相互作用的类型和程度。

(4) 促销(Promotion)：服务促销主要包括广告、人员推销、销售促进、公共关系、口碑传播和直接邮寄等。其中，通过口碑传播的人际沟通方式是服务促销区别于有形产品促销的主要方面。

(5) 人员(People)：所有的人都直接或间接地被卷入某种服务的消费过程中，这是7P营销组合很重要的一个观点。知识工作者、白领雇员、管理人员以及部分消费者将额外的价值增加到了既有的社会总产品或服务的供给中，这部分价值往往非常显著。

(6) 过程(Process)：服务通过一定的程序、机制以及活动得以实现的过程(亦即消费者管理流程)，是市场营销战略的一个关键要素。

(7) 有形展示(Physical Evidence)：包括服务供给得以顺利传送的服务环境，有形商品承载和表达服务的能力，当前消费者的无形消费体验，以及向潜在顾客传递消费满足感的能力。

7Ps服务影响组合模型揭示了员工的参与对整个营销活动的重要意义。企业员工是企业组织的主体，每个员工做的每件事都将是客户对企业服务感受的一部分，都将对企业的形象产生一定的影响。应让每个员工都积极主动地参与企业的经营管理决策中来，真正发挥员工的主人翁地位。同时，对企业而言，他们应将管理重点放在为用户提供服务时的全过程，通过互动沟通了解客户在此过程中的感受，使客户成为服务营销过程的参与者，从而及时改进自己的服务来满足客户的期望。企业营销也应重视内部各部门之间分工与合作过程的管理，因为营销是一个由各部门协作、全体员工共同参与的活动，而部门之间的有效分工与合作是营销活动实现的根本保证。

2) 服务营销三角形模型

从服务的角度管理顾客，格罗鲁斯(Gronroos)主张服务营销不仅需要传统的4Ps外部营销，还要加上两个营销过程，即内部营销和交互营销。外部营销(External Marketing)是指企业为满足顾客需求而采取的服务、定价、分销和促销等常规工作；内部营销(Internal Marketing)是指企业对内部员工进行有效激励，以培养员工的顾客意识、市场导向和销售理念，使他们更好地为外部顾客服务；交互营销(Interaction Marketing)是指雇员与顾客在接触时，双方之间发生的互动过程。外部营销、内部营销和交互营销构成了服务营销三角形(图9.1)。由服务营销三角形模型可以看出，对于服务业而言，传统营销部门和专职营销人员依然存在，但他们只是企业营销系统的一部分。在大多数情况下，服务企业中的许多人在不同的服务流程中都承担着为顾客创造价值的职责，他们是兼职营销人员，他们在服务的关键时刻与顾客相遇，并且与顾客存在着交互关系。作为服务企业，传统的外部营销固然重要，但更重要的是，通过内部营销活动，使得企业里的每个员工都有市场导向和顾客意识，从而担当起与外部顾客交互营销的重任。

图9.1 服务营销三角形模型

9.2 服务质量管理

9.2.1 服务质量的研究进展

对服务质量的研究始于20世纪70年代后期,格罗鲁斯于1982年率先提出了顾客感知服务质量(Perceived Service Quality)的概念和总的感知服务质量模型。格罗鲁斯认为,感知质量是在服务生产过程的结果,因此,服务营销人员必须了解顾客对服务感知的基本看法。普拉苏拉蒙(A. Parasuraman)、西萨墨(V. A. Zeithaml)和白瑞(L. L. Berry)于1985年提出顾客感知服务质量模型,如图9.2所示。在这个模型中,服务质量被定义为五个方面来考虑,也即服务质量的五个维度:有形性、可靠性、响应性、保证性和移情性。而顾客感知服务质量水平的高低则取决于超出期望、满足期望和低于期望三种情形。之后,普拉苏拉蒙等三人进一步提出了服务质量差距模型,以阐明顾客感知服务所引起的差异。为了对企业的服务质量进行衡量比较,普拉苏拉蒙等三人又开发出了SERVQUAL定量模型,从构成服务质量的要素入手,通过问卷调查方式得出对某一企业服务水平的评价。随后的一些学者对服务质量的评估体系进行的颇有成效的研究,使得这一体系更加完善。

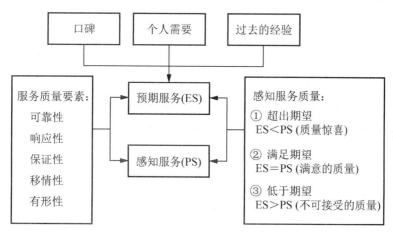

图9.2 顾客感知服务质量模型

9.2.2 服务质量的概念及维度

服务质量是指服务能够满足现有和潜在需求的特征和特性的总和,是指服务工作能够满足被服务者需求的程度,是企业为使目标顾客满意而提供的最低服务水平,也是企业保持这一预定服务水平的连贯性程度。服务产品的质量水平并不完全由企业所决定,而同顾客的感受有很大关系,即使被企业认为是符合标准的服务,也可能不为顾客所喜爱和接受。因此,可以认为服务质量是一个主观范畴,它取决于顾客对服务的预期质量同其实际感受的服务水平的对比。通常顾客主要是从技术和功能两个方面来感知服务质量,因而服务质量包括技术质量和功能质量两项内容。技术质量是指服务过程的产出,即顾客从服务过程中所得到的东西。对于这一方面的服务质量，顾客容易感知，也便于评价。不过，技术质量并不能概括服务质量的全部。既然服务是无形的，而且提供服务的过程也就是顾客同服务人员打交道的过程，服务人员的行为、态度、穿着等将直接影响到顾客对服务质量的感知。所以，顾客对服务质量的感知不仅包括他们在服务过程中所得到的东西，而且还要考虑他们是如何得到这些东西的，这就是服务质量的功能方面，即功能质量。显然，功能质量难以被顾客进行客观的评价，它更多地取决于顾客的主观感受。

服务质量维度包括五个方面：有形性、可靠性、响应性、保证性、移情性。有形性是指有形的设施、设备、人员和沟通材料的外表。可靠性是企业可靠地、准确地履行服务承诺的能力。响应性是指企业帮助顾客并迅速有效提供服务的愿望。对于顾客的各种要求，企业能否给予及时的满足将表明企业的服务导向，即是否把顾客的利益放在第一位。保证性是指服务员工所具有的知识、礼节以及表达出自信和可信的能力。保证性包括如下特征：完成服务的能力、对顾客的礼貌和尊敬、与顾客有效的沟通、将顾客最关心的事放在心上的态度。移情性是指服务人员设身处地地为顾客着想和对顾客给予特别的关注。移情性的特点有：接近顾客的能力、敏感性和有效地理解顾客需求。在评价服务时，顾客从这五个方面将预期的服务和享受到的服务进行比较，最终形成自己对服务质量的判断。

特别提示

服务质量是顾客感知的质量，是一种主观质量。

9.2.3 服务质量差距模型

质量概念被引入服务领域始于 20 世纪 80 年代初期，普拉苏拉蒙(A. Parasuraman)、西萨墨(V. A. Zeithaml)和白瑞(L. L. Berry)在感知服务质量模型的基础上，进一步建立了一个服务质量差距分析模型，专门用来分析质量问题的根源(图 9.3)。

这个基本框架说明了分析和设计服务质量时必须考虑哪些步骤，然后查出问题的根源。要素之间有五种差异，即所谓的质量差距。质量差距是由质量管理前后不一致造成的。

1. 管理者认识的差距(差距 1)

这个差距指管理者对期望质量的感觉不明确。产生的原因有：对市场研究和需求分析的信息不准确；对期望的解释信息不准确；没有需求分析；从企业与顾客联系的层次向管理者传递的信息失真或丧失；臃肿的组织层次阻碍或改变了在顾客联系中所产生的信息。针对差距的治疗措施各不相同，如果问题是由管理引起，显然不是改变管理，就是改变对服务竞争特点的认识，管理者一旦缺乏对服务竞争本质和需求的理解，则会导致严重的后果。

2. 质量标准差距(差距 2)

这一差距指服务质量标准与管理者对质量期望的认识不一致。原因如下：计划失误或计划过程不够充分；计划管理混乱；组织无明确目标；服务质量的计划得不到最高管理层

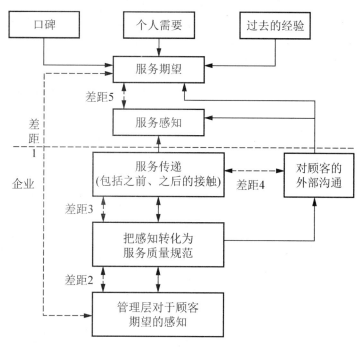

图 9.3　服务质量差距模型

的支持。出现这种情况的原因是，最高管理层没有保证服务质量的实现，质量没有被赋予最高优先权。在服务竞争中，顾客感知的服务质量是成功的关键因素，因此在管理清单上把质量排在前列是非常必要的。

3. 服务交易差距（差距3）

这一差距指在服务生产和交易过程中员工的行为不符合质量标准，它是因为：标准太复杂或太苛刻；员工对标准有不同意见，例如一流服务质量可以有不同的行为；标准与现有的企业文化发生冲突；服务生产管理混乱；内部营销不充分或根本不开展内部营销；技术和系统没有按照标准为工作提供便利。引起此种差距原因分为三类：管理和监督；职员对标准规则的认识和对顾客需要的认识；缺少生产系统和技术的支持。

4. 营销沟通差距（差距4）

这一差距指营销沟通行为所做出的承诺与实际提供的服务不一致。产生的原因是：营销沟通计划与服务生产没统一；传统的市场营销和服务生产之间缺乏协作；营销沟通活动提出一些标准，但组织却不能按照这些标准完成工作；有故意夸大其词，承诺太多的倾向。

引起这一差距的原因可分为两类：一是外部营销沟通的计划与执行没有和服务生产统一；二是在广告等营销沟通过程中往往存在承诺过多的倾向。在第一种情况下，解决措施是建立一种使外部营销沟通活动的计划和执行与服务生产统一起来的制度；在第二种情况下，由于营销沟通存在滥用"最高级的毛病"，所以只能通过完善营销沟通的计划加以解决。

5. 感知服务质量差距(差距5)

这一差距指感知或经历的服务与期望的服务不一样,它会导致以下后果:消极的质量评价(劣质)和质量问题;口碑不佳;对公司形象的消极影响;丧失业务。此种差距也可能产生积极的结果,它可能导致相符的质量或过高的质量。感知服务差距产生的原因可能是许多原因共同造成的。

差距分析模型指导管理者发现引发质量问题的根源,并寻找适当的消除差距的措施。差距分析是一种直接有效的工具,它可以发现服务提供者与顾客对服务观念存在的差异。明确这些差距是制订战略、战术以及保证期望质量和现实质量一致的理论基础。这会使顾客给予质量积极评价,提高顾客满意程度。

服务质量有预期服务质量与感知服务质量之别。预期服务质量及顾客对服务企业所提供服务预期的满意度。感知服务质量则是顾客对服务企业的服务实际感知的水平。如果顾客对服务的感知水平符合或高于其预期水平,则顾客获得较高的满意度,从而认为企业具有较高的服务质量;反之,则会认为企业的服务质量较低。从这个角度看,服务质量是顾客的预期服务质量同其感知服务质量的比较。

9.2.4 服务质量管理模式

服务质量管理模式基本上可分为三种模式:产品生产模式、消费者满意程度模式和相互交往模式。

1. 产品生产模式

美国在20世纪70年代就提出了"服务工业化"的观点,认为管理人员可以通过生产体系客观地控制无形产品的质量,企业可使用现代化设备(硬技术)和精心设计的服务操作体系(软技术),取代劳动密集型的服务工作,进行大规模生产。这种模式基于两个假设:管理人员能够全面控制投入生产过程中的各种资源和生产过程使用的技术;管理人员规定的质量、消费者感觉中的服务质量与消费者行为之间存在明显的对应关系。

2. 消费者满意程度模式

美国营销学家提出的"期望与实际比较"模式是最广泛应用的一种模式。消费者满意程度模式强调消费者对服务质量的主观看法,认为消费者是否会选用并反复购买某种服务,在服务过程中是否会和服务人员合作,是否会向他人介绍这种服务,是由消费者对服务过程的主观评估决定的。消费者满意程度研究极大地丰富了管理人员对服务质量的理解,促使他们重视服务质量的动态性、主观性、复杂性等特点。然而,由于这种模式要求管理人员将注意力从服务过程和服务结果转移到消费者的心理感受。因此,消费者满意程度模式实际上仍然将服务过程和消费过程分隔开来,并未克服产品生产模式的缺点。

第 9 章 服务市场营销策略

3. 相互交往模式

相互交互模式认为：面对面服务的核心是消费者和服务人员的交往。因而，管理人员应根据相互关系理论、角色理论等相互交往理论，对面对面服务进行分析、设计和管理工作。在消费者和服务人员相互交往的过程中，服务质量受到下列因素的影响：服务程序、服务内容、消费者和服务人员的特点、企业特点、社会特点、环境和情景因素等。这些因素共同影响消费者和服务人员的相互交往，最终影响服务质量。

这三类不同的服务质量管理模式适用于不同类型的企业，在实际工作中单纯地套用某一模式通常并不适合具体的服务工作，企业应在借鉴某一适用模式的基础上，分析服务特点及影响因素，对服务质量管理过程的各个环节采取相应的管理办法。

9.3 服务的有形展示

9.3.1 服务有形展示的概念及类型

服务的无形性决定了有形展示是服务营销组合区别于有形产品营销组合的要素之一。正如萧斯塔克所指出的"一种物质产品可以自我展示，但服务却不能。"早在 1973 年，科特勒就提出把"营销氛图"作为一种营销工具，建议"设计一种环境空间，以对顾客施加影响"。1977 年，萧斯塔克引入了术语"服务展示管理"，他认为"商品营销倾向于首先强调创造抽象的联系，而服务营销则应将注意力集中于通过多种有形的线索来强调和区分事实"。可见，对于服务生产者来说，服务展示管理是极其重要的。

所谓"服务有形展示"是指在服务市场营销管理的范畴内，一切可传达服务特色及优点的有形组成部分。在产品营销中，服务有形展示基本上就是产品本身，而在服务营销中，服务有形展示的范围就比较广泛。事实上，服务营销学者不仅将环境视为支持及反映服务产品质量的有力实证，而且将服务有形展示的内容由环境扩展至包含所有用以帮助生产服务和包装服务的一切实体产品和设施。这些服务有形展示，既可帮助顾客感觉服务产品的特点以提高享用服务时所获得的利益，又有助于服务企业建立企业形象，促进有关营销策略的推行。

对有形展示可以从不同的角度进行分类。根据有形展示能否被顾客拥有可将之分成边缘展示和核心展示。边缘展示是指顾客在购买过程中能够实际拥有的展示。这类展示很少或根本没有什么价值，例如电影院的入场券、宾馆的旅游指南、住宿须知、服务指南以及笔、纸等。核心展示与边缘展示不同，在购买和享用服务的过程中不能为顾客所拥有，大多数情况下，只有这些核心展示符合顾客需求时，顾客才会作出购买决定。例如，宾馆的级别、银行的形象、出租汽车的牌子等，都是顾客在购买这些服务时首先要考虑的核心展示。

另外，有的学者认为有形展示主要表现为三种类型，即物质环境展示、信息沟通展示和价格展示。物质环境展示又分成三大类型：周围因素、设计因素和社会因素。周围因素通常被顾客认为是构成服务产品内涵的必要组成部分，是不易引起人们重视的背景条件，如气温、湿度、气味、声音等。周围因素常被人们认为是理所当然的，一旦不具备或令人不快，就会马上引起人们的注意，比如气温和噪音，所以它们的影响只能是中性的或消极的。设计因素是刺激消费者视觉的环境因素，它包括美学因素（如建筑风格、色彩）和功能因素（如陈设、舒适）。设计因素是主动刺激，它比周围因素更易引起顾客的注意。因此，设计因素有助于培养顾客的积极的感觉。社会因素是指在服务场所内一切参与及影响服务产品生产的人，包括服务员工和其他在服务场所同时出现的各类人士，他们的言行举止都可影响顾客对服务质量的期望与判断。信息沟通是另一种服务展示形式，这些沟通信息通过不同载体传播信息从而展示企业服务，例如评论、广告、顾客口头传播、公司标记、网络信息等，这些不同形式的信息沟通都传送了有关服务的线索，影响着公司的营销策略。通过服务展示来有效地进行信息沟通管理，从而使服务信息更具有形性。在服务行业，由于服务的无形性，可见性因素对于顾客作出购买决定起重要作用。而价格是传递服务水平和质量的可见信号，是消费者判断服务水平和质量的依据，因而它也是重要的有形展示。对服务企业而言，价格高低不仅能传递适当的质量和服务信息，而且还能直接影响企业在消费者心目中的形象。

营销案例

服务环境新体验："透明厨房"

"2007年，上海在全市推广厨房标准化管理，从源头上解决饭店的食品安全问题。"厨房管理标准——"6T实务"（即"天天处理、天天整合、天天清扫、天天规范、天天检查、天天改进，"），融合了日本"5S"，要求饭店从5个方面对仓库和厨房进行管理，其中包括用颜色来识别工具和不同食物。

按此标准化管理后，厨房里的颜色将变得丰富多彩。

- 红色表示生食，蓝色表示熟食，绿色表示蔬菜；
- 刀具等用具上还贴着不同颜色标记，用来切不同食物，以防交叉感染；
- 冰箱内各种原料分放在不同的保鲜盒内，标明原料名称，而冰箱门外则有不同颜色的标示图，让人一目了然，可以在30秒内就取到所需的食物；
- 洗碗台就有4种颜色，分别代表刮、洗、清、消毒4个步骤；
- 仓库里的透明储存箱中画有红、蓝两条直线，表示储存箱中货品存放的最大量和最小量。

过去容易生蛀虫、蟑螂的木质货架将换成不锈钢货架，货架要求离地15cm，以便于每天都可以清扫。每个橱柜上面贴有标记，例如，1号A柜调料类、1号B柜液体类。不同的食物都能在厨房里拥有固定的摆放位置，各就其位，还将有一个摆放示意图。

为了避免厨房污水横流，蔬菜滴水的盆下放了一个"联体滤盆"，油放在了专门的装置中。

海鲜讲求的是新鲜，那么如何才能让顾客吃到满意放心的海鲜食品呢？顾客从海鲜池现场点菜开始，所购买的海鲜统一按酒店的制度分袋装好放上标签。一个个生猛的活海鲜或保鲜的冰鲜产品在顾客的全程关注之下被送进宰杀台。只要顾客愿意完全可以在厨房外面全方位观察这道菜品是如何现场杀洗、现场烹制到成品出锅的，全过程清清楚楚、明明白白。

俗话说"百闻不如一见"，透明厨房让所有顾客真正感受到了什么是"眼见为实"。生猛海鲜，透明消费，高贵服务等一系列举措使得每一位顾客都能吃得开心，吃得放心，吃出健康、吃出品位。

眼下餐饮业的竞争除了菜品、价格、环境和服务外，焦点就在卫生健康，而厨房的卫生则是餐饮卫生的关键所在，看得清楚，吃得才放心。厨房透明化是一个好方案，也将是竞争带来的一种新趋势。这是餐饮业以实际行动对"诚信经营"作出的承诺，消费者将享受到更卓越的服务。

9.3.2 服务有形展示的作用

1. 传递服务信息，塑造服务形象

与有形产品的包装一样，服务有形展示也就是服务的"包装"，它以其外在形象向消费者传递"内在"信息。有形产品包装可以树立产品和企业形象，激发消费者的购买欲望，与之相似，服务的有形展示通过很多复杂的刺激一样可发挥同样的作用，特别是对树立企业新形象和建立顾客新期望的服务组织来说，这种有形展示的作用尤其重要。

2. 提高服务预期，提升服务质量

根据学者们的大量研究，大部分顾客是根据几种服务特质来判断服务质量的高低，其中可感知服务水平是其中的一个重要特质，良好的服务有形展示可以提高顾客的服务预期，提升服务可感知服务水平，从而提高服务质量。由于服务的无形性，服务质量较难被顾客识别，因而，服务场景作为辅助可为身临其境的顾客提供帮助，也为企业实现营销目标打下基础。

3. 形成服务特色，构筑竞争优势

由于服务的无形性，服务机构的服务特色难于识别，并且很容易被模仿，如果服务场景和包装能起到提升服务特色的作用，则有利于服务特色的形成和识别，从而可以起到构筑企业竞争优势的作用。比如购物中心，停车场大小、商场装潢、陈列标志、颜色、音乐、灯光等，都能形成其本身的特色，表明其期望与竞争对手达成的区别，这些有形展示本身就可形成企业独特的竞争优势。

4. 促进服务销售，实现服务增值

由于服务本身的特点，服务的促销手段相对于有形产品而言要有限得多，而如果尽量发挥服务包装或环境的信息提示作用，就可以弥补服务促销手段的不足，促进服务销售。同时，良好的服务有形展示还可以提高顾客对服务的预期，让顾客更愿意支付更高的价格去购买和消费该服务，从而实现服务价值增值的目的。

9.3.3 服务有形展示管理

1. 服务蓝图管理

服务蓝图是详细描绘服务系统的图片或地图，也是描述服务展示的一个有效方法，它能够客观地描述关键服务过程的特点并使之形象化，从而使经理、员工和顾客都知道正在做的服务是什么，以及他们每个成员在服务过程中所扮演的角色。服务蓝图主要包括四个部分，即顾客行为、前台员工行为、后台员工行为和支持过程。通过描绘服务蓝图，管理人员可以了解服务传递所涉及的行为、过程的复杂性以及员工和顾客之间、员工和员工之间、顾客和顾客之间的相互作用，进而企业可以找出导致服务质量问题的根源并加以有效管理，从而可以有效提升服务质量。

市场营销教程

2. 服务场景管理

服务场景是指服务企业的所有有形设施，它可分为外部服务场景和内部服务场景。外部服务场景包括影响顾客的企业外部设施，如外部设计、标志、停车场地、周围环境等；内部服务场景包括影响顾客的企业内部设施，如内部设计、标志、布局、空气质量、温度等。服务场景管理的重点在于通过有效的设计与管理形成良好的氛围，形成服务本身的特色和优势。在这方面，美国的几个著名餐馆都做得很出色，如麦当劳快餐店努力营造适合全家就餐的宁静温馨的气氛，Hardrock 餐厅以古玩的灿烂光芒与摇滚乐的演奏为其典型的有形环境营造，Planet Hollywood 餐厅以动画片的播放而出名，它们所提供的独具特色的服务场景都给顾客以鲜明的感觉而使顾客流连忘返。

3. 前后台交互管理

在有形展示管理的过程中，一个不可忽视的问题是服务场景中前台和后台的交互管理。尽管后台可能包括最重要的设备、最重要的员工和顾客体验所必需的关键活动，但是由于其包含着较为脆弱的服务展示，如凌乱的厨房、杂乱无章的仓库等，后台常常与前台保持着分明的界限。在管理服务的前台与后台时，由于前台的设施和员工行为会极大地影响顾客对服务的评价，服务企业应对这些要素进行适当管理和控制，将某些影响企业统一形象的前台特征转移到后台中去。当然，在一些后台管理与前台同样出色的服务企业里，也可将一些后台特征或活动转移到前台去，让顾客体验不一样的服务特色，如一些餐馆把厨房搬到大厅里，向顾客展示饭菜的卫生程度和厨师的精湛技艺。总之，前后台的交互管理要有效控制这些前后台的特征或活动，使它们保持一致的服务形象。

9.4 服务定价、分销与促销

9.4.1 服务定价

在一般情况下，各种有关有形产品定价的概念和方法基本上均适用于服务产品的定价，然而受服务产品特征的影响，服务定价策略也显示出不同的特点。在服务市场上，企业与顾客之间的关系是比较复杂的，因此，企业定价不单单是给产品一个价格标签，而且有其他方面的重要作用。这就要求服务企业必须重视定价在服务市场营销中的地位。

1. 服务定价的目标

服务定价的目标有三种：以收益为导向的目标、以生产为导向的目标和以顾客为导向的目标。以收益为导向的定价目标强调服务组织收益最大化，服务组织通过盈亏平衡分析来确定保本的服务销售量，然后通过增加营业收入和降低成本来实现其收益最大化。以生产为导向的定价目标是在固定运营资产基础上获得最大化的利润，即服务组织应使其资产的利用率达到最大化。以顾客为导向的定价目标着眼于消费者的态度和行为，追求顾客光顾的最大化及顾客满意最大。

2. 服务定价的影响因素

按照价格理论，影响企业定价的因素主要有三个方面：成本、需求和竞争。成本是服务产品价值的基础部分，它决定着产品价格的最低界限。如果价格低于成本，企业无利可图；在产出水平一定的情况下，服务产品的总成本等于固定成本、变动成本和准变动成本之和。不论采取哪种定价方式，有些成本在总量上是不变的，因而对不同定价的利润水平没有影响。而另一些成本则由于定价不同，其总量会提高或降低，从而直接影响利润水平。市场需求影响顾客对产品价值的认知，进而决定着产品价格的上限。服务业在制定价格政策时，应考虑需求弹性的影响。服务性企业需要知道价格与需求之间存在的联系。确切地说，不同价格水平下的需求是不同的，不同细分市场的需求也不尽相同。需求价格曲线可以帮助服务企业的管理人员理解需求是富有弹性还是缺乏弹性。例如，航空、电影等服务产品的需求都是有弹性的，而类似医疗、电力供应之类的服务就缺乏弹性。竞争状况调节着价格在上限和下限之间不断波动，并最终确定产品的市场价格。了解竞争对手的成本状况将帮助服务管理者评估竞争对手调整他们价格结构的能力。

3. 服务定价的方法

与有形产品定价一样，服务定价的方法有成本导向定价法、竞争导向定价法和需求导向定价法。下面根据服务产品的特点，介绍几种适合于服务产品定价的方法。

1) 公共服务定价

大多数公用事业，如航空运输、广播电视、养老保险、水电煤气等行业，在价格制定和服务水平的要求上一般都受到政府机构的管制。这种定价方法以保护消费者为目标，按照成本加上合理的利润为标准，制定固定价格。如果企业发现其运作成本正在上升，并且使边际利润迅速减少，传统的做法是以同等比例提高服务价格，除非在该行业引入竞争机制或有强硬的价格管制。

2) 活动成本定价

这种方法也属于成本导向的定价方法。该方法首先是识别服务传递过程中的各项活动，然后分别决定与每一活动相联系的各项成本，最后形成一个成本层次图，反映了各项活动所需成本的水平，管理者可根据活动的重要程度来进行成本管理。简言之，活动定价法需要考虑各项活动与完成活动所需的成本。

3) 招标竞争定价法

在服务的交易中采用招标和投标的方式，由一个卖主(或买主)对两个以上并相互竞争的潜在买主(或卖主)的出价选优成交的定价方法。当有两个或多个企业为争得一项提供劳务的机会申请投标时，就要实行相互保密的投标方式，此时市场投标竞争定价法又叫密封投标定价法，这种定价方法在公共服务业中很常见。目前，很多制造业企业也决定集中资源在核心业务上，而将服务交给外部机构去做。这种外包合同经常包括提供饮食服务、设备维护或货运服务。

4) 理解价值定价法

理解价值定价法属于需求导向的一种定价方法，是根据顾客认知的服务产品的价值来定价的。理解价值定价法认为，某一服务产品在市场上的价格和该服务的质量、服务水平等在顾客心目中都有特定的价值，企业制定的该服务的价格和顾客的认知价值是否一致，是产品能否销售出去的关键。运用这种方法应做到以下两点：服务产品的价格应尽可能地靠拢顾客的认知价值；改变顾客的主观价值评价。这需要运用各种市场宣传手段改变顾客既定的价值评价以及对企业制定的现行价格的认可。

4．服务定价的策略

1）心理定价策略

服务企业在定价时可以利用顾客心理因素，有意识地将产品价格定得高些或低些，以满足顾客生理的和心理的、物质的和精神的多方面需求，通过顾客对企业产品的偏爱或忠诚，扩大市场销售，获得最大效益。对服务产品而言，常用的有整数定价、吉祥尾数定价、声望定价和招徕定价。整数定价常常以偶数，特别是"0"作尾数。例如，精品旅游风景区的门票可定为200元，而不必定为195元。这样定价的好处，既可以满足购买者炫耀富有、显示地位、崇尚品牌、购买精品的虚荣心，又在顾客心目中树立了高档、高价、优质的服务产品形象。吉祥尾数定价是指由于民族习惯、社会风俗、文化传统和价值观念的影响，某些数字常常会被赋予一些独特的含义，企业在定价时如能加以巧用，则其产品将因之而得到顾客的偏爱，如以数字"6""8"为尾数的价格往往会受到消费者的青睐，而以"13""4"等尾数往往会引起消费者的厌恶或反感。声望定价是指根据服务产品在顾客心中的声望、信任度和社会地位来确定价格的一种定价策略。这一策略适用于一些知名度高、有较大的市场影响、深受市场欢迎的品牌服务企业。例如，满汉全席的定价、北京皇城老妈火锅的定价等。招徕定价是指将某几种商品的价格定得非常之高，或者非常之低，在引起顾客的好奇心理和观望行为之后，带动其他商品的销售。这一定价策略常为酒店、综合性百货商店、超级市场，甚至高档商品的专卖店所采用。

2）价格歧视定价法

服务组织通常运用顾客对价格的敏感度，即价格歧视来管理对服务的需求。例如，航空公司、酒店、旅游、电话服务等服务企业，其服务设施经常面临着季节性的、周期性的甚至是每天的需求变化的挑战，有时需求超过现存能力，有时能力闲置。价格歧视定价法又分为时间差别定价法、地点差别定价法、数量差别定价法和顾客差别定价法等。时间差别定价是指在不同的时间收取不同的服务费，尤其在服务淡季，通过为使用不足的时间段制定较低的价格，服务公司可以调整稳定需求，并增加收入。例如，淡季旅游景点的门票收费、晚间的电话服务等，都反映了服务的时间差异；地点差别定价是指对不同地理区域的服务制定不同的价格，这种方法适用于顾客对于地点敏感的服务。例如演唱会的前排、观看比赛时位于场馆中央的位置、旅游胜地的酒店中临海的房间等；数量差别定价是指批量购买服务时给予的减价。例如，购买美容优惠套券、电视广告时段的客户，都是通过预购未来服务享受相应价格优惠；顾客差别定价是指根据顾客的付款能力来定价。一般来说，收入水平、年龄、职业、性别等不同的消费者对价格的接受程度有较大的差异。对于低收入者、弱势群体定价水平要低，对于高收入者定价水平要高。

3）关系定价法

关系定价法的依据来自于忠诚顾客给企业带来的持续贡献。服务业营销人员可以给顾客某种激励,促使他们加强与自己企业的关系,防止顾客"跳槽",顾客由于重复购买而被奖励,而这又构成鼓励顾客继续其行为的强化刺激。忠诚者奖励规划是很多企业营销策略的一个重要组成部分,这种计划能彻底改变业务的交易方式,把一次次相对独立的交易活动变成一系列持续的互动行为。例如,在民航、旅馆、电信、银行、商品零售等服务行业,忠诚者奖励计划被普遍使用。在实际使用过程中,关系定价策略可以采用长期合同和多购优惠两种方式。营销人员可以运用长期合同向顾客提供价格和非价格刺激,以使双方进入长期关系之中,或者加强现有关系,或者发展新的关系。多购优惠的目的在于促进和维持顾客关系。服务提供者将从多购优惠策略中获取三个方面的利益。首先,多购能降低成本。其次,吸引顾客从一个服务公司购买相关的多种服务。最后,多购优惠能够有效增加一个服务公司同它的服务对象之间联系点的数目。

4) 折扣定价法

在大多数的服务市场上都可以采用折扣定价法,服务业营销通过折扣方式可达到两个目的:一是折扣是对服务承揽支付的报酬,以此来促进服务的生产和消费(金融市场付给中间者的酬金)。例如,付给保险经纪人的佣金或对单位委托顾问服务的支付。二是折扣也是一种促销手段,可以鼓励提早付款、大量购买或高峰期以外的消费。折扣定价法包括付款方式折扣、数量折扣、季节性折扣和预定折扣等。付款方式折扣是指服务业为了鼓励购买者采用指定的付款方式,而对按此方式付款的购买者进行价格折扣;数量折扣是指卖方根据买方购买产品的数量多少,给予不同的折扣。数量折扣可分为累进折扣和非累进折扣;季节性折扣是指企业向提前购买季节性强的产品的顾客给予一定的价格折扣;预定折扣是指为了鼓励顾客提前预订,企业可对提前一段时间预订者进行价格折扣。由于提前预订会给企业在运营安排及现金流量等方面带来众多好处,因而也是产品销售的一个重要策略,如酒店就经常采用这种折扣定价策略。

9.4.2 服务分销

1. 服务分销渠道的概念及类型

分销渠道是指服务产品从生产者移向消费者所涉及的一系列公司和中间商。一般而言,服务销售以直销最为普遍,而且渠道最短。此外,还有许多服务业的销售渠道,则包括一个或一个以上的中介机构,因此,直销不是服务业市场唯一的分销方法。尽管中介机构的功能没有一致性,但服务企业在市场上可供选择的销售渠道主要有直销和经由中介机构分销两种。

1) 直销

直销是最适合服务产品的配送形式。直销可能是服务生产者经过选择而选定使用的销售方式,也可能是由于服务和服务提供者关系不可分割的原因。当服务企业选择直销时,经营者的目的往往是为了获得某些特殊的营销优势,这些优势表现为:对服务的供应与表现,可以保持较好的控制,若经由中介机构处理,往往可能造成失去控制的局面;以真正个人化服务方式,能在其他标准化、一致化以外的市场,产生有特色服务产品的差异化;可以在与顾客接触时直接反馈回关于目前需要,这些需要的变化及其对竞争对手产品内容的意见等信息。

2) 经由中介机构分销

通过中介机构进行分销是服务生产者销售其服务的主要途径。服务业市场的中介机构形态很多，常见的有下列五种。

（1）代理人：指依据代理合同的规定，受服务提供者的授权委托从事某项服务活动，例如保险代理人、旅游代理人等。

（2）经纪人：在市场上为服务提供者和顾客双方提供信息，充当中介并收取佣金，如电影明星聘请经纪人。

（3）经销商：指将服务产品买进后再售出的中间商，利润来源于进销差价，包括批发商和零售商。如批发商主要是从事批发业务的服务中介机构，如旅行社、旅游公司；零售商面向广大顾客从事服务产品的供应，如旅游零售商。

（4）代销商：为服务提供者代为推销服务产品，如演出单位和博览会物色能接触目标顾客的机构和人员代为售出门票。

（5）特许经营：特许者将自己所拥有的服务商标、商号、产品、专利和专有技术、经营模式等以特许经营合同的形式授予被特许者使用，被特许者按合同规定，在特许者统一的业务模式下从事经营活动，并向特许者支付相应的费用，例如麦当劳。

2. 服务分销渠道的创新

1) 租赁服务

服务业经济的一个有趣现象是租赁服务业的增长，也就是说许多个人和公司都已经而且正在从拥有产品转向产品的租用或租赁。在产业市场，目前可以租用或租赁的品种包括：汽车、货车、厂房和设备、飞机、货柜、办公室装备、制服、工作服等。在消费品市场，则有公寓、房屋、家具、电视、运动用品、帐篷、工具、绘画、影片、录像等。传统的制造业采购也正从制造业部门转移至服务业部门，这也意味着许多销售产品的公司增添了租赁和租用业务。此外，新兴的服务机构也纷纷投入租赁市场的服务供应。值得一提的是，在租用及租赁合同中，银行和融资公司以第三者身份扮演了重要的中介角色。

2) 特许经营

在可能标准化的服务业中，特许经营是一种持续增长的现象。在一般情形下，特许经营是指一个人(特许人)，授权给另一个人(受许人)使其有权利利用授权者的知识产权，包括商号产品、商标、设备分销等。目前，许多服务业公司都在积极利用特许经营作为企业的增长策略。特许经营必须具备如下六个基本条件。

（1）必须订立包括所有双方同意条款的合同。

（2）特许人必须在企业开张之前，给予受许人各方面的基础指导与训练，并协助其业务的开展。

（3）业务开张之后，特许人必须在经营上持续提供有关事业营运的各方面支持。

（4）在特许人的控制下，受许人被允许使用特许人所拥有的经营资源，包括商业名称、定型化业务或程序，以及特许人所拥有的商誉及其相关利益。

（5）受许人必须从自有资源中进行实质的资本性投资。

（6）受许人必须拥有自己的企业。

第9章 服务市场营销策略

3) 综合服务

综合服务是服务业增长的另一个现象，即综合公司体系与综合性合同体系的持续发展，并已经开始主宰某些服务业领域。例如，在大饭店和汽车旅馆方面，综合体系如假日饭店，希尔顿和 Best Westem 都日愈显现其举足轻重的地位。在观光旅游方面，许多服务系统正在结合两种或两种以上的服务业，譬如航空公司、大饭店、汽车旅馆、汽车租赁、餐厅、订票及订立代理业、休闲娱乐区、滑雪游览区、轮船公司等。以前，综合服务一直被认为是一种制造业的体制，现在已经变成许多现代化服务业体系中的一种重要特色。

4) 准零售化

服务业最重要的中介机构之一便是零售业者。最近几年来，服务业经济发展上的一大特色就是"准零售"出口的崛起，这些"准零售出口"主要是销售服务而不是销售产品，它们包括：美发店、包工或承揽业旅行社、票务代理业、银行、房地产代理、建筑公司、就业介绍所、驾驶训练班、娱乐中心、小洗熨店、大饭店或旅馆、餐厅。

9.4.3 服务促销

1. 服务促销概念

服务促销就是促进服务销售，是指通过人际或非人际或其他方法向顾客传递服务信息，帮助和促进顾客了解某种服务，并促使其对服务产生兴趣和信任，继而产生尝试购买服务的一系列活动。例如，旅行社通过广告发布一些名胜景观的信息及旅行社的优质服务和合理价格，刺激许多游客愿意跟团旅行；各大学在网上发布培养人才和学校实力的信息，使得许多莘莘学子前来报名参加考试等。

2. 服务促销的目标

与有形产品促销的目标相似，服务促销的目标主要表现在以下几个方面：建立消费者对服务产品的认知和兴趣；形成服务产品或服务公司的差异化竞争优势；沟通并描述服务给消费者带来的种种利益；建立和维持服务公司的形象和声誉；说服顾客购买或使用公司的服务。然而，针对不同的促销对象，服务促销的具体目标也不尽相同，例如，对消费者促销的目标主要是告诉消费者有关服务产品的信息，以此激发消费者欲望，最终引起购买行为，也可建立服务在消费者心目中的形象；而对中间商而言，促销的目标主要在于激励中间商更多的销售公司的服务产品。总之，任何促销努力的目标都在于通过沟通、说服和提醒等方法，以增加服务产品的销售。

促销的目标不单是销售量

促销目标中可以有销售目标，但销售目标并不是促销指标的全部！麦当劳的促销目标一直未变，沿用至今，其中对每次活动有如下规定：①把握客户，增进新客户及老客户到店率。②争取顾客的每次消费额有所增加。③把握商圈，增进社会关系。由此我们可以看出，企业促销的目标其实具有多样性，销售量只是其中之一。

因此，从本质上说，促销是一种面向顾客、公众或渠道的说服和沟通，是一种消费引导。所以，促销目标不应仅局限于销售目标，而是一个更大范围的沟通与传播目标，信息传递的到达率、新产品认知率、品牌的知名度和美誉度的提升、品牌形象与核心价值的强化、老顾客的回头率等指标一样可以成为促销目标。

3. 消费者对服务促销与有形产品促销反应的差异

从服务本身的特点出发，造成顾客对有形产品促销和服务促销的反应行为有不少差异，主要表现在以下几个方面。

（1）消费者态度差异。消费者态度是影响顾客购买决策的关键。消费者往往是凭着对服务或出售者的主观印象来购买服务，而这种对主观印象的依赖性，在购买实体产品时则没有那么重要。

（2）购买动机差异。在购买动机上，制造业和服务业大致相同。不过，有一种需求对产品或服务都很重要，那就是对个人关注的欲望。凡能满足这种个人关注的欲望的服务企业，必能使其服务产品与竞争者之间产生差异。

（3）购买过程差异。在购买过程上，制造业和服务业的差异较为显著。有些服务的购买风险较大，部分原因是买主不易评估服务的质量和价值。另外，消费者也往往受到其他人的影响。而这种现象对于服务营销有着十分重要的意义。也就是说，在服务的供应者和其购买者之间，有必要形成一种专业关系，或在促销方面建立一种"口传沟通"方式。这两种做法都可以促使服务促销更富有效率。

4. 服务促销组合

服务促销组合包括多种元素：广告、人员推销、销售促进、公共关系、口碑传播等。服务营销人员必须把这些元素整合成一个协调的促销组合，同一行业中的各公司的促销组合设计也是不同的，促销活动又可分为以人员活动为主和以非人员活动为主。在某一个具体的促销活动中，各种促销手段一般会同时存在，相互补充。

1）广告

广告是服务企业使用的非人员活动的主要形式之一。最近几年，服务广告，特别是金融服务、通信和零售业服务的广告，已经有了大幅的增长，并且服务广告费用也已在全部广告支出中占据了相当大的份额。在服务营销中，广告的作用是建立服务意识、增加顾客对服务的了解、说服顾客前去购买并将其与其他服务区别开来。因此，广告对服务营销的成功特别重要。

由于服务业独一无二的特征，服务业在做广告时必须遵从下面的原则。

（1）使用明确的信息。因此，广告代理商面临的问题是：如何创造出简明精练的言辞，贴切地把握服务内涵的丰富性和多样性。

（2）强调服务利益。广告中所使用的利益诉求必须建立在充分了解顾客需要的基础上，才能确保广告的最大影响效果。

（3）宣传适当的允诺。"使用服务可获得利益"的诺言应当务实，而不应提出让顾客产生过度期望而公司又无力达到的允诺。

（4）争取并维持顾客的合作。

(5) 提供有形线索。服务广告者应该尽可能使用有形线索作为提示,才能增强促销努力的效果。

(6) 消除购买后的疑虑。在服务营销中,必须在对买主保证其购买选择的合理性方面下更多的工夫,并且应该鼓励顾客将服务购买和使用后的利益转告给其他的人。

服务广告的决策过程一般分为营销战略的确立、确定标的、明确广告的目的、确定广告的预算、明确广告的信息及传播媒体、实现广告宣传运动和评估广告效果等几个步骤,如图 9.4 所示。

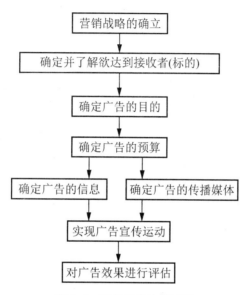

图 9.4 服务广告决策过程

2) 人员推销

由于服务的无形性,人员推销在服务的促销过程中就显得非常重要。人们对于服务企业的信赖,很大一部分来源于他人的经验和推荐,销售人员也可以利用良好的顾客反馈资料来推销服务产品。一般而言,销售人员在推销服务时,应当考虑下列问题。

(1) 需要提醒编制服务的购买过程。

(2) 简化服务质量评价,使顾客更容易判断和下决心购买。

(3) 需要有形化服务。

(4) 充分利用组织外部的证明人,包括口碑效应和顾客反馈。

(5) 企业应当认识到所有与公众发生接触的员工的重要性,因此销售人员的外貌和销售过程中的言行举止都是重要的。

服务市场营销中人际接触的重要性和影响力已被普遍认同。因此,人员推销与人际接触已成为服务市场营销中最受重视的因素。一般而言,服务企业的推销人员需要遵循以下原则。

(1) 要发展与顾客的个人关系。

(2) 服务提供者的外表、动作、态度和行为举止都应尽量满足专业化的标准。

(3) 灵活运用多种间接销售形式,如口碑宣传、自我推荐等。

(4) 帮助企业创造和维持有利形象。

(5) 销售核心服务和附加服务相结合，利用补充性服务强化核心服务的购买吸引力。

(6) 以专业方式照顾并做好一切，并告诉顾客服务进行的过程即可，以尽量减少对顾客提出各种要求。

3) 销售促进

与制造业相比，服务业的销售促进显得尤为困难。因此，在销售促进措施的使用上，必须要有所顾忌，如使用高峰折扣定价技巧，平衡服务产品的需求数量。然而，在过去十到十五年间，许多服务市场的销售促进活动都在不断增加。就销售促进而言，产品和服务，并不是在于服务业能使用这种方式，而是采取行动的方式，可能因目标对象的特征以及运用方式的合适性而有所不同。

与产品一样，服务业采取销售促进的原因也包括下面的几个方面。

(1) 需求被动或存在闲置产能。

(2) 购买或使用该服务的人数比较少。

(3) 服务业在推出新产品时也需要使用销售促进使产品尽快进入市场。

(4) 由于日益增加的竞争因素。

4) 公共关系

公共关系是为了树立和维护服务企业良好形象而采用各种交际技巧，提高企业的知名度。目前，随着服务公关宣传的日渐增长，它有助于实现下列目标。

(1) 启动新任务。公关宣传能够帮助组织树立一个良好形象，进而容易使其以一种令人信服的方式向社会推荐创新型或风险型产品。

(2) 维持形象。服务企业或其提供的某项服务若有资格成为积极的新闻素材，能向顾客散射迷人光彩，则有助于建立品牌形象。

(3) 强化定位。步入成熟期的组织，通过媒体策划的公关宣传，有助于顾客保持认知和加深定位，比如沃尔玛的"天天低价"如此深入人心，公关宣传功不可没。

服务业采取公关宣传的工具包括：宣传报道、事件赞助、公益赞助、网络宣传等。宣传报道是介绍新服务的重要工具，它通过发表免费新闻消息或肯定的评价来实现。事件赞助是通过赞助有足够新闻价值的事件或社区服务实现新闻覆盖率。例如蒙牛赞助"超级女声"，不仅大大提升其销售量，更提高了蒙牛的品牌知名度。公益赞助是指通过赞助一些公益性事件来提升品牌的知名度和美誉度，如捐助一些自然灾害、希望学校、环保主义运动等都属于公益捐助活动。网络宣传是指企业利用网络宣传企业的产品和服务，有助于新闻界、消费者、潜在购买者、行业分析家、股东以及其他人了解企业的产品或服务。

5) 口碑传播

口碑传播是服务行业最突出的促销特征之一，它突出了在服务促销中人员因素的重要性。口碑传播对包括专业服务和健康保健服务在内的许多服务行业，可能比其他群体的或个人的沟通组合元素有更加重要的影响。英国都灵大学的管理学校每年定期向学员进行调查，用以确定与他们沟通的最有效方式，调查结果表面，口碑始终列在首位。

口碑传播对营销的影响是巨大的。口碑越不好，营销沟通如广告活动、直接沟通以及推销等努力效率就越低。如果要消除口碑的消极影响，就必须加大对这些沟通类型的投资。从另一方面来说，良好的口碑被认为是最有效的沟通载体，积极的口碑减少了利用广告和推销进行营销沟通的庞大预算，会有利于企业得到大部分所需的新业务，还会使顾客以更积极的态度配合外部沟通努力。

本章小结

本章主要介绍了服务经济时代、服务、服务市场、服务营销与传统有形产品营销区别、服务市场营销理论、服务质量管理理论及服务市场营销策略等。服务经济时代的来临，使得服务营销显得尤为重要。服务是用于出售或是同产品联结在一起进行出售的活动、利益或满足感。与有形产品相比，服务具有不可感知性、不可分离性、差异性和不可储存性四个特点。服务市场营销学的发展经历了四个阶段：萌芽阶段、探索阶段、发展阶段、反思阶段。与传统营销相比，服务营销具有六个方面的特征。服务市场营销理论包括服务营销组合模型和服务营销三角形模型。服务营销组合模型是指服务营销组合策略包括产品、定价、分销、促销、人、过程、有形展示七个要素。服务营销三角形模型是指服务业的营销活动包括三个部分：外部营销、内部营销和互动营销。服务质量是一种感知的质量，包括技术质量和功能质量，包括五个维度：有形性、可靠性、响应性、保证性、移情性。服务质量差距模型揭示了导致服务质量问题的五个差距，服务质量管理模式包括产品生产模式、消费者满意程度模式和相互交往模式。服务有形展示是指在服务市场营销管理的范畴内，一切可传达服务特色及优点的有形组成部分，其管理策略包括服务蓝图管理、服务场景管理和前后台交互管理等。由于服务本身的特点，造成服务企业在服务定价、服务分销、服务促销等策略方面也与有形产品的营销策略有一定的区别。

名人名言

服务是行为、过程和表现。

——Valarie A. Zeithaml & Mary Jo Bitner

第一条：客户永远是对的，
第二条：如果客户错了，请参照第一条。

——沃尔玛的客户服务理念

销售终端是离消费者身体最近的地方，售后服务是离消费者心灵最近的地方。

——菲利普·科特勒

服务企业成功的秘诀在于深谙与顾客接触的工作人员才是公司最关键的角色。

——戴维·S·戴维斯（David S. Davidson）

复习与练习

1. 选择题

（1）服务经济时代的标志是服务业的产值占 GDP 的比重达到（　　）。
A. 40％　　　　　　B. 50％　　　　　　C. 60％　　　　　　D. 70％

（2）下面哪一个不是服务营销组合的要素？（　　）

A. 促销　　　　　B. 过程　　　　　C. 分销　　　　　D. 制度

(3) 服务营销三角形是(　　)提出的。

A. 科特勒　　　　B. 德鲁克　　　　C. 格朗鲁斯　　　D. 洛夫洛克

(4) 下面哪个不是有形展示的内容(　　)。

A. 环境因素　　　B. 社会因素　　　C. 经济因素　　　D. 设计因素

(5) 精品旅游风景区的门票可定为 200 元，这种定价方法是(　　)。

A. 整数定价法　　　　　　　　　　B. 折扣定价法
C. 需求定价法　　　　　　　　　　D. 成本定价法

(6) 服务质量测量的方法是基于(　　)

A. 服务质量差距模型　　　　　　　B. 感知服务质量模型
C. SERVQUAL 模型　　　　　　　　D. 服务营销三角形模型

2. 填空题

(1) 服务企业在市场上可供选择的销售渠道主要有＿＿＿＿和＿＿＿＿两种。

(2) 服务质量管理模式包括＿＿＿＿、＿＿＿＿和＿＿＿＿。

(3) ＿＿＿＿率先提出了顾客感知服务质量的概念。

3. 判断题

(1) 服务具有不可触摸的特点。　　　　　　　　　　　　　　　　(　　)
(2) 口碑传播是服务促销的一种重要方式。　　　　　　　　　　　(　　)
(3) 与制造业相比，服务业的销售促进更为困难。　　　　　　　　(　　)
(4) 随着服务业的增长，租赁服务业在不断下降。　　　　　　　　(　　)
(5) 服务质量是一种客观质量。　　　　　　　　　　　　　　　　(　　)
(6) 通过中介机构进行分销是服务生产者销售其服务的主要途径。　(　　)
(7) 市场需求决定着服务产品价格的上限。　　　　　　　　　　　(　　)
(8) 服务促销包括人际促销方式和非人际促销方式两种。　　　　　(　　)

4. 问答题

(1) 与有形产品营销相比，服务营销具有哪些特点？
(2) 简述服务质量管理模式。
(3) 有形展示管理的策略是什么？
(4) 服务促销的方式主要有哪些？
(5) 服务有形展示的作用是什么？
(6) 服务分销渠道的创新有哪些途径？
(7) 消费者对有形产品促销和服务促销的反应有什么不同？

5. 讨论题

(1) 造成服务企业质量问题的根源有哪些？如何解决？
(2) 联系实际，分析服务企业的营销策略。

第 9 章 服务市场营销策略

6. 案例应用分析

案例 1

"50＋"超市

在奥地利首都维也纳有专门为 50 岁以上老人服务的购物场所，其标志为"50＋"超市。

"50＋"超市的创意很简单，但又很独到。超市货架之间的距离比普通超市大得多，老人可以慢慢地在货架间选货而不会显得拥挤或憋气；货架间设有靠背座椅；购物推车装有刹车装置，后半截还设置了一个座位，老人如果累了还可以随时坐在上面歇息；货物名称和价格标签比别的超市也要大，而且更加醒目；货架上还放着放大镜，以方便老人看清物品上的产地、标准和有效期等。如果老人忘了带老花镜，可以到入口处的服务台去临时借一副老花镜戴上。最重要的是，超市只雇用 50 岁以上的员工。对此，一家"50＋"超市经理布丽吉特·伊布尔说："这受到顾客的欢迎，增加了他们的信任感。"从中获益的不仅仅是顾客，雇用的 12 名员工又可以重新获得了工作，他们十分珍惜这份工作，积极性特别高。

"50＋"超市由于替老人想得特别周到，深受老人欢迎。同时被其他年龄层（带孩子的年轻母亲）所接受。"50＋"超市商品的价格与其他没有特殊老年人服务的所有超市一样，营业额却比同等规模的普通超市多了 20％。

案例 2

听口音炒菜

在浙江，有家每天顾客盈门的饭店，生意异常兴隆。这当中，不少是"回头客"。听店主说，其经营诀窍只有 5 个字：听口音炒菜。如烧鳊鱼，对山东口音的人，则注重酱香，还加上几根大葱；对江西口音的人，注重在汤汁中多放一点辣椒干；对苏杭口音的人注重甜、咸、酸。难怪许多食客吃后都会说上一句：这厨师好像就是我们那里的。

这家饭店的店主从细微处入手，善于听口音炒菜，从而把生意这本"经"念活了，笔者很佩服其独到的经营眼光和思维方式。消费者的需求就是市场的晴雨表，也是厂商调整产品结构、打开产品销路的信号灯。然而遗憾的是不少厂商至今尚未意识到揣摩顾客心理的重要性。只知道花大钱搞装修、聘公关小姐，或者是同行之间相互压价、互相"血拼"，弄个你死我活，而不用心了解和分析顾客的消费心理变化，也难怪这类厂商天天要为门前冷落、生意清淡而发愁呢！

【问题】

（1）比较两个案例，说明他们成功的秘诀是什么？

（2）联系实际，论述两个案例带给服务企业的启示。

资料来源：会销人网 http://www.huixiaoren.com/show/? 9-968.html.

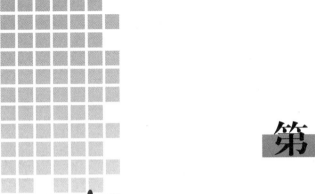

第10章 定价策略

教学目标

通过本章学习,应了解影响定价的主要因素,掌握定价的一般方法、定价的基本策略,理解价格调整与价格变动反应。

教学要求

知识要点	能力要求	相关知识
影响定价的主要因素	对基本定价因素的概括和理解能力	定价目标、产品成本、市场需求、竞争状况、其他市场营销组合因素和政策法律等的基本内容
营销定价的一般方法	成本导向定价法、需求导向定价法和竞争导向定价法的理解与运用	(1) 成本导向定价法 (2) 需求导向定价法 (3) 竞争导向定价法
定价的基本策略	六类基本定价策略内容的理解与灵活运用	新产品定价策略、产品阶段定价策略、折扣与让利策略、心理定价策略、地理定价策略和产品组合定价策略等。
价格调整及其反应	(1) 降价与提价的理解与灵活运用 (2) 消费者及竞争者对价格变动的反应与企业对策的理解与灵活运用	企业处在不断变化的环境之中,为了生存与发展,有时需要主动降价或提价,有时有需要对竞争者的变价做出适当的反应。

第10章 定价策略

> 市场上总是有两个傻瓜，一个收费太高，另一个卖得太便宜。
>
> ——俄罗斯民谚

基本概念

定价目标　成本导向定价法　需求导向定价法　竞争导向定价法　取脂定价　渗透定价　折扣与让价　心理定价　产品组合定价

导入案例

吉列根据刮脸次数卖剃须刀

生产个人护理用品的吉列公司虽然还进不了世界500强，但其知名度历来是都很高的，因为每天全球有数千万男人在使用吉列刀片。

在19世纪末期的几十年中，美国有关安全剃须刀方面的专利起码有几十个，金·吉列只不过是其中之一。使用安全剃须刀不像先前的折叠式剃须刀那样易刮伤脸，又可免去光顾理发店的时间和金钱，但是这种看似很有市场的商品却卖不出去，原因是它太贵了。去理发店只花10美分，而最便宜的安全剃须刀却要花5美元这在当时可不是一个小数目，因为它相当于一个高级技工一星期的薪水。

吉列的安全剃须刀并不比其他剃须刀好，而且生产成本也更高，但别人的剃须刀卖不出去，吉列的剃须刀却是供不应求，原因就在于他实际上赔本把剃须刀的零售价定为55美分，批发价25美分，这不到其生产成本的1/5。同时，他以5美分一个的价格出售刀片，而每个刀片的制造成本不到1美分，这实际上是以刀片的赢利来补贴剃须刀的亏损当然吉列剃须刀只能使用其专利刀片。由于每个刀片可以使用6～7次，每刮一次脸所花的钱不足1美分，只相当于去理发店花费的1/10，因而有越来越多的消费者选择使用吉列剃须刀。

吉列的成功在于他采取了一种合适的定价方法，这里面包含着一个简单的道理：消费者购买一种产品或服务并不形成最终的经济行为，而是一个中间行为，消费者用这种行为来"生产"最后的"满足"或"福利"。顾客要购买的并不是剃须刀，而是刮脸，刮脸的最终目的是使他看起来形象更好、更体面等，为了达到这个目的，他有去理发店、买折叠式剃须刀或安全剃须刀三种选择，而吉列的定价方法使他选择购买吉列剃须刀最为合算。在竞争对手们想方设法降低生产成本时，吉列独辟蹊径，他的定价方法反映了消费者购买的真正"价值"，而不是生产商的"成本"，这是他成功的最大原因。

吉列的定价方法为后来的许多企业所模仿。日本企业的佳道、理光、富士通等大牌厂商就把打印机的价格定得很低，以此来吸引消费者购买，同时他们又把墨盒的价格定得很高。打印机是基本不赚钱甚至是亏本的，而墨盒却有数倍的利润，这样消费者实际付出的是"打印件"的成本，而不是"打印机"的成本。

当然这种做法是需要具备一些条件的：一是亏本的产品与赢利的产品一定要配套。假如消费者买了55美分的吉列剃须刀，又可以从别的厂商那里买1美分的刀片，那么等待他的结果只有一个——破产；二是对消费者的消费情况一定要有一个准确的判断。吉列每销售一个剃须刀亏本1美元，相当25个刀片的赢利，他必须对消费者的平均刮脸次数有一个较准确的估计，假如平均每个消费者每年只用二三个刀片，他也就亏定了；三是竞争对手不会或无力进行恶性竞争。假如有人大量收购吉列剃须刀而又不买刀片，吉列也只有破产一条路可走；四是别人的模仿不会对其造成重大威胁。

灵活的定价和销售方法可以使顾客愿意为他们所买的东西付钱，而不是为厂商所生产的东西付钱，不管是吉列的定价方法还是分期付款或租赁，价格的处理安排一定要符合消费者实际购买的事物。

原载《中外企业文化》，杨育谋，2002年第3期

点评：

定价策略，是指企业在特定情况下，依据确定的定价目标，所采取的定价方针和价格竞争方式，是指导营销者正确定价的行为准则。在市场营销组合中，价格是唯一能产生收入的因素，其他因素表现为成本。价格也是营销组合中最灵活的因素，它与产品特征和分销渠道不同，它的变化是异常迅速的。因此，定价策略是企业营销组合的重要因素之一，它直接地决定着企业市场份额的大小和盈利率高低，涉及经销商和竞争者等各方面的利益。价格是一把双刃剑，用得好，可以创造需求，赢得市场；用不好，则会抑制需求，失去市场。因此，企业必须重视定价策略的制定、选择和使用。

10.1 影响定价的主要因素

随着营销环境的日益复杂，制定、选择和使用定价策略的难度越来越大，定价时不仅要考虑成本补偿问题，还要考虑消费者接受能力和竞争状况。影响定价的因素是多方面的，包括定价目标、产品成本、市场需求、竞争状况、其他市场营销组合因素和政策法律等。

10.1.1 定价目标

定价目标是指企业通过制定一定水平的价格，所要达到的预期目的。不同企业的定价目标或同一企业不同时间的定价目标是多种多样的，一般而言，定价目标可分为利润导向型、销量导向型以及竞争导向型三大类型。

1. 利润导向型目标

利润导向型目标是企业定价目标的重要组成部分，获取利润是企业生存和发展的必要条件，是企业经营的直接动力和最终目的。因此，利润导向型目标为大多数企业所采用。由于企业的经营哲学及营销总目标的不同，这一目标在实践中有三种形式。

1) 最大利润目标

最大利润有长期和短期之分，还有单一产品最大利润和企业全部产品综合最大利润之别。一般而言，企业追求的应该是长期的、全部产品的综合最大利润，这样，企业就可以取得较大的市场竞争优势，占领和扩大更多的市场份额，拥有更好的发展前景。当然，对于一些中小型企业、产品生命周期较短的企业、产品在市场上供不应求的企业等，也可以谋求短期最大利润。

最大利润目标并不必然导致高价，价格太高，会导致销售量下降，利润总额可能因此而减少。有时，高额利润是通过采用低价策略，待占领市场后再逐步提价来获得的；有时，企业可以采用招徕定价艺术，对部分产品定低价，赔钱销售，以扩大影响，招徕顾客，带动其他产品的销售，进而谋取最大的整体效益。

2) 适度利润目标

适度利润目标，也称为满意利润目标，是一种使企业经营者和股东(所有者)都感到比较满意、比较适当的利润目标，利润既不是太高也不是太低。它是企业在补偿社会平均成本的基础上,适当地加上一定量的利润作为商品价格,以获取正常情况下合理利润的一种定价目标。以最大利润为目标,尽管从理论上讲十分完美,也十分诱人,但实际运用时常常会受到各种限制。所以,很多企业按适度原则确定利润水平,并以此为目标制定价格。采用适度利润目标有各种原因,以适度利润为目标使产品价格不会显得太高,从而可以阻止激烈的市场竞争,或由于某些企业为了协调投资者和消费者的关系,树立良好的企业形象,而以适度利润为其目标。

由于以适度利润为目标确定的价格不仅使企业可以避免不必要的竞争,又能获得长期利润,而且由于价格适中,消费者愿意接受,还符合政府的价格指导方针,因此这是一种兼顾企业利益和社会利益的定价目标。需要指出的是,适度利润的实现,必须充分考虑产销量、投资成本、竞争格局和市场接受程度等因素。否则,适度利润只能是一句空话。

3) 预期投资收益率目标

这种定价目标是指企业以一定的投资收益率或资金利润率为目标。产品定价是在成本的基础上加上一定比例的收益。企业的预期销量实现了,预期收益也就实现了,这种定价方法也称为"成本加成定价"。预期投资收益率有长期和短期之分。一些企业为了防止潜在竞争,获得长期稳定的收益,将投资收益率定得比较适中。另一些企业为了迅速收回投资,获取高额利润,把投资收益率定得很高,以实现短期收益目标。多数企业采用长期预期投资收益率目标。

确立预期收益率定价目标,必须全面考虑行业性质、产品特点、市场竞争状况、市场可接受度和法律政策等因素,事先进行充分的预测分析,结合投资额和回收期,来核定价格、销量和预期的利润水平。采用这种定价目标的企业,一般是实力雄厚、经营状况稳定、生产规模较大和具有一定市场垄断力的大中型企业。

2. 销售导向型目标

1) 销售收入最大化目标

这种定价目标是在保证一定利润水平的前提下,谋求销售额的最大化。某种产品在一定时期、一定市场状况下的销售额由该产品的销售量和价格共同决定,因此销售额的最大化既不等于销量最大,也不等于价格最高。对于需求的价格弹性较大的商品,降低价格而导致的损失可以由销量的增加而得到补偿,因此企业宜采用薄利多销策略,保证在总利润不低于企业最低利润的条件下,尽量降低价格,促进销售,扩大盈利;反之,若商品的需求的价格弹性较小时,降价会导致收入减少,而提价则使销售额增加,企业应该采用高价、厚利、限销的策略。

采用销售收入最大化目标时,确保企业的利润水平尤为重要。这是因为销售额的增加,并不必然带来利润的增加。有些企业的销售额上升到一定程度,利润就很难上升,甚至销售额越大,亏损越多。因此,销售额和利润必须同时考虑。在两者发生矛盾时,除非是特殊情况(如为了尽量地回收现金),应以保证最低利润为原则。

2) 保持和扩大市场占有率目标

市场占有率又称市场份额,是指企业的销售额占整个行业销售额的百分比,或者是指某企业的某产品在某市场上的销量占同类产品在该市场销售总量的比重。市场占有率是企业经营状况和企业产品竞争力的直接反映。作为定价目标，市场占有率与利润的相关性很强，从长期来看，较高的市场占有率必然带来高利润。美国市场营销战略影响利润系统的分析指出：当市场占有率在10%以下时，投资收益率大约为8%；市场占有率在10%～20%之间时，投资收益率在14%以上；市场占有率在20%～30%之间时，投资收益率约为22%；市场占有率在30%～40%之间时，投资收益率约为24%；市场占有率在40%以上时，投资收益率约为29%。因此，以销售额为定价目标具有获取长期较好利润的可能性。

市场占有率目标在运用时存在着保持和扩大两个互相递进的层次。保持市场占有率的定价目标的特征是根据竞争对手的价格水平不断调整价格，以保证足够的竞争优势，防止竞争对手占有自己的市场份额。扩大市场占有率的定价目标就是从竞争对手那里夺取市场份额，以达到扩大企业销售市场乃至控制整个市场的目的。

在实践中，市场占有率目标被国内外许多企业所采用，其方法是以较长时间的低价策略来保持和扩大市场占有率，增强企业竞争力，最终获得最优利润。但是，这一目标的顺利实现至少应具备三个条件。

（1）企业有雄厚的经济实力，可以承受一段时间的亏损，或者企业本身的生产成本本来就低于竞争对手。

（2）企业对其竞争对手情况有充分了解，有从其手中夺取市场份额的绝对把握。否则，企业不仅不能达到目的，反而很有可能会受到损失。

（3）在企业的宏观营销环境中，政府未对市场占有率做出政策和法律的限制。比如美国制定有"反垄断法"，对单个企业的市场占有率进行限制，以防止少数企业垄断市场。在这种情况下，盲目追求高市场占有率，往往会受到政府的干预。

3. 竞争导向型目标

1) 避免和应付竞争目标

这种定价目标是在激烈竞争的市场上，企业为了适应竞争的需要而制定的。在市场竞争中，价格竞争是一个重要的竞争手段。尤其是在产品标准化程度高、产品差异性小、规模经济要求明显的行业，价格竞争更为激烈。

为避免和应付竞争，企业可采用制定低于、高于竞争者价格或与竞争者相同价格的定价策略。若某企业是市场的领导者，为避免竞争，一般以适当的低价主动防御现实和潜在的竞争者。而那些经营实力有限，产品知名度低的企业，为了扩大市场占有率，通常也将价格定得低于主要竞争者的价格。只有处于绝对优势地位的企业，才可以把价格定得高于其他竞争者。一般情况下，只要竞争者维持原价，企业也可以维持原价；竞争者改变价格时，企业也应适当调价。

一个企业在遇到其他挑战者的价格竞争时，常常采用更低的价格进行反击。但这种价格战容易使竞争双方两败俱伤，风险很大。例如近年来的"彩电大战"中，一个企业的降价引起其他企业竞相降价，最终导致整个彩电行业的重大损失。因此，为避免价格竞争，企业应在产品质量、促销、分销渠道等方面与竞争者展开竞争。

2) 保持和稳定价格目标

稳定的价格通常是大多数企业获得一定目标收益的必要条件，市场价格越稳定，经营风险也就越小。稳定价格目标的实质即是通过本企业产品的定价来左右整个市场价格，避免不必要的价格波动。按这种目标定价，可以使市场价格在一个较长的时期内相对稳定，减少企业之间因价格竞争而发生的损失。

为达到稳定价格的目的，通常情况下是由那些拥有较高的市场占有率、经营实力较强或较具有竞争力和影响力的领导者先制定一个价格，其他企业的价格则与之保持一定的距离或比例关系。对大企业来说，这是一种稳妥的价格保护政策；对中小企业来说，由于大企业不愿意随便改变价格，竞争性减弱，其利润也可以得到保障。在钢铁、采矿业、石油化工等行业内，稳定价格目标得到最广泛的应用。

将定价目标分为利润导向型、销量导向型以及竞争导向型三大类型目标，只是一种实践经验的总结，它既没有穷尽所有可能的定价目标，又没有限制每个企业只能选用其中的一种。由于资源的约束、企业规模和管理方法的差异，企业可能从不同的角度选择自己的定价目标。不同行业的企业有不同的定价目标，同一行业的不同企业可能有不同的定价目标，同一企业在不同的时期、不同的市场条件下也可能有不同的定价目标，即使采用同一种定价目标，其价格策略、定价方法和技巧也可能不同。企业应根据自身的性质和特点，具体情况具体分析，权衡各种定价目标的利弊，灵活确定自己的定价目标。

10.1.2 产品成本

某种产品的最高价格取决于市场需求，最低价格取决于这种产品成本。产品成本是企业在生产经营过程中各种费用的总和，是价格构成的基本因素和制定价格的基础。它不仅是企业定价的依据，同时也是制定产品价格的最低界限。

根据市场营销定价策略的不同需要，对成本可以从不同的角度作以下分类。

（1）固定成本。固定成本是指企业在固定投入要素上的支出，在短期内不受产量变化的影响，如折旧费、房租、借款利息和管理费用等。

（2）变动成本。变动成本是指企业在可变投入要素上的支出，其总量是随着产量的变化而变化的成本，如生产工人的工资、直接材料费和直接营销费用等。

（3）总成本。总成本是固定成本与变动成本之和。当产量为零时，总成本等于固定成本。

（4）平均固定成本。平均固定成本即总固定成本除以产量的商。固定成本不随产量的变动而变动，但是平均固定成本必然随产量的增加而减少，随产量的减少而增加。

（5）平均变动成本。平均变动成本即总变动成本除以产量的商。平均变动成本不会随产量增加而变动。但是当生产发展到一定的规模，工人熟练程度提高，批量采购原材料价格优惠，变动成本呈递减趋势；如果超过某一极限，则平均变动成本又可能上升。

（6）平均成本。平均成本即总成本除以产量。因为固定成本和变动成本随生产效率提高、规模经济效益的逐步形成而下降，单位产品平均成本呈递减趋势。

（7）边际成本。在一定产量上，最后增加的那个产品所花费的成本，从而引起总成本的增量。这个增量即边际成本。企业可根据边际成本等于边际收益的原则，以寻求最大利润的均衡产量；同时，按边际成本制定产品价格，使企业的资源得到合理利用。

（8）长期成本。长期成本即企业能够调整全部生产要素时，生产一定数量的产品所消耗的成本。所谓长期，是指足以使企业能够根据它所要达到的产量来调整一切生产要素的时间量。在长时期内，一切生产要素都可以变动。所以长期成本中没有固定成本和可变成本之分，只有总成本、边际成本与平均成本之别。

（9）机会成本。机会成本是指企业为从事某项经营活动而放弃另一项经营活动的机会，或利用一定资源获得某种收入时所放弃的另一种收入。另一项经营活动所应取得的收益或另一种收入即为正在从事的经营活动的机会成本。

10.1.3　市场需求

产品价格除受成本影响外，还受市场需求的影响。即受商品供给与需求的相互关系的影响。当商品的市场需求大于供给时，价格应高一些；当商品的市场需求小于供给时，价格应低一些。反过来，价格变动影响市场需求总量，从而影响销售量，进而影响企业目标的实现。因此，企业制定价格就必须了解价格变动对市场需求的影响程度。反映这种影响程度的一个指标就是商品的价格需求弹性系数。

价格需求弹性系数是指由于价格的相对变动，而引起的需求相对变动的程度。通常可用下式表示：

$$需求弹性系数 = 需求量变动百分比 \div 价格变动百分比$$

企业可以根据价格敏感度（或需求弹性），采取适当价格策略，以刺激需求，促进销售，增加销售收入。

影响价格敏感度（或需求弹性）的因素大致如下。

（1）独特价值效应：产品越是独特，顾客对价格越不敏感。

（2）替代品知名效应：顾客对替代品知之越少，他们对价格的敏感性越低。

（3）难以比较效应：如果顾客难以对替代品的质量进行比较，他们对价格越不敏感。

（4）总开支效应：开支在顾客收入中所占比重越小，他们对价格的敏感性越低。

（5）最终利益效应：开支在最终产品的全部成本的费用中所占比例越低，顾客的价格敏感性越低。

（6）分摊成本效应：如果一部分成本由另一方分摊，顾客的价格敏感性越低。

（7）积累投资效应：如果产品与以前购买的资产合在一起使用，顾客对价格不敏感。

（8）价格质量效应：假设顾客认为某种产品质量更优、声望更高或是更高档的产品，顾客对价格的敏感性就越低。

（9）存货效应：顾客如无法储存商品，他们对价格的敏感性就越低。

10.1.4　竞争状况

价格策略不仅依赖于消费者的反应，而且依赖于竞争者的反应。竞争者的行为依不同的市场结构中竞争的激烈程度和竞争优势的变化而不同。根据市场上企业的数量和大小、产品的差异化程度以及新企业进入市场的可能性等特征，市场可分为完全竞争、垄断竞争、寡头垄断和完全垄断四种类型。在完全竞争条件下，买者和卖者都大量存在，产品都是同质的，不存在质量与功能上的差异，企业自由地选择产品生产，买卖双方能充分地获得市场情报。因此，在完全竞争条件下，无论是买方还是卖方都不能对产品价格进行影响，只能在市场既定价格下从事生产和交易。在垄断竞争条件下，少数买者或卖者对价格和交易数量起着较大的影响作用，买卖各方获得的市场信息是不充分的，它们的活动受到一定的限制，而且它们提供的同类商品有差异，之间存在着一定程度的竞争。在垄断竞争条件下，企业的定价策略有比较大的回旋余地，它既要考虑竞争对象的价格策略，也要考虑本企业定价策略对竞争态势的影响。在寡头垄断（完全寡头竞争）的条件下，整个行业的市场价格较稳定，但各个寡头企业在广告宣传、促销等方面竞争较激烈。在完全垄断竞争情况下，交易的数量与价格由垄断者单方面决定。

市场结构不同，企业定价方式也不同。在完全竞争的市场条件下，价格完全由市场形成，企业是市场价格的接受者，没有定价的主动权。在垄断竞争的条件下，各个企业的产品具有差异性；但同时，产品之间又可以相互替代，存在着竞争。定价的主动权在企业，企业应根据产品差异化程度和竞争者的价格制定适当的价格。产品的差异化程度高、竞争优势明显的企业，其价格可高于其他竞争者。而在寡头垄断市场结构中，由于企业数目较少，企业间的行为相互依存，相互影响。在定价时应充分考虑竞争者的反应。企业任何价格的变动都会引起竞争者的关注，并致使竞争者采取相应的对策。市场竞争格局和企业在市场上的地位，都会因某个企业的价格行为发生巨大变化。在完全垄断的条件下，在一个行业中只有一个卖主，没有其他企业与之竞争，这个卖主完全控制了市场价格，它可以在国家法律允许的范围内随意定价。

10.1.5 其他营销组合因素

定价策略作为营销组合策略中的一个重要组成部分，在选用价格策略时，必须考虑到价格与其他营销变量的相互影响，尽量使价格策略与其他营销策略相适应，发挥最大的综合效应。

1. 产品因素对企业定价的影响

只要企业的产品组合有一定的宽度、深度和层次，相应地便存在一等比例价格和价格关系。产品组合越宽，不同产品之间的价格比例关系越多；产品组合越深，消费替代品之间的价格关系越复杂；产品组合层次越多，消费连带品之间的价格关系也越复杂。

企业产品使用价值的各种指标及其评价，是企业正确价格决策的重要参数。

企业产品的种类、需求弹性、生命周期、购买频率、商标与包装均对企业定价有着重的作用。

2. 分销因素对企业定价的影响

产品的销售渠道、销售方式和销售市场网点设置等，对产品的销售有重大影响，而销售量又影响到销售成本和销售收入和销售利润高低，进而影响企业价格水平的确定。

营销渠道的多少、长短，中间商的选择均关系到企业价格形态的状况以及价格水平的差异。

3. 促销因素对企业定价的影响

这个因素一方面可以增加企业的销售量，另一方面要增加企业的费用开支（特别是广告费),这两方面均对企业价格决策产生影响。企业价格决策时要分析比较各项促销活动的费用和的关系,以作出正确的决定。

10.1.6 政策法律

除了上述的因素之外,国家法律和政策对价格决策也有重要的影响。政府为了维护经济秩序,或为了其他目的,可能通过立法或者其他途径对企业的价格策略进行约束和限制。这种约束和限制主要体现在价格构成、价格种类、价格变化、价格水平和价格管理等方面。比如,国家直接参与价格竞争,政府制定统一价格,限制最高价格与最低价格,规定价格加成比例和成本构成要素等。每种经济法规的施行和管制手段的运用,都将引起企业定价条件的改变。因此,企业在日常经营和定价过程中应密切注意货币政策、财政政策、贸易政策、法律和行政调控体系对市场流通和价格的管制措施等。企业在定价时一方面要遵守国家法律和政策,制定最优价格,同时又要善于利用这些法律和政策保护自己的合法利益。

10.2 定价的一般方法

10.2.1 成本导向定价法

成本导向定价法是一种以成本为中心的定价方法,也是传统的、运用得较普遍的定价方式。这种定价方法强调企业定价必须以产品成本为最低界限,在保本的基础上综合考虑不同的情况制定价格。成本导向定价法的具体做法是按照产品成本加一定的利润定价。成本加成法包含不同的具体种类,主要有成本加成定价法、目标收益定价法、变动成本定价法和盈亏平衡点定价法。

1. 成本加成定价法

成本加成定价法,是根据服务成本和企业合理的利润水平来确定服务价格,其计算公式为:

产品单价＝单位产品完全成本(1＋加成率)

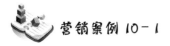

某彩电的成本加成定价

某电视机厂生产 2 000 台彩色电视机,总固定成本 600 万元,每台彩电的变动成本为 1 000 元,确定加成率为 25%。则采用成本加成定价法确定价格的过程如下:

单位产品固定成本＝6 000 000÷2 000＝3 000(元)

单位产品总成本＝3 000＋1 000＝4 000(元)

单位产品价格＝4 000(1＋25%)＝5 000(元)

采用成本加成定价法,确定合理的加成率(包含利润和税金)是一个关键问题,而加成率的确定,必须考虑市场环境、行业特点等多种因素。某一行业的某一产品在特定市场以相同的价格出售时，成本低的企业能够获得较高的利润率，并且在进行价格竞争时可以拥有更大的回旋空间。

在用成本加成方式计算价格时，对成本的确定是在假设销售量达到某一水平的基础上进行的。因此，若产品销售出现困难，则预期利润很难实现，甚至成本补偿也变得不现实。但是，这种方法也有一些优点：首先，这种方法简化了定价工作，便于企业开展经济核算。其次，若某个行业的所有企业都使用这种定价方法，他们的价格就会趋于相似，因而价格竞争就会减到最少。再次，在成本加成的基础上制定出来的价格对买方和卖方来说都比较公平，卖方能得到正常的利润，买方也不会觉得受到了额外的剥削。成本加成定价法一般在租赁业、建筑业、服务业、科研项目投资以及批发零售企业中得到广泛的应用。即使不用这种方法定价，许多企业也多把用此法制定的价格作为参考价格。

2. 目标收益定价法

目标收益定价法又称投资收益率定价法，是根据企业的投资总额、预期销量和投资回收期等因素来确定价格。

营销案例 10-2

某彩电的目标收益定价

假设上面一例中建设电视机厂的总投资额为 800 万元，投资回收期为 5 年，则采用目标收益定价法确定价格的基本步骤如下。

(1) 确定目标收益率

$$目标收益率 = 1/投资回收期 \times 100\% = 1/5 \times 100\% = 20\%$$

(2) 确定单位产品目标利润额

$$单位产品目标利润额 = 总投资额 \times 目标收益率 \div 预期销量$$
$$= 8\,000\,000 \times 20\% \div 2\,000 = 800(元)$$

(3) 计算单位产品价格

$$单位产品价格 = 企业固定成本 \div 预期销量 + 单位变动成本 + 单位产品目标利润额$$
$$= 6\,000\,000 \div 2\,000 + 1\,000 + 800 = 4\,800(元)$$

与成本加成定价法相类似，目标收益定价法也是一种生产者导向的产物，很少考虑到市场竞争和需求的实际情况，只是从保证生产者的利益出发制定价格。另外，先确定产品销量，再计算产品价格的做法完全颠倒了价格与销量的因果关系，把销量看成是价格的决定因素，在实际上很难行得通。尤其是对于那些需求的价格弹性较大的产品，用这种方法制定出来的价格，无法保证销量的必然实现，那么，预期的投资回收期、目标收益等也就只能成为一句空话。不过，对于需求比较稳定的大型制造业、供不应求且价格弹性小的商品、市场占有率高、具有垄断性的商品，以及大型的公用事业、劳务工程和服务项目等，在科学预测价格、销量、成本和利润四要素的基础上，目标收益法仍不失为一种有效的定价方法。

3. 变动成本定价法

变动成本定价法又称"增量分析定价法"。其基本原理是，只要产品价格高于单位变动成本，产品的边际收入就大于零，销量增加就能导致总收入的增加，该价格就可以接受。在应用该方法定价时，因只考虑变动成本，没有考虑固定成本，在某些情况下，可能会造成企业的亏损，但可以通过补偿全部变动成本和部分固定成本，减少亏损。计算公式为：

价格≥单位变动成本

该方法为价格制定规定了最低界限。企业一般在以下几种情况下可采用变动成本定价法：在生产能力富余的情况下，为了接受新的任务；企业亏损时，为了减少亏损；企业生产相互替代或互补的几种产品时。

这批河鱼如何处理

假设某公司某日收购活河鱼500公斤，收购价每公斤3元，当地当日零售价每公斤4元。但由于天气炎热当天只能销售100公斤，到了下午还余下400公斤。有一商贩提出愿意以每公斤2.6元的价全部购去。据了解，他连夜运到城里去，次日死鱼每公斤可售3元。该水产公司若自行运销进城，要支付卡车运费和职工外勤补贴总费用120元。如果存放冷库，每日每公斤冷藏费为0.1元，预计每天也销100公斤。当地冻河鱼价格平均每公斤2.8元。

问题：这批河鱼如何处理？（要求：比较三种方案的边际贡献，即"MR－MC"，选择最优方案。）

变动成本定价法改变了售价低于总成本便拒绝交易的传统做法，在竞争激烈的市场条件下具有极大的定价灵活性，对于有效地对付竞争者，对于开拓新市场，调节需求的季节差异，形成最优产品组合可以发挥巨大的作用。但是，过低的成本有可能被指控为从事不正当竞争，并招致竞争者的报复，在国际市场则易被进口国认定为"倾销"，产品价格会因"反倾销税"的征收而畸形上升，失去其最初的意义。

4. 盈亏平衡点定价法

盈亏平衡点法是以企业总成本与总收入保持平衡为依据来确定价格的一种方法。其基本原理是在销售量达到一定水平时，企业应如何定价才不会发生亏损；反过来，当已知价格在某一水平上时，该产品应销售多少，才能保本。采用该种定价方法有两个前提：一是企业的总成本能明确划分为固定成本和变动成本两个部分；二是假定企业不存在销售困难，销量等于产量。计算步骤及公式如下。

1) 确定盈亏平衡点时的产量

盈亏平衡点时的产量＝固定成本÷（价格－变动成本）

2) 确定盈亏平衡点时的价格

盈亏平衡点时的价格＝总固定成本÷盈亏平衡点时的产量＋单位可变成本

例如，某企业年固定成本为100 000元，单位产品变动成本为30元/件，若盈亏平衡时的产量为2 000件，则该企业盈亏平衡点价格＝100 000÷2 000＋30＝80元。

以盈亏平衡点确定价格只能使企业的生产耗费得以补偿，而不能得到收益。因此，在实际中均将盈亏平衡点价格作为价格的最低限度，通常在加上单位产品目标利润后才作为最终市场价格。有时，为了开展价格竞争或应付供过于求的市场格局，企业采用这种定价方式以取得市场竞争的主动权。

从本质上说，成本导向定价法是一种卖方定价导向。它忽视了市场需求、竞争和价格水平的变化，在有些时候与定价目标相脱节，不能与之很好地配合。此外，运用这一方法制定的价格均是建立在对销量主观预测的基础上，从而降低了价格制定的科学性。因此，在采用成本导向定价法时，还需要充分考虑需求和竞争状况，来确定最终的市场价格水平。

10.2.2 需求导向定价法

这种定价方法,又称"顾客导向定价法""市场导向定价法",是以消费者的需求为中心的企业定价方法,它根据市场需求状况和消费者对产品的感觉差异来确定价格。其特点是灵活有效地运用价格差异,对平均成本相同的同一产品,价格随市场需求的变化而变化,不与成本因素发生直接关系。需求导向定价法主要包括理解价值定价法、逆向定价法和差别定价法。

1. 理解价值定价法

理解价值定价法也称感受价值定价法、认知价值定价法。这种定价方法认为,某一产品的性能、质量、服务、品牌、包装和价格等,在消费者心目中都有一定的认识和评价。消费者往往根据他们对产品的认识、感受或理解的价值水平,综合购物经验、对市场行情和同类产品的了解而对价格做出评判。当商品价格水平与消费者对商品价值的理解水平大体一致时,消费者就会接受这种价格,反之,消费者就不会接受此价格,商品就卖不出去。认知价值定价法的优点十分明显,但实际操作时不易掌握,主观性较大。企业对消费者认知价值的评定和判断越准确,成功的可能性越大,否则,失败率越高。在运用认知价值定价法对产品进行定价时应注意以下几点。

(1) 企业应获得消费者对产品认知价值的准确资料。企业如果过高估计消费者的认知价值,其定价就可能过高,难以达到应有的销量;反之,若企业低估了消费者的认知价值,其定价就可能低于应有水平,使企业的收入减少。因此,企业必须通过良好的市场调研,准确地评定和判断消费者的认知价值。

(2) 企业并不只能被动地接受消费者对其产品的评价和判断,可以充分应用各种营销组合策略,影响和提高消费者对产品的认知价值。如,企业可以借助促销宣传,来创造产品的名牌形象,以制定较高的价格,获取超额利润。一瓶法国香水与一瓶国产香水的价格相差几十倍,甚至上百倍,这种差价,主要不是成本和质量差别,而是法国香水的品牌极大提升了消费者的认知价值。

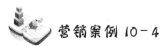
营销案例 10-4

凯特皮勒的认知价值定价

美国凯特皮勒公司是一家大型建筑设备制造企业,公司曾利用理解价值定价法,成功地为其产品定价。以推土机为例,竞争者的每台价格仅为20 000美元,而凯特皮勒公司的同类产品却高达24 800美元。尽管如此,其推土机的销售量仍高于竞争者。那么,凯特皮勒公司的推土机价格是怎样定出来的呢? 为什么高价仍然俏销? 这是因为公司在定价之前,认真调查、了解潜在消费者的需求情况,综合分析评价市场对凯特皮勒产品的认知价值。定价如下:

20 000美元是本企业产品与竞争者产品相同的基价,另外加

3 000美元优等信誉加价;

2 000美元名牌或优等声望加价;

2 000美元优等可靠性加价;

2 000 美元优等服务加价；

1 000 美元优等质量加价；

1 000 美元多功能和用途加价。

认知价值共计 31 000 美元，考虑到市场竞争、需求弹性和中间商利润，凯特皮勒公司决定在认知价值的基础上折扣 20%，最终执行价格为 31 000－31 000×20%＝24 800 美元。

理解价值定价法的基本步骤如下。

(1) 根据产品的质量、功能、用途、服务水平和经营组合因素等条件确定顾客的理解价值，以决定商品的初始价格。

(2) 估计在此价格水平时，可望达到的销售量，预期的目标利润。

(3) 预测目标成本。

目标成本总额＝销售收入总额－目标利润总额－税金总额

或者：单位产品目标成本＝单位产品价格－单位产品目标利润－单位产品税金

(4) 决策。

如果实际成本≤目标成本，说明目标利润可以保证，可把初始价格确定为产品的实际价格；如果实际成本＞目标成本，说明在初始条件下，目标利润得不到保证，可以降低目标利润水平或者降低实际成本以使原始方案得以实行，否则只能放弃。

2. 逆向定价法

这种定价方法主要不是考虑产品成本，而重点考虑需求状况。依据消费者能够接受的最终销售价格，逆向推算出中间商的批发价和生产企业的出厂价格。按照不同的比率对不同的中间商倒算折扣率。一般来说中间环节越多，折扣率就越大。

逆向定价法的特点是价格能反映市场需求情况，有利于加强与中间商的良好关系，保证中间商的正常利润，使产品迅速向市场渗透，并可根据市场供求情况及时调整，定价比较灵活。这种定价方法特别适用于需求弹性大、花色品种多、产品更新快、市场竞争激烈的商品；企业新开发的、拟投放市场的新产品。

例如：某商品的零售价为 100 元，按照此价给予零售商、批发商分别为 30%和 10%的折扣，零售商向批发商付款：100(1－30%)＝70 元，批发商向生产企业付款：70(1－10%)＝63 元。

3. 差别定价法

所谓差别定价法，是指产品价格的确定以需求为依据，首先强调适应消费者需求的不同特性，而将成本补偿只放在次要的地位。这种定价方法，对同一商品在同一市场上制订两个或两个以上的价格，或使不同商品价格之间的差额大于其成本之间的差额。其好处是可以使企业定价最大限度地符合市场需求，促进商品销售，有利于企业获取最佳的经济效益。

根据需求特性的不同，需求差别定价法通常有以下几种形式。

1) 以用户为基础的差别定价

它指对同一产品针对不同的用户或顾客，制订不同的价格。比如，对老客户和新客户、长期客户和短期客户、女性和男性、儿童和成人、残疾人和健康人、工业用户和居民用户等,分别采用不同的价格。

2) 以地点为基础的差别定价

它随着地点的不同而收取不同的价格,比较典型的例子是剧院、体育场、飞机等,其座位不同,票价也不一样。例如,体育场的前排可能收费较高,旅馆客房因楼层、朝向、方位的不同而收取不同的费用。这样做的目的是调节客户对不同地点的需求和偏好,平衡市场供求。

3) 以时间为基础的差别定价

同一种产品,成本相同,而价格随季节、日期、甚至钟点的不同而变化。例如,供电局在用电高峰期和闲暇期制定不同的电费标准;电影院在白天和晚上的票价有别。对于某些时令商品,在销售旺季,人们愿意以稍高的价格购买;而一到淡季,则购买意愿明显减弱,所以这类商品在定价之初就应考虑到淡、旺季的价格差别。

4) 以产品为基础的差别定价

不同外观、花色、型号、规格和用途的产品,也许成本有所不同,但它们在价格上的差异并不完全反映成本之间的差异,而主要区别在于需求的不同。例如,棉纺织品卖给纺织厂和卖给医院的价格不一样,工业用水、灌溉用水和居民用水的收费往往有别,对于同一型号而仅仅是颜色不同的产品,由于消费者偏好的不同,也可以制定不同的价格。

5) 以流转环节为基础的差别定价

企业产品出售给批发商、零售商和用户的价格往往不同,通过经销商、代销商和经纪人销售产品,因责任、义务和风险不同,佣金、折扣及价格等都不一样。

6) 以交易条件为基础的差别定价

交易条件主要指交易量大小、交易方式、购买频率和支付手段等。交易条件不同,企业可能对产品制定不同价格。比如,交易批量大的价格低,零星购买价格高;现金交易价格可适当降低,支票交易、分期付款、以物易物的价格适当提高;预付定金、连续购买的价格一般低于偶尔购买的价格。

由于需求差异定价法针对不同需求而采用不同的价格,实现顾客的不同满足感,能够为企业谋取更多的利润,因此,在实践中得到广泛的运用。但是,也应该看到,实行区别需求定价必须具备一定的条件,否则,不仅达不到差别定价的目的,甚至会产生副作用。这些条件如下。

(1) 从购买者方面来说,购买者对产品的需求有明显的差异,需求弹性不同,市场能够细分,不会因差别价格而导致顾客的反感。

(2) 从企业方面来说,实行不同价格的总收入要高于同一价格的收入。因为差别定价不是目的,而是一种获取更高利润的手段,所以企业必须进行供求、成本和盈利分析。

(3) 从产品方面来说,各个市场之间是分割的,低价市场的产品无法向高价市场转移。这种现象可能是由于交通运输状况造成的,也可能是由于产品本身特点造成的。如劳务项目难以通过市场转卖而获取差额利润,所以,适宜采用差别定价方法。

(4) 从竞争状况来说,无法在高价市场上进行价格竞争。这可能是本企业已垄断市场,竞争者极难进入,也可能是产品需求弹性小,低价不会对消费者需求产生较大的影响;还可能是消费者对本企业产品已产生偏好。

蒙玛公司的多段定价

蒙玛公司在意大利以"无积压商品"而闻名,其秘诀之一就是对时装分多段定价。它规定新时装上市,以3天为一轮,凡一套时装以定价卖出,每隔一轮按原价削10%,以此类推,那么到10轮(一个月)之后,蒙玛公司的时装价就削到了只剩35%左右的成本价了。这时的时装,蒙玛公司就以成本价售出。因为时装上市仅一个月,价格已跌到1/3,谁还不来买?所以一卖即空。蒙玛公司最后结算,赚钱比其他时装公司多,又没有积货的损失。国内也有不少类似范例。杭州一家新开张的商店,挂出"日价商场"的招牌,对店内出售的时装价格每日递减,直到销完。此招一出,门庭若市。

10.2.3 竞争导向定价法

企业在制定价格时,往往不仅要考虑成本和需求,还要结合目标市场的竞争结构和水平,依据企业在目标市场的竞争地位,选用适当的定价方法。竞争导向定价法,就是以竞争为中心的、以竞争对手的定价为依据,并根据竞争态势的变化来调整价格的定价方法。竞争导向定价法的特点是价格与产品成本和需求不发生直接关系;其最大优点在于考虑到了产品价格在市场上的竞争力;其主要缺点有:过分关注在价格上的竞争,容易忽略其他营销组合可能造成产品差异化的竞争优势;容易引起竞争者报复,导致恶性地降价竞争,使公司毫无利润可言;实际上竞争者的价格变化并不能被精确的估算。

常用的竞争导向定价法有:随行就市定价法、进攻性定价法和密封投标定价法。

1. 随行就市定价法

在垄断竞争和完全竞争的市场结构条件下,任何一家企业都无法凭借自己的实力而在市场上取得绝对的优势,为了避免竞争特别是价格竞争带来的损失,大多数企业都采用随行就市定价法,即将本企业某产品价格保持在市场平均价格水平上,利用这样的价格来获得平均报酬。此外,采用随行就市定价法,企业就不必去全面了解消费者对不同价差的反应,从而为营销、定价人员节约了很多时间。

采用随行就市定价法对企业来说具有以下优点:流行价格水平代表了整个行业或部门中所有企业的经营水平,在成本相近、产品差异小、交易条件基本相同的条件下,采用这种定价方法,可以保证各企业获得平均利润;各企业价格保持一致,可以避免恶性价格战的发生,也有利于整个行业的健康、稳定发展;定价相对简单,不必考虑成本和需求,可以为企业节省许多调研时间和费用,同时也可避免因价格变动所带来的风险,是一种较为稳妥的定价方法。但其缺点是企业的利润得不到保证,成本高于行业平均成本的企业可能还会发生亏损。

采用随行就市定价法,最重要的就是确定目前的"行市"。在实践中,"行市"的形成有两种途径:第一种途径是在完全竞争的环境里,各个企业都无权决定价格,通过对市场的无数次试探,相互之间取得一种默契而将价格保持在一定的水准上。第二种途径是在垄断竞争的市场条件下,某一部门或行业的少数几个大企业首先定价,其他企业参考定价或追随定价。

另外，运用随行就市定价法必须注意：企业必须把握具有代表性的市场价格或平均价格，以便采用相应的价格对策；实行随行就市定价法，市场上价格竞争减弱，非价格竞争成为主要的竞争手段，如企业通过质量、品牌、服务、广告宣传、销售渠道等开展竞争，常常比价格竞争更具有隐蔽性，更具有竞争力。因此，企业此时应围绕非价格竞争打造企业的核心竞争能力，以保持企业的竞争优势。

2. 进攻性定价法

从根本上来说，随行就市定价法是一种防御性的定价方法，它在避免价格竞争的同时，也抛弃了价格这一竞争的"利器"。进攻性定价法则反其道而行之，它是指企业通过不同的营销努力，使同种同质的产品在消费者心目中树立起不同的产品形象，进而根据自身特点，选取低于或高于竞争者的价格作为本企业产品价格。因此，产品差别定价法是一种进攻性的定价方法。

进攻性定价法的运用，首先要求企业必须具备一定的实力，在某一行业或某一区域市场占有较大的市场份额，消费者能够将企业产品与企业本身联系起来。其次，在质量大体相同的条件下实行差别定价是有限的，尤其对于定位为"质优价高"形象的企业来说，必须支付较大的广告、包装和售后服务方面的费用。因此，从长远来看，企业只有通过提高产品质量，才能真正赢得消费者的信任，才能在竞争中立于不败之地。

3. 密封投标定价法

密封投标定价法，是指由投标竞争的方式确定商品价格的方法。一般由招标方（买主）公开招标，投标方（卖主）竞争投标，密封递价，买方择优选定价格。投标竞争定价的基本特点是，招标方只有一个，处于相对垄断地位，而投标方有多个，处于相互竞争地位。

一般情况下，企业能够中标，在很大程度上取决于该企业与竞争者在质量、服务和价格等方面的综合较量。卖者（投标人）供应的商品或劳务质量是一样的，买者（招标人）就选择其中价格最低的卖者。如果卖者供应的商品或劳务的质量不一样，买者就要在质量和价格之间进行权衡。在仅考虑报价水平时，报价高，利润大，但被竞争者抢标的可能性也大；反之，报价低，利润小，中标机会大。因此，企业在投标时，就有一个最优价格的确定问题。一般情况下，企业通常采用最大期望利润来确定最优报价。具体步骤如下。

首先，企业根据自身的成本，确定几个备选的投标价格方案，并依据成本利润率计算出企业可能盈利的各个价格水平。

其次，分析竞争对手的实力和可能报价，确定本企业各个备选方案的中标机会。竞争对手的实力包括产销量、市场占有率、信誉、声望、质量、服务水平等项目，其可能报价则在分析历史资料的基础上得出。

再次，根据每个方案可能的盈利水平和中标机会，计算每个方案的期望利润。公式如下：

$$每个方案的期望利润 = 每个方案可能的盈利水平 \times 中标概率$$

最后，根据企业的投标目的来选择投标方案。

密封投标定价法的主要优点是，通过公平竞争的方式实现交易过程，避免了价格决策的主观性和交易中的"寻租"行为。但由于组织招标过程复杂,组织费用较高,一般适用于大宗商品、原材料、零部件和工程项目的买卖和承包。

10.3 定价的基本策略

定价是一个极为复杂的过程。消费者接受某一商品的价格,受到心理、社会和文化的影响。企业按照不同的定价目标,采用不同的定价方法,只是得到产品的基本价格。企业还要根据各种不同的市场环境、产品条件和企业目标,运用灵活多变的定价技巧,修正和调整产品的基本价格,制定出为消费者所接受的价格。这就涉及定价过程中的选择问题。定价策略有很多,本节将介绍几种在市场营销活动中基本的定价策略。

营销案例 10-6

奇特的价格策略

休布雷公司在美国伏特加酒的市场中,属于营销出色的企业,他们生产的史密诺夫酒在伏特加酒的市场占有率中达 23%。20 世纪 60 年代,另一家公司推出了一种新型伏特加酒,其质量不比罗密诺夫酒低,而每瓶酒的价格却比史密诺夫酒低 1 美元。

按照惯例,休布雷公司面前有三条对策可用:

第一,降低 1 美元,以保住市场占有率。

第二,维持原价,通过增加广告费用和推销支出与竞争对手竞争。

第三,维持原价,听任市场占有率低。

由此看来,不论休布雷采取以上哪种策略,都很被动,似乎将是输定了。但是,该公司的市场营销人员经过深思熟虑后,却采取了令人们大吃一惊、意想不到的第四种策略。那就是:将史密诺夫酒的价格再提高一美元,同时推出一种与竞争对手的新伏特加价格一样的瑞色加酒和另一种价格更低的波波酒。

问题:

(1) 第四种策略是否恰当?为什么?

(2) 这一策略使公司的目标市场策略发生了怎样的变化?

10.3.1 新产品定价策略

新产品定价是企业价格策的一个关键环节。因为新产品的成本高、顾客对它不了解,竞争对手也可能还没有出现,所以新产品价格确定的正确与否,关系到新产品能否顺利进入市场,并为以后占领市场打下基础。

1. 受专利保护创新产品的定价策略

受专利保护创新产品的定价策略主要有三种。

1) 取脂定价策略

取脂定价策略又称撇油定价策略,是指企业在产品寿命周期的投入期或成长期,利用消费者的求新、求奇心理,抓住激烈竞争尚未出现的有利时机,有目的地将价格定得很高,以便在短期内获取尽可能多的利润,尽快地收回投资的一种定价策略。其名称来自从鲜奶中撇取乳脂，含有提取精华之意。

利用高价产生的厚利，使企业能够在新产品上市之初，即能迅速收回投资，减少了投资风险，这是使用取脂策略的根本好处。此外，取脂定价还有以下几个优点。

(1) 在全新产品或换代新产品上市之初，顾客对其尚无理性的认识，此时的购买动机多属于求新求奇。利用这一心理，企业通过制定较高的价格，以提高产品身份，创造高价、优质、名牌的印象。

(2) 先制定较高的价格，在其新产品进入成熟期后可以拥有较大的调价余地，不仅可以通过逐步降价保持企业的竞争力，而且可以从现有的目标市场上吸引潜在需求者，甚至可以争取到低收入阶层和对价格比较敏感的顾客。

(3) 在新产品开发之初，由于资金、技术、资源和人力等条件的限制，企业很难以现有的规模满足所有的需求，利用高价可以限制需求的过快增长，缓解产品供不应求状况，并且可以利用高价获取的高额利润进行投资，逐步扩大生产规模，使之与需求状况相适应。

例如，圆珠笔在1945年发明时，属于全新产品，成本0.5美元一支，可是发明者却利用广告宣传和求新求异心理，以20美元销售，仍然引起了人的争相购买。

当然，取脂定价策略也存在着以下缺点。

(1) 高价产品的需求规模毕竟有限，过高的价格不利于市场开拓、增加销量，也不利于占领和稳定市场，容易导致新产品开发失败。

(2) 高价高利会导致竞争者的大量涌入，仿制品、替代品迅速出现，从而迫使价格急剧下降。此时若无其他有效策略相配合，则企业苦心营造的高价优质形象可能会受到损害，失去一部分消费者。

(3) 价格远远高于价值，在某种程度上损害了消费者利益，容易招致公众的反对和消费者抵制，甚至会被当作暴利来加以取缔，诱发公共关系问题。

实行取脂定价策略必须具有以下条件：首先，新产品比市场上现有产品有显著的优点，能使消费者"一见倾心"；其次，在产品初上市场阶段，商品的需求价格弹性较小或者早期购买者对价格反应不敏感；最后，短时期内由于仿制等方面的困难，类似仿制产品出现的可能性小，竞争对手少。此策略的优点是达到短期最大利润目标，有利于企业的竞争地位的确定。但缺点也明显，即由于定价过高，有时渠道成员不支持或得不到消费者认可；同时，高价厚利会吸引众多的生产者和经营者转向此产品的生产和经营，加速市场竞争的白热化。

从根本上看，取脂定价是一种追求短期利润最大化的定价策略，若处置不当，则会影响企业的长期发展。因此，在实践当中，特别是在消费者日益成熟、购买行为日趋理性的今天，采用这一定价策略必须谨慎。

2) 渗透定价策略

渗透定价策略也称为渐取定价策略，是指企业在新产品投放市场的初期，将产品价格定得相对较低，以吸引大量购买者，获得较高的销售量和市场占有率。这种策略正好同取脂定价策略相反，是以较低的价格进入市场，具有鲜明的渗透性和排他性。

渗透定价策略的优点是可以占有比较大的市场份额，通过提高销售量来获得企业利润,也较容易得销售渠道成员的支持,同时,低价低利对阻止竞争对手的介入有很大的屏障作用。其不利之处在于定价过低,一旦市场占有率扩展缓慢,收回成本速度也慢。有时低价还容易使消费者怀疑商品的质量保证。

采用渗透定价策略的条件是:商品的市场规模较大,存在着强大的竞争潜力;商品的需求价格弹性较大,稍微降低价格,需求量会大大增加,通过大批量生产来降低生产成本。

3) 满意定价策略

满意定价策略,又称平价销售策略,是介于取脂定价和渗透定价之间的一种定价策略。由于取脂定价法定价过高,对消费者不利,既容易引起竞争,又可能遇到消费者拒绝,具有一定风险;渗透定价法定价过低,对消费者有利,对企业最初收入不利,资金的回收期也较长,若企业实力不强,将很难承受。而满意价格策略采取适中价格,基本上能够做到供求双方都比较满意。

这种价格策略的优点在于:满意价格对企业和顾客都是较为合理公平的,由于价格比较稳定,在正常情况下盈利目标可按期实现。其缺点是:价格比较保守,不适于竞争激烈或复杂多变的市场环境。这一策略适用于需求价格弹性较小的商品,包括重要的生产资料和生活必需品。

以上三种新产品定价策略利弊均有,并有其相应的适用环境。企业在具体运用时,采用哪种策略,应从企业的实际情况,生产能力、市场需求特征、产品差异性、预期收益,消费者的购买能力和对价格的敏感程度等因素出发,综合分析,灵活运用。

2. 仿制新产品的定价策略

仿制品是企业模仿国内外市场上的畅销货而生产出的新产品。可供企业选择仿制新产品的定价策略主要有优质高价策略、优质中价策略、优质低价策略、中质高价策略、中质中价策略、中质低价策略、低质高价策略、低质中价策略和低质低价策略九种。如果市场领导者正采取优质高价策略,新来者就应采取其他策略。

10.3.2 产品阶段定价策略

产品阶段定价策略指在"产品生命周期"分析的基础上,依据产品生命周期不同阶段的特点而制定和调整价格。

1. 导入期定价策略

一般可参考新产品的定价策略,对上市的新产品(或者是经过改造的老产品)采取较高或较低的定价。

2. 成长期定价策略

这一阶段,消费者接受产品,销售量增加,一般不贸然降价。但如果产品进入市场时价格较高,市场上又出现了强有力的竞争对手,企业为较快地争取市场占有率提高,也可以适当降价。

在成长期,顾客的注意力不再单纯停留在产品效用上,而是开始比较不同品牌的成本和特性。此时，企业可根据自己的发展目标采用产品差异化战略或成本领先战略来制定新产品的价格。产品差异化战略是指企业必须迅速在研究、生产领域以及顾客心目中确立自己的地位，成为具有这种属性产品的主要供应商；成本领先战略是指企业必须集中力量开发生产成本最低的产品，通常是减少产品差异性，期望能凭借成本优势在价格竞争中获利。

3．成熟期定价策略

这一阶段，消费者人数、销售量都达一最高水平并开始出现回落趋势，市场竞争比较激烈，一般宜采取降价销售策略。但如果竞争者少也可维持原价。具体对策如下。

（1）将相关的组合产品和服务拆开出售而不是捆绑销售。

（2）改进对价格敏感度的量度。

（3）改进成本控制。

（4）利用、扩展产品线。

（5）重新评价分销渠道等方法尽可能地创造竞争优势，以便在竞争日趋激烈的成熟期中保持获利的机会。

4．衰退期定价策略

这一阶段，消费者兴趣转移，销售量激烈下降，一般宜采取果断的降价销售策略，甚至销售价格可低于成本。但如果同行业的竞争者都已退出市场，或者经营的商品有保存价值，也可以维持原价，甚至提高价格。具体而言，有三种对策可供选择。

（1）紧缩：意味着全部或部分地放弃一些细分市场，将资源重新集中于企业更有优势的市场上，其实质是把资金从公司薄弱的市场上撤出来，用于加强在公司具有优势的市场。

（2）收割：意味着逐步退出行业，最开始也是放弃一些薄弱的市场，但收割的目标不是占领较小的、更具防御性的市场，而是最终从行业退出。其定价的目标不是保存住剩下来的市场份额，而是获得最大的收入。

（3）巩固：是试图在衰退期加强竞争优势以从中获益，这种对策仅适用于那些财力雄厚的企业。

各类产品在其产品生命周期的某个阶段一般具有共同的特征，但由于不同种类产品的性质、特点及其市场供求状况的不同，对不同的产品采取的定价策略要实事求是，机动灵活。

10.3.3 折扣与让价策略

折扣与让价，是企业为了更有效地吸引顾客，鼓励顾客购买自己的产品，而给予顾客一定比例的价格减让。这一策略的实质是一种优惠价格，是企业重要的价格竞争手段之一。价格折扣包括数量折扣、现金折扣、功能折扣、季节性折扣和推广让价等多种形式。

1．数量折扣

数量折扣是指按购买数量的多少，分别给予不同的折扣，购买数量愈多，折扣愈大。

其目的是鼓励大量购买或集中向本企业购买。

1）两种数量折扣形式

数量折扣可以分为累计数量折扣和非累计数量折扣两种形式。

（1）累计数量折扣。累计数量折扣是指代理商、中间商或顾客在规定的时间内，当购买总量累计达到折扣标准时，给予一定的折扣。累计数量折扣定价法可以鼓励购买者经常购买本企业的产品，成为企业可信赖的长期客户。企业可据此掌握产品的销售规律，预测市场需求，合理安排生产，经销商也可保证货源。

运用累计数量折扣定价法时，应注意购买者为争取较高折扣率在短期内大批进货对企业生产的影响。

（2）非累计数量折扣。非累计数量折扣是一种只按每次购买产品的数量而不按累计的折扣定价方法。其目的是鼓励客户大量购买，节约销售中的劳动耗费。

累计数量折扣和非累计数量折扣两种方式，可单独使用，也可结合使用。

2）数量折扣的促销作用及运用难点

数量折扣的促销作用非常明显，企业因单位产品利润减少而产生的损失完全可以从销量的增加中得到补偿。此外，销售速度的加快，使企业资金周转次数增加，流通费用下降，产品成本降低，从而导致企业总盈利水平上升。

运用数量折扣策略的难点是如何确定合适的折扣标准和折扣比例。如果享受折扣的数量标准定得太高，比例太低，则只有很少的顾客才能获得优待，绝大多数顾客将感到失望；购买数量标准过低，比例不合理，又起不到鼓励顾客购买和促进企业销售的作用。因此，企业应结合产品特点、销售目标、成本水平、资金利润率、需求规模、购买频率、竞争者手段以及传统的商业惯例等因素来制定科学的折扣标准和比例。

2. 现金折扣

现金折扣是对在规定的时间内提前付款或用现金付款者所给予的一种价格折扣，其目的是鼓励顾客尽早付款，加速资金周转，降低销售费用，减少财务风险。采用现金折扣一般要考虑三个因素：折扣比例；给予折扣的时间限制；付清全部货款的期限。在西方国家，典型的付款期限折扣表示为"3/20，Net 60"。其含义是在成交后 20 天内付款，买者可以得到 3％的折扣，超过 20 天，在 60 天内付款不予折扣，超过 60 天付款要加付利息。

由于现金折扣的前提是商品的销售方式为赊销或分期付款，因此，有些企业采用附加风险费用、管理费用的方式，以避免可能发生的经营风险。同时，为了扩大销售，分期付款条件下买者支付的货款总额不宜高于现款交易价太多，否则就起不到"折扣"促销的效果。

提供现金折扣等于降低价格，所以，企业在运用这种手段时要考虑商品是否有足够的需求弹性，保证通过需求量的增加使企业获得足够利润。此外，由于我国的许多企业和消费者对现金折扣还不熟悉，运用这种手段的企业必须结合宣传手段，使买者更清楚自己将得到的好处。

3. 功能折扣

中间商在产品分销过程中所处的环节不同，其所承担的功能、责任和风险也不同，企业据此给予不同的折扣称为功能折扣。对生产性用户的价格折扣也属于一种功能折扣。功能折扣的比例，主要考虑中间商在分销渠道中的地位、对生产企业产品销售的重要性、购买批量、完成的促销功能、承担的风险、服务水平、履行的商业责任，以及产品在分销中所经历的层次和在市场上的最终售价等。功能折扣的结果是形成购销差价和批零差价。

鼓励中间商大批量订货，扩大销售，争取顾客，并与生产企业建立长期、稳定、良好的合作关系是实行功能折扣的一个主要目标。功能折扣的另一个目的是对中间商经营的有关产品的成本和费用进行补偿，并让中间商有一定的利润。

4. 季节折扣

有些商品的生产是连续的，而其消费却具有明显的季节性。为了调节供需矛盾，这些商品的生产企业便采用季节折扣的方式，对在淡季购买商品的顾客给予一定的优惠，使企业的生产和销售在一年四季能保持相对稳定。例如，啤酒生产厂家对在冬季进货的商业单位给予大幅度让利，羽绒服生产企业则为夏季购买其产品的客户提供折扣。

季节折扣比例的确定，应考虑成本、储存费用、基价和资金利息等因素。季节折扣有利于减轻库存，加速商品流通，迅速收回资金，促进企业均衡生产，充分发挥生产和销售潜力，避免因季节需求变化所带来的市场风险。

5. 推广让价

推广让价是生产企业对中间商积极开展促销活动所给予的一种补助或降价优惠，又称推广津贴。中间商分布广，影响面大，熟悉当地市场状况，因此企业常常借助他们开展各种促销活动，如刊登地方性广告，布置专门橱窗等。对中间商的促销费用，生产企业一般以发放津贴或降价供货作为补偿。比如，当中间商为企业产品提供了包括刊登地方性广告、设置样品陈列窗等在内的各种促销活动时，生产企业给予中间商一定数额的资助或补贴。又如，对于进入成熟期的消费者，开展以旧换新业务，将旧货折算成一定的价格，在新产品的价格中扣除，顾客只支付余额，以刺激消费需求，促进产品的更新换代，扩大新一代产品的销售。这也是一种津贴的形式。

上述各种折扣价格策略增强了企业定价的灵活性，对于提高厂商收益和利润具有重要作用。但在使用折扣定价策略时，必须注意国家的法律限制，保证对所有顾客使用同一标准。如美国1936年制定的罗宾逊-巴特曼法案规定，折扣率的计算应以卖方实现的成本节约数为基础，并且卖方必须对所有顾客提供同等的折扣优惠条件，不然就是犯了价格歧视罪。

10.3.4 心理定价策略

心理定价策略是一种运用营销心理学原理，利用顾客的心理因素或心理障碍，根据各种类型顾客购买商品或服务时的心理动机制定商品或服务的价格，引导和刺激购买的价格策略。在实际应用中，心理定价策略主要有尾数定价、整数定价、小计量单位定价、声望定价、招徕定价和习惯性定价等六种形式。

1. 尾数定价

尾数定价又称为"零数定价""非整数定价"，是指企业利用顾客数字认知的某种心理，以零头数结尾的一种定价策略。通常是以一些奇数或吉利数结尾，如把价格定在 0.99 元、2.98 元、9.99 元等。这种定价策略使价格水平处于较低的一级档次，给人以便宜、定价精确的感觉，从而满足消费者的求廉求实的心理，激起消费者的购买欲望。主要适用于单位价值较低而使用频率较高的产品。

心理学家的研究表明，价格尾数的微小差别，能够明显影响消费者的购买行为。一般认为，5 元以下的商品，末位数为 9 最受欢迎；5 元以上的商品末位数为 95 效果最佳；百元以上的商品，末位数为 98、99 最为畅销。尾数定价法会给消费者一种经过精确计算的、最低价格的心理感觉；有时也可以给消费者一种是原价打了折扣，商品便宜的感觉；同时，顾客在等候找零期间，也可能会发现和选购其他商品。

如某品牌的 54cm 彩电标价 998 元，给人以便宜的感觉。认为只要几百元就能买一台彩电，其实它比 1 000 元只少了 2 元。尾数定价策略还给人一种定价精确、值得信赖的感觉。

尾数定价法在欧美及我国常以奇数为尾数，如 0.99，9.95 等，这主要是因为消费者对奇数有好感，容易产生一种价格低廉，价格向下的概念。但由于"8"与"发"谐音，在定价中"8"的采用率也较高。

2. 整数定价

这是商品的价格以整数结尾的定价策略，常常以偶数，特别是以零为结尾。例如以 500 元、800 元、1 200 元等来表示商品的价格。这样定价抬高了商品的身价，有利于在消费者心目中树立高价优质的形象，满足消费者求名求新的心理。适用于高档耐用消费品、贵重物品、时髦商品和消费者不大了解的商品。

3. 小计量单位定价

某些价格高的商品用一般的计量单位表示，会使消费者产生太贵的感觉，抑制消费者的购买。这时可改变计量单位，采用化整为零的方法，用小计量单位来计价。例如，黄金每克 90 元、人参每 10 克 150 元等。小计量单位定价给消费者一种相对便宜的感觉，其心理上比较容易接受。这种定价策略主要适合于量少值大的商品。

最小单位定价策略的优点比较明显：一是能满足消费者在不同场合下的不同需要，如便于携带的小包装食品，小包装饮料等；二是利用了消费者的心理错觉，因为小包装的价格容易使消费者误以为廉，而实际生活中消费者很难也不愿意换算出实际重量单位或数量单位商品的价格。

4. 声望定价

声望定价又称为"威望定价策略"，是一种根据产品在消费者心目中的声望和产品的社会地位来确定价格的定价策略。它是指对那些有较高声誉的名牌高档商品或在名店销售的商品制定较高的价格，以满足消费者求名和炫耀的心理。高价显示了商品的优质，也显示了购买者的身份和地位，给予消费者精神上的极大满足。例如，皮尔·卡丹的西服、劳斯莱斯的轿车、阿迪达斯的鞋都是采用声望定价策略，这些产品都成为其使用者身份和地位的象征。采用声望定价策略，要求企业有优质的产品、良好的声誉及优质的服务，特别适宜于质量不易鉴别的商品的定价。

5．招徕定价

招徕定价是企业利用消费者的求廉心理和投机心理，有意将某种或某些商品的价格定低，甚至只按变动成本定价，以吸引顾客进店，在购买了这些低价商品之后，再购买其他正常价格的商品，从而扩大销售，增加利润的一种心理定价策略。招徕定价的奥秘就在于人们会在低价诱惑下来到商场，在购买低价商品之后，趁机在商场浏览一下，按照心理学的观点，人们在逛商场时，会自然或不自然地产生购买欲望，产生"冲动性购买"，从而使商场的销售扩大，总利润增加。

采用招徕定价策略时，必须注意以下几点。

（1）降价的商品应是消费者常用的，最好是适合于每一个家庭应用的物品，否则没有吸引力。

（2）实行招徕定价的商品，经营的品种要多，以便使顾客有较多的选购机会。

（3）降价商品的降低幅度要大，一般应接近成本或者低于成本。只有这样，才能引起消费者的注意和兴趣，才能激起消费者的购买动机。

（4）降价品的数量要适当，太多商店亏损太大，太少容易引起消费者的反感。

（5）降价品应与因伤残而削价的商品明显区别开来。

6．习惯性定价

某些商品需要经常、重复地购买，因此这类商品的价格在消费者心理上已经"定格"，成为一种习惯性的价格。

许多商品尤其是家庭生活日常用品，在市场上已经形成了一个习惯价格。消费者已经习惯于消费这种商品时，只愿付出这么大的代价，如买一块肥皂、一瓶洗涤灵等。对这些商品的定价，一般应依照习惯确定，不要随便改变价格，以免引起顾客的反感。善于遵循这一习惯确定产品价格者往往得益匪浅。

10.3.5 地理定价策略

地理定价策略，是指企业根据产销地的远近、交货时间的长短和运杂费用的分担所制定的不同的价格策略。这一定价策略主要有以下几种形式。

1．产地交货价格

产地交货价格，是指卖方按照厂价交货或按产地某种运输工具交货的价格。

2．买主所在地价格

买主所在地价格则指企业负责将产品运到买主所在地，并承担运输费和保险费等费用。

3．统一交货价格

统一交货价格，是指企业对于卖给不同地区的顾客的某种产品都按照相同厂价（产地价格）加相同的运费（按平均运费）定价。

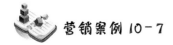

石桥布袜子的统一定价

20世纪初，日本人盛行穿布袜子，石桥便专门生产经销布袜子。当时由于大小、布料和颜色的不同，袜子的品种多达100多种，价格也是一式一价，买卖很不方便。有一次，石桥乘电车时，发现无论远近，车费一律都是0.05日元。由此他产生灵感，如果袜子都以同样的价格出售，必定能大开销路。然而，当他试行这种方法时，同行全都嘲笑他。认为如果价格一样，大家便会买大号袜子，小号的则会滞销，那么石桥必赔本无疑。但石桥胸有成竹，力排众议，仍然坚持统一定价。由于统一定价方便了买卖双方，深受顾客欢迎，布袜子的销量达到空前的数额。

4．区域定价

区域定价，是指把产品的销售市场分成几个价格区域，对于不同价格区域的顾客制定不同的价格，实行地区价格。

5．基点定价

基点定价，是指企业选定某些城市作为基点，然后按一定的厂价加基点（最靠近顾客所在地的基点）至顾客所在地的运费来定价，而不管货物是从哪个城市起运的。

6．运费免收定价

运费免收定价，是指企业替买主负责全部或部分运费，企业采用运费免收定价，一般是为了与购买者加强联系或开拓市场，通过扩大销量来抵补运费开支。

企业采用地理定价策略应注意以下六点。

第一，地理定价策略的关键是运费的负担问题。运费如果由企业支付意味着企业利润的减少，但会有利于吸引顾客的购买；运费如果由顾客支付则意味着企业利润的增加，但会不利于吸引顾客的购买。地理定价策略就是要解决企业与顾客关于运费负担的平衡问题。

第二，关于运费的负担问题，不但涉及企业与顾客之间的关系问题，还涉及远近距离不同的顾客之间的平衡问题。因此，价格策略还要协调远近距离不同的顾客之间的运费负担问题。

第三，如果产品的运费占成本比重比较小的产品，如体积比较小或重量比较轻的产品，就可以采取统一的定价策略。因为采用这种策略会使运费问题对离销售地点近的买者所造成的不良影响尽可能地减少。

第四，当企业的产品市场覆盖范围比较小时，就可以采取产地交货定价策略。因为这时由空间距离引起的运费负担差异比较小。

第五，企业也可以采取折中的办法，即采取地区价格制。这种策略是把市场根据距离的远近分成若干个区域，每个区域内实行相同的价格。这种策略能在一定的程度上减少统一定价策略带来的离销售地点近的买者在运费上补贴了离销售距离远的买者。

第六，当产品的运费占成本比重比较大，企业市场的覆盖范围又比较广时，为了吸引远距离的买者购买，企业可以采取运费吸收定价策略。即销售价格中只包含部分的运费，其余部分的运费由企业负担。

10.3.6 产品组合定价策略

产品组合是指企业所生产或经营的全部产品线和产品项目的总和。由于产品组合中各种产品之间存在需求和成本的相互联系，会带来不同程度的竞争，所以企业要制定出一系列价格，使整个产品组合的利润实现最大化。常见的产品组合定价策略有以下几种。

1. 产品线定价

产品线定价，指产品线内的不同产品，根据不同质量和档次，消费者的不同需求和竞争者产品的情况，确定不同的价格。例如，某服装店对某型号女装制定三种价格：260元、340元、410元，在消费者心目中形成低、中、高三个档次，人们在购买时就会根据自己的消费水平选择不同档次的服装。如果定成一个价格，效果就不好了。一般情况下，如果相邻两种型号的商品价格相差大、买主多半会买便宜的；如果价格相差较小，买主倾向于买好的。

当企业生产的系列产品存在需求和成本的内在关联性时，为了充分发挥这种内在关联性的积极效应，可采用产品线定价策略。在定价时，首先确定某种产品的最低价格，它在产品线中充当领袖价格，吸引消费者购买产品线中的其他产品；其次，确定产品线中某种商品的最高价格，它在产品线中充当品牌质量和收回投资的角色；最后，产品线中的其他产品也分别依据其在产品线中的角色不同而制定不同的价格。

2. 选择品定价

许多企业在提供主要产品的同时，还提供某些与主要产品密切关联的选择品。例如，汽车经销商除销售汽车外，还提供电动窗户控制器、去雾装置和灯光调节器等选择品。这些选择品的定价合理与否也会直接影响到主要产品的销售。选择品定价有两种方式：一是将选择品的价格定得较高，靠它来盈利；二是以低价的选择品来招徕生意。例如，餐馆里的饭菜是主要产品，酒水是选择品。有的餐馆将酒水的价格定得高，饭菜价格定得低，以饭菜的收入来弥补经营费用的开支，而靠酒水赚钱。也有的餐馆将酒水价格定得低而饭菜价格定得高，吸引顾客光顾，以饭菜的高价获利。

3. 互补产品与替代产品定价

互补产品指需要配套使用的产品。如剃须刀架和刀片、照相机与胶卷、计算机的硬件和软件等。企业对互补产品定价，常常把主要产品的价格定低一些，而将与其互补使用的产品定价高一些，借此获取利润，如Canon喷墨打印机的价格较低，而墨水的价格却定得较高，以墨水的高价弥补损失获得整体效益。吉利公司也是采用剃须刀架低价、刀片高价的互补产品定价策略获得市场的成功。这里应注意的是，互补产品的定价不能过高，否则互补产品可能会被仿造，利润就为其他厂商所侵吞。

替代商品是指功能和用途基本相同，消费过程中可以互相替代的产品。替代产品定价策略是企业为达到既定的营销目标，有意识安排本企业替代产品之间的关系而采取的定价措施。

4. 副产品定价

某些行业，如肉类加工、石油化工等，在企业生产过程中会生成副产品。副产品价值的高低和处理费用的多少直接影响到主要产品的定价。若副产品价值高，能为企业带来收入，则主要产品价格在必要的时候可定低一些，以提高产品的竞争力。若副产品价值低、处理费用高，则主要产品的定价必须考虑副产品的处理费用。

5. 产品系列定价

企业经常将其生产和经营的产品组合在一起，制定一个成套产品的价格。成套产品的价格低于分别购买每件产品的价格总和。这种定价策略就是产品系列定价策略。常见的有化妆品组合、学生用具组合、名贵药材组合和旅游套餐组合等成套产品定价。该价格策略通过以畅带滞，提高了每次交易的交易量，减少了库存积压。在应用该策略时应注意：一是成套产品的价格必须有吸引力；二是成套产品的销售一定要有单件产品的配合销售，能让消费者进行比较。

10.4　价格调整及其反应

10.4.1　降价及提价策略

企业为某种产品制定出价格以后，并不意味着大功告成。随着市场营销环境的变化，企业必须对现行价格予以适当的调整。

调整价格，可采用降价与提价。企业产品价格调整的动力既可能来自于内部，也可能来自于外部。倘若企业利用自身的产品或成本优势，主动地对价格予以调整，将价格作为竞争的利器，这称为主动调整价格。有时，价格的调整出于应付竞争的需要，即竞争对手主动调整价格，而企业也相应地被动调整价格。无论是主动调整，还是被动调整，其形式不外乎是降价和提价两种。

1. 降价

企业降价的原因很多，有企业外部需求及竞争等因素的变化，也有企业内部的战略转变、成本变化等，还有国家政策、法令的制约和干预等。这些原因具体表现在以下几个方面。

（1）企业急需回笼大量现金。对现金产生迫切需求的原因既可能是其他产品销售不畅，也可能是为了筹集资金进行某些新活动，而资金借贷来源中断。此时，企业可以通过对某些需求的价格弹性大的产品予以大幅度降价，从而增加销售额，获取现金。

（2）企业通过降价来开拓新市场。一种产品的潜在顾客往往由于其消费水平的限制而阻碍了其转向现实顾客的可行性。在降价不会对原顾客产生影响的前提下，企业可以通过削价方式来扩大市场份额。不过，为了保证这一策略的成功，有时需要以产品改进策略相配合。

（3）企业决策者决定排斥现有市场的边际生产者。对于某些产品来说，各个企业的生产条件、生产成本不同,最低价格也会有所差异。那些以目前价格销售产品仅能保本的企业,在别的企业主动降价以后,会因为价格的被迫降低而得不到利润,只好停止生产。这无疑有利于主动降价的企业。

(4) 企业生产能力过剩,产品供过于求,但是企业又无法通过产品改进和加强促销等工作来扩大销售。在这种情况下,企业必须考虑降价。

(5) 企业决策者预期降价会扩大销售,由此可望获得更大的生产规模。特别是进入成熟期的产品,降价可以大幅度增进销售,从而在价格和生产规模之间形成良性循环,为企业获取更多的市场份额奠定基础。

(6) 由于成本降低,费用减少,使企业降价成为可能。随着科学技术的进步和企业经营管理水平的提高,许多产品的单位产品成本和费用在不断下降,因此,企业拥有条件适当削价。

(7) 企业决策者出于对中间商要求的考虑。以较低的价格购进货物不仅可以减少中间商的资金占用,而且为产品大量销售提供了一定的条件。因此,企业降价有利于同中间商建立较良好的关系。

(8) 政治、法律环境及经济形势的变化,迫使企业降价。政府为了实现物价总水平的下调,保护需求,鼓励消费,遏制垄断利润,往往通过政策和法令,采用规定毛利率和最高价格、限制价格变化方式、参与市场竞争等形式,使企业的价格水平下调。

降价最直截了当的方式是将企业产品的目录价格或标价绝对下降,但企业更多的是采用各种折扣形式来降低价格。如第三节中提到的数量折扣、现金折扣、回扣和津贴等形式。此外,变相的降价形式有:赠送样品和优惠券,实行有奖销售;给中间商提取推销奖金;允许顾客分期付款;赊销;免费或优惠送货上门、技术培训、维修咨询;提高产品质量,改进产品性能,增加产品用途。由于这些方式具有较强的灵活性,在市场环境变化的时候,即使取消也不会引起消费者太大的反感,同时又是一种促销策略,因此在现代经营活动中运用越来越广泛。

2. 提价

提价确实能够增加企业的利润率,但却会引起竞争力下降、消费者不满、经销商抱怨,甚至还会受到政府的干预和同行的指责,从而对企业产生不利影响。虽然如此,在实际中仍然存在着较多的提价现象。其主要原因如下。

(1) 应付产品成本增加,减少成本压力。这是所有产品价格上涨的主要原因。成本的增加或者是由于原材料价格上涨,或者是由于生产或管理费用提高而引起的。企业为了保证利润率不致因此而降低,便采取提价策略。

(2) 为了适应通货膨胀,减少企业损失。在通货膨胀条件下,即使企业仍能维持原价,但随着时间的推移,其利润的实际价值也呈下降趋势。为了减少损失,企业只好提价,将通货膨胀的压力转嫁给中间商和消费者。

(3) 产品供不应求,遏制过度消费。对于某些产品来说,在需求旺盛而生产规模又不能及时扩大而出现供不应求的情况下,可以通过提价来遏制需求,同时又可以取得高额利润,在缓解市场压力、使供求趋于平衡的同时,为扩大生产准备了条件。

（4）利用顾客心理，创造优质效应。作为一种策略，企业可以利用涨价营造名牌形象，使消费者产生价高质优的心理定式，以提高企业知名度和产品声望。对于那些革新产品、贵重商品、生产规模受到限制而难以扩大的产品，这种效应表现得尤为明显。

为了保证提价策略的顺利实现，提价时机可选择在这样几种情况下：产品在市场上处于优势地位；产品进入成长期；季节性商品达到销售旺季；竞争对手产品提价。此外，在方式选择上，企业应尽可能多采用间接提价，把提价的不利因素减到最低程度，使提价不影响销量和利润，而且能被潜在消费者普遍接受。同时，企业提价时应采取各种渠道向顾客说明提价的原因，配之以产品策略和促销策略，并帮助顾客寻找节约途径，以减少顾客不满，维护企业形象，提高消费者信心，刺激消费者的需求和购买行为。

10.4.2 消费者对价格变动的反应

不同市场的消费者对价格变动的反应是不同的，即使处在同一市场的消费者对价格变动的反应也可能不同。从理论上来说，可以通过需求的价格弹性来分析消费者对价格变动的反应，弹性大表明反应强烈，弹性小表明反应微弱。但在实践中，价格弹性的统计和测定非常困难，其状况和准确度常常取决于消费者预期价格、价格原有水平、价格变化趋势、需求期限、竞争格局以及产品生命周期等多种复杂因素，并且会随着时间和地点的改变而处于不断地变化之中，企业难以分析、计算和把握。所以，研究消费者对调价的反应，多是注重分析消费者的价格意识。

消费者对价格变动的反应归纳为以下几个方面。

（1）在一定范围内的价格变动是可以被消费者接受的；提价幅度超过可接受价格的上限，则会引起消费者不满，产生抵触情绪，而不愿购买企业产品；降价幅度低于下限，会导致消费者的种种疑虑，也对实际购买行为产生抑制作用。

（2）在产品知名度因广告而提高、收入增加、通货膨胀等条件下，消费者可接受价格上限会提高；在消费者对产品质量有明确认识、收入减少、价格连续下跌等条件下，下限会降低。

（3）消费者对某种产品削价的可能反应是：产品将马上因式样陈旧、质量低劣而被淘汰；企业遇到财务困难，很快将会停产或转产；价格还要进一步下降；产品成本降低了。而对于某种产品的提价则可能这样理解：很多人购买这种产品，我也应赶快购买，以免价格继续上涨；提价意味着产品质量的改进；企业将高价作为一种策略，以树立名牌形象；卖主想尽量取得更多利润；各种商品价格都在上涨，提价很正常。

10.4.3 竞争者对价格变动的反应

虽然透彻地了解竞争者对价格变动的反应几乎不可能，但为了保证调价策略的成功，主动调价的企业又必须考虑竞争者的价格反应。没有估计竞争者反应的调价，往往难以成功，至少不会取得预期效果。

如果所有的竞争者行为相似，只要对一个典型竞争者作出分析就可以了。如果竞争者在规模、市场份额或政策及经营风格方面有关键性的差异，则各个竞争者将会作出不同的反应，这时，就应该对各个竞争者分别予以分析。分析的方法是尽可能地获得竞争者的决策程序及反应形式等重要情报，模仿竞争者的立场、观点、方法思考问题。最关键的问题是要弄清楚竞争者的营销目标：如果竞争者的目标是实现企业的长期最大利润，那么，本企业降价，它往往不会在价格上作相应反应，而在其他方面作出努力，如加强广告宣传、提高产品质量和服务水平等；如果竞争者的目标是提高市场占有率，它就可能跟随本企业的价格变动，而相应调整价格。

在实践中，为了减少因无法确知竞争者对价格变化的反应而带来的风险，企业在主动调价之前必须明确回答以下问题。

（1）本行业产品有何特点？本企业在行业中处于何种地位？
（2）主要竞争者是谁？竞争对手会怎样理解我方的价格调整？
（3）针对本企业的价格调整，竞争者会采取什么对策？这些对策是价格性的还是非价格性的？它们是否会联合作出反应？
（4）针对竞争者可能的反应，企业的对策又是什么？有无几种可行的应对方案？

在细致分析的基础上，企业方可确定价格调整的幅度和时机。

10.4.4 企业对策

竞争对手在实施价格调整策略之前，一般都要经过长时间的深思，仔细权衡调价的利害，但是，一旦调价成为现实，则这个过程相当迅速，并且在调价之前大多要采取保密措施，以保证发动价格竞争的突然性。企业在这种情况下，贸然跟进或无动于衷都是不对的，正确的做法是尽快迅速地对以下问题进行调查研究。

（1）竞争者调价的目的是什么？
（2）竞争者调价是长期的还是短期的？
（3）竞争者调价将对本企业的市场占有率、销售量、利润和声誉等方面有何影响？
（4）同行业的其他企业对竞争者调价行动有何反应？
（5）企业有几种反应方案？竞争者对企业每一个可能的反应又会有何反应？

在回答以上问题的基础上，企业还必须结合所经营的产品特性确定对策。一般说来，在同质产品市场上，如果竞争者削价，企业必须随之削价，否则大部分顾客将转向价格较低的竞争者；但是，面对竞争者的提价，本企业既可以跟进，也可以暂且观望。如果大多数企业都维持原价，最终迫使竞争者把价格降低，使竞争者涨价失败。

在异质产品市场上，由于每个企业的产品在质量、品牌、服务、包装、消费者偏好等方面有着明显的不同，所以面对竞争者的调价策略，企业有着较大的选择余地。

第一，价格不变，任其自然，任顾客随价格变化而变化，靠顾客对产品的偏爱和忠诚度来抵御竞争者的价格进攻，待市场环境发生变化或出现某种有利时机，企业再做行动。

第二，价格不变，加强非价格竞争。比如，企业加强广告攻势，增加销售网点，强化售后服务，提高产品质量，或者在包装、功能、用途等方面对产品进行改进。

第三，部分或完全跟随竞争者的价格变动，采取较稳妥的策略，维持原来的市场格局，巩固取得的市场地位，在价格上与竞争对手一较高低。

第四，以优越于竞争者的价格跟进，并结合非价格手段进行反击。比竞争者更大的幅度削价，比竞争者小的幅度提价，强化非价格竞争，形成产品差异，利用较强的经济实力或优越的市场地位，居高临下，给竞争者以毁灭性的打击。

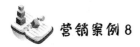

价格调整与市场反应

虽然价格调低但是市场没有明显的反应怎么办？

某公司作为国内建材行业的一员，在地板砖及外墙干挂用材方面，一直是业内的领头羊。为进一步占领市场，他们将产品线整体调低了12%的价格，但近期销售并没有明显提升（经销商及主要客户已经知道降价信息）。

问题：请分析该公司产品价格调低而市场没有明显的反应的原因，并提出解决对策。

本章小结

定价策略，是指企业在特定情况下，依据确定的定价目标，所采取的定价方针和价格竞争方式，是指导营销者正确定价的行为准则。在市场营销组合中，价格是唯一能产生收入的因素，也是最灵活的因素。影响定价的因素包括定价目标、产品成本、市场需求、竞争状况、其他市场营销组合因素和政策法律等。定价目标可分为利润导向型、销量导向型以及竞争导向型三大类型。营销定价的一般方法有成本导向定价法、需求导向定价法和竞争导向定价法三种。营销定价的基本策略包括新产品定价策略、产品阶段定价策略、折扣与让利策略、心理定价策略、地理定价策略和产品组合定价策略等。企业处在不断变化的环境之中，为了生存与发展，有时需要主动降价或提价，有时有需要对竞争者的变价做出适当的反应。

名人名言

营销渠道实际上是一种机会成本，主要作用之一是将潜在的顾客转换成订单。营销渠道不仅仅能服务于市场，也可以创造市场。

——菲利普·科特勒

复习与练习

1. 选择题

（1）随行就市定价法是（　　）市场的惯用定价方法。

A. 完全垄断　　　B. 供求平衡　　　C. 供不应求　　　D. 完全竞争

（2）（　　）是指把产品的销售市场分成几个价格区域，对于不同价格区域的顾客制定不同的价格，实行地区价格。

A. 买主所在地价格　　　　　　　B. 区域定价

C. 统一交货价格　　　　　　　　D. 基点定价

（3）某服装店售货员把相同的服装以800元卖给顾客A，以600元卖给顾客B，该服装店的定价属于(　　)。
　　A. 顾客差别定价　　　　　　　　B. 产品形式差别定价
　　C. 产品部位差别定价　　　　　　D. 销售时间差别定价
(4) 为鼓励顾客购买更多物品,企业给那些大量购买产品的顾客的一种减价称为(　　)。
　　A. 功能折扣　　B. 数量折扣　　C. 季节折扣　　D. 现金折扣
(5) 企业利用消费者具有仰慕名牌商品或名店声望所产生的某种心理,对质量不易鉴别的商品的定价最适宜用(　　)法。
　　A. 尾数定价　　B. 招徕定价　　C. 声望定价　　D. 反向定价
(6) 当产品市场需求富有弹性且生产成本和经营费用随着生产经营经验的增加而下降时,企业便具备了(　　)的可能性。
　　A. 渗透定价　　B. 撇脂定价　　C. 尾数定价　　D. 招徕定价
(7) 准确地计算产品所提供的全部市场认知价值是(　　)的关键。
　　A. 反向定价法　　　　　　　　　B. 认知价值定价法
　　C. 需求差异定价法　　　　　　　D. 成本导向定价法
(8) 按照单位成本加上一定百分比的加成来制定产品销售价格的定价方法称为(　　)定价法。
　　A. 成本加成　　B. 目标　　　　C. 认知价值　　D. 诊断
(9) 投标过程中,投标商对其价格的确定主要是依据(　　)制定的。
　　A. 市场需求　　　　　　　　　　B. 企业自身的成本费用
　　C. 对竞争者的报价估计　　　　　D. 边际成本
(10) 在产品系列定价中,企业出售一组产品的价格应(　　)单独购买其中每一产品的费用总和。
　　A. 高于　　　　B. 等于　　　　C. 低于　　　　D. 不低于
(11) 招徕定价指(　　)利用部分顾客求廉的心理,特意将某几种商品的价格定得较低以吸引顾客。
　　A. 生产者　　　B. 竞争者　　　C. 批发商　　　D. 零售商
(12) 企业的产品供不应求,不能满足所有顾客的需要。在这种情况下,企业就必须(　　)。
　　A. 降价　　　　　　　　　　　　B. 提价
　　C. 维持价格不变　　　　　　　　D. 降低产品质量
(13) 在强大竞争者的压力之下,企业的市场占有率(　　),在这种情况下,企业就需考虑降价。
　　A. 下降　　　　B. 上升　　　　C. 波动　　　　D. 不变
(14) 体育馆对于不同座位制定不同的票价,采用的是(　　)策略。
　　A. 产品形式差别定价　　　　　　B. 产品地点(部位)差别定价
　　C. 顾客差别定价　　　　　　　　D. 销售时间差别定价

2. 填空题

(1) 影响定价的主要因素有_____、产品成本、市场需求、竞争状况、其他市场营销组合因素和政策法律等。

(2) 对同一产品针对不同的用户或顾客,制定不同的价格,属于以_____为基础的差别定价。

(3) _____是企业对于卖给不同地区顾客的某种产品都按照相同的厂价加相同的运费定价。

(4) 企业对于不同季节、不同时期甚至不同钟点的产品或服务分别制定不同的价格称之为以_____为基础的差别定价。

(5) 市场营销学理论认为产品的最高价格取决于产品的市场需求,最低价格则取决于产品的_____。

(6) 当企业在生产和市场营销过程中贯彻产品质量最优化指导思想时,往往要求用_____来弥补高质量和研究开发的高成本。

(7) 在产品的市场需求和成本费用既定的情况下,企业能把该产品的价格定得多高,取决于竞争者同种产品的_____水平。

(8) 逆向定价法不以实际成本为主要依据,而是以_____为定价出发点,力求使价格为消费者所接受。

(9) 为使消费者产生价格低廉和卖主经过认真的成本核算才定价的感觉,企业往往采用_____定价策略。

(10) 如果企业产量过剩,或面临激烈竞争,或试图改变消费者需求,则需要把_____作为定价目标。

(11) 成本加成定价法的公式为_____。

(12) 撇脂定价与渗透定价均适合于产品生命周期的_____阶段。

3. 判断题

(1) 竞争导向定价法包括随行就市定价法和需求差异定价法。　　　　　(　)

(2) 分销渠道中的批发商和零售商多采取逆向定价法。　　　　　　　　(　)

(3) 基点定价是企业选定某些城市作为基点,然后按一定的厂价加上从基点城市到顾客所在地的运费来定价,按照顾客最远的基点计算运费。　　　　　　　　(　)

(4) 当采取认知定价法时,如果企业过高地估计认知价值,便会定出偏低的价格。
　　　　　　　　　　　　　　　　　　　　　　　　　　　　　　　　(　)

(5) 产品差异化使购买者对价格差异的存在不甚敏感。因此,在异质产品市场上企业有较大的自由度决定其价格。　　　　　　　　　　　　　　　　　　　　(　)

(6) 顾客对产品的降价既可能理解为这种产品有某些缺点,也可能认为这种产品很有价值。　　　　　　　　　　　　　　　　　　　　　　　　　　　　　　(　)

(7) 以产品为基础的差别定价是指企业对不同型号或形式的产品制定不同的价格,但它们的价格与成本费用之比却相同。　　　　　　　　　　　　　　　　(　)

(8) 在产品组合定价策略中,企业对互补产品定价,常常把主要产品的价格定低一

些，而将与其互补使用的产品定价高一些，借此获取利润。　　　　　　　（　）

（9）面对激烈的竞争，企业为了生存和发展，在任何时候都应始终坚持只降价不提价的原则。　　　　　　　　　　　　　　　　　　　　　　　　　　　　（　）

（10）提价会引起消费者、经销商和企业推销人员的不满，因此提价不仅不会使企业的利润增加，反而导致利润的下降。　　　　　　　　　　　　　　　　　　（　）

4．问答题

（1）定价目标主要有哪些？

（2）定价主要有哪些方法？

（3）常见的服务价格的表示方法有哪些？

（4）定价策略主要有哪些？

（5）中国服装设计师李艳萍设计的女士服装以典雅、高贵而享誉中外，在国际市场上，一件"李艳萍"牌中式旗袍售价高达1千多美元，这是什么定价策略的运用？

（6）一听"可口可乐"在香格里拉酒店定价为18元，在太子酒店定价为10元，在大街小巷的商店里大多是2.50元，买主都能坦然承受。请问这是哪种定价方法的应用？

（7）"吉列"公司给其产品剃须刀架定价很低，而给其产品剃须刀片定价很高，请问该公司采用的是什么定价策略？

（8）渗透定价策略与取脂定价策略的特点比较。

（9）美国杜邦公司在推出新产品时往往把价格尽可能定高，以后随着销量和产量的扩大再逐步降价，这家公司采用的是什么定价策略？

（10）企业对人们已经习以为常的某种商品价格进行调整要注意什么？

5．讨论题

（1）阐述影响定价的主要因素。

（2）阐述价格调整及其反应的基本内容。

6．案例应用分析

案例1

金利来领带的市场定价

[案例]："金利来"领带的营销组合方案

产品	质量精良、面料考究、款式新颖
价格	高价
渠道	专卖店、百货商店的专柜专卖
促销	强有力的广告宣传和公共关系；广告媒体以电视为主，采用名人，赞助体育比赛等

【问题】

（1）该公司采用的是哪种定价策略？

（2）该公司定价策略的依据是哪些？

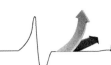

案例 2

"绿灯"的魅力

[案例]：

某大型百货店在其新开业之际，店门上高挂着一条横幅，横幅上赫然写着"绿灯商品酬宾。"六个大字，引得路人驻足细看，引得人们蜂拥而至。"绿灯商品酬宾"是该商场的一种促销高招，其具体做法是：商场所属的七个商品部，每天各提出一个商品，降价20％～30％销售，降价商品以开绿灯为标志，故名"绿灯商品酬宾"。绿灯一开，果然财源畅通，引来万千顾客，销售额大增，企业获利丰厚。

【问题】 简述"绿灯商品酬宾"运用的定价策略是什么？

案例 3

奔驰汽车的最后定价

到1986年，奔驰汽车公司成立了100周年，100多年来，奔驰汽车一直以"创造第一流的产品"为经营宗旨，对产品质量作精益求精的探索。为保证产品质量，真正做到不合格的零部件坚持不用，不合格的成品坚决不出厂，奔驰公司从上到下形成了一个质量控制监督系统。

对汽车的要求主要表现在行驶安全、坚固耐用、乘坐舒适、操作方便、外形美观等方面。在这一目标下，20世纪50年代奔驰公司研制出第一安全车身。60年代研制出了ABC刹车系统，紧急刹车时不致因路面复杂而翻车。70年代末又研制出转变灵活，既快又稳，而且在高速急转和较大倾斜角度时不会翻车的"190"型小轿车，深受用户欢迎。

确实，奔驰汽车的质量是用户所公认的，但唯独价格比别国的要贵得多。

曾经有位记者在访问奔驰汽车时，问公司的销售经理："奔驰汽车售价会不会对竞争带来不利？"这位经理胸有成竹地回答："奔驰的售价确实比别的汽车要贵些；但在市场竞争中，我们有最后价格做保证！这是我们的优势。"

记者对他的最后价格感到费解，这位经理便继续解释说："所谓最后价格，是对最初价格而言。说奔驰汽车的售价贵，这是指它的最初价格。从最初价格看，别的汽车的价格确实要比奔驰低廉，但最初价格不是用户选买汽车时唯一考虑的标准。一般想买汽车的顾客都会想：新买的汽车在使用一段时间后再转卖出去，那时还能卖多少钱？这就是我们所说最后价格的含义。"

接着，这位经理列举了各种数据，把各种牌子的汽车向奔驰汽车的使用寿命对比。他的结论是："一般汽车的使用寿命以行驶10万公里为限期，而奔驰汽车跑满了30万公里以后，它的内部件还是基本完好的。这时，如果车主想让给别人，一般还可回收原价的60％。"最后，这位经理信心十足地宣称："我们奔驰公司就凭这个最后价格的王牌来与同业竞争的，至少到目前为止，我们还未遇到挑战……。"

【问题】 试分析这个案例中的定价方法和定价策略。

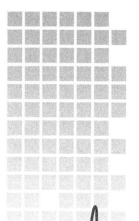

第11章 分销策略

教学目标

通过本章的学习,了解分销渠道的管理以及物流含义与主要内容,理解分销渠道的内涵和基本类型与模式,掌握分销渠道的选择及影响分销渠道选择的因素,掌握批发商与零售商的概念、作用与类型。

教学要求

知识要点	能力要求	相关知识
分销渠道的结构与类型	(1) 分销渠道的主要类型的概括与理解能力 (2) 分销渠道系统的发展的理解	(1) 分销渠道的内涵 (2) 直接渠道与间接渠道 (3) 长渠道与短渠道 (4) 密集分销、选择性分销、独家分销 (5) 垂直渠道系统、水平渠道系统、多渠道系统、网络渠道系统
分销渠道设计与管理	(1) 分销渠道设计影响因素的理解 (2) 分销渠道设计步骤的理解与运用 (3) 分销渠道管理的运用	(1) 分销渠道设计影响因素(主要有顾客因素、产品因素、中间商因素、竞争因素、企业因素、环境因素、成本因素) (2) 分销渠道设计步骤 (3) 分销渠道管理(评估监督中间商、培训渠道成员、对中间商进行激励与扶持措施、调整分销渠道) (4) 分销渠道冲突的类型、原因与解决措施

续表

知识要点	能力要求	相关知识
批发商与零售商	(1) 批发商的类型理解，独立批发商与代理商、经纪人的区别 (2) 零售商的类型理解及分辨	(1) 批发商的含义 (2) 批发商的四种类型 (3) 零售商的含义 (4) 有店铺零售业态 (5) 无店铺零售业态
物流管理	(1) 物流的含义及其作用理解 (2) 物流决策的理解	(1) 物流的含义 (2) 物流的作用 (3) 订单处理 (4) 运输决策 (5) 仓库决策 (6) 存货水平决策

分销渠道　直接渠道　间接渠道　长渠道　短渠道　宽渠道　窄渠道　密集分销　选择分销
独家分销　垂直渠道系统　水平渠道系统　多渠道系统　批发商　经纪人　代理商　零售商　物流

■ 导入案例

咖世家(COSTA)咖啡和星巴克(Starbucks)咖啡在中国的渠道扩张之争

在中国市场，目前星巴克无疑是咖啡连锁品牌"一哥"。1999年进入中国，目标在2015年超过1 500家，这是其过往开店速度的3倍。2011年3月，全球最大的咖啡连锁集团星巴克将进入发展的第40个年头，其在中国内地覆盖了33个城市，拥有400多家门店。咖世家(COSTA)是英国最大的咖啡连锁品牌，在全球排名前五。COSTA在2006年才进入中国，但在一线城市已经有相当高的知名度，目前门店100家，但扩张速度不亚于星巴克，目标2018年要达到2 500家。COSTA咖啡中国区运营总监邱子豹表示，计划用三年时间在中国新开250家店。以其目前近70家店的基数来算，它的增长速度比星巴克还要快。

与当年麦当劳和肯德基街头对峙一样经典的是，咖世家选择了紧邻星巴克生意好的门店布局。咖世家的贴身战术，不仅节省了市场分析和考察的种种工作成本，而且巧借星巴克在消费者心中先入为主的地位，提高了自己的知名度。

在2006年进入中国市场之前，咖世家花了3年时间做中国市场调研，重点的一项是选定合适的合作伙伴。2006年，英国Whitbread集团与悦达集团各注资51%和49%，成立悦达咖世家(上海)餐饮管理有限公司，负责上海、杭州、南京、广州、武汉等城市的开拓与运营。

在北方区伙伴的寻找中，咖世家早先与王府井百货集团有过频密的接触，但最终没有达成结果。2008年，华联咖世家由英国Whitbread集团与华联集团各出资50%组建，负责咖世家北京、天津、山东、辽宁、吉林和黑龙江等北方区的开拓与运营。华联集团用70家大型超市和百货商场以及10家购物中心给咖世家提供了一条快速通道。甚至依仗华联的行业名头，咖世家能轻松获得大型高档商场的独家进驻权。以北京为例，从2008年8月8日北京第一家门店开业算起，华联咖世家用3年时间发展连锁门店43家，这几乎是星巴克在北京发展门店速度的2.5倍。

同样是合资公司模式，星巴克的伙伴美大、美心、统一，明显不具备北方区咖世家伙伴华联集团的

第 11 章 分 销 策 略

渠道优势。更严重的是，星巴克的部分门店的租主就是华联。可以想象，星巴克从华联搬出的那一天就是咖世家进入的开始。

谁跑得更快？谁走得更远？最终还是由消费者来选择。

资料来源：改编自《环球企业家》2011 年第 17 期．

点评：

恰当的渠道决策可以为企业赢得竞争优势。

11.1 分销渠道的结构与类型

11.1.1 分销渠道的内涵

一提到渠道，很多人似乎都"谈虎色变"，大家似乎更愿意做市场的策划工作，比如谈广告应怎么拍，包装设计成什么样？促销如何开展，应在哪个媒体投广告，谈促销文案该怎么写等。但是，只要你想卖货，你就不能不和渠道打交道。

为什么大家都觉得渠道运作难呢？因为渠道是由一连串纵向、横向的链接组成的一张网。一批、二批、三批、终端；总经销、分销商、代理商；大卖场，小卖场——渠道的宽度、长度等似乎很复杂。

1. 含义

分销渠道是指某种产品和服务在从生产者手中传到消费者手中所经过的由各级中间商连接起来的产品通路，也就是产品从出厂到消费者手中所经过的各个中间商环节。渠道的起点是生产者，终点是消费者或用户；它所涉及的是从生产者到消费者之间完整的商品流通过程，而不是商品流通过程中的某一阶段；同时，分销渠道不仅反映商品价值形态的变化过程，也反映商品实体运动的空间路线。

在现实中，大部分的制造商并不是把产品直接卖给最终端用户，而必须借助一系列中间商的转卖活动，才能把产品最终卖出去，实现产品的商业价值。分销渠道是产品销售的通路，渠道畅通，才能货畅其流，赢得利润；渠道阻塞，产品就会在仓库里堆积如山，营销就要失败。因此，分销渠道决策是企业最重要的决策之一。

比如一个年产 50 万箱卷烟的工厂，其产品可供 3 000 万人的消费，工厂显然不可能直接向消费者供货。美国通用汽车公司年产几百万辆汽车，公司显然不可能把这些汽车直接卖到千家万户，因此他必须通过 1 万多个独立经销商出售它的汽车。

2. 流程

在实际的交易行为中，情况更为复杂，这是因为产品从制造商向最终用户流动的过程中，存在几种物质或非物质的运动流，渠道则是表现这些流的载体。渠道成员的活动主要包括实体转移、所有权、促销、谈判、资金、风险、订货、信息和付款等。成员的上述活动在运行中形成各种不同种类的流程，这些流程将组成渠道的各类组织机构贯穿起来。

(1) 实体流就是物流，指产品从生产领域向消费领域转移的过程中的一系列产品实体

257

的流动。包括产品实体的储存以及由一个机构向另一个机构进行运输的过程，同时还包括与之相关的包装、装卸、流通加工等活动。物流使得产品由生产领域向消费领域转移得到了实质保证。

（2）所有权流。所有权流指货物所有权从一个分销成员手中到另一个分销成员手中的转移过程。例如，在汽车销售中，汽车所有权经由代理商的协助而由制造商转移到顾客手中。

（3）促销流。促销流指广告、人员推销、宣传报道、公关等活动由一个渠道成员对另一个渠道成员施加影响的过程。促销流从制造商流向代理商称为贸易促销，直接流向最终顾客的话则称为最终使用者促销。所有的渠道成员都有对顾客促销的职责，既可以采用广告、公共关系和销售促进等针对大量促销方法，也可以采用人员推销针对个人促销方法。

（4）付款流。付款流则是指贷款在各分销成员之间的流动过程。例如顾客通过银行或其他金融机构向代理商支付账单，代理商扣除佣金后再付给制造商。此外还需付给运输企业及仓库。

（5）市场信息流。市场信息流指在分销渠道中，各营销中间机构相互传递信息的过程。通常渠道中每一相邻的机构间会进行双向的信息交流，而互不相邻的机构之间也会有各自的信息流程。

（6）资金流。资金流指在分销渠道各成员之间伴随所有权转移所形成的资金交付流程。例如信用卡发卡单位就能为消费者买汽车提供消费者信用。

（7）谈判流。谈判流指在分销渠道中，商品实体和所有权在各成员之间每转移一次，就必须进行一次谈判，这些谈判也构成一个流程。例如代理商必须就汽车的价格、交货日期、付款方式等问题与其供应者，汽车制造商和最终消费者进行谈判。

（8）风险流。风险流指各种风险在分销渠道各成员之间转移与预防风险的过程。这里的风险包括产品过时、报废和由于失火、洪水、季节性灾害、经济不景气、竞争加剧、需求萎缩、产品认同率下降及返修率过高等因家造成的风险。

（9）订货流。订货流指渠道成员定期向其供应商发出订货命令。这里的订货或是由顾客直接发出，也可能是某种成员为保持适量库存以应付潜在需求或为减少因未来价格可能上升而导致的费用成本增加而发出的。

以上九种流程中最为重要的是实物流、所有权流、付款流和市场信息流。不同流程的流向也有很大区别，像实物流、所有权流、促销流在渠道中的流向是从生产者指向最终消费者或用户；付款流、信息流和订货流则是从消费者或用户指向制造商；而资金流、谈判流及风险流则是双向的，因为一旦不同成员之间达成交易，其谈判、风险承担及资金往来均是双向的。

分销渠道中，由于各成员所承担的功能与职责不同，因而其所对应的流程也不尽相同。

3. 功能

分销渠道的主要功能有如下几种。

（1）实现商品从生产转向消费者的转移。一方面使生产者的产品转化为货币资金，实现商品价值，从而使生产活动得以持续；另一方面，消费者或用户的货币资金换取他们需要的商品，使商品的使用价值得以实现，消费者或用户需求得到满足。

（2）市场调研。中间商通过市场调查，了解市场需求的变化，为生产者制订计划提供依据。

（3）促进销售。生产者和中间商合作，通过各种途径宣传产品，做好消费者或用户的沟通工作，以促进产品的销售。

（4）分级搭配。中间商把不同生产者生产的产品集合起来，根据消费者的需要进行编配，供消费者选择，从而克服了生产者供给和消费者需求在产品数量、花色、品种和等级上的不一致。

（5）调节生产与消费在时间上的差异。有些产品常年生产，季节销售，如农资产品；有的则季节生产，常年销售，如农产品。中间商可以把这些产品收购起来，克服生产时间和销售时间的矛盾。

（6）实体分配。即从事商品的运输、储存，保障商品满足消费者购买的及时性。

（7）融资。渠道成员之间相互提供资金援助，相互融通资金。

（8）承担风险。渠道成员既要通过分工分享专业化所带来的收益，也要分担商品销售中的风险。

11.1.2 分销渠道的类型

产品在从生产者向最终消费者或用户转移过程中，每经过一个对产品拥有所有权或拥有责任的机构，称为一个"层次"或一个"环节"。根据市场不同，分为消费品市场渠道与工业市场渠道（图11.1、图11.2）；按层次的多少可以把分销渠道分为直接渠道和间接渠道、长渠道和短渠道；按各层次的中间商数量的多少又可把分销渠道分为宽渠道和窄渠道。

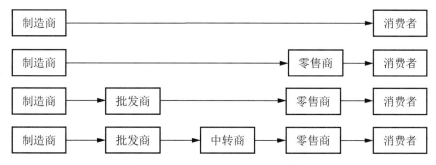

图 11.1　消费者市场营销渠道

1. 直接渠道与间接渠道

按照产品是否经由中间商进行分销，可以分为直接渠道与间接渠道。

（1）直接渠道是指生产者直接把产品卖给消费者或终端用户，不经过中间商转手。

直接渠道是工业用品的主要分销形式。因为工业用品往往要按照用户的特殊需要定制，厂家要派技术人员为用户组装、调试、维修设备，这些工作中间商无法完成。另外，

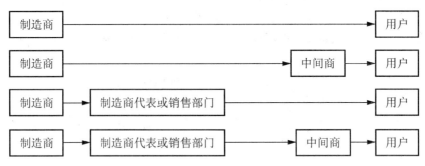

图 11.2 工业市场营销渠道

产业用户数量少,地区分布集中,产品单价高,这些也为厂家直销创造了条件。还有些制造商通过邮购方式、上门推销、展示会、电话直销、电视直销、网络直销等方式把产品直接卖给消费者。

直销渠道也用于销售某些生活消费品。例如农民销售的鲜活商品,食品厂通过自己的网点销售的新鲜食品,手工业者直接向消费者销售的手工制品等。

直销渠道主要通过直销、邮购、电子购物(电视、电话、网络)、合约销售、生产者自有商店推销等方式来销售产品。多适合于生产资料,比如一些拥有较高产品附加值,技术性强的产品、鲜活商品、食品、手工制品、化妆品等。

 营销案例

戴尔公司在中国 285 个城市设立了 109 条免费电话,消费者可以通过这些免费电话直接向戴尔公司在厦门的销售代表订购个人电脑,也可以通过互联网在戴尔的网站上购买。在实际中更多的企业把直销作为分销渠道的一种补充形式。康柏计算机公司通过零售商销售其大部分产品,同时也通过电话和互联网对消费者进行直销。

(2) 间接渠道是指有一级或多级中间商参与,产品经由一个或多个商业环节销售给消费者的渠道类型。间接渠道适用于大多数消费品。

根据中间商层次的多少而定,间接渠道主要分为:① 一级渠道。指分销渠道上只有一个层次的中间商。在工业品市场上,通常这个层级通常是一个代理商或者经销商;在消费品市场上,这一中间层次是零售商。比如电视、冰箱、空调、洗衣机、家具的制造商,往往把产品直接卖给大型零售商,由零售商卖给消费者,由零售商卖给消费者。

② 二级渠道。指分销渠道上有两个层次的中间商。在工业品市场上,通常有批发商和代理商;在消费品市场上,这两个中间环节通常是批发商和零售商,食品、药品的制造商都使用这种二级渠道。

③ 三级渠道。指分销渠道上有三个层次的中间商。这类渠道主要出现在消费面较宽的日用品上。例如在肉制品行业中,中转商通常从批发商那里购买产品,再卖给小型零售商。

④ 四级渠道。指分销渠道上有四个层次的中间商。例如在农药销售过程中,厂家把产品卖给负责全省市场销售的独家经销商,省级经销商再转卖给地区一级的经销大户,地

区一级的经销大户再卖给县级的农资公司,农资公司再卖给乡、镇、村一级的农药零售店,零售店再卖给农民,分销渠道上有四个层次的中间商。

 营销案例 11-1

小小冰淇淋应对渠道大变革,和路雪可爱多开辟品牌直营店

和路雪(英文:Wall's)是英国著名冰激凌企业,总部设在英国,在全球拥有多家分公司。是联合利华旗下企业。和路雪(中国)有限公司是联合利华集团在中国投资创办的大型冰淇淋生产和销售企业,1993年落户北京。

一直以来,和路雪采取的是自行的传统的配送分销渠道,2001年,和路雪在北京和上海两地实施的冰淇淋专卖策略曾经引起业界极大关注。这是和路雪在经营方式上的一种创新,目的是实现与消费者直接对话。而业内人士却认为,和路雪进军软冰淇淋行业的意义远非如此简单。通过这种方式,和路雪不仅可以从哈根达斯手中分杯羹,获得更大的利润空间,而且可以大大提高品牌形象,培育一批认同和路雪文化的忠诚消费者。

资料来源:《和路雪新政:品牌下的蛋》《21世纪经济报道》2002年04月22日.

2. 长渠道与短渠道

在间接渠道中又可以分为长渠道和短渠道。分销渠道的长短一般是按产品从生产者到最终用户手中所经历的流通环节来分,分销渠道上中间商层次越多,渠道越长;反之,渠道越短。

1) 渠道长的优势和劣势

对于制造商来说,渠道长主要有以下优势。

(1) 单笔进货及回款金额较大,发货、收款工作简便。

(2) 厂家帮助、控制、管理的目标单一,日常管理较为简便。

(3) 厂、商关系相对亲密、稳定,厂家能得到一级批发商更为积极的配合。

(4) 销售网点分布广泛,上量迅速,厂家可以在短期内占有较大市场份额。

(5) 厂家可以利用中间商的营销资源,迅速占有市场,降低进入一个陌生市场所带来的风险。

 营销案例 11-2

格力公司在20世纪90年代只有的十几个、二十几个业务员,每个业务员负责一个省,仅需要管理几个经销大户就可以完成销售。正如董明珠所说:"这一理念的具体操作就是让格力仅有的23名业务员,每人负责一个省,只负责协调,不负责发展网络。而销售商分为一级、二级,每个地区都只有几个有限的一级经销商,由一级经销商发展二级经销商,不同的规模有不同的返利标准线,这样一级经销商倾向于扩网冲线,格力销售网迅速膨胀。"

长渠道主要有以下劣势。

(1) 产品的零售价较高,因为长渠道中的每一个层次的中间商都要赚取进出差价,从而降低了产品在终端市场上的竞争力。

(2) 市场终端开发不够细致，容易造成终端及销售区域盲点。

(3) 市场信息交流不畅，厂家获得终端信息难度大，对渠道的控制难度大，厂家在销售终端的促销方案容易打折扣。

(4) 厂家的毛利率较低。

(5) 经销商大户有时会给厂家带来威胁。"挟网络以令厂家"，厂家容易受到胁迫，经销大户"变节"风险加大。

2) 短渠道的优势和劣势

对于制造商来说，短渠道主要有以下优势。

(1) 渠道中间环节少，产品零售价相对较低，增强了产品在终端市场的竞争力。

(2) 有利于终端开发，控制与管理，便于深度分销。

(3) 厂家毛利率较高。

(4) 市场信息反馈速度快，利于厂家尽快作出反映。

(5) 厂家不容易受到胁迫，中间商数量多。

短渠道主要有以下劣势。

(1) 进货分散，回款分散，厂家工作量大。

(2) 经销大户积极性受挫；

(3) 单个中间商销售额相对较少。

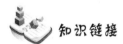

渠道结构的扁平化

渠道扁平化是以企业的利润最大化为目标，依据企业自身的条件，利用现代化的管理方法与高科技技术，最大限度地使生产者直接把商品出售（传递）给最终消费者以减少销售层级的分销渠道。

"扁平化"出自于迈克尔·伯特的第五项修炼。它指的是提高组织效率就要使组织结构的模式尽量扁平。所谓"渠道扁平化"就是尽量减少流通环节，由此来实现成本优势，还可以减少中间环节过多而导致的信息失真。

20 世纪 90 年代以后，我国零售业的发展进一步推动了渠道结构的扁平化，使整个社会商品流通的环节减少，批发业的发展慢于零售业的发展，呈相对弱化的趋势。大卖场、超市以及专业连锁的兴起使得零售环节可以通过大批量的采购越过批发商直接向厂家进货。营销渠道架构因此发生了根本性的变化，尤其在一线城市的卖场更是如此。厂家越过批发商向大零售商直接供货，已经成为大中城市的重要渠道模式，在家电、手机、日用品等行业尤其明显。在二、三线城市等市场上，原有的层级批发站体系以及后来发展起来的大户代理制也都已经解体，制造商逐渐转向更贴近终端市场的中小型批发商，压缩渠道环节以增加利润空间，甚至自建终端，贴近目标市场等，以适应日益激烈的市场竞争。在经济进一步发展，市场竞争愈加激烈的情况下，渠道的扁平化已经成为厂商必然的生存法则。

3. 宽渠道与窄渠道

分销渠道的宽度是指分销渠道的某个层次上使用同种类型的中间商数量的多少。一些商品通过许多批发商、零售商将其产品推销到广大地区的用户手中,这种产品销售渠道称为宽渠道;反之,一些商品通过很少的批发商、零售商推销其产品,这种销售渠道称为窄渠道。宽渠道意味着销售网点多,市场覆盖面大;窄渠道意味着销售网点少,市场覆盖面小。而在渠道宽窄的决策上,企业有以下三种选择。

1) 密集分销

厂家选用尽可能多的经销商来分销产品,它意味着很高的市场覆盖率,有利于消费者就近方便地买到产品。例如牙膏、香皂、酱油等低价日用消费品,就采用密集分销的方式销售,最大限度地覆盖市场。

一般说来,分销网点越多,销售能力就越大;但密集分销所产生的费用较大,由于中间商数目众多,厂家有时无法控制其销售行为,会容易发生恶性窜货。

恶 性 窜 货

所谓窜货,即产品跨区域销售,又称"倒货"或者"冲货",是跨区域销售一种比较常见的营销顽症。(一个地区的货物以低价销售到另一个地区)。跨区销售的核心动机是有利可图,因为地区发展不平衡,市场成熟度不同,价格形成机制和价格传递机制存在明显差异,同一商品、同一品牌价格差造成利润空间,所以商品从低价市场向高价市场流动。

恶性窜货给企业造成的危害是巨大的,它扰乱企业整个经销网络的价格体系,易引发价格战,降低通路利润;使得经销商对产品失去信心,丧失积极性并最终放弃经销该企业的产品;混乱的价格将导致企业的产品、品牌失去消费者的信任与支持。假设消费者昨天刚花100元买的产品,今天降到80元,而明天可能降到60元。他们会怎么想,这个品牌的美誉度会如何?

2) 独家分销

厂家只把专卖权授予各个地区少量的经销商,并限制它们在特定的区域内销售、双方通常要签订经销或代销合同,中间商不得经营其他竞争产品,厂家在该地区也不准向其他中间商供货。

独家分销对厂家的好处是易于控制市场和产品的销售价格,便于对中间商管理、协调和沟通、节省分销成本,有利于调动中间商的积极性去开拓市场。厂家在促销费用、促销人员、售后服务务、控制价格等方面容易得到中间商的合力支持;其不足是有可能限制产品的市场覆盖面和销量;厂家容易受到中间商胁迫;一旦中间商没有选准、厂家在这一市场上可能遭到失败。

3) 选择分销

厂家在某一地区选择几家最合适的中间商来销售自己的产品。它比独家分销的市场覆盖面广,有利于拓展市场,获得足够的市场覆盖面;又比密集分销节省费用,便于控制和管理中间商,有利于厂、商之间建立良好的合作关系。

这种分销方式适合于中档选购消费品和高档耐用消费品的销售。

4. 分销渠道系统的发展

80年代以来，分销渠道系统突破了由生产者、批发商、零售商和消费者组成的传统模式和类型，有了新的发展，渠道成员开始采取不同程度的一体化经营或联合经营的形式，如垂直渠道系统，水平渠道系统，多渠道营销系统等。

1）垂直渠道系统

这是由生产企业、批发商和零售商组成的统一系统。垂直分销渠道的特点是专业化管理、集中计划，销售系统中的各成员为共同的利益目标，都采用不同程度的一体化经营或联合经营。它主要有如下三种形式。

（1）公司式垂直系统：指一家公司拥有和统一管理若干工厂、批发机构和零售机构，控制分销渠道的若干层次、甚至整个分销渠道，综合经营生产、批发、零售业务。这种渠道系统又分为两类：工商一体化经营和商工一体化经营。工商一体化是指大工业公司拥有、统一管理若干生产单位、商业机构。如美国火石轮胎橡胶公司拥有橡胶种植园，拥有轮胎制造厂，还拥有轮胎系列的批发机构和零售机构，其销售门市部（网点）遍布全国。商工一体化是指由大零售公司拥有和管理若干生产单位。

 营销案例 11-3

娇兰佳人的渠道变革历程

娇兰佳人从成立于1999年，成立之初，娇兰佳人是一家规模不算大的化妆品生产公司。尽管娇兰佳人也把化妆品投放在蓝岛、洋华堂等大型商场里销售，但是效果并不好。为了避免和大品牌的正面交锋，娇兰佳人把目光放在了地区、县城、乡镇等市场。并且就像所有民营企业一样，娇兰佳人在进入市场之初就大量招揽经销商，并以疯狂的开店速度铺遍了三级城市。同时娇兰佳人先后推出军献、婷美、纱蔓婷、小家伙等品牌，并发展到500多个单品。娇兰佳人放弃了高端市场，而是用小米加步枪的中低端战略打起了价格战。用卖白菜的方法去卖化妆品，在前期的市场占领上确实占据一定优势，但是随着竞争的深入，娇兰佳人开始发现，生意并不是那么好做了。

从2003年开始，以资生堂、欧珀莱为代表的一批化妆品开始实行下沉战略，旨在突破二三线城市的市场份额，在高端市场锋芒尽显的这些品牌甚至量身定做了一批"下乡计划"，夺取二三线城市尚未占领的阵地。市场争夺战把娇兰佳人推向了风口浪尖，与此同时，传统的代理制渠道也暴露出盈利能力不足，难以管理的弊端。

经过两年的调整，2005年，娇兰佳人公司在兰州开设了第一家化妆品专卖店，主要的经营模式是：以销售娇兰佳人公司的自有品牌为主，同时也销售其他高端品牌的化妆品，如雅芳、美宝莲、兰蔻、雅诗兰黛等等，以及一些生活用品。在此基础上，娇兰佳人摒弃了原来的经销商加盟制度，在对原有的经销商进行筛选和保留的同时发展零售连锁的经营模式。

于是，娇兰佳人成为名副其实的终端渠道自有品牌的推行者。开始主要是在二三线城市，搭建自己的专卖店。专卖店选在人群比较密集的社区或者是学校附近，消费人群主要是针对中低消费者和学生。

与此同时，在自有品牌的研发上，娇兰佳人也开始着手推出部分高端品牌，例如在婷美超美肌系列产品，就是为了填补二三级市场的中高端需求缺口而研发出来，并保证能够在一定时期内带来较高的利润。

目前的专卖店中，娇兰佳人在销售军献、婷美等自有品牌化妆品的同时还进行雅芳、欧珀莱、美宝莲等化妆品牌的销售,更重要的是,这些在商场里几乎不参与价格打折的品牌却能够在娇兰佳人专卖店里以折扣形式买到。

后来,娇兰佳人将这种专卖店模式复制到广东、上海、北京等城市当中,并且在众多化妆品品牌竞争激烈的一线城市找到了自己的生存空间——在次级商圈布点。娇兰佳人放弃了一线城市的大商场柜台销售产品,而是选择在次级商圈开店,并逐步布点,保证覆盖到一线城市的消费者人群。

在大品牌市场争夺战的缝隙当中,娇兰佳人找到了自己生存的一席之地。

资料来源:娇兰佳人网站资料.

(2) 管理式垂直系统:制造商和零售商共同协商销售管理业务,其业务涉及销售促进、库存管理、定价、商品陈列、购销活动等。例如宝洁公司与其零售商共同确定商品陈列、货架位置、促销和定价。

(3) 契约式垂直系统:指不同层次的独立制造商和经销商为了获得单独经营达不到的经济利益、而以契约为基础实行的联合体。它主要分为下面三种形式。

① 特许经营组织。这种系统主有以下三种形式。

A. 制造商倡办的零售特许经营或代理商特许经营。零售特许多见于消费品行业,代理商特许多见于生产资料行业。丰田公司对经销自己产品的代理商、经销商给以买断权和卖断权,即丰田公司与某个经销商签订销售合同后,赋予经销商销售本公司产品的权力而不再与其他经销商签约,同时也规定该经销商只能销售丰田牌子的汽车,实行专卖,避免了经营相同品牌汽车的经销商为抢客户而竞相压价,以致损害公司名誉。

B. 制造商倡办的批发商特许经营系统,大多出现在饮食业。如可口可乐、百事可乐等企业,与某些瓶装厂商签订合同,授予在某一地区分装的特许权,向零售商发运可口可乐等的特许权。

C. 服务企业倡办的零售商特许经营系统。多出现于快餐业、汽车出租业等。比如麦当劳的连锁特许经营。

② 批发商倡办的连锁店。这种自愿连锁是若干独立的中小零售商为了和大型零售商竞争而自愿组成的联营组织,参加联营的中小零售商仍然保持自己的独立性和经营特点,采购经由采购中心统一管理下进行,但分别销售,实行销购分销,此外,联营组织还为成员提供各种服务。通常由一个或一个以上独立批发商创办,这些独立批发商为了和大制造商、大零售商竞争,维护自己的利益,帮助与其业务往来的一群独立中小零售商组成自愿连锁,统一进货推销其经营的商品。

③ 零售商合作社。这是一群独立的中小零售企业为和大型零售商竞争而联合经营的批发机构,各个参加联营的独立中小零售商要缴纳一定的股金,各个成员通过这种联营组织,以共同名义统一采购一部分货物,统一进行广告宣传活动以及共同的培训员工等。

2) 水平式渠道系统

指由两家以上的公司联合起来的渠道系统,可以在同一层次的若干制造商之间、若干批发商之间、若干零售商之间采取横向经营的方式。它们可实行暂时或永久的合作,这种系统可发挥群体作用,共担风险,获取最佳效益。

水平式渠道系统根据合作企业的性质可以分为同业渠道合作和异业渠道合作。同业渠道合作是指同行业企业在渠道建设上的合作。同业渠道合作可以分摊企业渠道建设和运作成本，其前提条件是两家企业的产品有不同的顾客群和定位。

异业渠道合作是指不同行业企业在渠道建设间的合作，例如可口可乐与网吧展开合作，通过免费赞助冰柜但要求只推销售可口可乐的手段，常年地抓住了网吧销售渠道。异业渠道合作可以为企业开拓新的渠道，其前提条件是合作企业有共同的顾客群和产品联系。

3) 多渠道营销系统

指制造者对同一或不同的分市场采用多条渠道营销系统。这种系统一般分为两种形式：一种是生产企业通过多种渠道销售同一商标的产品；另一种是生产企业通过多渠道销售不同商标的产品。通过增加更多的渠道，企业可以获得以下好处：增加市场覆盖面，降低渠道成本和更趋向顾客化销售。

在实际分销管理活动中，企业往往通过多条分销渠道销售商品，而不仅仅是一条分销渠道。比如食品在通过各地批发商销售的同的，还利用当地有实力的大型零售商进行双渠道批发，市场份额有较大幅度的提高。

知识链接

多渠道营销系统在营销实战中有时表现为"分包制"或"错位经营"，即多家经销商经营同一个品牌，但为不同品种，不同目标市场。比如：某白酒品牌针对酒店、餐馆的高档产品由A代理商代理；针对工薪阶层消费的中、低档产品由B代理商代理，这样就减少了经销商之间的利益冲突，形成了产品分销的联盟体，假若以后A商不行了，至少该品牌还有B商支撑着，不至于整个市场全军覆没。

推动企业实行复合渠道的动力主要有两点：一是消费者市场进一步细分，消费者个性化需求特征越来越明显，单一渠道已不可能满足市场竞争的需要；二是市场研究结果表明，高端消费者多渠道消费的趋势十分明显，对采用复合渠道的企业具有较高的满足度和忠诚度。另外，网络销售等新兴渠道的快速发展也使企业复合渠道成为可能。

4) 网络渠道系统的发展

网络分销渠道是指借助互联网技术提供产品或服务信息以供消费者信息沟通、资金转移和产品转移的一整套相互依存的中间环节。它的主要任务是为产品从生产者向消费者转移提供方便。网络分销渠道使信息沟通由单向变为双向，从而增强了生产者与消费者的直接联系。一方面，企业可以在互联网上发布有关产品的价格、性能、使用方法等信息；另一方面，消费者也可以通过互联网直接了解产品信息，做出合理的购买决策。同时，生产者还可以迅速获得消费者的反馈信息。

目前，网络分销渠道具有3种类型：①直接分销渠道，即网络直销，通过互联网实现的从生产者直接到达消费者的网络渠道；②间接分销渠道，通过信息中介商或者商务中心来沟通买卖双方的信息；③双渠道，企业同时使用网络直接销售渠道和网络间接销售渠道。

11.2 分销渠道设计与管理

在设计营销渠道时，制造商必须在理想的渠道和实际可行的渠道之间作出抉择。设计一个渠道系统，需要分析消费者对渠道服务的需要、建立渠道目标和限制因素、确定主要渠道选择方案并对他们进行评估。

11.2.1 影响分销渠道设计的因素

企业在选择分销渠道时，会受到很多因素的影响和制约，企业必须在充分考虑这些因素的前提下，对可供选择的分销渠道进行评估和决策。一般情况下，影响分销渠道的因素主要如下。

1. 产品因素

产品的特性是企业进行分销渠道设计时首先必须考虑的因素，其影响和制约作用主要由产品的性质、种类、档次、等级等方面表现出来。

例如易损、易腐、有效期短的商品，技术要求高、需要对客户进行比较复杂的售后技术服务的商品，体积大、分量重、移动不方便的商品，单价昂贵的商品，非标准化商品（如用户定制的设备）等，应尽量采用短渠道。反之，单价较低的商品，标准化商品，不需要对顾客进行售后服务的商品，分量轻、移动方便的商品，不容易腐败变质的商品，可以考虑使用长渠道。

2. 企业因素

分销渠道的选择还必须考虑到企业自身多方面的情况，并进行实事求是的判断。

（1）企业的规模和声誉。企业规模大、声誉高、资金雄厚、销售力量强、具备管理销售业务的经验和能力，在渠道选择上主动权就大，甚至可以建立自己的销售机构，渠道就短一些，反之就要更多地依靠中间商进行销售。

（2）企业的营销经验及能力。一般而言，企业市场营销经验丰富，则可考虑较短的分销渠道。反之，缺乏营销管理能力及经验的企业，就只有依靠中间商来销售。

（3）企业的服务能力。如果生产企业有能力为最终消费者提供各项服务，如安装、调试、维修及操作服务等，则可取消一些中间环节，采用短渠道。如果服务能力有限，则应充分发挥中间商的作用。

（4）企业控制渠道的愿望。企业控制分销渠道的愿望各不相同。有的企业希望控制分销渠道，以便有效控制产品价格和进行宣传促销，因而倾向于选择短渠道，而有些企业则无意控制分销渠道，因此采用宽而长的渠道。

3. 顾客因素

设计分销渠道还要考虑什么渠道最接近目标顾客，顾客最愿意并且经常利用的渠道是什么。例如，从顾客的购买习惯来看，日用品一般是就近购买，因此必须使用长而且宽的分销渠道。反之，对于耐用消费品，顾客一般是在大中型商场或专卖店购买，销售网点就可以大幅度减少，采用短而窄的分销渠道。另外，顾客人数多，分布广，必须使用长而宽的分销渠道。

4. 竞争因素

生产者的渠道设计还受到竞争者所使用的渠道的影响，因此要分析竞争者的渠道模式、渠道策略，根据企业产品特性、企业实力、企业分销目标，设计出有利于自身产品销售的渠道体系。根据不同的情况，可以与竞争者相同利相近的经销处与竞争者的产品抗衡，也可以避开竞争者使用的渠道。例如"乡村鸡"快餐店，就专门把门面开设在肯德基快餐店附近，用更符合中国人口味的快餐积极展开竞争。而日本电子表进入美国市场列，就有意避开了瑞士手表占据绝对优势的分销渠道钟表店，而选择普通的零售商店和越级市场销售，结果迅速地占有了市场。

5. 中间商的因素

中间商有不同的类型、不同的职能、不同的区位、不同的市场能力，在设计分销渠道时，要考虑不同中间商的优缺点。中间商在执行运输、广告、储存及接触顾客等职能方面，以及在信用条件、退货特权、人员训练和送货频率方面，都有不同的特点和要求。一般来讲，在考虑中间商因素时，要着重从可得性、成本利服务三个方面来综合考虑。

6. 环境因素

经济环境、法律限制、自然环境也会影响分销渠道的设计。就经济环境而言，当一个国家或地区经济衰退时，市场需求下降，采用较短的分销渠道可以降低产品零售价，刺激市场需求。而就法律环境而言，政府的法律或规定也可能会影响到分销渠道的设计。例如一些发展中国家规定，进出口业务必须由政府特许的企业经办，这就直接影响到企业分销渠道的设计。当然，如果一个国家或地区交通便利，采用较短的分销渠道的可能性就比较大，而地处偏远的制造商由于地理条件限制，则只能采取较长的分销渠道。

7. 成本因素

设计分销渠道时要考虑到开发分销渠道的成本和维持分销渠道的成本，管理者必须在成本和效益之间作出权衡，争取以最小的成本达到预期的销售目标。

11.2.2 分销渠道的设计与选择

对于一家生产企业来说，设计分销渠道经过以下步骤。

（1）首先要决定是否使用中间商，若不需要中间商为直接销售。在实际工作中，企业是否采用中间商销售，主要可以两项标准来判断，即销出本企业产品的数量或销售额，维护各种分销渠道所必须支付的营销费用。如果销售渠道销出的产品数量多，且单位产品销售量所耗费用低，则为理想渠道。

（2）如果决定使用中间商，第二步就要确定渠道的数量，即通过一种或多种分销渠道把产品卖到终端用户手中，是使用一种分销渠道，还是同时使用多种分销渠道。

雅芳公司在中国就同时使用了四条分销渠道——美容专柜、专卖店、零售店和推销员。雅芳公司进入中国不到一年，就拥有1 700多间专卖店、700多个商场的美容专柜、近1万名零售经销商和2万多名推销员。

（3）确定每条分销渠道上中间商的类型以及中间商层次的多少，即渠道的长短：是批发商，还是零售商，还是代理商或经纪人。这就需要考虑产品和市场供给者本身等因素。一般来说，当产品供给者有较强的营销能力和经济能力，有控制渠道的较强愿望，地理位置接近市场中心，营销能力强，或难以找到适合的中间商时，可以减少渠道环节，采用较短的渠道，其至直接找零售商接触，通过极少量的中间商把产品送达用户手中。相反，但产品批量销售，市场广阔而分散，可以增加渠道环节，采用较长的一级批发商、代理商、零售商等环节把产品推向市场。

（4）要确定每一条分销渠道上使用中间商的数量，是独家分销，还是选样分销，还是密集分销。

（5）确定渠道成员的条件和义务。生产商和中间商需要协商确定每个渠道成员的责任和权利，他们需要进一步规定渠道成员彼此的条件和应尽的义务。协议主要涉及价格政策、销售条件、地区权利以及每一方为对方提供的服务及应尽的责任义务。

价格政策要求制造商制订价目表，对不同地区、不同类型的中间商和不同的购买数量给予不同的价格折扣比率，价格政策的原则及主要内容应得到中间商的理解和认可。

销售条件是中间商的付款条件及生产者的担保。对及时全部付清货款的中间商应给予现金折扣，生产者还应向中间商提供有关产品质量保证和跌价保证，生产者的跌价保证能够吸引并激励中间商大量购货。

除上述条件外，生产者还应明确中间商应具有的特许权力，规定交货的时间、结算条件以及彼此为对方提供哪些服务。对于双方的义务和权力，必须十分谨慎地确定，尤其是采用特许代营或独家代理等渠道形式时，更应当明确双方的义务和责任；在确定了制造商与经销商之间的协议之后，营销渠道的设计还应认真地研究渠道的经济成本，即比较不同渠道方案的销量及成本。

（6）调查、选择具体的渠道成员，并与之签订合同，共同开发市场。

① 企业寻找中间商的主要途径有以下几种。

A. 通过企业现有的销售人员找到中间商，这是一种最常用的办法。企业打算在某一地区选择中间商时，该地区的销售人员不但要能提供中间商的名单，还要能为中间商排序，评价其使用价值。

B. 发布广告征求中间商，是一种选择范围很广的方式。

C. 参加本行业的商业展览会，在展览会上，参展的厂家直接面对来自全国各地的经销商和代理商，经销、代销关系和分销网络能在短期内建立。

D. 企业还可以通过顾客、行业协会、向现有的中间商咨询等多种途径来寻找中间商．设计自己的分销网络。

② 选择具体的渠道成员。

中间商选择合理与否，对企业产品进入市场、占领市场、巩固市场和发展市场有着关键性的影响。选择中间商时，应主要考虑以下因素。

A. 服务对象。不同制造商有不同的目标市场，不同中间商有不同的服务对象。生产企业选择分销渠道，应首先考虑中间商的服务对象是否与企业要求达到的目标市场一致，只有一致的中间商才能选择。

B. 地理位置。中间商的地理位置直接影响到产品能否顺利到达目标顾客手中。因此，选择中间商必须要考虑其地理分布情况，要求既要接近消费者，又要便于运输、储存及调度。

C. 经营范围。在选择中间商时，如果其经营主要竞争对手的产品，需格外谨慎，不宜轻易选取。当然若本企业的产品在品质、价格、服务等方面优于同类产品，也可以选择。

　　D. 销售能力。即考察中间商是否有稳定的、高水平的销售队伍，健全的销售机构，完善的营销网络和丰富的营销经验，是否有内部管理和培训业务人员的能力。

　　E. 信誉度及财务状况。中间商能否按时结算．返还厂家贷款。财务状况好的中间商拖欠贷款的可能性小，能为厂家在产品推广上提供支援，可以做到商家先付款，厂家后发货。

　　F. 经营时间的长短，有无经营向类产品的经验。

　　G. 中间商的仓储、运输能力。

　　（7）对分销渠道方案进行评估。

　　生产企业选择了中间商后，还必须定期评估他们的绩效，包括销售指标完成情况、平均存货水平、损坏和丢失货物的情况、配合生产厂家开展促销活动的情况、对客户的服务水平、回款是否及时等。通过对这些指标的考核来发现问题，进行奖惩，以改进中间商的绩效，保证中间商的质量。

　　通常，渠道评估的标准有三个：即经济性、可控性和适应性，其中最重要的是经济标准。

　　① 经济性标准评估。主要是比较每个方案可能达到的销售额及费用水平。比较由本企业推销人员直接推销与使用销售代理商哪种方式销售额水平更高；比较由本企业设立销售网点直接销售所花费用与使用销售代理商所花费用，看哪种方式支出的费用大。企业对上述情况进行权衡，从中选择最佳分销方式。

　　② 可控性标准评估。企业对分销渠道的选择不应仅考虑短期经济效益，还应考虑分销渠道的可控性。因为分销渠道稳定与否对企业能否维持并扩大其市场份额、实现长远目标关系重大。企业自销对渠道的控制能力最强，但由于人员推销费用较高，市场覆盖面较窄，因此不可能完全自销。利用中间商分销就应充分考虑渠道的可控性，一般说来，建立特约经销或特约代理关系的中间商较容易控制，但这种情况下，中间商的销售能力对企业的影响又很大，因此应慎重决策。

　　③ 适应性标准评估。每一分销渠道的建立都意味着渠道成员之间的关系将持续一定时间，不能随意更改和调整，而市场却是不断发展变化的，因此，企业在选择分销渠道时就必须充分考虑其对市场的适应性。首先是地区的适应性，在某一特定的地区建立商品的分销渠道，应与该地区的市场环境、消费水平、生活习惯等相适应；其次是时间的适应性，根据不同时间商品的销售状况，应能采取不同的分销渠道与之相适应。

11.2.3　分销渠道的管理

　　分销渠道建立之后，企业还必须对其进行长期管理，以加强渠道成员间的合作，调节渠道成员的矛盾，提高整体分销效率。分销渠道管理的内容主要包括定期评估检查渠道成员、培训渠道成员、分销渠道的激励与扶持、分销渠道调整、分销渠道的冲突管理。

　　1. 定期评估检查渠道成员

　　企业必须定期评估中间商的绩效是否达到某些标准。也就是说，企业要对中间商进行有效的管理，还需要制定一定的考核标准，检查、衡量中间商的表现。这些标准包括：销售指标完成情况、平均存货水平、向顾客交货的速度、对损坏和损伤商品的处理、企业宣传及培训计划的合作情况以及对顾客的服务表现等等。在这些指标中，比较重要的是销售指标，它表明企业的销售期望。经过一段时期后，企业可公布对各个中间商的考核结果，目的在于鼓励那些销量大的中间商应继续保持声誉，同时鞭策销量少的中间商要努力赶上。企业还可以进行动态的分析比较，从而进一步分析各个不同时期各中间商的销售状况。

2．培训渠道成员

企业在渠道管理中，还应该为各级中间商制定严格的培训计划，通过培训提高渠道成员整体素质，也可以作为企业对渠道成员的一种福利，比如通过对中间商进行销售技能及产品知识方面的培训，增强中间商对厂家价值观念的认同；通过对销售现场导购员的培训，与中间商的营业员建立良好的关系。培训使得企业的营销理念在整个渠道中更好的贯彻，是渠道更加顺畅。

3．分销渠道的激励与扶持

企业在选择了分销渠道以后，为了保证中间商努力扩大对本企业产品的销售，不断提高业务水平，必须对其进行激励与扶持。

对中间商要视其情况使用"胡萝卜加大棒"的方法，向中间商提供正面的激励扶持或负面的激励措施，常见的方法如下。

（1）广告支持。企业对中间商经销或代销的产品进行广告宣传，以推动销售。

（2）促销支持。企业派人协助中间向开展商品功效现场演示，赠送并布置售点广告宣传品行样品派送、赠品促销等。

（3）资金支持。对中间商装修店面、购买运输车辆提供部分资金资助，或允许中间商延期或分期还款。

（4）返利。根据中间商当年销售额的多少，年终给予不同标准的返利。例如年累计进货1万件，返利0.5元/件；年累计进货2万件，每件返利0.7元，等等。

还有一种返利称为模糊返利，当经销商进货时．承诺给予现金或实物返利，但并不明确返利的具体形式和比例，到规定期限后才公布，期限一般为一季度或一年。

第三种返利称为现金返利，指经销商进货达到一定数量时，按一定比例在规定时间内返现金，或直接抵扣货款。

（5）向中间商提供市场情报，共同研究市场动向，制定扩大销售的措施。

（6）培训中间商，帮助中间商建立完善、正规的管理体制。

（7）在价格上，向中间商提供数量折扣、现金折扣、季节折扣、功能折扣、协作力度折扣、进货品种折扣等多种折扣优惠。

（8）给予中间商售点广告补贴、降低零售价补贴、合作促销补贴、商品特殊陈列补贴、恢复库存补贴等。

（9）向中间商提供畅销产品，使他们经营本企业产品比经营竞争产品更有利可图，加速资金周转，增加企业盈利。

(10) 授予中间商某一市场区域的独家经销权或独家代销权。
(11) 向中间商赠送运输工具、销售工具或商店招牌，组织中间商开展销售竞赛。
(12) 向业绩突出的中间商给予年终红包奖励，或免费旅游、疗养等。
(13) 向中间商的营业员提供销售奖励。

如果对中间商正面的激励措施不能奏效，厂家也会使用一些反面激励措施。例如，减少畅销产品的供货量和中间商的利润幅度，减少为中间商提供的服务，撤销过去承诺的奖励措施，甚至停止供货，终止合作关系。

当然，对中间商的激励要避免激励不足和激励过分两种情况。当厂家给予中间商的条件过于苛刻以致不能激励中间商的积极性时，就会出现激励不足的情况，结果是产品销量下降，利润减少。厂家给予中间商的优惠条件超过它取得合作所需要提供的条件时，就会出现激励过分的情况，结果是销量提高，但利润下降。所以，厂家应确定合适的激励程度，达到既能调动中间商的积极性，又能最大限度获利的目的。

4. 分销渠道调整

市场营销环境是不断发展变化的，原先的营销渠道经过一段时间以后，可能已不适应市场变化的要求，必须进行相应调整。一般说来，对分销渠道的调整有如下三个不同层次。

(1) 增减分销渠道中的个别中间商。由于个别中间商的经营不善而造成市场占有率下降，影响到整个渠道效益时，可以考虑对其进行削减，以便集中力量帮助其他中间商搞好工作，同时可重新寻找几个中间商替补；市场占有率的下降，有时可能是由于竞争对手分销渠道扩大而造成的，这就需要考虑增加中间商数量。

(2) 增减某一个分销渠道。当生产企业通过增减个别中间商不能解决根本问题时，就要考虑增减某一分销渠道。

(3) 调整整个分销渠道。这是渠道调整中最复杂、难度最大的一类，因为它要改变企业的整个渠道策略，而不只是在原有基础上缝缝补补。如放弃原先曲直销模式，而采用代理商进行销售，或者建立自己的分销机构以取代原先的间接渠道。这种调整不仅是渠道策略的彻底改变，而且产品策略、价格策略、促销策略也必须作相应调整，以期和新的分销系统相适应。

总之，分销渠道是否需要调整、如何调整，取决于其整体分销效率。因此，不论进行哪一层次的调整，都必须做经济效益分析，看销售能否增加，分销效率能否提高，以此鉴定调整的必要性和效果。

5. 分销渠道的冲突管理

渠道冲突，指的是渠道成员发现其他渠道成员从事的活动阻碍或者不利于本组织实现自身的目标。渠道冲突产生不利的后果，其危害主要有破坏渠道成员之间的关系、降低整个渠道的销售业绩、破坏整个渠道的规则体系、影响产品品牌在消费者心目中的地位。因此，对渠道冲突要高度重视。

1) 渠道冲突的类型
(1) 水平渠道冲突。指在同一渠道模式中，同一层次中间商之间的冲突。产生水平冲

第 11 章 分 销 策 略

突的原因大多是生产企业没有对目标市场的中间商数量分管区域做出合理的规划，使中间商为各自的利益互相倾轧。这是因为在生产企业开拓了一定的目标市场后，中间商为了获取更多的利益必然要获取更多的市场份额、在目标市场展开"圈地运动"。如果发生了这类矛盾，生产企业应及时采取有效措施，缓和并协调这些矛盾，否则，就会影响渠道成员的合作及产品的销售。另外，生产企业应未雨绸缪，采取相应措施防范这些情况的出现。

(2) 垂直渠道冲突。指在同一渠道中不同层次企业之间的冲突，这种冲突较之水平渠道冲突要更常见。例如，某些批发商可能会抱怨生产企业在价格方面控制得太紧，留给自己的利润空间太小，提供的服务(如广告、推销等)太少；零售商对批发商或生产企业，可能也存在类似的不满。

垂直渠道冲突也称为渠道上下游冲突。一方面，越来越引起分销商从自身利益出发，采取直销与分销相结合的方式销售商品，这就不可避免要同下游经销商争夺客户，大大挫伤了下游渠道的积极性；另一方面，当下游经销商的实力增强以后，不满意目前所处的地位，希望在渠道系统中有更大的权利，向上游渠道发起了挑战。在某些情况下，生产企业为了推广自己的产品，越过一级经销商直接向二级经销商供货，使上下游渠道之间产生矛盾。因此，生产企业必须从全局着手，妥善解决垂直渠道冲突，促进渠道成员之间更好地合作。

(3) 不同渠道之间的冲突。随着顾客细分市场和可利用的渠道不断增加，越来越多的企业采用多渠道营销系统即运用渠道组合、整合。不同渠道之间的冲突指的是生产企业建立多渠道营销系统后，不同渠道服务于同一目标市场时所产生的冲突。

2) 渠道冲突的原因

(1) 渠道成员目标不一样，购销业务中本来就存在矛盾。如生产企业与中间商有不同的目标，生产企业希望占有更大的市场，获得更多的销售增长额及利润；但大多数零售商，尤其是小型零售商，希望在本地市场上维持一种舒适的地位，即当销售额及利润达到满意的水平时，就满足于安逸的生活；制造商希望中间商只销售自己的产品，但中间商只要有销路就不关心销售哪种品牌；生产企业希望中间商将折扣让给买方，而中间商却宁愿将折扣留给自己，生产企业希望中间商为它的品牌做广告，中间商则要求生产企业负担广告费用。

(2) 渠道成员的任务和权利不明确。例如，有些公司由自己的销售队伍向大客户供货，同时它的授权经销商也努力向大客户推销。地区边界、销售信贷等方面任务利权利的模糊和混乱会导致诸多冲突。

(3) 价格原因。各级批发价的价差常是渠道冲突的诱因。制造者常抱怨分销商的销售价格过高或过低，从而影响其产品形象与定位。而分销商则抱怨给其的折扣过低而无利可图。

(4) 存货水平。制造商和分销商为了自身的经济效益，都希望把存货水平控制在最低。而存货水平过低又会导致分销商无法及时向用户提供产品而引起销售损失甚至使用户转向竞争者。同时，分销商的低存货水平往往会导致制造商的高存货水平，从而影响制造商的经济效益。此外，存货过多还会产生产品过时的风险。因此，存货水平也是容易产生渠道冲突的问题。

（5）争占对方资金。制造商希望分销商先付款、再发货，而分销商则希望能先发货、后付款。尤其是在市场需求不确定的情况下，分销商希望采用代销等方式，即货卖出去后再付款。而这种方式增加了制造商的资金占用，加大了其财务费用支出。

（6）大客户原因。制造商与分销商之间存在着的持续不断的矛盾的原因是制造商与最终用户建立直接购销关系，这些直接用户通常是大用户，是"厂家宁愿直接交易而把余下的市场领域交给渠道中间商的客户（通常是因为其购买量大或有特殊的服务要求）"。出于工业品市场需求的 80/20 规则非常明显，分销商担心其大客户直接向制造商购买而威胁其生存。

（7）分销商经营竞争对手产品。制造商显然不希望他的分销商同时经营竞争企业同样的产品线。尤其在当前的工业品市场，用户对品牌的忠诚度并不高，经营第二产品线会给制造商带来较大的竞争压力。另一方面，分销商常常希望经营第二甚至第三产品线，以扩大其经营规模，并免受制造商的控制。

3）渠道冲突的解决办法

（1）在渠道成员的选择上要求进行严格的评估和审核。作为渠道体系的基本单位，每个渠道成员能否按合同的要求行动非常重要，因此，必须严格按程序和标准进行，选择具有良好合作意愿、共同目标、能自我约束的渠道成员，把好第一关。

（2）在战略上要建立共同的愿景和发展目标。在共同的愿景和发展目标上，当渠道受到威胁时，渠道成员能迅速分清矛盾的主次，自动合作排除威胁。管理者要有意识地激发渠道成员的共同目标，引导他们密切合作，战胜威胁，追求共同的目标价值。

（3）在两个或两个以上的渠道成员之间交换人员，互相在对方的单位工作一段时间，以促进彼此之间的了解，更好地合作，特别是对于垂直性冲突。例如，让制造商的一些销售主管到部分经销商处工作一段时间，有些经销商负责人可以在制造商制定有关经销商政策的领域内工作。经过互换人员，可以提供一个设身处地为对方考虑问题的位置，便于在确定共同目标的基础上处理一些垂直性冲突。

（4）冲突双方的协商谈判。谈判是渠道成员讨价还价的一个方法。在谈判过程中，每个成员会放弃一些东西，从而避免冲突发生，但利用谈判或劝说要看成员的沟通能力。事实上，用上述方法解决冲突时，需要每一位成员形成一个独立的战略方法以确保能解决问题。

（5）由第三方（如制造商、其他中间商或专门的仲裁机构）出面调解和仲裁。从本质上说，调解和仲裁是为存在冲突的渠道成员提供沟通机会，强调通过劝说来影响其行为而非信息共享，也是为了减少有关职能分工引起的冲突。出此，要求调解人具有较高的地位和威信。

（6）退出。解决冲突的最后一种方法就是退出该营销渠道，即中断与某个或某些渠道成员的合同关系。

第11章 分销策略

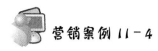

营销案例 11-4

圣象地板的渠道管理

圣象地板自1995年创立以来，发展规模迅速，在全国拥有40家分公司和遍布中国的3 000家统一授权、统一形象的专营店。圣象现目前有家居板块和地板板块。在渠道建设方面，起初圣象采用的是经销制，通过区域设置办事处来进行管理，但是由于市场的演变，经销制的一些弊端也日益凸显出来，区域经理、经销商和公司三者之间的不同期望使之产生了矛盾，这给圣像的发展带来阻碍。现目前采取的是在各个区域设立独立法人销售公司来经销木地板，销售公司的法人代表有些是由原来的区域经理转变身份而来，这一类公司直属圣象集团，另外一些就是以前的总经销商转变成为的销售公司负责人。

成都圣象木业有限责任公司自成立以来一直在渠道建设上不断改进和创新，主要体现在对零售终端的管理和发展。公司根据区域的特点进行划分，根据地域位置川西、川南、川北、川东分派区域经理进行管理，然后再根据经销商招标的标准，对各个地区的市场进行考察综合之后进行设点，区域经理进行考察，然后实现终端的销售。这种经销商的模式一般是二、三级市场，以及一级市场的特殊区域，作为在成都主城区还有一种特殊的渠道模式就是直营店销售，在管理、运营机制上与经销商制有很大的区别。

另外，在门店的分类管理上，圣象地板成都地区现根据强化、实木进行分别开店，大多数地区要求经销商开设强化专卖店、实木专卖店，并且入驻大型的超级建材超市，根据经销商的具体实力进行门店建设，特殊的门店也可以开设强化和实木的综合店。公司对这两种地板分别派有专员进行管理，圣象地板的强化门店必须要求$90m^2$的卖场进行销售，整体风格要简约、大方，花色要齐全，样品要多，导购至少要2个以上；而圣象新实木门店的定位主要是高端客户，要求门店上档次，有地位，能够与地板的实际价值进行匹配，不论是从店招、门店的面积、舍内的装潢都要按照实木的质感进行突出建设，一般的实木门店要在$120m^2$左右，导购要求三人以上，对于实木的客户公司会要求专门经过培训的优秀导购进行接待。

公司渠道成员之间的职能优化分布，各自相互协调。

公司职能主要包括两方面，一是对产品的管理；另一方面就是对经销商的管理。根据厂商的进度进行市场推广，选择适当的时机进行新产品上市和一些产品价格的适度调整，根据对区域经理的控制进行信息的综合，然后制定出相应的发展模式；对经销商的工作主要是制定对各个区域经销商的选择标准，对经销商的产品管理，货款的收取以及对经销商门店的布置，终端导购的培训等。具体的日常工作包括：(1)提供情报。成都公司有渠道一部和渠道二部，渠道一部成立主要是为了工程建设，协助各经销商获取当地工程信息，然后扶持经销商共同竞争项目，以建立起诚信和威信。渠道二部的成立主要是针对零售，听取经销商的意见，对各经销商所在的市场进行调研，了解竞争对手的销售模式和竞争优势，制定相应的应对措施，使圣象在某区域占领领头羊的地位；(2)给经销商提供最新产品。公司会向各大经销商提供最新产品，尽快帮助各经销商打开市场通路，使产品进入市场；(3)协调渠道成员的关系：公司定期召开全省经销商大会，一般是一季度一次，大型的就是年中答谢和年底总结。会议一方面是对经销商的总结，主要是销量汇总，另一方面是提出不足和期望，通过会议公司会议的精神传达，提供市场的操作思路，由地区负责人进行沟通，让经销商更好地开展销售活动。

区域经理是根据按地区划分进行经理的制定，每个区域大致按市场发展规模进行人员的分配，一般是一个区域经理管理一个片区，其主要工作就是协助经销商搞好经营管理，提高营销效果。具体的日常工作包括以下几点：(1)监督经销商完成销量，对其销售业绩进行考核，协调公司内部资源，指导所辖区域完成年度销售任务，负责处理销售过程中的突发事件等。经销商的销量直接关系到区域经理的业绩，双方会给予适当的抽成；(2)对经销商终端门店的布局进行协调。包括门店的打造、室内的设置、产品的更换等，协助经销商工作；(3)定期定点对经销商进行回访与沟通，对终端卖场的导购进行新产品知识的解答以及营销基础知识，培训负责组织学习、引进先进的销售理念及方法，提升员工业务水平，负责所辖区域成员相关培训与经验指导。

成都圣象的经销商现目前有100多个，其中一位经销商也有可能经营两家及以上门店，主要是按完成销量的状态和自身的资金实力进行门店的建设。对于圣象的经销商基本要求要做到有协调能力，对工人有科学的管理模式，对公司有一定的诚信度，适当的要还要有一定的公关能力，对于地板的质量、价格、铺装、售后服务等一系列行业问题经销商都需要环环相扣。具体的日常工作包括：(1)与公司保持良好的合作关系，定期发向公司进行提货、汇款以及与公司进行信息回馈等活动。圣象一般是年初会要求经销商进行压货，也就是提前根据当地自身的消费者喜好进行提前备货，这样加快消费者的铺装时间。在汇款方面圣象采取的是先汇款在提货，当与公司建立起长久的合作关系之后，也可以提前交一笔货款定金，公司会定期给经销商发货；(2)负责产品的终端销售，监督和保证产品的市场销量，对导购进行管理和协调。包括人员职能的分配，具体的工作的协调，定期统计门店的销量，制定相关的年度计划和目标，对市场的变化进行科学分析，完成公司给予的任务；(3)对导购、安装工人、库管的激励和监督等工作。地板是一个复杂的产品，包括销售、售前、安装、售后、维护等，这个特殊的产品决定了经销商需要综合各方面的人员配置和技术培训。对导购要培训产品的基础知识，不但要给予压力，也要给予奖励和支持，一般年终的圣象门店导购都会给予奖励，像旅游、奖金、福利待遇等；(4)对客户资料进行整理和汇总，一方面便于售后服务，另一方面报发给公司进行市场调查，多方面的工作主要是依托信息的管理和与客户的沟通，加强市场的调研力度，对市场进行综合判定，制定适合自身发展的营销策略。

资料来源：根据成都圣象木业有限责任公司相关资料改编．

11.3 批发商与零售商

中间商是介于生产者与消费者之间专门从事商品流通活动的组织和个人。中间商可以从多种角度进行划分，按其在流通过程中所处环节分为批发商和零售商，按其所拥有的经营商品权划分，可分为经销商和代理商。

11.3.1 批发商的含义与类型

1. 含义

批发商是指这样的一些商业企业或个人，他们将购进的商品批量地转卖给各类组织购买者，如生产企业、商业企业、政府机构、事业单位、社会团体以及国外的购买者。批发商也能从事零售，批零兼营，但其销售额主要来自批发业务。

2. 批发商的类型

1) 独立批发商

自己进货，取得产品所有权后再批发转卖出去的商业企业和个人，这就是批发商主要的类型，是批发商中最大的一个群体。

2) 代理商

通常根据较长期的协议，代表卖方或买方，从事销售或购买的工作，但不拥有商品的所有权，不承担经营风险，只赚取委托方佣金，通常是销售金额的一定比例。

3) 经纪人

纯粹是在买方、卖方之间牵线搭桥,把买卖双方撮合到一起,并帮助商谈,向雇佣他们的一方收取佣金。经纪人没有长期的代理关系,不拥有商品的所有权,也不保管存货。

独立批发商与代理商、经纪人的根本区别在于前者拥有商品所有权,买进卖出赚取差价利润;后者不拥有商品所有权,只赚取委托方付给的佣金。

4) 制造商自设批发机构

制造商往往组建了具有相对独立经营权的销售组织,规模有大有小,独立程度也不同。有的称销售公司,有的称办事处、营销中心等。这些销售组织有自己的存货和销售网络,自己经营批发业务,产品不通过商人批发商销售。

海尔集团在全国省会一级的城市没有48个海尔工贸公司,在地区一级城市设立海尔营销中心,直接向当地的零售商供货。目前,采用这种分销模式的除海尔外,还有西门子、伊莱克斯、科龙等。

5) 大型零售商的采购办事处

许多大则零售商在各大城市设立采购办事处,这些采购办事处是零售商组织的一个组成部分。例如世界最大的零售商沃尔玛公司,在广东一年的采购金额就达到80亿美元,并且每年以20%的速度递增。沃尔玛公司采购的商品使用集装箱发往世界各地的沃尔玛连锁店,这种采购办事处的功能与代理商相似。

11.3.2 零售商

1. 零售的含义

直接向终端消费者销售产品和服务,以满足其个人非商业需求的相关活动。制造商、批发商、零售商都从事零售,绝大多数零售是由零售商来完成的,零售商是指销售额主要来自零售的企业或个人。

2. 零售组织的主要类型

零售组织可以用零售业态一词来概括。

零 售 业 态

业态一词来源于日本,是典型的日语汉字词汇,大约出现在20世纪60年代。日本安士敏先生认为:"业态是定义为营业的形态"它是形态和效能的统一,形态即形状,它是达成效能的手段。萧桂森在他给清华大学职业经理人培训中心编写的教科书《连锁经营理论与实践》中,给业态下的定义是:针对特定消费者的特定需求,按照一定的战略目标,有选择地运用商品经营结构、店铺位置、店铺规模、店铺形态、价格政策、销售方式、销售服务等经营手段,提供销售和服务的类型化服务形态。

这一词于80年代初传入中国,被引申为零售业的经营形态和类型。通俗理解,业态就是指零售店卖给谁、卖什么和如何卖的具体经营形式。商务部根据近年来我国零售业发展趋势,并借鉴发达国家对零售业态划分方式,组织有关单位对国家标准《零售业态分类》(GB/T18106—2000)进行了修订。国家质检总局、国家标准委已联合发布新国家标准《零售业态分类》(GB/T18106—2004),该标准为推荐标准。

新标准按照零售店铺的结构特点,根据其经营方式、商品结构、服务功能以及选址、商圈、规模、店堂设施、目标顾客和有无固定经营场所等因素,将零售业分为17种业态。从总体上可以分为有店铺零售业态和无店铺零售业态两类。有店铺零售业态共有12种,无店铺零售业态5种。

按照零售业态分类原则分为食杂店、便利店、折扣店、超市、大型超市、仓储会员店、百货店、专业店、专卖店、家居建材商店、购物中心、厂家直销中心、电视购物、邮购、网上商店、自动售货亭、电话购物等17种零售业态。

零售业态从总体上可以分为有店铺零售业态和无店铺零售业态两类。

1) 有店铺零售业态的主要类型

是有固定的进行商品陈列和销售所需要的场所和空间,并且消费者的购买行为主要在这一场所内完成的零售业态。

(1) 百货商店。在一个建筑物内,经营若干大类商品,实行统一管理,分区销售,满足顾客对时尚商品多样化选择需求的零售业态。

选址在城市繁华区、交通要道。百货商店的目标顾客以流动顾客为主,目标顾客为中高档消费者和追求时尚的年轻人。商店规模大,营业面积在 5000m² 以上,商圈范围大,商店设施豪华,店堂典雅、明快。最大的特点是商品门类齐全.产品组合宽、深、长,商品结构为种类齐全、少批量、高毛利,以经营男、女、儿童服装、服饰、衣料、家庭用品为主。属于大型综合性商店。百货商店采用柜台销售和开架销售相结合的方式,注重售前、售中、售后服务,采取定价销售,可以退货,设导购、餐饮等服务性设施,功能齐全。

(2) 仓储式商店。仓储式商场的经营服务辐射半径 5km 以上,目标顾客以中、小零售店、餐饮店、集团购买和流动顾客为主,营业面积在 1 万 m² 左右,以销售大众化的衣、食、用商品为主,价格低廉,价位定在中、低档次,批零兼营。实行储销一体、批零兼营。

仓储式商场采取自选销售方式,出入口分设,结算在集中的收银处统一进行,设相当面积的停车场;采用会员制顾客管理,会员与非会长实行两种价格;低成本经营,用仓库式货架陈列商品,店、仓合一,很少店内装修,较少做广告;使用先进的计算机管理系统,记录分析各品种的销售情况。以选出最畅销的品牌和品种进货;从厂家直接进货,以降低进货成本。德国的麦德龙更是国际著书的仓储式连锁商场。

(3) 超级市场。超级市场是一种自助服务、低成本、低毛利、薄利多销的零售业态,主要经营食品、洗涤用品、家庭日用品。由于超市开架销售,顾客自我服务,又称为"自选商场",超市的商圈半径在 0.5km 以上。每天营业时间 12 小时以上,出入门分设,结算在集中的收银处统一进行,顾客以附近居民为主。从规模上看,既有营业面积既有在 120m² 以下的超市,也有 1 500m² 以上的大型超市。

大型超市的发展

大型超市自 20 世纪 90 年代中期引入以来,大致经历了 10 年的发展历程。1993 年家乐福率先进驻中国,接着次年,麦德龙、沃尔玛也相继进入。2000年前后,大型超市在中国迅速发展。大型超市已经成为中国一级城市最重要的零售终端之一。

大型超市是一个类别泛称。包括超级中心、大型综和超市、现购自运,也被称为大卖场。

(4)便利店。便利店是设在居民区内或附近的小型商店,经营的商品多为食品和日用杂货,营业时间长,有的甚至是24小时日夜营业,每周营业7天,基本上全年不休,销售品种有限,多为周转率高、消费者重复购买率高的便购品。很多便利店采用连锁经营,追求规模效益。

(5)专业店。专业店的目标顾客以有目的地选购某类商品的流动顾客为主,营业面积根据商品特点而定,专门销售某一类商品,但品种丰富,选择余地大,采取柜台销售方式或开架销售方式。营业员具有丰富的专业知识,20世纪90年代以来兴起的家具商场、电器商场,还有传统购服装店、体育用品商店、书店等。

(6)专卖店。专门从事经营某一类商品,如鞋、服装、钟表、珠宝首饰、家具、家用电器、图书、体育用品等等。现在经常看到的是专门经营某一品牌的商品,如雅戈尔集团在全国28个省市没有200多家专卖店,专卖雅戈尔西服、衬衫等服装类产品。海尔集团在三、四级市场按"一县一点"设专卖店店,专卖海尔品牌的各种家电产品。专卖店有两个特点:一是产品线少,产品项目多,二是专卖店的营业员能以丰富的产品知识为顾客提供咨询服务。

专卖店比较适合那些具有品牌优势的产品。这样做可以使厂家直接掌握销售终端,也可以强化品牌实力和影响,还可以使专卖店成为厂家了解市场的重要窗口。

(7)购物中心。

购物中心(Shopping Mall)的定义是:"大型零售业为主体,众多专业店为辅助业态和多功能商业服务设施形成的聚合体。"一站式服务。Mall不仅规模巨大,集合了百货店、超市、专卖店、大型专业店等各种零售业态,而且有各式快餐店、小吃店和特色餐馆,电影院、儿童乐园、健身中心等各种休闲娱乐设施。

其显著特征是:规模大,由若干个主力店、众多专业店和商业走廊形成封闭式商业集合体,面积通常在十万平方米以上;功能全,集购物和其他商业服务,甚至金融、文化功能于一体,进行全方位服务。

购物中心的发展

产生于20世纪,五六十年代在美国等发达国家盛行,掀起了商业经营方式的新浪潮,并逐渐以其购物、餐饮、休闲、娱乐、旅游等综合性经营模式与完美的环境配套设施而风靡欧、美、日及东南亚国家。Shopping Mall作为商业零售业发展历程中的最高形式,在其发展过程中,经历了不同的阶段,也呈现出不同的经营风格;是欧美国家的主流零售业态。

2)无店铺零售组织类型

现实中绝大多数的商品和服务是通过商店零售商售出的,但无门市零售业的发展速度却大大超过了有店铺零售业。主要的无店铺零售组织类型如图13-4所示。

11.3.3 分销渠道发展趋势

从目前来看，分销渠道系统有以下一些发展趋势。

(1) 大型零售商的地位正在加强。大型零售商面对市场，掌握着众多直接接触消费者的窗口，拥有第一手的市场信息，对市场风向感受灵敏。由于买方市场的形成，零售商在分销渠道体系中的竞争优势不断增强。从世界范围来看，在美国、中国香港等竞争激烈的市场，零售商对制造商已提出了咄咄逼人的挑战，例如沃尔玛。

(2) 零售商业的多业态化。大型百货、超市、连锁商店、折扣店，特别是连锁经营等蓬勃发展，它们规模大、进货大，承担了部分批发商的功能。下游零售商势力增加，上游制造商又努力向下游扩展，对批发商形成压力。

(3) 传统的分销渠道向纵向联合渠道转化，渠道成员之间趋向组成一个联合体，以增强竞争力。

(4) 电子商务的出现，信息流相对超前发展，使物流体系成为瓶颈，如何建设信息流、货币流、物流、所有权流、促销流有机结合的社会电子商务物流体系，成为研究的热点。同时，企业也在思考，在网络经济时代，如何利用互联网提供更多的顾客价值，将网络经济与传统产业成功的融合在一起。

表 11-1 无店铺零售组织类型及特点

序号	业态	基本特点			
		目标客户	商品(经营)结构	商品售卖方式	服务功能
1	电视购物	以电视观众为主	商品具有某种特点，与市场上同类商品相比，同质性不强	以电视作为向消费者进行商品宣传展示的渠道	送货到指定地点或自提
2	邮购	以地理上相隔较远的消费者为主	商品包装具有规则性，适宜储存和运输	以邮寄商品目录为主向消费者进行商品宣传展示的渠道，并取得订单	送货到指定地点
3	网上商店	有上网能力，追求快捷性的消费者	与市场上同类商品相比，同质性强	通过互联网进行买卖活动	送货到指定地点
4	自动售货亭	以流动顾客为主	以香烟和碳酸饮料为主，商品品种在30种以上	由自动售货机器完成售卖活动	没有服务
5	电话购物	根据不同的产品特点，目标顾客不同	商品单一，以某类品种为主	主要通过电话完成销售	

连锁经营

目前，零售业的一个主要发展趋势是连锁经营，连锁商店少则两、三家，多则数千家，可以是超级市场的连锁，专卖店的连锁，百货公司的连锁，也可以是旅店连锁，快餐店连锁等等。

连锁店的特点可用"八个统一"来归纳，即统一商店名称、标识、统一采购和物流配送、统一经营战略和策略，统一财务管理，统一质量标准，统一服务规范，统一广告宣传、统一商业信息自动化、电脑化。

11.4 物流管理

11.4.1 物流的含义

物流的概念经历了一个不断发展的过程。1935年美国销售协会的定义："实物分配是包含于销售之中的物质资料和服务在生产场所到消费场所的流动过程中所伴随的种种经济活动。"这个概念只重视商品的供应过程，而忽视了与生产有关的物流，是一种单向的物质流通过程；是生产销售的附属行为，只着重商品的传递，忽视了物流的能动作用。

1998年美国物流管理协会(CLM)定义："物流是供应链流程的一部分，是为了满足客户需求而对商品、服务及相关信息、从原产地到消费地的高效率、高效益的正向和反向流动及储存进行的计划、实施与控制过程。"该定义不仅把物流纳入了企业间互动协作关系的管理范畴，而且要求企业在更广阔的背景上来考虑自身的物流运作。强调"物流是供应链的一部分"，并从"反向物流"角度进一步拓展了物流的内涵与外延。

2001年，我国制定国家标准《物流术语》（GB/T18354—2001)中，物流定义为：物品从供应地向接收地的实体流动过程。根据实际需要，将运输、储存、搬运、包装、流通加工、配送、信息处理等基本功能实施有机结合。

本书给物流的定义为：物流是指通过有效地安排商品的订单处理、包装（运输包装）、装卸、运输、仓储等使商品以较低的成本在需要的时间到达需要的地点的经营活动。

物流不但指商品实体从生产者手中运送到消费者手中的移动过程，也包括商品和原材料从供应商手中运送到生产者手中的移动过程。

11.4.2 物流的作用

物流的作用主要有以下几个方面。

(1) 物流是达成销售的前提。换言之，只有商品实体转移之后才能完成最终的销售，消费者一般情况下不可能直接到工厂去提货。

(2) 物流的状况不但会影响产品的销售和营销的效率，还会影响企业的形象和声誉。顾客付款后企业的产品如不能及时到货，企业不但要承担相应责任，而且有可能失去顾客。

(3) 物流状况对产品成本和企业效益影响很大。物流的总成本约占产品销售额的8%～10%，降低物流成本已成为提高企业利润的重要途径。

(4) 物流还会影响到企业对顾客的服务水平和市场竞争力。

11.4.3 物流的具体目标

物流所要达到的具体目标是：

1. 满足顾客需求

企业应研究各种物流服务对用户的重要性，然后设定用户满意的服务标准水平至少不应低于竞争者向顾客提供的服务水平。

2. 降低成本

在满足顾客需求的前提下，物流必须尽可能降低成本。要实现这个目标，企业要注意以下3个问题。

(1) 把物流费用视为一个整体，重要的是降低物流总成本，而不只是个别的成本费用。因为物流的各项成本费用是相互关联的，例如节省了包装费用，有可能增加产品在运输途中的损耗；用水运代替陆运，虽可减少运费，但却延迟了交货时间，使资金周转速度放慢。所以要从整体上考虑其经济性，降低物流的总成本。

(2) 在企业各项营销活动，都要考虑到物流的成本，避免孤立地处理某一营销业务而导致物流成本增加。

(3) 对保证顾客服务水平的物流费用视为必需，对不能使顾客受益的物流费用则坚决压缩。

3. 按照正确的数量和质量，准确、及时、安全地把产品运到指定地点

11.4.4 物流决策的主要内容

1. 订单处理

企业的订单受理部门接到订货单后，首先必须对产品名称、规格、包装格、交货时间、装运条件、付款方式、所需单证逐项审查，注意有无特殊要求和确认顾客的信用度，接下来要将订货信息传达给仓库，由仓库确认是否有其产品。如果没有库存、就应及时通知生产部门按订单要求加上生产，或征求顾客意见，是否使用代用品取而代之。

货物备齐后，企业的运输部门要选择运输工具及运输路线，预订载位，并通知存货部门或加工生产部门做出运输日程安排。货物发运之前，要加刷标记，衡量检验，制作发票，办理有关货物的各种证件和运输凭证。货物发运须符合订单要求，确保按时、按质、按量、安全发运，发运后立即通知接货人。

订单处理反映出企业物流的服务水平和工作效率。现实中计算机广泛运用于订单处理，大大提高了工作效率。美国通用电器公司运用计算机系统处理客户订单，在接到订单后，可以立即确认顾客的资信状况，查到本公司是否有存货和存货地点，然后发出发货指令，给顾客开出账单，更新存货纪录，通知生产部门补充仓库存货，向销售人员反馈有关

信息等,这一切工作可以在 15 秒内完成。

零 距 离

零距离,就是根据用户的需求,拿到用户的订单后以最快的速度满足用户的需求,包括生产过程,也是柔性的生产线,都是为订单来进行生产的,减少库存。

2. 运输决策

货物运输决策中,应选择合适的运输工具和运输线路,力求以最短的运输里程少的转运环节、最省的运输费用,安全、及时地把产品运到目的地。运输决策要解决以下问题:

1) 选择合适的运输工具。运输工具主要有以下 5 种。

(1) 铁路运输。

铁路运输运量大,速度快,费用较低.安全可靠,比较准时,适合大批量货物助长边运输。缺点是受路轨限制,不能直达运输(起点和终点多需换装卡车),不够灵活。

铁路整车运输收费标准最低,零担运输收费标准较高。企业可将发往相同目的地的物品合并配载运输,利用整车运费低的优势。

(2) 公路运输。

公路运输在时间安排和路线安排上灵活机动,可以进行门对门运输装卸,速度也较快,利用起来极为方便,特别适合中、小批量的货物中、短距离运输,缺点费用高。

(3) 航空运输。

航空运输速度快,适于价值高、体积小、重量轻、要求迅速交货的商品远距离运输。缺点是运费高,受航线和机场位置的影响,服务面较窄,在整个货物运输中所占比重很小。

(4) 水路运输。

水路运输可分为远洋运输、沿海运输、内河运输三种形式。运量大,运价低,适于大批量、价值低的商品运输。缺点是速度慢,运输时间长,准时性受气候条件影响,安全性较差。

(5) 管道运输。

管道运输运量大、损耗小、运费低、运送速度快,适合液体或气体产品的运输,加水、石油、煤气、天然气或化工产品。缺点是运输范围较窄,大多数运输管道出所有者使用,只能运输自己的产品。

在选择运输工具时,应根据上述优缺点分析和商品的具体要求进行综合平衡。卡车在所有运输工具中表现最大的综合优势,这是它运输额增长最快的主要原因。

企业也可以选用两种或两种以上的运输工具运送同一批货物,例如水运与卡车的结合,水运与铁路的结合,空运与卡车的结合等。集装箱的使用,大大方便了两种运输工具之间货物的轻松转换,提高了运输工具之间货物的轻松转换,提高了运输效率。

2）选择合适的包装与装卸方法

物流管理中的包装，是指运输包装或大包装，主要是保护货物不受损坏，方便搬运装卸，较好地利用库容和运力，同时还要考虑包装和拆装的便利性，以及废旧包装的回收、处理。根据上述多方面的考虑，具体决定包装材料、包装尺寸及包装方式。

对装卸、搬运的管理，主要是确定恰当的装卸方式，合理配置装卸机械，尽量减少装卸次数，做到省力、省时、安全、高效，降低成本。

3）选择合适的运输路线

例如一批货物从上海运往沈阳，可以通过铁路直接运输；也可以先用船运到东北某个港口城市，再从这个港口城市用铁路或公路运到沈阳。后面这条运输线路费用便宜一半，但运输时间较长，多了一道中转装卸环节，发货人应根据自己的具体情况选择自己最有利的运输路线。

4）应在条件允许时组织白达运输和"四就直拨"运输

直达运输是指产品自生产企业直接运往用户手中，不经过任何转运环节和中转仓库。"四就直拨"是指就站、就港直拨、就厂、就仓直拨。就站、就港直拨是指产品由生产企业运送到目的地车站或港口后，直接送交需用单位，无需经中转仓降。就厂、就仓直拨是指按销售合同，就厂或就仓将商品验收分装后，直接发送给需用单位，或由需用单位自提，这样减少了中间环节，缩短了运送时间。

企业在选择运输工具、运输路线和运输方式时，必须权衡许多因素，如速度、成本、可靠性、可获得性等。如果主要考虑速度，航空和卡车运输为首选；如果主要考虑低成本，水路运输最便宜。

3. 仓库决策

在产品实体分配过程中，要经过一系列仓库。通常成品仓库在本企业，批零仓库是中间商的仓库。企业要考虑是否需要中转仓库。

如果企业有较多的客户，不仅分散，且购买次数多，每次批量小；或到该地路途遥远，交通诸多不便，就应设置中转仓库，以便及时供应、防止脱销。

仓库决策要解决建立什么样的仓库、多少个仓库以及设有哪里等问题。

1）是使用自有仓库还是使用公共仓库？

自有仓库的所有权包括制造商、批发商、零售商，主要用于本企业商品的储存；公共仓库由仓储公司所有，主要用来向社会出租仓库而获利。

企业自用仓的好处是容易控制，费用也比公用仓库低，但是是固定的，如果需要更换存货地点就很难办到。

租用公共仓库的好处是企业可以根据需要选择仓库地点和仓库种类，但成本费用高，如果储存商品是长期的，存货数量大自建仓库就有必要。

2）对仓库位置进行选择

由于运费是运输量、运输里程和单位远价三者的乘积，所以仓库位置应选择在离最大的用户最近的位置．这样才能节省运费，满足主要客户的需求。

3) 对仓库的数量进行选择

使用多少个仓库，也是一个需要权衡利弊的问题。仓库数量多，能在比较短的时间内向分散各地的客户交货，总的运输费也相对较低，但仓储费用增大。

使用的仓库数量少，仓储费用会低一些，但运费会增大，运输时间会加长，会降低对客户的服务水平。因此，企业要在利与弊的中找到一个最佳平衡点。

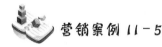

营销案例 11-5

圣象集团的 PDBS 平台

圣象集团斥巨资打造的 PDBS 运营平台，能够显示全国 3000 多家店每天售出的地板款式，包括花色、型号、价格等，还有客户期望的送货时间，以及安装预计时间。而每天晚上，系统会自动将全省的销售需求汇总到总部，由此来按客户需求安排生产，尽可能低减少库存。在 PDBS 系统中，客户的每一笔订单，都有最优物流方案。为了减少物流仓储阶段的碳排放，多年来圣象一直采用集中送货模式，圣象的连锁店遍及中国各地，上千家门店，根据客户的需求制定最有的周期。无论选择那种运货方式，圣象都会在一次物流中使其配置最大化，所以地板相关配件，都会随集装箱一同发货，以减少总体的发货次数，优化物流减低碳排放。

资料来源：根据成都圣象木业有限责任公司相关资料改编

4. 存货水平决策

存货水平是影响顾客满意程度的一个重要的物流战略。企业一方面要保证仓库有足够的存货供应市场，另一方面也要尽可能地把库存控制在最低限度内，以提高经济效益。然而，从成本观点来看，要求企业把存货维持到 100%，实际上也不符合经营原则。根据统计调查，当服务水平趋近 100% 时，存货投资的增加率将会加快，成本也会增高。

但是相对于服务水平的提高，销售量究竟以何种方式来提高，则是一个难以把握的问题。

1) 订购点决策

存货的基本性质是在当期内随着提取而降低，因此企业的管理人员需要决定在何种剩货水平时就必须发出新的订单，以避免届时完全缺货，这个剩货水平就称为订购点。订购点的高低受以下因素的影响。

(1) 订购前置时间。

所谓订购前置时间，就是自订购单发出到接到物品所需要的平均时间。这段时间越长，则订购点就越高。例如，订购后等候 20 天才取得物品比仅需 10 天所采用的订货点高，也就是必须提早订货。

(2) 使用率。

所谓使用率是指在某一段时间内，顾客的平均购买数量，使用率越高，则订购点就应越高。因此，每天销售 4 单位就比每天销售 2 单位所要求的订购点高。

(3) 服务水平。

所谓服务水平，是指企业希望从存货中直接用来完成顾客订单的百分比。服务水平越高，订购点就应越高。

使用率与订购前置时间变动越大,则订购点应越高,只有这样才能达到一定的服务水平。一般把高于订购点的存货叫安全存货,这与补充存货相反。企业安全存货的大小,取决于顾客服务与成本两项因素。

由此可见,何时订购这一决策,乃是寻求一个最低的存货水平,当达到这一水平时,就必须发出新订单。在使用率越高,订购时间越长以及在使用率及订购前置时间变动的条件下,服务水平越高,则所需的订购点也应越高。换而言之,订购点是由平衡缺货的风险和存货过多的成本而决定的。

2) 订购量决策

存货水平决策还涉及另外一个问题,即每次进货数量的多少。该决策直接影响企业的订购频率。订购量越大,则购买频率越低(即购买次数越少)。每次订购要花费成本费用,但保留大量存货也需要成本费用。企业在决定订购数量时,就要比较这两种不同的成本。

(1) 经销商的订购成本。

订购成本也就是订货处理成本,对于经销商和制造商来讲有所不同。经销商的订购成本是指每次从发出订单到收货、验货所发生的成本,如物品费用(邮票、订单表格、信封等项支出)及人工费用等。不同企业对订货处理成本估计数值的差异,有些是真实的,即来自实际经营成本的差异,有些是人为的,即来自会计方法的不同。

(2) 制造商的订购成本。

制造商的订购成本包括装置成本与运转成本。如果装置成本很低,则制造商可以经常生产该产品,该产品的成本将变得非常稳定。然而,如果装置成本过高,制造商只有在大量生产的情况下才能降低平均单位成本。此时,企业愿采取大量生产但生产次数较少的生产方式。

(3) 存货占用成本。

一般讲,订购量受两个主要因素的影响:一是订购处理成本,二是占用成本,即为维持存货而发生的成本。存货量越大,占用成本越高。

零 库 存

零库存可追溯到20世纪的六七十年代,当时的日本丰田汽车实行准时制(just in time)生产,以实现在生产过程中基本没有积压的原材料和半成品。零库存是一种特殊的库存概念,零库存并不是等于不要储备和没有储备,是指物料(包括原材料、半成品和产成品等)在采购、生产、销售、配送等一个或几个经营环节中,不以仓库存储的形式存在,而均是处于周转的状态。目的是为了减少社会劳动占用量(主要表现为减少资金占用量)和提高物流运动的经济效益。

物流的提升需要靠专业化来实现,这就需要现代化的第三方物流能在中国快速地发展起来。而目前我国企业物流中第三方物流仅占20%左右。2002年,美智管理顾问公司和中国物流与采购联合会对中国三方物流市场的调查表明:中国第三方物流还处于发展初期,而且呈地域性集中分布(长三角、珠三角);第三方物流供应商功能单一,增值服务薄弱;合格的物流人才还很短缺;先进物流系统技术的应用还不是很普遍。同时,调查还显示第三方物流的顾客群中以跨国公司为主,这反映出国内企业,尤其是国有企业对于第三方物流的重视程度还不够。入世以后,跨国物流公司的进入带来丰富的经验和先进的技术,与国内物流的战略联合正在铺开。物流业的变革即在眼前。

第三方物流

随着信息技术的发展和经济全球化趋势,越来越多的产品在世界范围内流通、生产、销售和消费,物流活动日益庞大和复杂,而第一、二方物流的组织和经营方式已不能完全满足社会需要;同时,为参与世界性竞争,企业必须确立核心竞争力,加强供应链管理,降低物流成本,把不属于核心业务的物流活动外包出去。

第三方物流是指生产经营企业为集中精力搞好主业,把原来属于自己处理的物流活动,以合同方式委托给专业物流服务企业,同时通过信息系统与物流企业保持密切联系,以达到对物流全程管理控制的一种物流运作与管理方式。第三方物流服务不拥有商品,不参与商品的买卖,而是为客户提供以合同为约束、以结盟为基础的、系列化、个性化、信息化的物流代理服务。

 本章小结

本章介绍了分销渠道的结构与类型、分销渠道设计与管理、批发商与零售商和物流管理等。分销渠道是指某种产品和服务在从生产者手中传到消费者手中所经过的由各级中间商连接起来的产品通路,也就是产品从出厂到消费者手中所经过的各个中间商环节。分销渠道按层次的多少可以把分销渠道分为直接渠道和间接渠道、长渠道和短渠道;按各层次的中间商数量的多少,又可把分销渠道分为宽渠道和窄渠道。根据分销渠道宽度,有密集分销、选择分销、独家分销三种类型。当然,分销渠道系统也出现了新的发展,主要有垂直渠道系统,水平渠道系统,多渠道营销系统、网络渠道系统等。

设计分销渠道就是规划分销渠道的基本结构,而影响渠道设计的主要因素有:顾客因素、产品因素、中间商因素、竞争因素、企业因素、环境因素、成本因素。要想设计一个有效的渠道系统,必须经过确定是否确定使用中间商、确定中间商的类型与层次、确定中间商的每一层级上的数量、确定成员的义务与责任、调查选择中间商、评估中间商等步骤。渠道管理的内容主要有评估监督中间商、培训渠道成员、对中间商进行激励与扶持、调整分销渠道等。

当然,分销渠道中按其在流通过程中所处环节分为批发商和零售商。批发商是指一些商业企业或个人,他们将购进的商品批量地转卖给各类组织购买者,批发商的类型有独立批发商、代理商、经纪人、制造商自设批发机构、大型零售商的采购办事处等。而零售商是这样的一些企业或个人,他们直接向终端消费者销售产品和服务,从事满足其个人非商业需求的相关活动。零售组织的类型从总体上可以分为有店铺零售业态和无店铺零售业态两类,有店铺零售业态12种,无店铺零售业态5种,每种业态类型都有其经营的特点。

物流是指通过有效地安排商品的订单处理、包装(运输包装)、装卸、运输、仓储等,使商品以较低的成本在需要的时间到达需要的地点的经营活动,它反映的是商品在时间和空间上的变化。其中,物流决策的主要包括订单处理、运输决策、仓库决策与存货水平决策。

名人名言

营销渠道实际上是一种机会成本,主要作用之一是将潜在的顾客转换成订单。营销渠道不仅仅能服务于市场,也可以创造市场。

——菲利普·科特勒

复习与练习

1. 选择题

(1) 配合起来生产、分销和消费某一生产者的商品和劳务的所有企业和个人所构成的渠道称为( )。

A. 消费渠道　　　B. 生产渠道　　　C. 市场营销渠道　　D. 分销渠道

(2) 下列描述,哪一项不属于直接分销渠道分销( )。

A. 有些制造商采取邮购方式,将其产品直接销售给最终消费者

B. 制造商通过电视电话将其产品直接销售给最终消费者

C. 农民在自己农场门口开设门市部,或者在城市市场上摆货摊

D. 某制造商通过自己的直接代理商将产品销售给最终用户

(3) 渠道中以中间商层次的数量确定的是渠道的( )。

A. 长度　　　　　B. 宽度　　　　　C. 流程　　　　　　D. 密度

(4) 下列哪项不是批发商?( )

A. 商人批发商　　　　　　　　　　B. 经纪人和代理商

C. 大型零售商的采购办事处　　　　D. 百货

(5) 通过互联网进行买卖活动,采取这种商品售卖方式的无店铺零售业态是( )。

A. 电视购物　　　B. 网上商店　　　C. 自动售货机　　　D. 邮购

(6) 在物流决策中,选择合适的运输工具和运输线路,力求以最短的运输里程少的转运环节、最省的运输费用,安全、及时地把产品运到目的地,这种决策为( )。

A. 存货水平决策　　　　　　　　　B. 运输决策

C. 订单处理决策　　　　　　　　　D. 仓库决策

2. 填空题

(1) 消费品中的便利品和产业用品中的供应品,通常适合采取_____分销,使广大消费者和用户能随时随地买到这些日用品。

(2) 在同一渠道模式中,同一层次中间商之间的冲突是_____。

(3) _____合作是指不同行业企业在渠道建设间的合作,可以为企业开拓新的渠道,其前提条件是合作企业有共同的顾客群和产品联系。

3. 判断题

(1) 渠道的问题就是终端的问题。　　　　　　　　　　　　　　　　( )

第 11 章 分销策略

(2) 分销渠道中除了物流之外，还包括现金流、谈判流、促销流、订货流等相关运动要素。（ ）
(3) 代理商的最主要特点是其无固定的营业场所。（ ）
(4) 以中小零售店、餐饮店、集团购买和流动顾客为目标顾客的零售业态是百货商场。（ ）
(5) 独立批发商对商品没有所有权，只是赚取销售佣金。（ ）
(6) 分销渠道的管理不仅仅在于冲突管理，还在于平时的日常管理。（ ）
(7) 对分销渠道中的中间商激励可以采取"胡萝卜＋大棒"的措施。（ ）
(8) 体积大、分量重、移动不方便的商品，应采用长渠道。（ ）

4．问答题

(1) 长渠道的优缺点是什么？
(2) 垂直渠道系统的主要类型有哪些？
(3) 影响企业设计分销渠道的因素有哪些？
(4) 分销渠道管理的主要内容有哪些？
(5) 对渠道中间商的正面激励和反面激励各有哪些措施？
(6) 存货水平决策的主要内容是什么？

5．讨论题

(1) 阐述在分销渠道管理中如何应对渠道冲突。
(2) 有人说"终端为王"，请结合分销渠道的发展趋势阐述自己的看法。

6．案例应用分析

飞利浦和 TCL 的渠道合作

飞利浦电子是世界上最大的电子公司之一，2003 年的销售额达 290 亿欧元，在医疗诊断影像和病人监护仪、彩色电视、电动剃须刀、照明以及硅系统解决方案领域世界领先。飞利浦拥有 166 800 名员工，在 60 多个国家里活跃在医疗保健、时尚生活和核心技术三大领域。飞利浦早在 1920 年就进入了中国市场。从 1985 年设立第一家合资企业起，飞利浦就秉承扎根中国的长期承诺，将照明、消费电子、家庭小电器、半导体和医疗系统等五大业务全部带到了中国，将世界领先的技术、产品和服务同步带到了中国市场。目前，飞利浦已成为中国电子行业最大的投资合作伙伴之一，累计投资总额超过 34 亿美元，在中国建立了 35 家合资及独资企业，在全国设有 60 多个办事处，共有 20 000 多名员工。2003 年公司在华营业额达到 75 亿美元，国际采购额达到 38.3 亿美元。

飞利浦在中国的渠道模式经历了很长的一段辗转之路。1997 年之前，飞利浦在华南市场一直是采取直接建设、掌控主流渠道，再向终端铺货的方式，年销售额始终徘徊在 700 万元左右。出于在国外飞利浦代理制的普及和普遍成功，从 1997 年底开始，飞利浦决定在华南市场实行区域总代理制。

1997—1999 年，由于飞利浦充分给予代理公司优惠的代理政策，使飞利浦的代理区域的销售直线上升，销售额也连年翻倍，1999 年达到 2.3 亿元，飞利浦"两广"市场占有率一路上升至 10%。这一阶段总代理制为飞利浦取得了丰硕的业绩，应该说是一个双赢的阶段。

但随着国内彩电市场竞争加剧，整体价格大幅下滑，飞利浦的盈利开始回落。2001 年，飞利浦开始酝酿渠道收复、产品升级行动，其目的就是欲以低点毛利要挟代理商，降低渠道成本，增进零售价格竞争力。

2002年,飞利浦更换代理商,由双方共同出面来管理市场,然而,作为外资企业,飞利浦的人员成本和市场管理成本居高不下,仍然无法扭转微利的局面。最终,飞利浦决定将华南7省区域渠道代理委托TCL。

2003年8月,飞利浦电子公司与TCL集团宣布,两大品牌公司将在中国5个省市的市场进行彩电销售渠道的合作。这意味着,飞利浦彩电将搭乘TCL的销售网络,进一步实现覆盖中低端的二级市场的目标。

2004年初,飞利浦设在广州的视听产品华南办事机构正式解散,飞利浦华南7省彩电销售业务彻底转交国内彩电巨头TCL公司代理。飞利浦由此前的厂商共同管理渠道变成由TCL独立进行渠道和销售管理,双方更广泛和更深入的渠道合作正在展开。

一直对飞利浦在华南渠道管理进行跟踪研究的广州终极营销顾问有限公司张德华在接受《财经时报》专访时认为:飞利浦的致命伤是速度。频繁更换渠道机制,代理商的替换速度太快,使得渠道因素引发了市场的动荡不安;另一方面,品牌、技术升级的执行速度过慢,升级速度跟不上渠道和市场的自然提升速度,造成"猛牛拉破车"的不利后果;最终,渠道执行力的短板,让飞利浦陷入了华南渠道的困境。飞利浦和TCL这场联姻被广为关注的原因还在于,这是继海尔与三洋、TCL与松下、海信与住友之后,国内家电企业又一次与跨国公司达成销售渠道上的合作。对飞利浦来说,这是它经历多次渠道烦恼后的重新抉择,至于结果能否长久,仍然难下结论。毕竟双方将各自的同类产品都放在这个渠道中,TCL同时也还有与其他厂家的合作,如何解决同质化产品的同台竞争局面,恐怕也是考验双方的难题。

中国实战营销策划的著名人士刘永炬在接受《财经时报》记者专访时认为:像飞利浦这样的跨国企业在中国出现的渠道"短板",与其对中国市场竞争环境的水土不服有关。人们总是很"迷信"跨国公司,实际上在面对中国这样一个特殊环境的市场,跨国公司也并不太会"玩",因为他们熟悉和擅长的,是在一个已经成熟化的市场中进行运作,而中国市场并不成熟。从20世纪90年代开始直到现在,中国市场仍然是处在一种满足需求的阶段,基本上需求是不用拉动的。这个阶段的特点就是销售力要大于市场力,也就是说,渠道的作用可能会大于市场推广的作用。满足市场需求主要是依靠渠道,因此,需求越大,渠道的优势也就越大。虽然在一些大城市可能会出现某类商品的饱和,但在中国广大的中小城市和农村市场中,需求仍然旺盛。加之中国地域宽广、差异大,文化也呈区域化特点,以及消费者对需求方式的融合,这些都对跨国企业形成巨大的挑战。2003年松下的董事长在中国市场的营销策略上讲了一句话,大意是:下雨了,我们也要打伞。这说明一些跨国企业已经意识到,必须根据中国市场的特殊环境,做相应的营销策略的改变。

刘永炬还指出:站在市场的角度说,飞利浦"借用"TCL的渠道的利弊在短期内看不出来,很难说"借用渠道"是否就更容易取得市场的成功。在这种市场氛围之下,只注重渠道建设,而忽略其他,只会维持短暂的市场成功。当市场进一步成熟,消费者对品牌以及个性化产品的需求上升时,渠道的优势就会被削弱。因此,目前渠道得势的状态只是被中国消费市场长期需求旺盛的惯性所引发,未来的竞争究竟是不是"渠道为王",还要依赖于市场的变化来决定。但过分依赖渠道将会导致生产企业在未来市场竞争中处于被动。以家电市场为例,短短数年中,渠道已经形成一股强大的独立势力。在进一步的扩张中,渠道企业就把生产企业控制了,以至于某渠道企业要封杀某品牌之类的新闻时常见诸媒体。正常的市场营销无疑是生产企业考核经销商、考核渠道,而在中国的家电市场中,已经变成了渠道成员考核生产企业。家电企业在现实的无奈中,也在担心哪一天会被渠道"玩"死。另外,一件商品的价值应该是由产品价值加上品牌价值构成的,而在渠道控制市场的情形之下,品牌价值被搁置,各厂家都在拼价格。长此以往,生产企业将失去未来发展的潜力。因此,已有不少国内生产企业开始自建渠道,比如格力的联合经销体。但如果没有实力的生产企业与渠道决裂,就意味着毁灭,历史上长虹、康佳都曾因渠道问题而产生阵痛。

资料来源:上海财经大学《市场营销学》精品课程案例.

第 11 章 分 销 策 略

【问题】

(1) 飞利浦在中国的渠道模式经历了哪几个阶段？2003 年之后，它与 TCL 采取了什么样的渠道合作？

(2) 专家张德华和刘永炬的观点给你怎样的启示？你认为"借用渠道"对飞利浦来说是一个正确的选择吗？

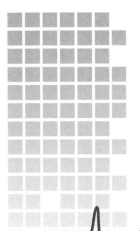

促销策略

教学目标

通过本章的学习,理解促销的含义,了解促销组合应该考虑哪些因素;掌握各种促销方式的特点及适用;理解人员推销的优缺点、基本形式与策略;理解广告设计的原则与效果测定;公共关系的基本工作程序;销售促进的主要方式及有效控制。

教学要求

知识要点	能力要求	相关知识
促销与促销组合	(1) 能理解促销的含义及作用 (2) 能理解促销组合的含义及组合的主要方式 (3) 会分析影响促销组合的因素	(1) 促销的含义与作用 (2) 促销组合及构成 (3) 影响促销组合的因素 (4) 促销策略的新发展——整合营销传播
人员推销策略	(1) 能正确理解人员推销的含义及特点 (2) 会运用人员推销的各种形式 (3) 能做好销售人员的管理	(1) 人员推销的含义及特点 (2) 人员推销的形式及步骤 (3) 推销人员管理
广告策略	(1) 能懂得广告的含义及作用 (2) 会识别广告的类型及运用 (3) 理解各类广告媒体的特点并会选择决策 (4) 会进行简单的广告预算及效果监测	(1) 广告的含义及作用 (2) 广告分类 (3) 广告媒体及选择 (4) 广告设计的原则 (5) 广告预算与效果测定

续表

知识要点	能力要求	相关知识
销售促进策略	(1) 懂得销售促进的含义及特点 (2) 会运用各类销售促进方式 (3) 能科学进行销售促进管理	(1) 销售促进的含义及特点 (2) 销售促进的形式 (3) 销售促进的管理
公共关系策略	(1) 理解公共关系的含义及作用 (2) 会选择公共关系活动方式 (3) 能有效控制公共关系的实施过程	(1) 公共关系的含义及作用 (2) 公共关系的活动方式 (3) 公共关系的实施程序

> 我知道我的广告费有一半是浪费的，问题是我不知道浪费掉的是哪一半。
>
> ——约翰·华纳梅克

基本概念

营销沟通　促销　促销组合　人员推销　广告　公共关系　销售促进　折扣　整合传播营销　受众　理性诉求　情感诉求　道德诉求

导入案例

摩托罗拉公司的促销

在香港国际机场，摩托罗拉公司采用了一种特别的促销方式：亲朋好友可以通过手机把照片和短信发送到登机处的数字广告牌上来送别。当旅客到达登机口时，他们会在数字广告牌上一个巨大的摩托罗拉手机图像中看到送行的朋友和加入的照片。公司还会帮助即将离开的旅客用手机向亲人和朋友发送一段带有摩托罗拉品牌的告别视频，该段视频由足球明星大卫·贝克汉姆和亚洲歌星周杰伦主演。

点评：

促销方式多样，促销的技术手段也在不断发展。

12.1 促销与促销组合

促销是企业市场营销活动的基本策略之一。企业仅有优质产品，合适的价格，顺畅的分销渠道，不一定能保证企业盈利和营销活动的成功。过去，"酒香不怕巷子深"，但是当前在激烈的市场竞争中，产品再好却鲜为人知，企业必将在市场上无以立足。而促销就是要向顾客和潜在顾客进行传播，提供产品和企业的信息，与顾客进行沟通，启发或创造消费者的需求，引起顾客的购买欲望和购买行为。对于多数企业而言，问题的关键不在于是否要进行传播，而在于如何进行有效传播。因此，掌握传播理论、传播技巧和促销策略就十分必要。

12.1.1 沟通理论

1. 营销沟通的含义

营销沟通是营销者通过与顾客进行双向交流，建立共识而达成价值交换的过程。营销沟通本质上是一个信息的传播过程，该过程所涉及的关键要素主要有以下几个方面。

(1) 发送者。它又叫信息源，是指将信息发送给另一方者。
(2) 编码。它是指发送者将思想意图转换成信息的过程。
(3) 信息。它是指发送者传送的整套信号。
(4) 媒体。它是指信息从发送者到接收者所经过的传播渠道。
(5) 解码。它是指接收者确定发送人所传出的信号意思的过程。
(6) 接收者。它也称接受人、受众或目标受众，是指接收信息的一方。
(7) 反应。它是指接收者在受信息影响后所采取的有关行动。
(8) 反馈。它是指接收者返回给发送者的那部分反应。
(9) 噪声。它是指在传播过程中发生的意外与失真。这是由于接收人收到不同于发送者所发出的信息而引起的。

信息沟通的模式如图 12.1 所示。

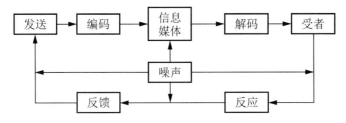

图 12.1 信息沟通模式

发送者必须知道自己想要达到哪些受众，以及获得什么反应。他们必须以目标受众能够解码的方式对自己的信息进行编码，然后通过能够达到目标受众的媒介来传递信息并开发反馈渠道来监控反应。发送者的经验域与接受者重叠得越多，信息就越有效。值得注意的是，在第 5 章中介绍的选择性注意、失真等可能在传播构成中出现。

2. 营销沟通的一般过程

1) 识别目标受众

目标受众既可以是企业产品的潜在购买者、当前用户、决策者或其他有影响的人，也可以是个人或某一方面的公众。传播者必须研究受众的需要、态度、偏好和其他特点，以便在确定传播目标、时机时作出决策。

2) 确定传播目标

市场营销传播者需要知道如何使受众从目前的状态转变为准备购买的最佳状态。消费者的反应阶段有各种不同的模式。人们最熟悉的反应层次模式有下列几种类型，如图 12.2 所示。

AIDA 模式表示购买者必须经历的四个阶段，即注意(Attention)、兴趣(Interesting)、

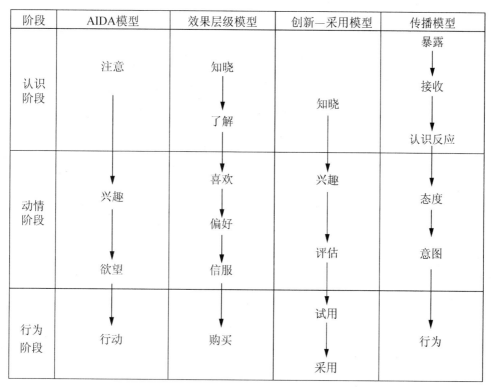

图12.2 反应层级模型

欲望(Desire)和行动(Action);效果层次模式表示购买者经历了知晓、了解、喜欢、偏爱、信服和购买的阶段;创新采用模式表示购买者经历了知晓、兴趣、评价、试用和采用等阶段;沟通模式表示购买者经历了接触、接受、认识、反应、态度、意愿和行为等阶段。所有这些模式都假设购买者经历了一个认识—动情—行为的顺序阶段。我们以"效果层次"模式来具体说明购买者的经历状态。

(1) 知晓(Awareness)。如果大多数目标受众对于不知目标物,信息传播者的任务就是建立知晓度。这只要通过重复品牌名称等简单信息就能完成。但建立知晓度是需要时间的。

(2) 了解(Knowledge)。目标受众可能知晓企业及其产品,但了解并不多。这时传播者首先弄清分别有多少人了解很少、了解一些和了解很多,然后再决定它的信息传播目标。

(3) 喜欢(Liking)。假如目标受众了解传播对象,那么他们对它的感觉如何呢?如果大多数人对企业或其产品的看法不好,传播者就要找出其中的原因,然后有针对性地开展传播活动,以产生良好的感觉。如果不好的看法源于企业或其产品本身,传播活动就无法解决这个问题,企业就必须通过加强内部管理或提高产品质量来解决。

(4) 偏爱(Preference)。目标受众可能喜欢该产品,但并不特别偏爱,为此,沟通的目标就是使他们形成对本企业及产品的偏爱。传播者通常会改善其产品的质量、价值、性能等属性,以便广泛招徕顾客。传播者也可在该项活动之后,通过重新衡量受众的偏爱来检查活动的成效。

(5) 说服(Conviction)。目标受众可能偏爱某一产品,但还不会建立起购买的信念,这时传播的任务就是说服目标受众建立起这种信念。

(6) 购买(Purchase)。目标受众中的有些人可能已有购买的想法,但不一定马上采取购买行动。他们可能要等待进一步的信息或者计划一段时间后才行动。传播者必须设法诱使这些消费者采取最后的步骤。诱发购买的策略有低价提供产品、提供奖金和提供有限度的试用机会等。

3) 有效设计信息

在明确所希望的受众的反应之后,营销者需要进一步研究并设计出有效的信息。设计信息时必须解决需要说什么(指信息内容),如何有逻辑地说(指信息结构),以何种形式说(指信息格式)、由谁来说(指信息源)的问题。

(1) 信息的内容。传播者必须设想出对目标受众说什么才能产生所期望的反应。这一过程通常被称为诉求。诉求可以分为以下三类。

A. 理性诉求。这就是表明该产品将会给目标受众带去的功能利益。

B. 情感诉求。这就是试图激起推动购买的某种积极或消极的情感。

C. 道德诉求。这就是针对受众传递是非信息,经常用于激励人们支持社会公益事业,如净化环境、尊老爱幼和援助残疾人等。

(2) 信息结构。信息的有效性不仅取决于其内容,而且还取决于其结构。耶鲁大学的霍夫兰特(Hovland)的研究成果对提出结论、单面或双面论证及表达次序等问题进行了非常清楚的阐述。

A. 提出结论。研究表明,最好的广告是提出问题而让受众自己去作出结论。这是由于提出过分明确的结论可能会限制产品的接受程度。例如某汽车公司一再宣称某款汽车是专门为年轻人设计的车型,然而这一强烈的定义可能会把被这种车型所吸引的其他年龄层次的顾客排除在外。刺激物的模糊性可以导致某种产品的更广泛的市场和更加自发的使用,提出结论更适合用于明确用途的专门产品。事实表明,自己得出的结论要比传播者给出的结论更容易接受,记得也更牢固,同时也就更不容易动摇或改变。

B. 单面或双面论证。单面论证就是指传播者只夸奖该产品;双面论证是指出产品优点的同时也提及产品的某些缺点。研究的结果表明,单面的信息适用于开始就对传播者的立场有好感的受众和受教育程度较低的受众,双面的信息对于受过较好教育和最初反对的受众的效果会较好。

C. 表达次序。它是指传播者应该是最先还是最后提出最重要的论点的问题。在单面信息的情形下,最先提出最重要的论点有利于引起注意和兴趣。在双面信息的情况下,正面的论点是首先提出还是最后提出,是值得认真考虑的。假如受众开始持反对意见,传播者可先提出反面的论点,这样做是比较明智的。因为它既可以解除受众的思想武装,又可以使传播者有机会用其最重要的论点来作结论。一般来说,前面的观点容易引起受众的注意,而放在后面的观点容易被记忆。

(3) 信息形式。传播者必须为信息设计出一种强有力的表达形式。如印刷广告,传播者必须确定标题、文稿、插图和颜色。为了引人注目,广告者可综合运用视觉形象、事件高潮、表演、情感和音乐等方法。如采用无线电广播的传播形式，传播者必须慎选措辞、选择说话速度、节奏、音调、发音吐字等。假如信息要在电视或用人员表演来传播，那么所有的上述因素以及体态语言都必须事先安排设计好。信息代言人必须注意他们的面部表情、手势、服装、姿态等。如果信息是通过产品或其他包装来传播的，传播者就必须注意颜色、质地、气味、大小及形状等。

（4）信息源。有吸引力的信息源发出的信息往往可获得更大的注意和回忆。广告人常用名人作为代言人。但宣传人（代言人）的可信度同等重要。信息由具有较高信誉的人进行传播时，就更有说服力。代言人的可信度通常由专业技能、可靠性和令人喜爱三个因素构成。最可信的来源，应该是在这两个方面均得高分的人。

奥运营销七宗"最"

2012年伦敦奥运会进行过程中，各广告主分别采取了不同的策略。

最快的危机公关：耐克

点评：刘翔退赛8分钟后，耐克便推出了新版广告，反应可谓神速，不由不让人怀疑它是否早就知道了刘翔要退赛。不管是否提前知晓，由于体育运动员身体素质和比赛状态的不确定性，要求赞助商要做好几套预防方案，并且在事情发生变化时第一时间执行应对方案。刘翔所代言的17个赞助商，除了耐克快速应对之外，宝马、可口可乐、青岛啤酒也及时在微博上进行回应，但是其他品牌的动作则相对迟缓。在信息爆炸的时代，大多数人只会记住第一，少数人会记住第二，更少数人会记住第三，第四之后已经无人关注了。从这一点可以看出，国内品牌与国际品牌在营销意识上的差距。

最划算的赞助：361°

点评：孙杨在伦敦奥运会大放异彩，收获2金1银1铜，成为中国体育新的领军人物，代言费直逼刘翔。在奥运会之前早已低价签约孙杨代言的361°，无疑成为最大受益者。尽管361°一直不愿意透露代言的具体费用，但绝对是捡了个大便宜，就像在刘翔雅典奥运夺冠之前就进行赞助的起亚千里马。

最成功的促销：京东商城"金牌折上折"

点评：一个非体育运动行业的企业，一个非实体经济的企业，一个看似与奥运毫不相干的企业，通过"金牌"这个支点，与远在天边的伦敦奥运进行了巧妙嫁接。将网民对奥运的关注激情，与网购的优惠措施进行有机结合。而且随着每天金牌数量的变化，折扣数也在变化，话题非常丰富。美中不足的是，被用户投诉是假打折，是"提高原价之后的再打折"。

最大方的新品牌：加多宝

点评：奥运期间，除了看比赛，就是听几个让耳朵快起茧的广告，"怕上火，现在喝加多宝"就是其中之一。加多宝虽然手笔很大，却是地地道道的"新品牌"，在经历官司纠纷之后，加多宝彻底放弃了"王老吉"品牌，开始"白手起家"。一个全新的品牌，能有如此气魄进行广告轰炸者，绝无仅有。不仅在CCTV-5，而且在各大卫视的综艺节目，在终端卖场，你不想听到都不可能。"还是原来的配方，还是熟悉的味道"，一遍又一遍地强化你的神经。网络上，"红动伦敦"的互动小游戏更是一次巧妙的搭便车。反观赢回王老吉的广药，不仅未能借势伦敦奥运，而且广告力度弱、终端铺货慢，真是白赢了官司，扶不起的阿斗！

最低调的赞助：茅台

点评：虽然与宝马、伊利同为中国奥委会最高等级的赞助商，当其他赞助商扯开嗓子大声吆喝时，茅台却啥动静没有，什么消息也没发布。要不是媒体曝光，我还真不知道茅台也是奥运赞助商，据说茅台醉翁之意不在酒，赞助中国奥委会意在维系高层人脉。也难怪，这么贵的酒普通老百姓怎么能喝得起？只要搞定某些重要人物就可以了。从产品关联度来看，青岛啤酒在2008年可以说"激情成就梦想"，茅台总不能说"品味激励人生"吧。另外，最近茅台身陷"国酒"商标的纠纷；想必也是奥运期间不敢张扬的一个重要原因吧。

最牛的政府：鄂尔多斯

点评：奥运中国军团中，最独特的"赞助商"是内蒙古鄂尔多斯市人民政府。2010年1月，中国曲棍球协会与鄂尔多斯市政府签约，正式开展合作，鄂尔多斯市政府将在伦敦奥运会周期内为中国女曲提供后备支持。内蒙古在曲棍球项目上有着悠久的历史传统，国家队的很多优秀选手都来自内蒙古。时任鄂尔多斯市常务副市长王凤山在接受媒体采访时表示："我们希望借助中国女曲这个品牌打造鄂尔多斯的城市名片，推动地方体育事业更快更好地发展。"

最雷人的广告：杜蕾斯

点评："不是每个男人，都想成为世界上最快的那个。"——看到这个广告，真是让人忍俊不禁。杜蕾斯不愧是世界安全套第一品牌，连借势奥运会的广告都这么有水平。由于杜蕾斯的赞助金额未达到规定标准，因此并非官方赞助商，如何做到既不违反奥组委的规定，又能巧妙地联系奥运？这条广告相信没有让你失望。

资料来源：中国营销传播网，2012-08-15，作者：刘泳华。

4）选择传播渠道

信息传播者必须选择有效的信息传播渠道来传递信息。信息传播渠道有人员和非人员传播渠道。

（1）人员信息传播渠道。人员信息传播是指两个或更多的人相互之间直接进行信息传递。人员传播渠道可以进一步分为倡议者渠道、专家渠道和社会渠道。倡议者渠道是由公司推销员组成，他们负责与消费者接触；专家渠道是由向消费者做宣传的独立专家组成；社会渠道是由邻居、朋友、家庭成员及同事组成，他们直接与购买者沟通。许多企业已经发现这种专家和社会渠道具有"口碑"传播的力量，他们在拓展新业务时特别重视刺激这些渠道。

人员信息渠道在下列情况下对购买行为起很大的作用：一是产品价格昂贵、有风险的购买行为、购买不频繁的产品，消费者在购买这类产品时，对信息有较强的依赖，他们除了一般媒体的信息外，还要向专家或身边的人多方打听和咨询。二是该产品对消费者的社会地位或身份有暗示。在这种情况下，购买者也会积极地向别人咨询。

（2）非人员信息传播渠道。它是指不通过人员的接触或相互作用来传递信息。具体形式包括各类媒体、气氛和事件。媒体是指印刷媒体、电子媒体、网络媒体等。大多数消费者接触的都是这类媒体。气氛是指经过包装起来的整体配套的环境，它可以促使消费者产生（或增强）购买（或消费）产品的愿望。零售企业现场广告和促销等最能形成购买气氛。事件是指为了把特别信息传达给目标受众而设计的活动。例如公共关系部门安排的记者招待会、隆重的开幕式和赞助体育、重大科技、教育、慈善、环境保护等活动，以达到高效传播的目的。

5）制订总的促销预算

促销费用在行业与行业之间、同行业的企业之间差距很大。下面介绍四种常用的方法：

(1) 量力而行法（Affordable Method）。这种方法要求企业必须以自己的财力所限为准进行促销预算决策。但忽视了促销作为一种投资所起的作用以及促销对销售的直接影响。

(2) 销售百分比法（Percentage-of-sales Method）。许多企业以其销售额或者售价的一定百分比为标准来确定其促销开支。其优点是企业的促销开支可随企业财政上的承受能力的变化而变化，从而使促销费用与企业在经济周期各个阶段中的销售活动密切地联系在一起。另外，要考虑竞争企业的促销费用占销售额的百分比，以便增强竞争的稳定性。但其不足之处在于它是把销售额视为促销的原因而不是结果，不是以市场上的产品销售机会而是根据可供使用的资金的多寡来确定促销预算款项，不利于市场营销计划的顺利开展。

(3) 竞争均势法（Competitive-Parity Method）。竞争均势法就是企业在促销费用开支方面采用与竞争对手同样的份额，目的是维持其市场占有率，保持竞争均势，防止发生促销战。这种做法的不足之处在于它把竞争对手的促销费用开支作为自己促销预算的标准。由于企业之间的声誉、资源、机会和目标差别很大，因此，用其他企业的促销预算作为自己遵循的标准不一定是适合的。

(4) 目标任务法（Objective-Task Method）。目标任务法要求市场营销人员通过确立其特定的目标、决定要达到这些目标应完成的任务和估计完成这些任务的成本来制订其促销预算。它要求管理部门必须详细说明其有关开支金额、广告展露水平、适用度与广告使用量之间关系的假设。其缺点是没有从根本上考虑具体广告目标是否值得这样做。

6) 促销活动的衡量

在实施促销计划之后，传播者必须采取有效措施来衡量沟通活动对目标受众的直接和间接影响。如能记忆起哪些内容，对信息的感觉如何，以及他们先前和现在对待企业及产品的态度。传播者还必须收集受众反应的行为测度，如多少人购买了该产品，多少人喜爱该产品，以及多少人与其他人谈及过该产品。传播者应该根据调查结果，采取有针对性的传播策略，加强营销工作的力度，扩大品牌的知晓度或增加产品的市场占有率等。

12.1.2 促销的含义与作用

1. 促销的含义

促销是促进销售的简称。从市场营销的角度看，促销是企业通过人员和非人员的方式，沟通企业与消费者之间的信息，提升品牌形象，引发、刺激消费者的购买欲望，使其产生购买行为的活动。理解促销的含义，应该从以下几个方面来看。

(1) 促销工作的实质与核心是沟通信息。
(2) 促销的目的是提升品牌形象，引发、刺激消费者购买行为。
(3) 促销的方式有人员促销和非人员促销两种。

2. 促销的作用

1) 告知

促销活动就是把企业及有关产品的信息通过各种传播媒介告诉广大的公众，使他们对企业的产品有一定的知晓度，使消费者在购买过程中将企业的产品纳入自己的选择范围内。产品的知名度越高，对企业的产品越了解，选择该企业产品的可能性就越高。

2）说服

促销活动都是营销者经过了仔细的研究和分析而发动的。促销策划的重点在于如何去了解消费者、如何设计信息、如何寻找代言人、如何让消费者增强对本企业产品的信心，从而产生购买行为。如何说服消费者是促销策略研究的重点。

3）影响

促销活动通过运用大众媒体经常性的信息传播活动，不但影响消费者短期的购买行为，对消费者长期的消费也有较大的影响。通过传播活动不但使消费者加深了对企业和品牌的印象，甚至形成社会舆论影响消费者的心理，产生消费潮流。

请评价"酒好不怕巷子深"的企业经营理念。

12.1.3 促销组合及影响因素

在买方市场条件下，要引起消费者对企业产品的注意，不能只用一种促销方式，必须采取各种有效的方法，把企业及产品的信息传达到自己的目标市场，以吸引他们购买企业的产品，这样就需要综合运用各种促销方式，这就是促销组合。

促销组合是指企业为了有效地进入目标市场，实现企业的目标而对人员推销、营业推广、广告和公共关系等几种促销工具的综合运用。

1．不同性质的促销工具

由于每种促销工具都有其固有的本质属性和成本，因此市场营销人员在作出组合选择前，必须要对它们有一个详细的了解。

1）广告

广告在促销组合中呈现出如下特点。

（1）公共宣传。广告是一种高度公共性质的传播方式，从而赋予产品一种合法性，并表明是一种标准化的供给方式，因为许多人都收到同样的信息。

（2）广告是一种渗透性促销工具。它可使购买者接收各种竞争者的信息并加以比较。卖者的广告规模也从正面说明了卖者的名望、经济实力等。

（3）强烈的感染力。广告通过精心策划，巧妙地利用印刷、声音和颜色等为企业及其产品提供了生动的展示机会。

（4）非人格性。广告不像企业的销售代表那样具有情感性，受众并不感到有必要去留心或作出反应。广告对于受众只能是独白，而不是对话。

因此，广告既可用来为产品树立长期的形象，同时又能激发销售以取得即期效果。由于广告是将产品的信息传播给分散于各地的为数众多的消费者的有效途径，因此其每人次展露的成本比较低。

2）人员推销

人员推销在购买过程的特定阶段，特别是推动购买者的偏好、信心和行动阶段，相比较而言是最有效的工具。其原因是人员推销和广告相比，凸现出三个鲜明的特性。

(1) 人际接触。人员推销包含着两个或更多的人之间的一种直接的、活跃的和相互作用的关系,每一方都能就近观察彼此的需要和特点,并可立即作出反应。

(2) 培养关系。人员推销可培养出各种各样的关系,从就事论事的推销关系发展到个人的友谊。精明的销售人员,通常会考虑消费者的利益,以保持长期的关系。

(3) 推销的及时反应可使消费者在听了谈话之后作出某种反应,即使反应只是一句"谢谢"这样的客套话,仍须给予注意并作出反应。但销售人员的培养、辞退、换岗都不是一件容易的事,因而对企业来说是一笔长期固定的费用。

3) 销售促进

销售促进的工具多种多样,但归纳起来有三个明显的特点。

(1) 信息传播。它能够引起消费者的注意,并通过提供信息把消费者引向产品。

(2) 适度的刺激。它通常采取某些让步、诱导或赠送的办法给消费者以某些好处。

(3) 积极的诱导。它具有明显的促使消费者立即进行交易的诱导性。销售促进可用来激起人们对产品的注意,又可用来提高产品的销售量,因此企业可动用营业推广的各种手段来激起消费者更为迅速强烈的反应。但必须清醒地认识到,营业推广的效果通常是短期的,在建立长期的品牌偏爱方面并没有效,往往还会产生负面影响。

4) 公关宣传

公关宣传有三个极其显著的特性。

(1) 高度可信性。新闻报道与特写对读者来说一般比广告更有权威和更可信。

(2) 解除戒备心态。公关宣传可使许多有意避开销售人员和广告的潜在顾客乐意接受。因为这时的商品信息是以新闻形式出现的。

(3) 引人注目。像广告一样,公关宣传推广具有能使企业或产品引人注目的能力。正因如此,越来越多的企业求助于公关,特别是赞助活动,以提高品牌的知名度和美誉度。

2. 制定促销组合时应考虑的因素

1) 产品性质

促销工具的有效性因消费品市场和工业品市场的差异而不同。标准化、大批量生产的消费品的企业通常要把大量资金用在广告上,以便使消费者产生品牌效应,其次是营业推广、人员推销,最后才是公关宣传;工业品企业则将大量促销资金用于人员推销,其次才是营业推广、广告和公关。一般来说,人员推销较多地用于复杂的、昂贵的、有风险的、数目较少、规模较大的工业产品上。

2) "推式"策略与"拉式"策略

"推"的策略主要通过人员推销把产品推给分销渠道,通过分销渠道把产品推给消费者,即生产者积极地把产品推销给批发商,批发商又积极地把产品推销给零售商,而零售商又积极地把产品推销给顾客,图 12.3(a)所示。"拉"的策略是企业在广告、营业推广等促销上支出大笔经费激发消费者的需求,消费者向他们的零售商指名购买这一产品,零售商再向他们的批发商指名购买这一产品,而批发商再向他们的生产商指名采购这一产品(图 12.3(b))。如一些按订单生产的产品就是采取了拉式策略。

在营销实践中,企业通常会组合使用推式或拉式策略,或有所侧重地使用其中一种,

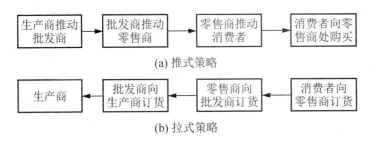

图 12.3 推式策略和拉式策略

以便获得较好的传播效益。

3) 目标市场特点

如果企业面对地域辽阔且分散的顾客,广告的作用就较大,相对于人员推销具有较低的成本。对人口密度较大的市场,运用营业推广和人员推销有效性强。此外,目标市场的文化影响消费者对企业不同促销的方式的接受程度。如日用品在中国市场上采取人员推销的方式被接受的程度就较低。

4) 产品生命周期阶段

促销手段在产品生命周期的不同阶段的效应也有所不同。在导入期,扩大产品知名度是企业的首要任务,因此,广告和公关具有很高的传播效应,其次是营业推广和人员推销,它们可以推动产品的试用,取得扩大市场占有率的效果。在成长期,由于消费者彼此的相互转告,需求自然可保持其增长的势头,因此,所有促销手段的传播效应都降低了。在成熟期,营业推广比广告的传播效应更大,广告又比人员推销的传播效应大。在衰退期,营业推广的传播效应较强,广告和公关的传播效应则降低了,而人员推销的传播效应最低。

5) 企业的市场地位

调查表明,排名靠前的品牌做广告比营业推广可以获得更多的利益,排名前二位的品牌投资回报率随着广告与营业推广费用的增加而增加,而排名第四甚至更靠后的品牌的利润率在广告增加的情况下递减。

12.1.4 整合营销传播

由于用来影响目标受众的传播工具与信息种类繁多,这就要求使用者必须使之协调一致,否则信息的推出就可能与是否有货可供在时间上发生矛盾;或者信息之间缺乏一致性,或者是信息不具备理想的成本效应。如果不加以协调,每一个负责传播信息源的负责人就会不顾不同工具的相对优缺点而各自力争更多的预算开支,从而造成巨大的浪费。

正因如此,越来越多的公司正在引进市场营销传播的新理念——整合营销传播(1MC)。美国广告代理商协会认为,整合营销传播是对各种传播方法及策略进行综合计划的增值效应的确认。强调在与消费者沟通时,为了达到理想(明确、一致、高效)的沟通效果,要将营销沟通要素如广告、公关宣传、销售促进、人员销售、赞助营销、直接营销、POP 沟通等相互配合,整合成一体,与品牌的市场定位相一致,与产品、价格和分销渠

第12章 促销策略

道相协调,实现这些分散信息的无缝结合。整合营销传播具有以下特点。

(1) 运用一切接触方式。IMC 运用一切恰当的消费者接触方式作为沟通渠道,不拘泥于任何一种沟通方式,所有能够有效接触目标受众的方式,如直邮广告、体育赞助、售点展示、包装、因特网、墙体等,都可加以使用。

(2) 步调一致,获取协同优势。营销者要想建立强有力的品牌形象,并促使消费者采取行动,多种营销沟通要素的协调一致至关重要。否则,就会事倍功半,甚至会让消费者得到相互矛盾的品牌信息。IMC 所强调的步调一致,协同原则,即要求无论是广告、公关宣传、人员推销、促销 SP、赞助活动、售点广告等,都必须协调一致。品牌广告活动中的主题或卖点,需要由销售人员反复强调,在促销活动中形成焦点,在产品包装上得以体现,在赞助营销中得以强调,在售点广告中要引人注目。总之,一切沟通手段传递的都是一个信息。

这一理念要求企业必须明确识别各种促销工具的作用和成本效应;必须按照不同产品、促销工具、产品生命周期阶段和观察效果来分别跟踪所有的促销开支,以此作为日后更好地运用这些工具的依据;必须在开展重大促销活动时对各种促销活动、媒体及其时间安排加以协调。

总之,整合市场营销传播可使购买者和公众看到企业的意愿的一致性和连贯性,有利于节省促销费用,提高促销活动的效果。

"大传播"时代的汽车品牌趋势

随着"大社会化""大数据""大公关""大整合"等各种概念的兴起,汽车行业也在逐渐步入一个"大传播"的时代。它需要品牌主、传播服务公司、媒体具有敏锐的头脑,深入研究消费者行为、媒体属性及企业自身发展阶段,与时俱进、因时而变地制订有效的品牌战略、销售策略。

消费者看车、选车、购车的三重变化

随着媒体增长、经销商形态的变化,消费者接触车的渠道越来越广泛,但消费者在看车时也更加重娱乐、重生活。北京车展,最火的不是布加迪,而是干露露。选车方面,消费者则更看重车背后的情感、文化,要求车能体现出人性价值。如60后选车主要考虑工具性需求,70后主要是生活品质提升,80/90后主要是丰富业余生活、爱好。购车方面,消费者购车更加理性,重体验,重口碑。由于社会化媒体蓬勃发展,消费者有更多渠道了解真实用户的感受,因此更重口碑分享,同时对于口碑好的车型更愿意亲自体验。

品牌推广趋势的转变

传统媒体的价值不可否认,但传统媒体投放也在悄然发生变化,广告主更加理性,要求媒体不但在发行量、收视率、上座率等方面表现优异,更多考虑媒体属性是否与品牌属性相一致,帮助品牌提升其在目标人群心中的形象、提升其在目标人群中的曝光度,如双龙汽车最新植入韩剧《幽灵》,不但体现产品性能,而且展现柯兰多的时尚及雷斯特的尊贵。

网络媒体、社会化媒体正成为趋势,吸引了企业公关部、品牌部甚至销售部的关注。一方面社会化媒体需要提升粘滞度、互动性,期待汽车行业涌现如碧浪官方微博、杜蕾斯官方微博高互动性的经典营销 From EMKT.com.cn 传播案例;同时社会化媒体运作不仅仅是提升注册量、粉丝量、转发率、评论数,而且要更加关注背后的品牌价值。

在活动方面,媒体之旅、新车上市活动越来越不能满足车企和消费者的需求,活动预算逐步由品牌部、公关部向销售部转化,诸如200场地方车展、100场大型试驾、50场嘉年华等大型活动规划在各个车企中悄然兴起。活动要保证效果,主要考虑活动形式是否传播产品卖点、吸引目标人群,如双龙汽车柯兰多"一厢油挑战1 000公里"活动,创造柴油节油、性能的二重概念,在消费者中取得了极大反响;东风悦达起亚的"镜鉴美"活动,创造了试车镜的概念,可谓是一个不错的车企活动。

由活动带动发稿,同时配合病毒视频、微电影、微博传播,增加娱乐性能起到更好的传播效果,也成为今年车企营销的趋势,如"激活你本色"REIZ锐志微电影、"追逐无限"别克微电影等都是以活动带微电影的典型案例。

就公关而言,更多企业愿意采用retainer(月费)制的形式,一方面保证足够的发稿量,另一方面减少不必要的买版预算。同时,汽车的公关服务也越来越趋于整合,出现"大公关"的趋势,策略预算在月费中的比例也在逐步提高。此外,社会化媒体使危机公关变得异常重要,加之社会对公益活动的关注,公关在企业品牌传播中的地位不断上升。

品牌战略的选择

总体而言,在不断变化的营销传播环境下,运用与时俱进的营销传播手段才是营销不变的宗旨。这要求汽车企业基于自身发展阶段,制定适合有效的品牌战略。对于处于起步期、营业额较低的车企,此时主要策略是"垂直打击":以大的体验活动(包括大型车展)带动公关传播,没钱请代理公司可以自己发稿,广告最好以在经销商重点区域投放促销广告为主。对于处于成长期、有一定营业额的车企,这时主要策略是"纵向轰炸":选择垂直类媒体或全国性媒体的垂直频道投放品牌类广告,公关公司选择仍以project(项目)制为主,与其他品牌开展co-branding的形式,网络营销可以重点关注BBS、口碑维护等。对于处于强盛期的车企,这时主要策略是"精耕细作":投放全国性品牌广告,打造年度性持续品牌活动,同时引领区域多点活动;公关公司选择可以考虑以retainer(月费)制为主,关注企业公关、公益营销、文化营销、危机公关等;提高社会化媒体的运用,强化新媒体,如LBS的运用。

12.2 人员推销策略

人员推销是指企业的推销人员或派出的销售机构通过向目标顾客介绍和销售产品来推动销售的促销活动。中外企业的实践表明,人员推销与其他促销手段相比具有不可替代的作用。

12.2.1 人员推销的特点

1. 灵活性

推销员与顾客面对面交谈,能随时观察与掌握顾客的反应,可以立即获知顾客的反应,并及时调整推销策略和方法,解答顾客的疑问,说服顾客产生购买欲望,促成交易。

2. 针对性

采用广告等非人员促销方式,面对的是广大公众,不一定是本企业产品的潜在顾客。人员推销多为个别进行,作业之前要经过调查研究,选择和了解潜在顾客,拟定具体推销方案、推销目标、方法策略等,以提高推销的成功率,减少浪费。

3. 及时性

人员推销的直接性，大大缩短了从促销到顾客购买的时间间隔。采用非人员促销方式，顾客即使搜到信息，也有一个思考、比较、决策以及到商店购买的过程，时间一长还可能放弃购买。而面对面的人员促销，能够尽快消除顾客的疑虑，及时成交。

4. 反馈性强

人员推销是一种双向信息交流的过程，推销员在与顾客的交往中，能够搜集到所需的各种市场信息，有助于企业改进产品和市场营销策略，并不断开拓新的市场和新的客源。

但是，人员推销的成本费用比较高，在市场范围广阔，而买主又较为分散的情况下，显然不宜采用；相反，市场密集度高，买主集中，如有些工业品市场，人员推销则可扮演重要角色。由于人员推销可以提供较详细的资料，还可以配合顾客需求提供其他服务，所以它最适于推销那些技术性较强的产品或新产品；而一般标准化产品则不必利用人员推销，以免增加不必要的开支。在企业的市场营销中，人员推销多用于工业品的销售或用于对中间商的销售。

12.2.2 人员推销的形式与步骤

1. 人员推销的对象与形式

1) 人员推销的对象

人员推销的对象是指人员推销活动中接受推销的主体，是推销人员说服的对象。它可分为消费者、生产用户和中间商三种类型。选定推销对象是推销工作的起点。

（1）向消费者推销。为了更有效地达到目的，推销人员必须要了解消费者的年龄、性别、民族、职业、宗教信仰等基本情况以及消费的购买欲望、购买能力、购买特点和习惯等，时刻注意消费者的心理反应。对于不同的消费者，推销人员要采取不同的推销技巧。

（2）向生产用户推销。推销人必须了解和熟悉生产用户的生产规模、人员构成、经营管理水平、产品设计与制作过程及资金等情况。同时，推销人员还要善于准确而恰当地说明自己产品的优点，简明扼要地分析生产用户使用自己产品后所得到的效益，必要时还能及时帮助生产用户解决遇到的疑难问题，以取得用户的信任。

（3）向中间商推销。由于中间商对所购商品具有丰富的专业知识，其购买行为属于理智型。这就要求推销人员必须具备较高的业务知识和推销技巧。在向中间商推销产品时，首先要了解中间商的类型、业务特点、经营规模、经济实力以及他们在整个分销渠道中的地位。其次，应向中间商提供有关信息，给中间商提供帮助，建立友谊以扩大销售。

2) 人员推销的基本形式

（1）上门推销。它是由推销人员携带产品的样品、说明书和订单等走访顾客推销产品的方式。这种形式可以针对客户的需要而提供有效的服务，方便顾客，因而被广泛接受和认可。

（2）柜台推销。柜台推销又称门市推销，是指企业在适当地点开设固定的门市，由营业员接待进入门市的顾客，向其推销产品。门市的营业员是广义的推销人员。它与上门推销正好相反，它是等客上门式的推销方式。由于门市里的产品种类齐全，能满足顾客多方面的购买要求，为顾客提供较多的购买品，并且还可以保证商品安全无损，因此，这一方式顾客乐于接受。柜台推销适合于零星小商品、贵重商品和容易损坏的商品。

（3）会议推销。会议推销是指企业利用各种会议向与会人员宣传和介绍产品，开展推销活动。例如在订货会、交易会、展览会、物资交流会等会议上推销产品。这种推销形式接触面广，推销集中，可以同时向多个推销对象推销产品，成交额较大，推销效果好。

2. 人员推销的步骤

销售人员在开展推销工作时，尽管产品不同，但基本环节是以下六个步骤。

1) 寻找并确定目标

人员推销的第一个步骤就是要研究潜在的消费者，选择极有可能成为顾客内人。这些潜在顾客可直接从消费者、产业会员调研，以及通过公共档案、电话"黄页"、行业协会名单、公司档案获得。推销人员应把重点放在那些有财力、有意愿和有权力购买产品的潜在顾客上。

2) 接近潜在顾客

对于已经确定的顾客，销售人员要收集他们的有关资料，如需求类型、经济收入、职业特点、生活方式、购买特点等，以便针对不同的对象设置具体的销售方案。在接近潜在顾客时要给对方一个良好的第一印象，因为第一印象往往是能否成功推销产品的关键。凡是能了解每个顾客特殊情况的推销人员，大都能形成良好的第一印象，并能做成交易。

3) 介绍产品

在很多情况下，除了对产品进行实际推销介绍外，还包括产品的展示或演示。推销人员应特别指出产品的特点和利益，以及相对于竞争者产品的差异和优势。甚至可以指出本产品的某些不足、可能出现的问题以及如何避免。这可以给对方以诚实的印象，加深好感。

4) 处理异议

顾客在整个沟通过程中都可能提出异议或问题，这给推销人员提供了进一步讲解、演示产品的机会。销售人员必须善于排除这些异议。有经验的销售员对于出现的异议在销售前就有了事先准备，往往能随机应变，有效排除障碍，达成交易。

5) 成交

排除异议后，下一步就可能使顾客同意购买自己推销的产品。此时推销人员必须确保在成交前再没有遗留重要的问题。如果没有成交，销售人员也要豁达相对，因为经验表明，成交前平均要进行四次推销接触。

6) 后续服务

在交易达成后，还要做好后续工作，如送货、产品使用知识说明、保修、保养等。这样会给顾客留下一个好印象，并为未来更易推销铺平道路，总之，推销人员的职责并不随销售工作的结束而结束，它将随着销售者与顾客之间保持良好、有效的相互关系而延续下去。

12.2.3 推销人员管理

1. 推销队伍的结构

建立怎样的销售人员队伍要从企业的实际情况出发，按照营销活动的实际需要去加以组织。销售队伍的组织结构一般有以下几种情况。

1) 按地区结构组成的销售队伍

产品组合比较单一而市场分布面较广的企业通常按地区结构来组织销售人员队伍。其基本做法是，将销售人员按所划定的市场区域进行分配。这种结构的好处是：①比较容易评价个别销售人员的销售实绩。②销售人员容易同顾客建立长期关系。③差旅费用相对较少。

2) 按产品结构组成的销售队伍

在企业的产品组合面广，各产品线关联性不大的情况下，通常采取按产品线组织销售队伍的做法，即每一组销售员专门负责销售某一种特定的产品。这样做法的好处是，销售人员可以在技术和业务上都十分熟练，并能对该产品的目标市场有全面的了解。但若两种产品消费关联性比较密切，则有可能出现同一企业的两个销售员同时对同一顾客销售同类产品的情况。

3) 按顾客结构组织销售队伍

也有些企业按照顾客的不同类型来组织销售队伍，即由一组销售人员面对一种类型的顾客群体。如有专门对批发商销售的人员，也有专门对零售商销售的人员；有专门对老年顾客销售的人员，也有专门对家庭妇女销售的人员。这样做的好处是，销售人员对顾客的特点很熟悉，能有的放矢地开展销售活动。问题是若顾客分布面很广，销售人员的差旅费用可能会增加。

4) 复合结构的销售队伍

若将以上几种销售队伍的组织方式结合起来，就能形成一种按复合结构组织的销售队伍。如企业可按地区—产品、地区—顾客、产品—顾客的结构来组织销售队伍，也可按地区—产品—顾客的结构组织销售队伍，将销售队伍的结构逐步细分，这样就有可能克服以上几种组织方法存在的缺点，使销售队伍的结构合理化。当然，复合结构的销售队伍一般要由较多的销售人员组成，所以是一种比较适合于大型企业销售队伍的组织形式。

2. 推销队伍的选拔与培训

1) 推销人员的选拔

人员推销是一个双向沟通的互动过程，它要求推销人员必须具备较高的素质才能完成所要完成的任务。推销人员首先需要具备强烈的事业心和责任感；其次要具有丰富的知识和较强的学习新知识的能力；三是要有勇于进取、不怕失败的精神；四是要具有善于表达、富于应变的能力；五是要有相关的企业、产品和消费者方面的知识；六是要严格遵守职业道德。

为选拔出优秀的推销人才，企业必须根据推销人员素质的要求，可以采用申报、笔试和面试相结合的方法进行(企业可以自己进行考核，也可以委托专门中介机构进行考核)。

由报名者自己填写申请,借此掌握报名者的性别、年龄、受教育程度及工作经历等基本情况;通过笔试和面试可以了解报名者的仪表风度、工作态度、知识广度、语言表达能力、理解能力、分析能力和应变能力。

2)推销人员的培训

企业必须对选拔的推销人员进行集中培训,才能使他们进一步学习和掌握有关知识与技能。培训的主要内容包括企业知识、产品知识、市场知识、心理学知识和法规知识等。具体培训方法很多,常采用的方法有:①讲授培训。请专家、教授讲授。②模拟培训。由受训人员扮演推销人员向由专家教授或有经验的优秀推销员扮演的顾客进行推销,或由受训人员分析推销实例等。它是受训人员亲自参与的有一定真实感的培训方法。③实践培训。当选的推销人员直接上岗,与有经验的推销人员建立师徒关系,通过传、帮、带,使受训人员逐渐熟悉业务,成为合格的推销人员。企业在对新的推销人员进行培训的同时,还要对在岗推销人员每隔一段时间进行培训,使其了解企业的新产品、新的经营计划和新的市场营销策略,进一步提高其素质。

3)推销人员规模的确定

选拔推销人员既要有质的要求,又要有量的限制。这是由于他们是企业最有生产价值、花费最多的资产之一,其规模直接影响着销售量和销售成本的变动。企业设计和确定队伍的规模通常有三种方法:①工作量法。就是企业根据销售工作量的大小来决定配备推销人员的数量。②销售百分比法。就是企业根据历史资料计算出销售队伍的各种耗费占销售额的百分比,以及销售人员的平均成本,然后对未来销售额进行预测,从而确定销售人员的数量。③分解法。就是对每一位销售人员的产出水平进行分解,再同销售预测额相结合,就可以判断销售队伍的规模大小。

3. 推销人员的报酬与激励

对推销人员劳动报酬的确定,是对销售人员和销售过程实现控制的有效方法。销售人员的报酬一般以销售业绩为主,同时参考行业平均水平。劳动报酬通常由以下几部分组成。

(1)固定工资。固定工资又称底薪,不受业绩影响,是推销员的稳定收入,用以保证他们的日常生活开支。

(2)超额奖金。这是对销售员的超额销售的奖励,根据推销员的业绩发给。

(3)补贴部分。这是支付给推销员日常工作所需的费用,如差旅费等。

(4)福利部分。如定期休假、退休金及医疗和人寿保险等。

在一些国家,推销员的劳动报酬有三种形式,即纯薪金制、纯佣金制和底薪与佣金混合制。由于第三种形式结合了前两种形式的优点,所以对公司和员工都有利。基本薪金有利于保证推销员的基本生活,稳定销售队伍,提成有利于调动推销员提升业绩的积极性。

4. 推销人员的考评

对推销人员的工作、比绩进行科学而合理的考评是企业销售管理的重要作用,考评结果不仅可以作为分配报酬的依据,而且是企业调整市场营销策略的基础。推销人员的考评工作通常包括如下具体内容。

1) 考评资料的收集

考评资料的收集主要包括推销人员工作报告、企业销售记录、企业内部员工的意见、顾客及社会公众的评价等。

（1）推销人员销售工作报告一般包括推销工作计划、访问报告和销售绩效报告。推销工作计划是指推销人员推销活动的日程安排。它能够使管理部门及时了解和掌握推销人员的工作及执行计划的能力。访问报告则使管理部门及时掌握推销人员以往的活动、顾客账户状况，并提供对以后的访问有用的情报。销售绩效报告反映了推销人员的工作业绩，管理部门可以了解销售、费用开支、业务流失、新业务拓展等许多推销绩效情况。

（2）企业销售记录包括顾客记录、区域销售记录、销售费用支出的时间和数额等基本资料，通过对这些资料的加工、处理和分析，可以得出适当的评价指标。例如某一推销人员所接订单的毛利、一定时期和一定规模订单的毛利等方面的情况。

（3）顾客及社会公众的评价。在考评过程中一定要听取顾客及社会公众的意见，通过调查分析，可以得出不同的推销员在完成推销商品或服务这一工作任务时的情形。

（4）企业内部员工的意见。这主要是指销售经理、其他非销售部门有关人员的意见和推销员之间的意见。通过对这些资料的分析，可以了解有关推销人员的合作态度和领导才干等方面的情况。

2) 建立考评标准

考评标准的建立，既要遵循基本标准的一致性原则，又要坚持推销人员在工作环境、区域市场拓展潜力等方面的差异性原则。能反映基本情况的主要指标有：销售量、毛利、每天平均访问次数及每次访问的平均时间、每次访问的平均费用、一定时期内新顾客的增加数及失去的顾客数目、销售费用占总成本的百分比、货款回收率、顾客满意程度等。

3) 实施考评

企业在收集了足够的资料、确定了科学的考评标准之后，就可以正式开展考评工作。考评的方式通常有两种：一是横向比较。即公司的销售人员之间进行比较。二是纵向比较。即把推销人员的当前业绩与前期业绩进行比较。三是对推销人员的素质进行评价，即进行全面考核。

12.3 广 告 策 略

12.3.1 广告的概念及其作用

1. 广告的概念

广告有广义和狭义之分。广义的广告包括营利性广告（商业广告）和非营利性广告（公益广告）；狭义的广告专指商业广告，就是广告客户以付费的方式，有计划地通过大众传播媒体向选定的目标市场受众传递特定的商品、服务或观念的信息，以期产生影响大众行动的信息传播活动。

2. 广告的作用

(1) 告知。广告能使受众知晓市场上的新品牌或新产品，告知有关新产品或新品牌的特征和利益，或产品的新用途，促使受众建立正面的肯定性的品牌形象。广告是以相对低廉的单位接触成本(CPM)与大量受众进行沟通的有效形式。因此，利用广告的重复传播，有助于新产品、新品牌的推出，也有利于知名度不高的品牌增加受众对其品牌的认知。

(2) 劝说。广告是说服的艺术，本质上是一种劝诱术。广告运用各种表现形式和技巧，潜移默化地影响信息接收者，使他们在不知不觉中被说服，改变心理和购买行为。

(3) 提醒。广告必须时常提醒目标顾客，否则该产品就会被顾客慢慢遗忘。广告能够使品牌在消费者的记忆中历久常新，保持较高的回忆度。一旦产生与广告产品相关的需求时，对该品牌的记忆就会浮现在消费者的脑海中，并影响其购买选择决策。成功的广告还能加强消费者对熟悉品牌的信念和态度。知名度低的品牌可通过广告的重复性传播、提示，逐渐提升熟悉度，从原来不可能被选中到增加被选购的可能性。

(4) 增值。品牌是企业重要的无形资产，广告是品牌增值的重要途径。企业借助于广告能够影响消费者的感知，强化品牌的信念，成为品牌的忠诚者；广告还能有效增加企业产品的市场份额，如可口可乐、海尔、通用汽车等。宝洁公司作为世界上最大的广告主充分了解广告的增值作用，并把广告看作"在品牌资本银行中的投资"。

(5) 支援。企业在进行其他活动时，如开拓新的地理市场、推出新产品、推销员与潜在客户接触时等，广告提供了包含品牌、企业信誉等信息，起到预先推销和铺路的作用。

12.3.2 广告的分类

广告可以按照不同的标准，归纳为若干互相渗透而又互有差异的种类。

1. 按广告的传播对象划分

(1) 消费者广告：这类广告面向最终消费者，一般也称为零售商品广告。

(2) 工业用户广告：这类广告的传播对象主要是企业中的管理人员和操作人员，广告产品是机械设备、原材料和劳保用品等。

(3) 专业广告：这类广告的主要对象是一些从事某些专业化工作的人员，如医生，说服他们使用某种个人产品，并通过他们影响广大消费者。

(4) 商品批发广告：这类广告是由生产企业向商业批发商和零售商，或者是在批发商之间，以及批发商向零售商发出的广告，它所传播的对象是商业组织。

2. 按广告的传播范围划分

(1) 国际性广告：是将本国的商品、服务和厂商的形象向国际市场进行推广介绍。国际性广告常为跨国企业集团所采用。

(2) 全国性广告：是选用全国性的媒体向广告受众推广介绍商品、服务和观点。采用全同性广告的多是一些产品、服务遍及全国的、规模较大的企业。

(3) 区域性广告：是在一个较大的经济区域内做广告，如华东区、华南区、华北区等。采用区域性广告的多为中小企业。

(4) 地方性广告：是选用比区域性广告传播范围更窄的地方性传播媒体，如电视台、电台、报纸、杂志、路牌、霓虹灯等做广告。其宣传的重点是促使人们使用地方产品，或认店购买，或指名购买。广告客户多为商业零售企业、地方性工业和服务业。

3. 按广告媒体的不同自然属性划分

(1) 印刷品广告：是指刊载于印刷媒体上的广告，主要包括报纸、杂志、书籍等。印刷品广告易于保存，可以反复查看，复读率高，渗透力强。

(2) 电子媒体广告：是指借助现代电子媒介做的广告，包括电视、广播、计算机网络、录像、电子显示屏幕、多媒体传播系统等。电子媒体广告运用了现代的声光电技术，声像并茂，传播迅速，感染力强，常常会有冲击效应的产生。

(3) 户外媒体广告：是指陈列于户外各种媒体上的广告，主要包括路牌、霓虹灯、橱窗等。户外媒体广告场所固定，信息简单明了，复读率高，但覆盖面过小。

(4) 邮寄广告：是指通过邮寄途径来做广告。其特点是以特定的组织或人物为对象，把推销品、明信片、传单、折页、小册子、产品目录、企业刊物、图表等资料通过邮寄途径送出去。

(5) 交通工具广告：是指在各种交通工具上所做的广告，包括电车、汽车、火车、轮船、地铁、飞机和宇宙运载火箭等。

(6) 纪念品广告：是指运用具有一定保存价值的物品来做广告，如年历、钥匙扣、名片盒、笔筒、公文包等。

(7) 其他媒体广告：由于现代高新技术的发展，还有许多可用来做广告的媒体，如天空中的烟雾广告、激光广告、喷泉广告、气球广告等。

4. 按广告的目的划分

1) 以推销为目的的广告

(1) 报道式广告：以教育性、知识性为特征的文字图像，向消费者介绍商品的性质、用途、价格等情况。其基本任务是使人们知道而不是劝导购买。这类广告属于开拓性广告，在商品生命周期的导入期和成长期多用这类广告。

(2) 劝导式广告：这是以说服为目标的广告，通过同类商品间的比较，指出本企业商品的特点，加深消费者对企业的品牌、商标的印象，刺激选择性需求。这类广告属竞争性广告，在商品生命周期的成熟期和衰退前期采用较多。

(3) 提示式广告：这类广告的商品均是消费者已有使用习惯和购买习惯的日常生活用品。采用这类广告的目的是刺激重复购买，强化习惯性消费。

2) 以提升企业形象为目的的广告

这类广告不直接介绍商品及其优点，而是着重宣传企业的一贯宗旨、信誉、历史及成就，进而塑造企业自身的良好形象，增强消费者对企业的信心，沟通企业与消费者的关系，为企业的长期销售目标服务，故又称为战略性广告。

3) 以建立观念为目的的广告

这类广告不直接介绍商品，也不直接宣传企业的信誉，而是通过宣传、建立或改变购买者对一个企业、一种产品心目中的形象，或者是建立(或改变)一种消费观念。

4）以解决问题为目的的广告

这类广告通过直接传递信息，解决广告客户的某一类具体问题，如招聘人员、寻人启事、挂失等。

12.3.3 广告媒体及其选择

广告媒体也称广告媒介，是广告主与广告接受者之间的连接物质。它是广告宣传必不可少的物质条件。广告媒体并非一成不变，而是随着科学技术的发展而发展。科技的进步，必然使广告媒体的种类越来越多。

1. 广告媒体的种类及其特性

广告媒体的种类很多，不同类型的媒体有不同的特性。目前比较常用的告媒体有以下几种。

1）报纸

报纸这种广告媒体，其优越性表现在：①影响广泛。报纸是传播新闻的重要工具，与人民群众有密切联系，发行量大。②传播迅速。可及时地传播有关经济信息。③简便灵活，制作方便，费用较低。④便于剪贴存查。⑤信赖性强。借助报纸的威信，提高广告的可信度。

报纸媒体的不足是：因报纸登载内容庞杂，易分散受众对广告的注意力；印刷不精美，吸引力低；广告时效短，重复性差，只能维持当期的效果。

2）杂志

杂志以登载各种专门知识为主，是各类专门产品的良好的广告媒体。它作为广告媒体，优点有：①广告宣传对象明确，针对性强，有的放矢。②杂志有较长的保存期，读者可以反复看到杂志上的广告。③因杂志发行面广，可以扩大广告的宣传区域。④由于杂志读者一般有较高的文化水平和生活水平，比较容易接受新事物，故有利于刊登开拓性广告。⑤印刷精美，能较好地反映产品的外观形象，易引起读者的注意。

缺点表现在：发行周期长，灵活性较差，传播不及时；读者较少，传播不广。

3）广播

广播的优点是：①传播迅速、及时。②制作简单，费用较低。③具有较高的灵活性。④听众广泛，不论男女老幼、是否识字，均能受其影响。

使用广播做广告的局限性在于：时间短促，转瞬即逝，不便记忆；有声无形，印象不深；不便存查。

4）电视

电视作为广告媒体虽然在20世纪40年代才出现，但因其有图文并茂之优势，发展很快，现已成为最重要的广告媒体。具体说来，电视广告媒体的优点有：①因电视有形、有色，视听结合，使广告形象、生动、逼真、感染力强。②由于电视已成为人们文化生活的重要组成部分，收视率较高，使电视广告的宣传范围广，影响面大。③宣传手法灵活多样，艺术性强。

电视作为广告媒体的缺点是：时间性强，不易存查；制作复杂，费用较高；因播放节目繁多，易分散对广告的注意力。

5）互联网

比之所有传统广告媒体，互联网具有速度快、容量大、范围广、可检索、可复制，以及交互性、导航性、丰富性等优点，发展极为迅速。互联网已被称为"第四媒体"。

6）其他广告媒体

其他广告媒体如橱窗、车船、霓虹灯、激光、建筑等。

2. 广告媒体的选择

不同的广告媒体有不同的特性，因企业必须对广告媒体进行正确的选择，否则将影响广告效果。正确地选择广告媒体，一般要考虑以下影响因素。

1）产品的性质

不同性质的产品，有不同的使用价值、使用范围和宣传要求。广告媒体只有适应产品的性质，才能取得较好的广告效果。生产资料和生活资料、高技术产品和一般生活用品、价值较低的产品和高档产品、一次性用品和耐用品等应采用不同的广告媒体。通常，对高技术产品进行广告宣传，面向专业人员，多选用专业性杂志；而对一般生活用品，则适合选用能直接传播到大众的广告媒体，如广播、电视等。

2）消费者接触媒体的习惯

选择广告媒体，还要考虑目标市场上消费者接触广告媒体的习惯。一般认为，能使广告信息传到目标市场的媒体是最有效的媒体。例如：对儿童用品的广告宣传，宜选电视作为其媒体；对妇女用品进行广告宣传，选用电视或妇女喜欢阅读的杂志，其效果较好，也可以在妇女用品商店布置橱窗或展销。

3）媒体的传播范围

适合全国各地使用的产品，应以全国性报纸、杂志、广播、电视等做广告媒体；属于地方性销售的产品，可通过地方性报刊、广播、电视、霓虹灯等传播信息。

4）媒体的费用

各广告媒体的收费标准不同，即便同一种媒体，也因传播范围和影响力不同而有价格差别。考虑媒体费用，应该注意其相对费用，即考虑广告促销效果。要根据广告目标的要求，结合各广告媒体的优缺点，综合考虑上述各影响因素，尽可能选择使用效果好、费用低的广告媒体。

12.3.4 广告的设计原则

广告设计是指将要传递的广告内容（商品或服务信息）运用艺术手段来编制成具体的图片、语言、文字或影像，传递信息的创作活动。广告设计包括主题设计、文稿设计、图画设计和技术（指构图或版面、场景、音响等）设计。无论四个部分的有机组合或其中之一的设计都必须要有新的创意。因此，广告设计必须做到以下几点。

(1) 具有吸引力。即使广告设计的各个要素能够引起目标顾客的注意和购买兴趣。

(2) 具有独特性。即广告设计要有创新点，无论是主题、图画、文字，都应当是同类产品广告所没有的独特创意。

(3) 可信的承诺。承诺是企业产品的卖点或消费者所关心的利益。可以信任的承诺使消费者感到真实、可靠,这样广告才能有效果。

12.3.5 广告预算与效果测定

1. 广告预算

广告预算是企业对广告活动费用的匡算,包括广告调查研究费用、广告设计制作费用、广告媒体费用、广告业务活动费用等。在确定广告预算之前,企业需首先明确广告目标(即企业通过广告活动所要达到的目的)。企业在确定了广告目标之后,就要确定在广告活动上应花费多少资金。影响广告预算的因素有以下几个方面。

(1) 产品生命周期因素。在产品生命周期初期,新产品一般需要花费大量的广告预算,以便提升品牌知名度和争取潜在消费者试用。已建立知晓度的品牌所需广告预算在销售额中所占的比例通常较低。

(2) 市场占有率因素。市场占有率高的品牌,只需要维持其已有的市场占有率,因此其广告预算在销售额中所占的比例较低。反之,市场占有率低的品牌,试图通过增加市场销售,或从竞争对手中夺取市场来提高市场占有率,则需要投入大量的广告费用。竞争对手的费用和广告频率在做广告预算时都应予以考虑。

(3) 销售目标因素。广告预算必须保证企业预定的销售目标能够实现。

(4) 市场范围因素。市场范围大,则广告预算多;反之则相反。

(5) 广告媒体、频率因素。不同的广告媒体与频率,有不同的广告效果,从而影响到广告的预算。

(6) 产品替代性因素。同一商品的各种品牌多,则需要做大量广告,以树立有差异的形象。

2. 广告效果测定

广告的有效计划与控制,主要基于测定。由于销售与广告之间的关系太繁杂,时间上的差距也太大,较难测㈩其直接的效果,因此,许多企业重点测定的是某种特定广告的短期沟通效果。测定的内容包括广告创意效果和销售效果。

1) 广告创意效果常用的预测方法

(1) 直接评分。即由目标消费者的一组固定样本或广告专家来评价这个广告,并填写评分问卷。有时问题只有一个,如"您认为这些广告中哪一个最能影响您来购买本产品?"有时问题很复杂。在该问卷中要填写评估广告的注意强度、阅读强度、认知强度、情绪强度和行为强度,每个部分在其最高分的范围内予以得分。这种做法的理论依据是,如果一个有效的广告的最终目的是刺激购买行为,那么在这些指标上就应得高分。

(2) 回忆测试。即找一些经常使用该媒体沟通工具的人,请他们回忆刊登于该刊物上的企业及其产品的名称,并复述所有能记住的东西。回忆结果的评分标准是受试者的反应如何。评分结果可用来判断广告引人注意和令人记住的力量有多大。

(3) 识别测试。即先用抽样的方法抽取某一特定沟通接收者(如某一杂志的读者)作为受试者,再请他们反复阅读某一杂志,时间不限,然后说出认识杂志上众多广告中的哪一个,最后根据识别的结果给予每一个广告三种不同的可读性评分:只注意到、尚记得名称和读过广告内容的一半以上。

2) 销售效果测定的方法

广告创意效果的评估可帮助企业改进信息内容的质量,但却不能使人了解对销售的影响作用。一般来说,广告的销售效果要比广告创意效果难以测定。测定广告对销售状况的影响即广告的销售效果,可通过两种方法进行。

(1) 历史资料分析法。这是由研究人员根据同步或滞后的原则,利用最小平方回归法求得企业过去的销售额与企业过去的广告支出二者之间关系的一种测量方法。

在发达国家,不少研究人员在应用多元回归法分析企业历史资料、测量广告的销售效果方面,取得了重大进展,尤其以测量香烟、咖啡等产品的广告效果最为成功。

(2) 实验设计分析法。用这种方法来测量销售的影响,可选择不同的地区,在其中某些地区进行比平均广告水平强50%的广告活动,另一些地区进行比平均水平弱50%的广告活动。这样,从150%、100%、50%三类广告水平的地区的销售记录,就可以看出广告活动对企业销售究竟有多大影响。

12.4 销售促进策略

销售促进又称为营业推广,是指企业运用各种短期诱因,鼓励更快、更多地购买企业特定的产品或服务的促销活动。美国市场营销协会定义委员会认为,营业推广是指"除了人员推销、广告、宣传以外,刺激消费者购买和使经销商效益提高的各种市场营销活动"。例如,陈列、演出、展览会、示范表演等。

12.4.1 销售促进的特点

(1) 促销反应迅速。由于销售促进运用利益刺激的促销方法,吸引消费者光顾,使消费者产生机不可失的感觉,使目标顾客迅速采取购买行为而在短期内能获得极好的效果。相对而言,销售促进中的消费者行为的反应要快于广告。

(2) 非降价策略。销售促进的激励措施是以特定产品或服务为对象的,由于时间、事件等因素而暂时改变了产品的相对价格。如食品在一定时间内的折扣价格,又如由于纪念某个活动采取的价格优惠活动等。一旦时间和事件结束,价格就恢复到正常水平。

(3) 自贬形象。销售促进显示了企业急于出售某类产品的意图,可能会引起消费者对产品或企业的不良猜测。因此,如果频繁使用或不当使用销售促进方法,有可能降低产品的身价,损害企业的形象,降低产品品牌的忠诚度。

12.4.2 销售促进的形式

不同的销售促进形式用来实现不同的目标,而且更多的新工具正在不断地被发展出来。选择销售促进形式,必须充分考虑市场类型、营业推广目标、竞争情况及每一种销售促进工具的成本效益等各种因素。从市场类型和实现目标的角度,销售促进的形式大致分为以下几种。

1. 对消费者的促销形式

对消费者来说，销售促进的目标包括鼓励吸引消费者试用、迅速购买、大批量购买和从品牌竞争者手中夺走品牌转换者。企业可以运用下列营业推广工具。

(1) 样品。样品是指免费提供给消费者供其试用的产品。样品可以挨家挨户地送上门，或邮寄发送，或在商店内提供，或附在其他产品上赠送或作为广告品。赠送样品是最有效也是最昂贵的介绍新产品的方式。

(2) 优惠券。优惠券是一个证明，证明持有者在购买某商品时可凭优惠券按规定少付若干金额。优惠券可以邮寄、放进其他产品包装内或附在其他产品上，也可刊登在杂志和报纸广告上。优惠券可以有效地刺激成熟期产品的销售，诱导对新产品的早期使用。专家们认为优惠券必须提供15％～20％的价格折让才会有效果。

(3) 现金折款。现金折款是在购物完毕后提供减价，而不是在零售店购买之时。消费者购物后将一张指定的"购物证明"寄给制造商，制造商用邮寄的方式退还部分购物款项。

(4) 特价包。特价包是向消费者提供低于常规价格销售商品的一种方法，其做法是在商品包装上或标签上加以附带标明。它们可以采取减价包的形式，即将商品单独包装起来减价出售(如原来买一件商品的价格现在可以买两件)，或者可以采取组合包的形式，即将两件相关的商品并在一起(如牙刷和牙膏)。特价包对于刺激短期销路方面甚至比折价券更有效。

(5) 赠品。赠品是以较低的代价或免费向消费者提供某一物品，以刺激其购买某一特定产品的方法。一种是附包装赠品，即将赠品附在产品内(包装内附赠品)，或附在包装上面(包装上附赠品)。另一种是免费邮寄赠品，即消费者交还诸如盒盖之类的购物证据就可获得一份邮寄赠品。还有一种是自我清偿式赠品，即以低于一般零售价的价格向需要此种商品的消费者出售的商品。

(6) 奖品。奖品是指消费者在购买某物品后，向他们提供赢得现金、旅游或物品的各种获奖机会。有竞赛、抽奖和游戏等方式，这些方式有趣，顾客乐于参与，因而往往比优惠券或几件小礼品更引人注意。

(7) 积分奖励。积分奖励是指以现金折扣或其他形式用来奖励某一主顾或主顾集团的光顾。如零售企业的消费积分卡、航空公司的里程积分卡、旅馆采用的忠诚住客积分卡、通信公司的话费积分卡等。

(8) 免费试用。免费试用是指邀请潜在顾客免费使用产品一段时间，以期他们购买此产品。

(9) 以旧换新。顾客在购买产品时将旧产品交给商家，同时购买同一品牌的商品时(现时的以旧换新对同一品牌多数情况下没有严格要求)，即可享受一定的折扣。

(10) 联合促销。联合促销是指两个或两个以上的品牌或公司在优惠券、付现金折款和竞赛中进行合作，以扩大它们的影响力。如中国移动公司与商家合作，顾客在用电话积分购买商家产品时可以享受折扣等，或消费者消费商家一定价值的产品时，移动公司为购买者提供优惠的电话服务。

(11) 产品保证。当企业的产品质量具有消费者比较敏感的属性时，为消费者提供比竞争对手更长时间、更周到的产品保证服务时，就成为企业吸引消费者的重要促销工具。

(12) 售点陈列和商品示范。售点陈列和商品示范表演一般在购买现场或者销售现场，销售者现场操作产品的使用方式，介绍产品的特色和用途。

2. 对中间商的促销工具

企业为取得批发商和零售商的合作，可以运用以下几种营业推广工具：

(1) 价格折扣。它又称发票折扣或价目单折扣，是指制造商在某段指定的时期内，对于中间商的每次购货都给予低于价目单定价的直接折扣。这样可鼓励中间商去购买一般情况下不愿购买的数量或新产品。中间商可将购货补贴用作直接利润、零售价减价。

(2) 推广津贴。制造商提供折让，以此作为零售商同意以某种方式突出宣传制造商产品的报偿。有广告折让和陈列折让等形式。前者用以补偿为制造商的产品做广告的零售商，后者用以补偿对产品进行特别陈列的零售商。

(3) 免费商品。制造商还可提供免费产品给购买某种质量特色的，或购买达到一定数量的中间商，即额外赠送几箱产品。他们也可提供促销资金，如现金或者礼品。制造商还免费赠送附有公司名字的特别广告赠品，如茶杯、笔、年历等。

(4) 销售竞赛。通过竞赛活动，对于经销本企业产品成绩优异的中间商给予奖励或奖金。

3. 对销售队伍的促销工具

对销售队伍来说，销售促进的目标包括鼓励对新产品和型号的支持，鼓励他们寻找更多潜在的顾客和刺激过季商品销售。企业一方面需要激励销售人员努力工作，为企业销售出更多的商品，同时，企业也需要通过销售人员来影响和激励顾客，密切与顾客之间的关系，这些都需要企业花费很多资金用于销售队伍的促销。企业常用于销售队伍的促销工具有：①推销竞赛。推销竞赛的目的在于刺激营销人员在某一段时间内增加销售量，优胜者可以获得免费旅游、现金或礼品等。许多企业为推销员举办年度竞赛来刺激他们完成较高的公司指标。②特别推销奖金。给予完成不同一般销售任务的推销员以奖励。

12.4.3 销售促进的管理

企业不仅要选择适当的促销形式，还要对销售促进过程进行管理，主要包括以下几点。

1. 设计诱因的大小

必须确定使企业成本或效益最佳的诱因规模。要想取得促销的成功，一定规模的最低限度的诱因是必需的。如果假设销售反应会随着诱因大小而增减，则一张减价15元的折价券比减价5元的折价券会带来更多的消费者试用，但不能因此而确定前者的反应为后者的3倍。一般而言，诱因规模很小时，销售反应也很小。诱因规模达到一定程度时，才足以使促销活动开始引起足够的注意。

2. 设定参与者的条件

销售促进的顾客对象并非是所有的消费者，所以必须设定一定的条件，只有达到条件的消费者才可以参与。例如，特价包仅提供给那些购买量较大的人。抽奖可能限定在某一范围内，而不允许企业职员的家属或某一年龄以下的人参加。通过确定参与者的条件，卖主可以有选择地排除那些不可能成为商品固定使用者的人，因而降低促销成本。但是，如果条件过于严格，就会导致只有少数消费者才会参与。

3. 促销媒体的送达

企业必须选择合适的途径将促销方案传递到目标市场。如果促销是一张折价券，则至少有四种途径可使顾客获得折价券：①放在包装内。②在商店里分发。③邮寄。④附在广告媒体上。每一种途径的送达率和成本都不相同。例如，第一种途径主要用于送达经常使用者，而第三种途径虽然成本费用较高，却可送达非本品牌的使用者。

4. 促销时间的长短与时机的选择

企业对于在何时以及进行多长时间的促销必须进行研究。如果时间太短，则一些顾客可能无法重购，或由于太忙而无法利用促销的好处。如果促销时间太长，则消费者可能认为这是长期降价，而使优待失去效力，甚至还会使消费者对产品质量产生怀疑。企业必须根据促销目标、消费者购买习惯、竞争者策略及其他因素等来确定促销活动开展的时机及时间的长短。

5. 销售促进的总预算

销售促进总预算可以通过两种方式确定。

(1) 根据全年营业推广活动的内容、所运用的营业推广工具及相应的成本来确定营业推广的总预算。实际上，销售促进总成本是由管理成本（如印刷费、邮寄费和促销活动费）加上诱因成本（如赠送、折扣等成本）后再乘以在这种交易中售出的预期单位数量组成的。

(2) 按习惯比例来确定各项促销预算占总促销预算的比率。例如，牙膏的促销预算占总促销预算的 30%，而洗发水的促销预算就可能要占到总促销预算的 50%。在不同市场上对不同品牌的促销预算比率是不同的，并且受产品生命周期的各个阶段和竞争者促销预算的影响。经营多品牌的企业应将其销售促进预算在各品牌之间进行协调，以取得尽可能大的收益。

6. 评价销售促进结果

企业可用多种方法对销售促进结果进行评价。评价程序随着市场类型的不同而有所差异。例如，企业在测定零售商促销的有效性时，可根据零售商的销售量、商店货架空间的分布和零售商对合作广告的投入等进行评估。企业可通过比较销售绩效的变动来测定消费者促销的有效性。

但是，必须注意到，在促销期间，现有的顾客是主要购买者并且储存商品，促销期一过，他们便消费这些商品，最后，又恢复到原来的正常购买率。所以，促销的结果在很大程度上表现在消费者购买时间模式的改变，而不是购买量的持续增加。企业在这种情况下的营业推广并不一定是浪费。特别是当存货过多，企业想暂停生产，尽早处理完存货时，更是如此。

12.5 公关关系策略

12.5.1 公共关系的概念与作用

1. 公共关系的概念

公共关系是指企业在市场营销活动中运用信息沟通的手段，促使企业与相关公众之间的相互了解，互为作用，从而达到树立企业形象，建立企业生存和发展的有利环境的目的。

2. 公共关系的作用

公共关系在市场营销活动实践中具有如下显著的作用。

（1）构建与相关的社会公众之间的良好的关系。在市场经济中，企业作为一个独立的经济实体，要想求得生存与发展，必然要从外部获取资源，然后在内部进行一系列的活动。这就要求企业既要处理好与外部的顾客、竞争者、金融界、新闻和政府机关等方面的关系，又要处理好内部股东与职工等方面的关系，为此，企业必须将协调这些关系的行为纳入管理的轨道，有组织、有计划地通过大众传播等信息沟通渠道进行联系与交往，进而达到企业内部和外部各种关系的和谐统一。

（2）传播沟通，树立良好的企业形象。企业形象是指一个企业在受到它的行为和政策影响的社会公众心目中所形成的看法和评价。企业形象包括两个要素：一是企业的知名度，二是企业的美誉度。在现代社会中，良好的企业形象是一个企业最重要的无形资产。企业运用公共关系的各种传播手段就是要扩大企业的知名度，提高企业的美誉度，塑造企业良好的形象，为企业生存与发展创造最佳的社会关系环境，促使企业步入良性发展的轨道。

（3）妥善处理营销危机，维护企业声誉。在经营活动中，企业总会遇到一些无法事先预测的事件，如工厂突发事故、产品问题、竞争或消费者投诉、政府政策的变化等，此时，企业必须要在第一时间作出反应，采取恰当的公共关系行为，消除事件对企业形象的负面影响，并努力使危机转为机会，维持良好的公共关系和良好的形象，保持企业的持续经营。

12.5.2 公共关系的活动方式

公共关系的活动方式主要有对外联络、对外宣传、新闻事件、赞助公益事业以及企业标识媒体、对外热线电话信息服务、公司主页等。

（1）对外联络。企业应与政府、银行、新闻界、行业协会等组织和有关人士建立联系，主动介绍企业的情况，征询其意见与建议，争取其理解与支持。

（2）对外宣传。公关人员尽可能多地结识新闻记者和编辑人员，争取媒体尽可能多地

市场营销教程

录用本企业的新闻稿和让更多的记者参加记者招待会，以扩大企业的影响。企业还可以广泛借助于书面资料来联系和影响目标市场。如通过年度报告、画册、文章、企业刊物等方面资料，吸引人们对企业和产品的注意力，向目标市场传递重要的信息，树立和维护良好的企业形象。也可以利用如电影、幻灯片、录像带和录音带等视听资料作为传播工具。

（3）新闻事件。企业可以通过安排一些特殊的事件来吸引公众对其新产品和企业其他方面的注意。也可以利用重大的社会新闻事件来进行促销。这些事件包括新产品发布会、环境保护活动、讨论会、社会公益活动、展览会、竞赛和周年庆祝活动等通过对企业的知名度和美誉度事件的策划与社会公众取得联系，并广泛吸引他们的注意力。

（4）赞助公益活动。企业可以通过投入一定的人、财、物和时间用于有益的公共事业方面，以提高企业声誉。如赞助基础教育、慈善机构、环境保护、医疗卫生等。

（5）企业标识媒体。在一般情况下，通过企业的资料而获得的印象是散乱的，这不利于创造和强化企业身份。因此，企业通过企业形象识别系统（CIS）的实施将形象概念化，并通过强烈的视觉标记体现出来。视觉身份可通过相关媒体——广告、文件、小册子、招牌、企业模型、业务名片、建筑物、制服和车辆等进行传播。当企业身份媒体具有吸引力、特色和印象深刻的效果时，就成了一种有效的营销工具。

（6）电话信息服务。社会公众或潜在顾客和现有顾客可通过电话的方式，从企业那里获得信息和良好的服务。如开通 800 电话等。

（7）公司主页。公司主页就是企业在互联网上建立自己的主页，通过点击，使得顾客可以了解企业产品和服务等信息，并通过互联网进行交流和互动。

12.5.3 公共关系的实施程序

公共关系活动需要经过以下几个主要工作步骤来展开。

1. 公共关系调查

认识自己，是公共关系活动的首要任务。公关调查包括对企业基本情况、公众意见及社会环境等方面的调查，这是公共关系工作的起点。企业通过调查可以甄别公关对象，测量舆论民意，评价企业形象，在掌握大量信息的基础上寻找差距，发现问题，为企业公关方面的工作提供科学的决策依据。

2. 编制计划，确定工作方案

在社会环境条件复杂多变的时代，一个企业要想顺利实现其预定目标，必须周密策划，方能运筹帷幄。因此，在制定公关计划的工作过程中，必须坚持与外部环境条件相符合的原则；必须坚持长短兼顾，层次分明的原则；要坚持注意留有余地的原则；要坚持注意保持连续性、整体性的原则；要坚持富于创造性的原则。公共关系计划是否富于创造性，直接关系着一个企业的公共关系作是否具有活力，是否具有冲击力。

3. 批准工作对象，选择合适渠道

由于企业的类型不同，它所面对的公众也就不一样。一个公共关系计划面对的公众可能是范围极广的一大批人，也可能是有限范围内的少数人或个别人，可能是直接的消费者,也可能是中间商或代理人;可能与企业有直接利害关系,也可能与企业发生间接利益关系;可能是重要公众,也可能是一般公众。对不同的工作对象,需要选择不同的沟通渠道。

由于公共关系是以传播为其基本手段的活动,选择沟通渠道就是选择传播媒介和沟通方式。不同种类的公关对象往往有其最常用的传播媒介、最适宜的沟通方式;而每一种传播媒介和沟通方式又各有其长处和短处。因此,公共关系要注意因人因事去尽量选择最佳传播媒介和沟通方式,这样才能提高公共关系工作的效率。

4. 做出合理的费用预算

公共关系费用预算主要包括人力、房产、设备、材料和公共关系活动专项费用等。公共关系费用的预算编制通常有两种:

(1) 目标管理法。根据具体的工作目标,逐项列出费用,算出总费用。这种方法的特点在于有较强的计划性,能最大限度地满足公关关系计划的实施。但是它的精确性要求较高,编制起来比较困难,稍有疏忽,就可能造成短缺或浪费。

(2) 提成法。这种方法就是按计划产值或销售总额提成。其特点在于简便易行。

5. 重新评估,调整企业行为

在实施传播沟通活动之后,企业必须对这种活动造成的影响、取得的效果进行认真的评价,在此基础上调整企业的原定公共关系目标,进一步改进企业的工作,使企业与公众的相互利益获得更大的一致性。

 本章小结

促销是企业通过人员和非人员的方式,沟通企业与消费者之间的信息,引发和刺激消费者需求,从而促进消费者购买的活动。其实质与核心就是沟通信息,目的是引发、刺激消费者产生购买欲望。促销组合是指企业根据促销的需要,对广告、销售促进、人员推销和公共关系等各种促销方式的适当选择和综合编配。企业进行促销管理时,往往要考虑产品类型、推式与拉式策略、促销目标、产品寿命周期和市场特点等。人员推销具有灵活、针对性强、及时等特点,合理选择推销对象和实施有效的程序是保证推销成果的关键,在进行推销队伍管理时,要注重结构合理、选聘适当的人员、并科学进行培训和考评。广告是一种常见的促销方式,其类型多样,要科学进行内容设计、媒体选择、预算编制和效果监测等工作。销售促进是指企业运营各种短期诱因,鼓励消费者购买或经销商销售企业产品的促销活动。公共关系的目标是促使公众了解并认可企业形象,通过企业与公众的双向沟通,改善或转变公众对企业的态度。

名人名言

真正的广告不在于制作一则广告,而在于让媒体讨论你的品牌而达成广告。

——菲利普·科特勒

我拼命工作不是三餐。人生就是一连串面临克服挑战的过程,克服了一个挑战,再面临另一个新的挑战,再去克服它,在这连续不断克服挑战的过程中,我获得人生最大的快乐!

——日本推销大师 原一平

我深知客户需要我们的时间是短暂的,但我们的声誉将永远取决于客户!

——营销专家路长全

复习与练习

1. 选择题

(1) 1995 年,宝洁公司在贵阳举办了"汰渍"洗衣粉派送活动,具体做法是:营销人员将"汰渍"试用装洗衣粉派送到每个普通家庭。这属于(　　)。

　　A. 广告促销　　　　B. 人员推销　　　　C. 公共关系　　　　D. 营业推广

(2) 促销的实质是(　　)。

　　A. 促进销售　　　　　　　　　　　　　B. 信息沟通

　　C. 转让商品的所有权　　　　　　　　　D. 促使消费者作出购买决策

(3) 儿童智力玩具一般宜选择(　　)作为广告媒介。

　　A. 报纸　　　　　　B. 广播　　　　　　C. 电视　　　　　　D. 杂志

(4) (　　)是一种影响最广泛、费用最高的促销手段。

　　A. 广告宣传　　　　B. 人员推销　　　　C. 营业推广　　　　D. 公共关系

(5) 促销的基本策略有(　　)。

　　A. 拉引策略　　　　B. 发展策略　　　　C. 推动策略　　　　D. 广告策略

(6) 促销组合就是对(　　)等促销方式的综合运用。

　　A. 人员推销　　　　B. 广告　　　　　　C. 企业形象识别

　　D. 职工教育　　　　　　　　　　　　　E. 公共关系

　　F. 营业推广

(7) 推销人员的主要任务是(　　)。

　　A. 传递信息　　　　B. 收集信息　　　　C. 推销产品　　　　D. 提供服务

　　E. 寻找新顾客

(8) 电视广告的优点是(　　)。

　　A. 形象生动、感染力不强　　　　　　　B. 宣传范围广、影响深远

　　C. 费用高、效果不大　　　　　　　　　D. 重复使用方便

　　E. 易于制作,播放时间长

(9) 现在,在一般的消费品公司中,占到市场应小费用总额一半以上的是(　　)。

　　A. 广告　　　　　　B. 人员推销　　　　C. 促销　　　　　　D. 公共关系

(10) 在销售人员管理的决策中,企业要解决的首要问题是(　　)。

　　A. 设计销售队伍策略和结构　　　　　　B. 招募和选拔销售人员

　　C. 培训销售人员　　　　　　　　　　　D. 奖励销售人员

2. 填空题

(1) 促销使用的方式有人员促销和_____两种。

(2) 引发、刺激消费者产生购买行为是促销的_____。

(3) 人员推销既是_____过程,也是商品交换过程,同时也是提供服务的过程。

(4) 推销对象有消费者、生产用户和_____三类。

(5) 在消费品的促销中应用最广的促销方式是_____。

(6) 公共关系是一定的_____与其相关的社会公众之间的相互关系。

(7) 适合于在某一特定时期、一定任务条件下的短期性促销活动中使用的方式是_____。

3. 判断题

(1) 从事销售工作的人统统被称为推销员。 (　　)

(2) 内部销售人员使外部销售人员有更多时间向主要顾客推销,并寻找主要潜在客户。 (　　)

(3) 为选择媒体,广告客户必须先确定达到广告目标所需要的范围。 (　　)

(4) 公共关系手段是不需要付费的。 (　　)

(5) 赠券是最有效也是最昂贵的介绍新产品的方法。 (　　)

(6) 促销的一切活动实质上是信息的传播和沟通过程。 (　　)

(7) 营业推广是一种经常、持续使用的企业促销方式。 (　　)

(8) 在所有的传播形式中,人际传播是最有效的形式。 (　　)

(9) 在对促销策略的运用中,消费品偏重人员推销与公共关系,而工业品则偏向于广告和营业推广。 (　　)

(10) 广告是一种具有双向信息交流的信息沟通。 (　　)

4. 问答题

(1) 什么是促销组合?它受哪些因素的影响?

(2) 销售促进的特点邮箱哪些?

(3) 不同的销售促进目标及促销工具有哪些?

5. 讨论题

(1) 人员推销与非人员推销相比,其优点表现在哪些方面?

(2) 广告媒体的选择受哪些因素的影响?

(3) 举例说明人员推销的步骤。

6. 案例应用分析

案例 1

维维利乐豆奶的促销实践

上海市区人口 1 200 万人,是我国最重要的商业城市,市场潜力大,竞争品牌多。近年来豆奶类饮品在居民心中不断上升的消费地位和上海独特的快节奏生活方式,给营养绿色饮料带来巨大的商业机遇。

仅香港维他豆奶1998年在上海的销售额就高达5 000万元人民币。

目前维维利乐包豆奶在上海市场同类产品众多，其中尤以中国香港维他奶销售最为看好。该产品占有豆奶利乐包市场实际销售额的60%以上，月均销售在400万元以上。该产品是成熟期的品牌产品，在营销渠道成熟，市场上柜率极高，售点形象气氛设计良好，是上海豆奶利乐包的主导品牌。

在上海豆奶利乐包产品中，销售份额仅次于维他奶的正广和，以都市为主导，吸引了部分潮流青年，使销售量日趋上升。同时，上海光明、全仕奶、杨协成各自营造的不同消费群体，也占有一定的市场份额，形成了"群雄割据"的局面。

维维利乐包为扩大市场份额采用以下营销手段。

广告宣传组合

(1) 品牌定位："解渴＋营养"，纯天然营养时尚饮品。

质量承诺："维维"利乐包豆奶是中国最大的豆奶生产企业提供给消费者的高质量产品。

品牌承诺：以中国豆奶行业最具价值的"维维"为主品牌。

差别化策略：解渴＋营养双重功效早餐软用品。

(2) 营销组合：以电视广告及初期焦点促销为主，辅以报纸功能性介绍以及其他宣传，全面推广产品。

(3) 电视媒介：一般来说，对观众产生影响的最少暴露频次是3＋(3次以上)，能让目标观众回忆起来的最少暴露频次为6＋，在广告周期内，需要更多的暴露频次超过其他品牌，8＋至10＋的暴露频次是需要的。

在维他奶已居领导地位的市场环境下，集团应从四月中旬起通过强有力的宣传辅以有力度的市场货挑战市场。

广告周期：1999年x月y日—1999年x月y日

广告播出原则：

A. 现有豆奶广告全部换为豆奶饮料广告；

B. 对维他奶广告采用一前一后夹击方式播出；

C. 选择收视率的栏目，做成维维豆奶宣传内容，栏目版以5秒产品形象片方式播出，中间夹15秒产品功能片，或5秒形象片和15秒功能片连续播出；

D. 每天投播不少于6次。

(4) 售点广告营造气氛

① 由于上海市区面积大，商业网点分散平均，不可能进行全面开花式的售点广告，建议以上海四条最繁华路段及最繁华商业区为主要广告点进行售点广告宣传，起到以点代面的作用。

② 区域选择：繁华街道：南京路、淮海路、四川路、西藏路；繁华商业区：徐家汇、打浦桥、曹家渡、五角场。

③ 方式：

A. 每条街道每个商业区选择25个大型冰柜摊点，提供外观类似于利乐包饮料的冰柜和维维遮阳伞；

B. 每家摊点交x元押金；

C. 每个摊点在12月前销售利乐包及系列饮料x箱以上，冰柜赠给摊点使用，且2000年能销售x件以上者，退还所交押金。

促销组合

(1) 售点长期促销：捆绑式销售

具体方法：

① 通过售点协助，在每一个豆奶广告袋内装x包利乐包产品以每袋y的价格出售。

② 每单位包标价z元，对外宣传"买四赠二"即每买四袋利乐包送一袋相同产品和一个精美的手

提袋。

③ 单包购按商场 z 元价格执行。

④ 商场结算以广告袋数量和实际回款相结合的办法执行。

⑤ 单独派出巡视员进行专业理货。

促销时间：x月y日—x月y日

售点选择：

大卖场、连锁超市、便利店1 000家售点

(2) 人员推销：以街道区城为单位划分50个区域，每个区城内招聘100名下岗女工逐个摊点进行铺货。铺货目标为3 000家摊点。

(3) 销售促进：

① 上市之初开展为期30天的免费品尝活动。每天选择20家大中型售点。每3天为一周期。

② 选择100家有代表性售点，开展产品陈列活动。赠品促销。

【问题】

(1) 维维利乐豆奶运用了哪些促销手段进行产品的营业推广？

(2) 你如何认识促销手段对产品推广的作用？

案例 2

时代广场儿童玩具的促销策略

在客流如潮的十一黄金周中，时代广场又迎来了一个销售高峰，各个专柜前都挤满了顾客，而这其中最引人注目的专柜当属时代北楼五楼儿童天地的奥迪专柜。在活动的十天中，该柜每天都挤满了前来选购奥迪四驱车的小朋友，日销售额均在2万元以上，10月1日当天更创造了近4万元的销售佳绩，是平时的十几倍。究竟是什么原因造就了如此火爆的销售场景呢？

寓促销于娱乐

四驱车是1982年由日本人制造的，随着迷你四驱车品种的不断发展，比赛器材、项目以及规则等的不断完善，四驱车在全球范围内逐渐发展起来。近期有几个电视频道正在播放有关四驱车为主题的日本连续动画片《四驱兄弟》。在"十一"黄金周来临之前，时代北五楼的卖场经理们主动与奥迪四驱车厂家联系，重新装配了贵阳市最长、要求技巧最高的标准四驱车跑道，供小朋友们玩耍，吸引了众多四驱车爱好者前来参与，使得儿童天地人气骤升，也为四驱车的销售打下了良好的基础。接着，时代北五楼与奥迪厂家联手推出了第一届"时代速度之梦"奥迪四驱车大赛。按照大赛规定：只需在时代奥迪专柜购满30元物品，就可获预赛卡一张，进入决赛的选手还有机会获得奖杯一个加四驱车跑道一条加奖金500元。

如此丰厚的奖品再加上强大的广告宣传攻势和紧张刺激的比赛不断吸引更多的小朋友关注，在全市范围内掀起了一股"四驱车狂潮"。在黄金周期间，凡是到五楼儿童天地的小朋友，很少有不购车驱车空手而归的。

【问题】

(1) 时代广场根据具体市场形势采取了哪些营销组合策略？

(2) 你认为时代广场针对市场形势采取的市场营销组合具有哪些优点与不足？

(3) 试分析时代广场在十一黄金周期间将四驱车作为儿童玩具的主要促销、产品花大力气宣传和促销的原因。

第13章 市场营销组织、计划与控制

教学目标

通过本章的学习，了解企业市场营销组织的类型和市场营销组织与其他职能部门的关系，熟悉市场营销计划的主要内容和对营销计划的动态调整，对市场营销控制的内容有一定的了解，知道营销审计这个战略控制有效工具。

教学要求

知识要点	能力要求	相关知识
市场营销组织	(1) 营销组织的概念 (2) 营销组织的类型 (3) 营销组织与其他部门的配合	(1) 职能型组织 (2) 产品型组织 (3) 市场型组织 (4) 地理型组织 (5) 矩阵型组织 (6) 事业部型组织
市场营销计划	(1) 营销计划的概念 (2) 营销计划的内容 (3) 营销计划的动态调整	(1) 营销计划包括的八个方面 (2) 对环境的研判 (3) 强化区域性营销计划 (4) 动态调整的稳定性 (5) 滚动式营销计划
市场营销控制	(1) 营销控制的概念 (2) 营销控制的内容 (3) 营销控制如何有效地实施	(1) 年度计划控制 (2) 盈利能力控制 (3) 效率控制 (4) 战略控制

第 13 章 市场营销组织、计划与控制

> 营销学不仅适用于产品与服务，也适用于组织与个人，所有的组织不管是否进行货币交易，事实上都要搞营销。
>
> ——菲利普·科特勒

基本概念

营销组织　职能型组织　市场型组织　地理型组织　矩阵型组织　营销计划　营销控制　盈利能力控制　效率控制　战略控制　营销审计

导入案例

动物拉车

梭子鱼、虾和天鹅三个不知道什么时候成了好朋友，一天，他们同时发现路上有一辆车，车上有许多好吃的东西。于是就想把车子从路上拖下来，三个家伙一齐铆足了劲，使出了浑身的力气，可是，无论它们怎样拖、拉、推，小车还是在老地方，一步也动不了。原来，天鹅使劲向上提，虾一步步向后倒拖，梭子鱼却朝着池塘拉去，究竟谁对谁错？反正，他们都使劲了。

点评：营销活动的三要素

一个企业的营销团队有不同才能的人，他们都有为企业奉献的精神，但是如果企业没有将他们有效地组织起来，使他们的才能用到一处，使企业的营销力量形成合力，那么，最后埋怨谁都是无济于事的；有了一个营销组织，还需要对营销活动做好计划，在计划的执行中要及时发现问题，进行控制，这样才会成功。

13.1 市场营销组织

13.1.1 市场营销组织的概念①

市场营销组织是指企业内部涉及市场营销活动的各个职位及其结构。它是以市场营销观念为理念建立的组织，以消费者的需求为中心，把消费者需求置于整个市场运行过程的起点，并将满足消费者的需求作为其归宿点。在现代市场条件下，企业必须高度重视市场营销组织的建设，因为，市场营销计划需要借助一定的组织系统来实施，需要执行部门将企业资源投入市场营销活动中去。

一般情况下，市场营销组织的目标主要体现在三个方面：对市场需求做出快速反应；使市场营销效率最大化；及时处理顾客的问题。

---

① 概念主要参考王心泉，陈欣．市场营销学[M]．北京：北京邮电大学出版社，2010.11 和百度百科

知识链接

企业市场营销组织包括了静态和动态两种含义。从静态看，它是企业在一定时期内，对企业的营销活动过程的组织、实施和控制负责的相对稳定的组织机构形式、结构和组织制度。从动态看，市场营销组织是一种行为，涉及企业营销活动的全过程，目的是执行企业的整体营销计划，实现企业营销目标。一般所说的市场营销组织是指静态的含义。①

13.1.2 市场营销组织的类型②

常见的市场营销组织类型有六种，分别是：职能型组织、产品型组织、市场型组织、地理型组织和矩阵型组织。

1. 职能型组织

智能型组织主要指按照需要完成的工作来组织的营销部门，它强调市场营销的各种职能的重要性。一般地说，企业设立一名营销副总经理管理营销事务，下设一名营销行政事务经理主管营销日常工作与产品促销工作，销售经理主管推销人员的招募和管理，市场研究经理主管市场调查、分析与预测等工作，新产品经理主管新产品的开发与研制工作。

2. 产品型组织

产品型组织是指在企业内部建立产品经理组织制度，以协调职能型组织中的部门冲突。在企业所生产的各产品差异很大，产品品种太多，以致按职能设置的市场营销组织无法处理的情况下，建立产品经理组织制度是适宜的。其基本做法是，由一名产品市场营销经理负责，下设几个产品线经理，产品线经理之下再设几个具体产品经理去负责各具体和产品。

产品型组织形式的优点在于产品市场营销经理能够有效地协调各种市场营销职能，并对市场变化作出积极的反应。同时，由于有专门的产品经理，那些较小品牌产品可能不会受到忽视。不过，该组织形式也存在不少缺陷。

（1）缺乏整体观念。在产品型组织中，各个产品经理相互独立，他们会为保持各自产品的利益而发生摩擦，事实上，有些产品可能面临着被收缩和淘汰的境地。

（2）部门冲突。产品经理们未必能获得足够的权威，以保证他们有效地履行职责。这就要求他们得靠劝说的方法取得广告部门、销售部门、生产部门和其他部门的配合与支持。

（3）多头领导。由于权责划分不清楚，下级可能会得到多方面的指令。例如，产品广告经理在制定广告战略时接受产品市场营销经理的指导，而在预算和媒体选择上则受制于广告协调者。

---

① 赵新军. 浅谈市场营销组织与控制［J］. 消费导刊, 2010(1).
② 主要参考赵新军. 浅谈市场营销组织与控制［J］. 消费导刊, 2010(1)和网络资源 http://www.3edu.net/lw/scyx/lw_49009.html

3. 市场型组织

市场型组织由不同人员或部门负责不同类型的市场营销业务。市场型组织形式的优点在于企业的市场营销活动是按照满足各类不同顾客的需求来组织和安排的，这最能体现企业的"以顾客为中心"的经营思想，有利于企业加强销售和市场开拓。市场型组织形式的主要缺点是存在权责不清和多头领导的矛盾，这和产品型组织类似，尽管市场型组织方法存在一些不足，但目前在西方国家里，有越来越多的企业按照这种方法组织其营销部门。

4. 地理型组织

如果一个企业的市场营销活动面向全国，那么它会按照地理区域设置其市场营销机构。该机构设置包括一名负责全国销售业务的销售经理，若干名区域销售经理、地区销售经理和地方销售经理。为了使整个市场营销活动更为有效，地理型组织通常都是与其他类型的组织结合起来使用。其优点在于能够通过区域销售网络使产品迅速打入各地市场，其不足之处是营销队伍庞大，营销费用开支较大，所以只有企业的生产规模和营销规模达到一定程度后，才适宜采取这种组织。

5. 矩阵型组织

矩阵型组织是职能型组织与产品型组织相结合的产物，它是在原有的按直线指挥系统为职能部门组成的垂直领导系统的基础上，又建立一种横向的领导系统，两者结合起来就组成一个矩阵。在市场营销管理实践中，矩阵型组织的产生大体分两种情形：

（1）企业为完成某个跨部门的一次性任务（如产品开发），就从各部门抽调人员组成由经理领导的工作组来执行该项任务，参加小组的有关人员一般受本部门和小组负责人的共同领导。任务完成后，小组撤销，其成员回到各自的岗位。这种临时性的矩阵型组织又叫小组制。

（2）企业要求个人对于维持某个产品或商标的利润负责，把产品经理的位置从职能部门中分离出来并固定化，同时，由于经济和技术因素的影响，产品经理还要借助于各职能部门执行管理，这就构成了矩阵。矩阵型组织能加强企业内部门间的协作，能集中各种专业人员的知识技能又不增加编制，组建方便，适应性强，有利于提高工作效率。但是，双重领导，过于公权化，稳定性差和管理成本较高的缺陷又多少抵消了一部分效率。

6. 事业部型组织

事业部型组织有四种基本的形式：①企业总部一级不设立营销部门，企业的营销活动全部由各事业部负责承担。②企业总部一级保留适当的营销部门，承担着全面评价企业的营销机会、向事业部提供咨询、帮助各事业部解决营销方面的问题、改变各职能部门的营销观念。③企业总部一级保留适当的营销部门，除执行上述第二类中的各项职能外，还向各事业部提供各种营销服务，包括专门的广告服务、促销服务、调研服务、销售行政服务等等。④企业总部一级设立规模较大的营销部门，深入参加各事业部营销活动的规划与控制。

13.1.3 市场营销部门与其他部门的配合[①]

为了确保企业整体目标的实现，企业内部各部门之间应相互密切配合，但实际上，各部门之间的关系常常表现为激烈的竞争和不信任，其中有些冲突是由于对企业最高利益的不同看法引起的，有些是由于部门之间的偏见造成的，还有些是由于部门利益与企业利益有冲突造成的。

在典型的组织结构中，所有职能部门应该说对顾客的满意程度都有或多或少的影响。在市场营销观念下，所有部门都应该以"满足消费者需求"这一原则为中心，致力于消费者需求的满足，而市场营销部门更应该在日常活动中向其他职能部门灌输这一原则。

可以说，市场营销经理有两大任务：一是协调企业内市场营销部门的营销活动；一是在顾客利益方面协调市场营销部门与其他部门，包括研发部门、技术部门、采购部门、制造部门、财会部门等职能部门的关系。一般来说，市场营销部门经理在协调与其他部门关系的时候应主要依靠说服和沟通，而不是依靠权力进行工作。

13.2 市场营销计划[②]

13.2.1 市场营销计划的概念

企业营销计划是指，在对企业市场营销环境进行调研分析的基础上，制订企业及各业务单位的对营销目标以及实现这一目标所应采取的策略、措施和步骤的明确规定和详细说明。

营销计划是企业的战术计划，营销战略对企业而言是"做正确的事"，而营销计划则是"正确地做事"。在企业的实际经营过程中，营销计划往往碰到无法有效执行的情况，一种情况是营销战略不正确，营销计划只能是"雪上加霜"，加速企业的衰败；另一种情况则是营销计划无法贯彻落实，不能将营销战略转化为有效的战术。营销计划充分发挥作用的基础是正确的战略，一个完美的战略可以不必依靠完美的战术，而从另一个角度看，营销计划的正确执行可以创造完美的战术，而完美的战术则可以弥补战略的欠缺，还能在一定程度上转化为战略。

13.2.2 营销计划的内容

1. 计划概要

计划概要是对主要营销目标和措施的简短摘要，目的是使高层主管迅速了解该计划的主要内容，抓住计划的要点。例如某零售商店年度营销计划的内容概要是："本年度计划销售额为 5 000 万元，利润目标为 500 万元，比上年增加 10%。这个目标经过改进服务、

[①] 主要参考王心泉，陈欣．市场营销学[M]．北京：北京邮电大学出版社，2010．

[②] 本节主要参考百度文库 http://wenku.baidu.com/view/4f5c24cfda38376baf1fae45.html? from=rec&pos=2&weight= 2&lastweight=2&count=5

第13章 市场营销组织、计划与控制

灵活。定价、加强广告和促销努力，是能够实现的。为达到这个目标，今年的营销预算要达到100万元，占计划销售额的2%，比上年提高12%。

2. 营销状况分析

这部分主要提供与市场、产品、竞争、分销以及宏观环境因素有关的背景资料。具体内容有：

（1）市场状况。列举目标市场的规模及其成长性的有关数据、顾客的需求状况等。如目标市场近年来的年销售量及其增长情况、在整个市场中所占的比例等。

（2）产品状况。列出企业产品组合中每一个品种的近年来的销售价格、市场占有率、成本、费用、利润率等方面的数据。

（3）竞争状况。识别出企业的主要竞争者，并列举竞争者的规模、目标、市场份额、产品质量、价格、营销战略及其他的有关特征，以了解竞争者的意图、行为，判断竞争者的变化趋势。

（4）分销状况。描述公司产品所选择的分销渠道的类型及其在各种分销渠道上的销售数量。如某产品在百货商店、专业商店、折扣商店、邮寄等各种渠道上的分配比例等。

（5）宏观环境状况。主要对宏观环境的状况及其主要发展趋势进行简要的介绍，包括人口环境、经济环境、技术环境、政治法律环境、社会文化环境，从中判断某种产品的命运。

3. 机会与风险分析

首先，对计划期内企业营销所面临的主要机会和风险进行分析。再对企业营销资源的优势和劣势进行系统分析。在机会与风险、优劣势分析基础上，企业可以确定在该计划中所必须注意的主要问题。

4. 拟定营销目标

拟定营销目标是企业营销计划的核心内容，在市场分析基础上对营销目标作出决策。计划应建立财务目标和营销目标，目标要用数量化指标表达出来，要注意目标的实际、合理，并应有一定的开拓性。

（1）财务目标。财务目标即确定每一个战略业务单位的财务报酬目标，包括投资报酬率、利润率、利润额等指标。

（2）营销目标。财务目标必须转化为营销目标。营销目标可以由以下指标构成，如销售收入、销售增长率、销售量、市场份额、品牌知名度、分销范围等。

5. 营销策略

拟定企业将采用的营销策略，包括目标市场选择和市场定位、营销组合策略等。明确企业营销的目标市场是什么市场，如何进行市场定位，确定何种市场形象；企业拟采用什么样的产品、渠道、定价和促销策略。

6. 行动方案

对各种营销策略的实施制定详细的行动方案，即阐述以下问题：将做什么？何时开始？何时完成？谁来做？成本是多少？整个行动计划可以列表加以说明，表中具体说明每

一时期应执行和完成的活动时间安排、任务要求和费用开支等。使整个营销战略落实于行动，并能循序渐进地贯彻执行。

7. 营销预算

营销预算即开列一张实质性的预计损益表。在收益的一方要说明预计的销售量及平均实现价格，预计出销售收入总额；在支出的一方说明生产成本、实体分销成本和营销费用，以及再细分的明细支出，预计出支出总额。最后得出预计利润，即收入和支出的差额。企业的业务单位编制出营销预算后，送上层主管审批。经批准后，该预算就是材料采购、生产调度、劳动人事以及各项营销活动的依据。

8. 营销控制

对营销计划执行进行检查和控制，用以监督计划的进程。为便于监督检查，具体做法是将计划规定的营销目标和预算按月或季分别制定，营销主管每期都要审查营销各部门的业务实绩，检查是否完成实现了预期的营销目标。凡未完成计划的部门，应分析问题原因，并提出改进措施，以争取实现预期目标，使企业营销计划的目标任务都能落实。

知识链接

损益表又称为利润表，是指反映企业在一定会计期的经营成果及其分配情况的会计报表，是一段时间内公司经营业绩的财务记录，反映了这段时间的销售收入、销售成本、经营费用及税收状况，报表结果为公司实现的利润或形成的亏损。它是一张动态表，通常和资产负债表、现金流量表一起并称企业三大报表，结合起来看可以评价企业运营状况。

13.2.3 营销计划的动态调整

营销计划制订后，并不意味着就一成不变，而要根据市场的变化主动对营销计划进行调整。

1. 研判市场态势

（1）竞争环境判断：既包括整个大环境，又包括各区域的小环境，由于不同企业的市场重点不同，资源的投入也有差异，造成不同区域之间的竞争环境各有特点，因此营销计划的执行也不能一刀切，应该根据不同区域市场竞争环境的差异进行相应调整，使营销计划符合实际状况。

（2）行业趋势判断：某些行业的发展趋势变化很快，而各区域之间行业的发展是不平衡的，因此营销计划在执行过程中根据行业发展状况的分析，提出相应的应对措施，使营销计划能符合行业在不同发展阶段的特点。比如彩电行业，可能营销计划的目标是加强网络建设，但由于价格战导致整个行业的利润率降低，将迫使各企业不得不加强技术创新和产品创新，这就是整个行业发生了迅速的变化，相应地也就促使营销计划在实施过程中进行调整。

（3）消费趋势判断：消费趋势指的是消费心理和消费行为模式的变化趋势，比如现在超市和卖场等现代零售业态的迅速发展，使消费者的行为模式发生了很大的变化，以前买东西是在批发市场、批发点和百货商场，而现在买东西大多数都是在超市和卖场，因此一份加强批发通路建设的营销计划，就只能是用于传统业态为主的市场，而在发达城市，就只能调整这份营销计划，使之适应当地零售业态发展的现状。

2. 强化区域性营销计划

企业的区域性组织是营销计划实施的基础部门，其关系着营销计划能否真正执行到位，而且这又是最接近市场变化的层面，因此只有强化区域营销计划的执行效果，才能使营销计划真正达到动态地调整。强化区域营销计划的执行效果，也就是提高分支机构对营销计划实施的系统性，一定要规定区域做好营销计划的分解工作，真正发挥区域执行营销计划的能动性，使营销计划在实施过程中提高针对性。

3. 营销计划动态调整的稳定性

（1）动态调整在不同层次上各有不同：营销计划强调适应性和针对性，并不是说就可以任意对营销计划进行调整，而应该在不同层次上进行不同程度的调整。对全国性计划而言，要体现全国市场的特点；对省级计划而言，要体现省级市场的共同特点；对地区计划而言，要体现地市级市场的共同特点。因此，动态调整通过在不同层次上的差异，其实是一种共同性基础上的调整，既考虑了各区域市场的特点，又保持了统一的共性。

（2）动态调整是在稳定性基础上的调整：动态调整除了上面提到的层次性，还有时间性的问题，而时间性就构成了营销计划的稳定性，也就是说动态调整并不是可以随时对营销计划进行调整，同样，也要反映一年、一季、一月和一周的共性，同时还要兼顾各种共性之间的协调，从而在整体上保持一种动态、平衡的发展。

4. 滚动式营销计划

滚动式营销计划就是将营销计划进行分解，既包括月度分解，也包括区域分解，其执行的核心就是：先"由大到小"，再"由小到大"。也就是先从年度计划、季度计划、月计划到周计划，然后再从周计划、月计划、季度计划到年度计划，前一个阶段是对营销计划的整体性进行掌控，后一个阶段就是通过富有层次的滚动执行和调整，来达到对整个营销计划在适应性方面的保障。从部门和制度上对此加以保障，由专门的职能部门对营销计划的执行情况进行评估，并对各区域的营销计划进行综合平衡，这样才能使营销计划保持整体性的动态发展。这样的动态调整既能保证营销计划的稳定性，又能保证营销计划的适应性。

特别提示

滚动式营销计划可以说是执行中的计划。

13.3 市场营销控制①

13.3.1 市场营销控制的概念

所谓市场营销控制，是指市场营销管理者经常检查市场营销计划的执行情况，看看计

---

① 本节主要参考王心泉，陈欣．市场营销学[M]．北京：北京邮电大学出版社，2010.11 和网络资源 http://www.szmarketing.com/xiazai/Article/89.html

划与实际是否一致，如果不一致或没有完成计划，就要找出原因所在，并采取适当措施和正确行动，以保证市场营销计划的完成。营销控制能够有效弥补计划与实施不一致的问题，能够有效控制企业营销过程中的问题，能够很好地监督和激励企业营销过程，在市场营销中具有重要作用。企业市场营销控制的内容主要有：年度计划控制、盈利能力控制、效率控制和战略控制。

13.3.2 营销控制的内容

1. 年度计划控制

企业年度计划控制是指企业在本年度内采取的控制步骤，检查实际绩效与计划之间是否有偏差，并采取改进措施，以确保市场营销计划的实现与完成。年度计划控制包括四个主要步骤：一是管理者确定本年度各个季度或者每个月的目标，如销售目标、利润目标等，作为标准；二是建立反馈系统，监督营销计划的实施情况；三是因果分析，对计划实施中出现的严重偏差的原因作出判断；四是采取修正措施，或调整计划，努力是成果与计划相一致。

2. 盈利能力控制

除了年度计划控制外，企业还要运用盈利能力控制来测定不同产品、不同销售区域、不同顾客群体、不同渠道以及不同订货规模的盈利能力，由盈利能力控制所获得的信息有助于管理人员决定各种产品或者市场营销活动是扩展减少还是取消。

3. 效率控制

效率控制是采用不同的指标对销售人员、广告、销售促进及分销等的控制。

1）销售人员控制

对销售人员的控制包括：每个销售人员每天平均的销售访问次数；每次会晤的平均访问时间；每次销售访问的平均收益；每次销售访问的平均成本；每次销售访问的招待成本；每百次销售访问所订购的百分比；每期间的新顾客数；每期间丧失的顾客数；销售成本对总销售额的百分比等指标。

2）广告效率控制

应做好如下统计：每一媒体类型、每一媒体工具接触每千名购买者所花费的广告成本；顾客对每一媒体工具注意、联想和阅读的百分比；顾客对广告内容和效果的意见；广告前后对产品态度的衡量；受广告刺激而引起的询问次数。

3）促销效率控制

做好如下统计：由于优惠而销售的百分比；每一销售额的陈列成本；赠券收回的百分比；因示范而引起询问的次数等。

4）分销效率控制

分销效率主要是对企业存货水平、仓库位置及运输方式进行分析和改进，以达到最佳配置并寻找最佳运输方式和途径。

4. 战略控制[①]

企业由于市场环境的复杂多变,企业制定的各种目标、政策、战略和计划往往无法及时对这些变化做出反应,而战略控制就是在这种情况下对企业进入市场的总体方式及时地进行重新评估。营销审计是战略控制的一个有效工具。

营销审计是对一个企业市场营销环境、目标、战略、组织、方法、程序和业务等进行综合的、系统的、独立的和定期性的核查,以便确定困难所在和各项机会,并提出行动计划的建议,改进市场营销管理效果。营销审计要经过三个步骤:首先是确定审计的目标、范围。审计人员与被审计企业共同讨论,就某次审计的目的、范围、深度、数据来源、报告形式及审计的时间安排等问题达成协议;其次是收集数据并进行研究。收集信息的过程中要识别企业中哪个人能够提供有效信息,审计人员可以根据组织结构图去寻找并编制一个人员清单,其中不仅包括市场营销部门人员,而且还要包括财务、生产、人事等其他职能部门的人员;最后是提出改进意见报告。审计人员通过对数据的分析,向企业的管理者提供书面的审计报告,报告要重新陈述审计目标,说明主要的发现及提出主要的建议。审计员提出来的建议应该按照实施的成本、重要性及难易程度排出顺序,以便于公司管理人员使用。审计报告一般要经过一次或若干次讨论才能最后定稿。在审计人员与企业管理人员进行讨论的过程中可能会产生一些新的,更有价值的建议,这是营销审计非常有价值的地方之一。

营销审计的内容包括对企业的宏观和微观环境的审计、对企业营销战略的审计、对营销组织的审计、对营销制度的审计、对营销生产率的审计、对营销功能的审计等。

虽然市场营销审计是一项颇为庞大的工程,需要花费相当的时间、人力和资金,但其带来的益处也是巨大的,它能够使企业避免犯大的错误或尽量不在错误的道路上走得太远;能够为一些陷入困境的企业带来希望和使那些卓有成效的企业取得更好的成绩

13.3.3 市场营销控制的有效实施[②]

1. 企业管理者必须仔细确定控制的目标及遵循的标准

企业营销控制的范围广、内容多,可以使企业营销部门获得更多信息,但会增加控制费用。因此,在确定控制范围,内容和额度时,管理者应当注意使控制成本小于控制活动所能够带来的效益或可避免的损失。此外,制定的控制标准应当是明确的而且尽可能用数量的形式表示,而且应是切实可行的,否则当用这些标准去衡量执行人员的业绩的时候会产生无法量化的问题,从而损害执行人员的积极性。

2. 市场营销控制过程中要及时找出偏差并分析原因

计划执行后的实际情况与预期效果一般不可能完全相符,一定程序的差异是可以接受的,因此在执行过程中必须确定一个衡量偏差的界限,当偏差超出这一界限时,企业就要

---

① 这部分主要参考王心泉,陈欣. 市场营销学[M]. 北京:北京邮电大学出版社,2010.11 和曹源. 食品企业市场营销控制策略[J]. 合作经济与科技,2010(12)

② 主要参考曹源. 食品企业市场营销控制策略[J]. 合作经济与科技,2010(12)

采取措施，分析造成偏差的真正原因。

3. 对偏差及时予以纠正，保证营销策略的有效实施

企业设立控制系统的主要目的是纠正偏差，纠正行为可以从两个不同的方面入手：一是在发现现实与标准之间偏差时修改标准；二是与之相反，维持原来的标准而改变实现目标的手段。一般来说，若不是企业标准明显与实际不符，则尽量不对标准进行修改。

 小故事

扁鹊的医术

魏文王问名医扁鹊说："你们家兄弟三人，都精于医术，到底哪一位最好呢？"

扁鹊答："长兄最好，仲兄次之，我最差。"

文王再问："那么为什么你最出名呢？"

扁鹊答："长兄治病，是治病于病情发作之前。由于一般人不知道他事先能铲除病因，所以他的名气无法传出去；仲兄治病，是治病于病情初起时。一般人以为他只能治轻微的小病，所以他的名气只及本乡里。而我是治病于病情严重之时。一般人都看到我在经脉上穿针管放血、在皮肤上敷药等大手术，所以以为我的医术高明，名气因此响遍全国。"

所以事后控制不如事中控制，事中控制不如事前控制，可惜大多数的事业经营者均未能体会到这一点，等到错误的决策造成重大的损失时，才寻求弥补。而往往是即使请来了名气很大的"空降兵"，却于事无补。

 **本章小结**

本章主要介绍了对市场营销活动的管理，包括市场营销组织、市场营销计划、市场营销控制。在营销组织一节中，主要介绍了营销组织的概念以及六种类型的营销组织，分别是职能型组织、产品型组织、市场型组织、地理型组织、矩阵型组织和事业部型组织，每种都有自己的优缺点和适用的情形，对市场营销组织和其他部门的配合也做了简单介绍；在营销计划一节中，对营销计划的概念做了介绍，重点是营销计划包含的八个方面的内容和对营销计划的动态调整；在营销控制一节中，介绍了营销控制的概念和内容，营销控制包括年度计划控制、盈利能力控制、效率控制和战略控制，其中战略控制有一个重要的工具，营销审计，最后是营销控制有效实施的三个步骤。

名人名言

在所有组织中，90%左右的问题是共同的，不同的只有10%。只有这10%需要适应这个组织特定的使命、特定的文化和特定语言。

——彼得·德鲁克

我的经营理论是要让每个人都能感觉到自己的贡献，这种贡献看得见，摸得着，还能数得清。

——杰克·韦尔奇

不能搞平均主义，平均主义惩罚表现好的，鼓励表现差的，得来的只是一支坏的职工队伍。

——史蒂格

第13章 市场营销组织、计划与控制

为了能拟定目标和方针，一个管理者必须对公司内部作业情况以及外在市场环境相当了解才行。

——青木武一

企业的经营，不能只站在单纯的一个角度去看，而要从各个角度分析、观察才行。

——藤田田

复习与练习

1. 选择题

(1) 市场营销管理必须依托于一定的（　　）进行。
A. 财务部门　　　　B. 人事部门　　　　C. 主管部门　　　　D. 营销部门

(2) 制定实施市场营销计划，评估和控制市场营销活动，是（　　）的重要任务。
A. 市场主管部门　　　　　　　　B. 市场营销组织
C. 广告部门　　　　　　　　　　D. 销售部门

(3) 市场营销组织是为了实现（　　）制订和实施市场营销计划的职能部门。
A. 企业计划　　　B. 营销计划　　　C. 企业目标　　　D. 利润目标

(4) 现代市场营销企业取决于企业所有的管理人员，甚至每位员工对待（　　）的态度。
A. 市场营销活动　　　　　　　　B. 市场营销机构
C. 市场营销组织　　　　　　　　D. 市场营销职能

(5) （　　）是最常见的市场营销组织形式。
A. 职能型组织　　　　　　　　　B. 产品型组织
C. 地理型组织　　　　　　　　　D. 矩阵型组织

2. 填空题

(1) 市场营销计划的提要部分是整个市场营销计划的_____所在。

(2) 战略控制的目的，是确保企业的目标、政策、战略和措施与_____适应。

(3) 年度计划控制要确保企业在达到_____指标时，市场营销费用没有超支。

3. 判断题

(1) 市场营销组织设置不应该都按一种模式设置市场营销机构。　　　　　　（　　）

(2) 通常情况下如果管理层次过少，容易造成信息失真与传递速度过慢。　　（　　）

(3) 组织形式和管理机构只是手段，不是目的。　　　　　　　　　　　　　（　　）

(4) 一般来说，管理跨度与管理层次互为正比关系。　　　　　　　　　　　（　　）

(5) 目标不能只是概念化，应当尽量以数量表达，转化为便于衡量的指标。　（　　）

(6) 年度计划控制是为了确认在各产品、地区、最终顾客群和分销渠道等方面的实际获利能力。　　　　　　　　　　　　　　　　　　　　　　　　　　　　　（　　）

(7) 在正常情况下，市场占有率上升表示市场营销绩效提高，在市场竞争中处于优势。
　　　　　　　　　　　　　　　　　　　　　　　　　　　　　　　　　（　　）

(8) 市场机会大的企业，其市场占有率一般应高于市场机会小的竞争者。　　　(　　)

4．问答题

(1) 职能型组织的主要特点是什么？

(2) 市场营销计划通常包含哪些内容？

(3) 营销控制有哪些方面？

(4) 营销审计有哪几个步骤？

5．讨论题

试讨论营销计划的动态调整的内容。

6．案例应用分析

科诺"双回路"的营销控制模式

武汉科诺公司是由武汉东湖高新集团、武汉东湖高新农业生物工程有限公司和湖北省植保总站于1999年5月共同组建的一家高科技企业，注册资本8 000万元人民币，主要从事生物农药及其他高效、低毒、无公害农药的研发、生产、销售和推广。

科诺公司的营销管理工作主要有以下几个特点。

(1) 公司正处于生命周期的引入期，开拓市场、销售额最大化是公司的首要目标。

(2) 公司的主要产品是生物农药，属于有形产品，销售业绩目标的可量化程度较高。

(3) 销售区域分布广，销售过程透明度不高，公司总部对各片区销售人员行为的可控性较低，因此销售人员有可能"粉饰"销售业绩，并牺牲公司长期发展而获取个人短期利益。

(4) 生物农药产品直接面对的是农村市场，销售人员主要是与农民消费者打交道，大多数销售人员是在当地市场直接招募的，因此综合素质不高。

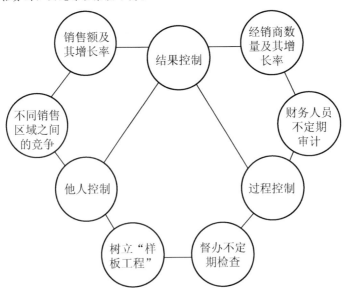

科诺公司营销控制模式图

因此，公司在市场部设置了督办部，设计了一种"双回路"的营销控制模式，并且这种营销控制模式对公司早期的快速成长以及规范销售人员的行为发挥了重要的作用。"双回路"营销控制模式主要是强调工作计划与督办落实两条腿走路，一方面要求销售人员做出详细的工作计划，包括具体的销售业绩目标，另一方面派出督办人员不定期地到市场一线去检查工作计划的完成情况，并及时反馈检查的结果。督办人员的工作目的不是为了"挑刺"，找出销售人员工作中的不规范行为，而是帮助销售人员解决工作中的困难，及时"纠偏"，从而顺利完成销售目标。

科诺公司的这种营销控制模式实际上是将结果控制、过程控制以及他人控制等几种类型的营销控制有机地结合起来了（见下图），而且在每种类型的营销控制中设计和运用的具体方法和流程之间也是相互联系，相互支撑的。因此该种整合的营销控制模式较好地弥补了单个控制模式的不足之处，并使其发挥了"1＋1＞2"的作用。

资料来源：http：//management.yidaba.com/201005/14105234100110010000138889_5.shtml.

【问题】

（1）结合所学知识，分析科诺公司"双回路"营销控制模式的特点。

（2）科诺公司的营销控制模式对我们有什么启示。

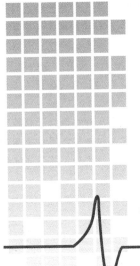

第14章

可持续的市场营销：社会责任和营销道德

教学目标

通过本章的学习，了解和掌握可持续市场营销的概念，可持续市场营销包括企业社会责任和企业营销道德两个方面。了解和掌握企业社会责任和企业营销道德的概念。

教学要求

知识要点	能力要求	相关知识
可持续市场营销	(1) 可持续市场营销概念的理解能力 (2) 可持续市场营销的运用能力	(1) 可持续发展理论 (2) 可持续发展战略 (3) 可持续市场营销内涵
企业社会责任	(1) 企业社会责任的理解 (2) 企业社会责任的实际运用	(1) 企业社会责任内涵 (2) 企业社会责任的必要性 (3) 企业社会责任的构建
企业营销道德	(1) 企业营销道德的理解 (2) 企业营销道德的应用	(1) 企业营销道德含义 (2) 企业营销道德的影响因素 (3) 企业营销道德的建立

第14章 可持续的市场营销：社会责任和营销道德

> 没有顾客的忠诚度，就没有生存权。只有得到全球用户的忠诚度，才能换取全球的美誉；只有拥有全球的美誉，才能参与新经济时代的竞争，否则事倍功半。
>
> ——山姆·沃顿

可持续发展　可持续市场营销　企业社会责任　企业营销道德

导入案例

牧羊人的故事

一个牧羊人在羊市场很好的时候买了2块草地养羊，他计划每年都不断扩大圈养规模，但是每块草地的草是有限的，于是他决定一个季度放羊到1个羊圈里，另外一块草地让草生长，恢复原貌。经济形势越来越好，养羊的利润也越来越高，羊制品价格不断上涨，眼看其他牧羊人都获得了丰厚的回报，而他自己因为每季度只用一块草地圈养，规模发展缓慢，收入明显少于其他牧羊人。于是他决定用2个羊圈都养羊，这样一来规模就更大了，收入也较以往有很大的提升。然而两块草地都圈养羊，草料不足，很多羊都很瘦弱，甚至饿死，最后他只能圈养非常少数量的羊了，损失惨重。

 点评：发展决定成败

市场营销经过多年的发展，营销理论和实践也不断发展，事物是不断发展的，而发展的好坏就要用可持续的理念来指导，只有可持续的市场营销才能在当今及以后的市场活动中占有一席之地。本章主要介绍了可持续市场营销的内容，包含可持续市场营销的定义，企业社会责任和企业的营销道德。

14.1 可持续的市场营销的内容

可持续发展是人类社会得以长期发展的理论基础和人类长存的前提；市场营销是当前经济活动的主要方面，是一个企业能否在激烈的市场竞争中立于不败之地的关键因素。将可持续发展理念贯彻到市场营销活动中，市场营销活动就会沿着高效、稳定、可持续的方向前进。将市场营销活动与可持续发展理念相结合，可以在很大程度上突破传统营销模式的禁锢，就会降低资源消耗，建立全新的市场模式，从而实现企业的长期高效发展。

14.1.1 可持续理论

可持续发展理论认为，人类应该摒弃单纯追求经济增长、忽视生态环境保护的传统发展模式，而应该通过产业结构调整与合理布局来发展高新技术，实行清洁生产和文明消费，从人口、资源、环境、技术和制度五个方面来协调经济社会、资源和环境的关系，实现可持续发展。在可持续发展中，生态持续是前提，经济持续是基础，社会持续是目的，三者相互依存，相互促进，共同组成一个系统整体。而这个系统运作主要途径应从企业做起，以使环境与发展相协调，适应消费者"环保回归"的观念及国内外市场的绿色需求。提高企业在国际市场中的竞争力,以追求经济效益的最优化,树立良好的企业形象。

随着人们生存方式和理念的变化以及市场经济的发展到,生存环境和生活质量成为人们普遍关注的重大问题,在经济、社会、文化和科技等方面,可持续发展战略思想都成为不可阻碍的潮流。可持续发展的核心理论是经济发展与社会、资源、环境相协调,通过产业调整、技术创新、文明消费等途径,实现经济、社会和生态共同可持续发展的和谐统一。从经济角度来看,要在保持生态环境质量、自然资源完整以及材料供应能力持久的平衡前提之下,使社会生产力发展速度保持最快,产业结构实现最优,消费能力最大化,企业、社会、消费人群三者构成的系统恒久稳定。这就要求传统的生产和消费模式退出历史舞台,通过建立全新的市场模式,从设计、生产、包装、宣传、销售等一系列环节进行环保改革,实现企业可持续发展的目的。

按照可持续发展理念,当今的市场经济模式必须做出相应的调整。传统的市场营销理念大都以市场的需求为导向,以企业利润为核心,建立在高度消耗、大量生产、多向销售的基础上实现商品快速流动和企业利益堆积,尽管短期效益明显,但是难以长足发展。在当今经济社会的背景下,如果企业不改变传统的营销理念,仍然着眼于短期效益,不仅影响企业利益的实现,而且还会使整个经济体系无法担负因资源的过度消耗及生态环境的破坏给人类带来的严重危害。因此,企业的市场营销首先应当以社会消费活动的可持续发展为基础,将企业营销理念与可持续发展的观念相结合。企业在进行产品生产时,不能仅仅以"利益至上"为经营原则,而要更加注重经济与社会的长期有效发展,使企业的利润与市场消费的需求以及社会的可持续发展有机地结合在一起。同时由于社会的不断发展,人与自然、经济与社会、经济与自然的矛盾越来越突出,依靠传统的营销战略不仅不能解决矛盾,还会使矛盾恶化。

14.1.2 可持续市场营销的构建

可持续发展战略内容极其丰富,意义极为深远,可持续发展战略涉及经济可持续发展、生态可持续发展和社会可持续发展的协调统一,是人类社会、经济发展和环境这个大系统发展的基本框架。从经济角度来看可持续发展问题,我们可以发现,要使社会经济持续地发展必须在保持自然资源质量和其持久供应能力的前提下使经济的净收益增加到最大限度。在企业、消费者和社会这三个要素构成的系统中,可持续发展是保证该系统稳定和发展的框架,它要求我们改变传统的生产模式和消费模式,实施清洁生产和文明消费,以提高经济活动中的效益、节约能源和减少废物。这一方面,要求我们的企业在市场营销活动中,采用符合生态环境要求的产品设计、产品包装、促销手段和销售渠道等策略,从而协调市场发展和自然持续,实现企业可持续发展的目的,即:实现既满足企业获取利润的需要,同时又满足消费者的需要和社会长期发展的需要,保持人类社会系统的发展性;另一方面,可持续发展也要求消费者加强文明消费的意识,在消费过程中自觉维护社会生态平衡发展,购买和消费那些具有生态标志的商品,减少、抵制和不消费那些危害环境的商品,节约能源和减少废物,保持人类社会系统的稳定性。

在当今的社会背景下,作为经济系统重要元素的企业,其经营管理模式和市场营销理念都必然受到大环境的影响，就要做出适应变化的改革。企业市场营销的基础应调整为社会消费的可持续发展战略。产品和服务不仅要考虑消费者的现实需要以及经营利润的攫取积累，更要符合经济和社会长远利益的要求。要将企业利润、消费需要、社会可持续发展三个方面统一起来．从而实现可持续发展的战略目的。旧的市场营销观念很容易在过分追求物质享受和利润堆积的同时忽视自然、经济和社会的矛盾。而今要促进自然、经济和社会的协调发展，引导人与自然、人与人关系的和谐发展。企业必须树立创新型营销观念。新形势下可持续发展理念和市场营销相结合就产生了可持续的市场营销，而可持续的市场营销就要以可持续发展理论做指导，在市场营销活动中突出企业的社会责任和企业的营销道德，就要重点关注企业的社会责任和企业的营销道德问题。

知识链接

可持续发展(Sustainable development)的概念最先是在1972年在斯德哥尔摩举行的联合国人类环境研讨会上正式讨论。这次研讨会云集了全球的工业化和发展中国家的代表，共同界定人类在缔造一个健康和富生机的环境上所享有的权利。自此以后，各国致力界定"可持续发展"的含意，现时已拟出的定义已有几百个之多，涵盖范围包括国际、区域、地方及特定界别的层面，是科学发展观的基本要求之一。1980年国际自然保护同盟的《世界自然资源保护大纲》："必须研究自然的、社会的、生态的、经济的以及利用自然资源过程中的基本关系，以确保全球的可持续发展。"1981年，美国布朗(Lester R. Brown)出版《建设一个可持续发展的社会》，提出以控制人口增长、保护资源基础和开发再生能源来实现可持续发展。1987年，世界环境与发展委员会出版《我们共同的未来》报告，将可持续发展定义为："既能满足当代人的需要，又不对后代人满足其需要的能力构成危害的发展。"作者是Gro Harlem Brundtland，挪威首位女性首相，她对于可持续发展的定义被广泛接受并引用，这个定义系统阐述了可持续发展的思想。1992年6月，联合国在里约热内卢召开的"环境与发展大会"，通过了以可持续发展为核心的《里约环境与发展宣言》《21世纪议程》等文件。随后，中国政府编制了《中国21世纪人口、资源、环境与发展白皮书》，首次把可持续发展战略纳入我国经济和社会发展的长远规划。1997年的中共十五大把可持续发展战略确定为我国"现代化建设中必须实施"的战略。可持续发展主要包括社会可持续发展，生态可持续发展，经济可持续发展。

14.2 企业社会责任

在企业与社会越来越紧密的联系中，社会对企业的期望也越来越多，企业的社会责任问题始终是一个全球性的热点话题。企业社会责任是企业可持续发展的基石，企业要参与国内外竞争、谋求可持续发展，就必须高度重视社会责任问题。

14.2.1 企业社会责任的内涵

国内外学者对企业社会责任的界定各不相同，对企业社会责任的定义在学术界存在一定的争议。关于企业社会责任(Corporate Social Responsibility，CSR)的概念，众多的学者以及相关机构都给出了自己的定义(表14-1)。

表 14-1 不同机构对企业社会责任的定义

机构(代表人物)	企业社会责任定义
世界银行	企业与关键利益相关方的关系、价值观。遵纪守法以及尊重人、社区和环境有关的政策和实践的集合,是企业为改善利益相关方的生活质量而贡献于可持续发展的一种承诺
欧盟	企业社会责任是指企业在自愿的基础上,将对社会和环境的关注融入其商业运作以及企业与其利益相关方的相互关系中
国际劳工组织	企业社会责任是指企业在经济、社会和环境领域承担某些超出法律要求的义务,而且绝大多数是自愿性质的。因此企业社会责任并不仅仅是遵守国家法律,劳工问题只是企业社会责任的一部分
社会责任协会	企业社会责任是指经营活动符合或超出伦理、环境、商业和公共预期的标准
世界商业可持续发展委员会	企业社会责任是指承诺企业行为符合伦理标准,并在促进经济发展的同时尽可能地改善工作环境,提高员工家庭生活质量,促进当地和社会发展
美国国际商业委员会	企业社会责任是指公司对其社会角色所担负的责任,这些责任是在自愿基础上的并高于相关法律的要求,有利于保证公司的生产经营活动对社会产生积极影响,主要涉及公司商业道德、环境保护、员工待遇、人权和社会公益行动等问题
美国商业与社会责任协会	通过尊崇伦理价值以及对人、社区和自然环境的尊重,实现商业的成功
日本经济同友会	企业社会责任是指通过构建企业和社会的互动发展机制,从而努力追求企业可持续发展和实现更美好社会的实践活动。核心关键词是可持续发展,要求企业在经济、环境和社会三个方面(Triple Bottom Line)给予回答和应对
弗里德曼(Milton Friedman)	企业的社会责任就是为股东赚取利润
约瑟夫·麦奎尔(JosephMcGuire,1963)	企业社会责任是指企业不仅负有经济的与法律的义务,而且对社会负有超越这些义务的其他责任
戴维斯(Davis,1975)	企业社会责任是指企业在谋求利益的同时,对维护和增加整个社会福利方面所承担的义务
阿奇·卡罗尔(Archie Carroll,1979)	企业社会责任意指:某一特定时期社会对组织所寄托的经济、法律、伦理和自由决定的期望,包含四个层面,即经济责任、法律责任、伦理责任和慈善责任
罗宾斯(Robbins,1991)	企业社会责任是指企业超过法律和经济要求的、为谋求对社会有利的长远目标所承担的责任
Brummer	企业社会责任是与企业经济责任、法律责任和道德责任相对应的社会责任

续表

机构(代表人物)	企业社会责任定义
国家电网公司	企业社会责任,是企业履行社会责任的简称,是指企业为实现自身和社会的可持续发展,遵循法律法规、社会规范和商业道德,有效管理企业运营对利益相关方和自然环境的影响,追求经济、社会和环境的综合价值最大化的行为
山西省工业经济联合会	企业社会责任是指企业在争取自身生存和发展的同时,应该承担对利益相关方的责任、对消费者的责任和对环境、安全、公共服务、关心弱势群体的责任,这些责任的总和就是企业社会责任。履行社会责任,要求企业除了关注自身经济指标外,还应关注人文指标、资源指标和环境指标,实现企业发展与社会、资源、环境相协调

(注:图表引用自 矜彦龙,企业社会责任的基本内涵、理论基础和责任边界,学术交流,2011年2月总第203期第2期)

这些不同定义的本质内容是一致的,即企业社会责任就是企业在追求利润最大化的同时,还要考虑对利益相关者(员工、消费者、股东、社区、政府等)以及环境应承担的社会责任。

社会责任是企业的自律责任,社会责任指企业作为社会的基本成员,对其自身行为基于经济伦理的自我约束。社会责任是一种选择性(Electives)责任。是非强制性的责任,企业可以做也可以不做,做得好有利于企业的发展,不履行社会责任不一定会影响企业的经营绩效。社会责任既是企业经营理念的体现,又是企业自我评价和管理的标准体系,诸如跨国公司推行的"生产守则"。社会责任的性质是企业自发的"软约束",不具有法律约束力,但不能就此否认其存在价值。在实践中"软约束"可以具有很强的约束力,尤其随着时代进步。因此,兼顾相关者的利益,承担社会责任,既是企业社会属性的要求,也是实现企业自身发展目标的客观要求。

14.2.2 企业社会责任的必要性

在经济全球化的背景下,企业承担社会责任已成为不以人的意志为转移的客观趋势,我国企业也不例外。当前我国企业面临的社会现实和企业自身持续健康发展的客观要求,决定了我国企业承担社会责任的必要性。

1. 从当前我国企业面临的社会现实来看

(1) 经济全球化为当前我国企业承担社会责任提出了机遇和挑战。改革开放以后,尤其是加入WTO以后,我国越来越多的企业开始参与到国际市场竞争中,成为国际供应链上的一个重要环节,国际风行的企业社会责任运动不可避免地影响到我国企业。作为国际化经济时代的一个重要成员,我国企业的发展必须适应和遵循国际竞争规则,只有这样才能在未来的竞争中有更大的发展,否则就难以生存下去。可以说,加强企业社会责任建设是我国企业国际化经营过程中面临的重要课题。

(2) 市场经济体制的发展对当前我国企业承担社会责任提出了必然要求。在市场经济条件下，企业具有经济属性和社会属性双重属性。这就决定了企业在追求自身利益最大化的同时，要有对利益相关者的责任意识和社会整体的全局意识。当前我国大多数企业是顺应社会主义市场经济体制的需求而产生发展起来的，因此，树立服务他人、服务社会，保证国家、他人和社会利益不受损害的企业社会责任观，符合社会主义市场经济体制的必然要求。

（3）建立社会主义和谐社会的目标对当前我国企业承担社会责任提出了客观要求。社会主义和谐社会的目标是民主法治、公平正义、诚信友爱、充满活力、安定有序、人与自然和谐相处的社会。企业是社会系统的有机组成部分，是国民经济的细胞，是市场经济的微观主体，是社会财富的创造者和社会进步的推动者，对于整个国家的经济社会发展起着至关重要的作用。因此，唤起企业社会责任意识，并促成社会责任实践，是建立社会主义和谐社会的客观要求。

2. 从当前我国企业自身持续健康发展的角度来看

（1）承担社会责任有利于保证企业正确的经营方向。企业承担社会责任，在一定意义上意味着企业在合理合法的范围内追求利益，获得长期的可持续发展。而企业的持续发展又进一步促使着企业树立正确的经营理念，坚持正确的经营方向。

（2）承担社会责任有利于企业树立良好的形象。实践证明，理性消费者更加愿意购买"有社会责任感"的企业的产品，他们认为诚实可靠的企业的产品通常会有较高的品质，因此购买"有社会责任感"的企业的产品要比购买"没有社会责任感"的企业的产品风险小，交易成本低，这就为企业赢得良好的公众形象和长期利润打下了基础。进而，社会公众对企业的综合印象即企业形象，对于企业在市场竞争中的兴衰成败有重大影响。

（3）承担社会责任有利于企业创造广阔的生存空间。在企业的经营活动中，企业如果能够主动承担对利益相关者应有的经济、法律、伦理和慈善的责任，就可以避免政府机构、社会团体、普通公众对企业的指责、惩罚和行为上的限制，保证企业正常的生产经营活动不受干扰，这为企业建立一个和谐的外部经营环境，拓展广阔的生存和发展空间创造了有利的条件。

（4）承担社会责任有利于培养企业职工共同的价值观。企业承担社会责任有利于在企业内部形成企业所倡导的、全体员工认同的、始终如一的处理企业与利益相关者关系的行为准则。这种共同的价值观一旦形成，就会铭刻在员工内心深处，融化在员工意识之中，成为员工的言行指导，外化为企业伦理，从而达到协调企业行为的目的。

14.2.3 企业社会责任的构建

基于当前我国企业社会责任存在的问题及其成因，构建既适合我国企业自身的健康发展，又与国际接轨的企业社会责任，需要社会、政府、企业三方通力协作：

1. 政府出台更多有关企业社会责任的政策法规

目前，我国并没有关于企业社会责任如何实施的政策法规和监督体系，尤其是鼓励企业积极履行社会责任的政策法规尚未建立，这在很多方面限制了企业的行为。为此，今后政府应该出台更多的有关企业社会责任的激励机制和政策法规，比如，对于履行社会责任表现优异或有突出贡献的企业,给予经济政策方面的优惠,为企业履行社会责任提供更加完善的服务和保障。

2. 为企业承担社会责任创造有利的宏观环境

针对我国一些企业社会责任理念还较弱,对社会责任存在认识误区的状况,有必要为企业履行社会责任提供一个成熟的社会责任理念和有利的宏观环境,包括政府的政策环境、社会的激励机制、学术机构的学理支持、民间中介组织的促进力量、新闻媒体的宣传引导等,从而为企业履行社会责任提供更多的咨询和服务。此外,加强对利益相关者的教育和培训,特别是消费者维权意识和法制意识的教育,形成企业社会责任的外在压力,也是企业履行社会责任不可或缺的宏观环境。

3. 建立内部伦理调控机制

如果说经济体制、政企关系和产权关系等外部宏观环境是企业承担社会责任的前提的话,那么,从企业内部建立伦理调控机制是企业承担社会责任必不可少的条件。包括,第一,将管理和伦理相结合,实施人性化管理。人性化管理是现代管理的大趋势。第二,设立伦理决策机构,包括伦理官员和伦理委员会,以重视伦理问题,以组织的方式有秩序、高效率地解决企业不负责任的事件出现。第三,订立企业社会责任守则。企业社会责任守则是管理者和员工在处理内外部利益关系时的指导原则,为社会公众和利益相关者监督企业行为提供了可依据的标准。据报道,《财富》杂志社中排名500家的企业中,90%以上的企业有成文的企业社会责任守则。第四,建立伦理信息系统,进行伦理培训。

4. 完善法人治理结构

公司是由不同群体为了谋求共同利益而建立起来的机构,主要由董事会、管理层和股东三个部分组成,它们分别肩负着不同的职责。从整个社会来看,企业法人治理结构是决定企业行为最重要的影响因素,具备有效法人治理结构的企业才能够形成实现社会责任分担的微观基础。在我国当前转型期,由于市场体制未完全建立,政企关系没理顺,真正的法人财产权并没有明确确立并受到保护,在已经改制的公司中存在着"董事会虚设"、"所有者缺位"和"经营者权利滥用"的现象。要改变目前这种现状,必须在明确法人财产的基础上,严格按照现代企业制度的要求完善公司治理结构,明确董事会的职责,使之拥有独立的决定权和控制权,从制度上给予董事会最高权力地位,使之有法律保障,这样,股东的法人财产权才能真正落到实处,企业才能成为真正负责任的企业。

5. 建立企业社会责任评估机制

企业社会责任评估机制包括建立企业社会责任会计报告制度和完善企业社会责任信息披露机制两方面。企业社会责任会计是为了弥补传统会计只考虑投资者和债权人利益的缺陷,从整个社会角度出发,利用会计核算形式,计量和报道企业经营活动对社会的影响,规范企业行为,促使企业履行其应当承担的社会责任,从而实现资源的最佳配置,提高社会的总体效益,达到社会经济的可持续发展目标。企业社会责任会计就是为了实现这一目标提供有关信息,以便信息使用者对企业进行监督和评价。社会责任信息披露就是向利益相关者、政府和社会披露企业社会责任状况,增强社会对企业的了解和评判,增强企业与社会的互动,避免"劣币驱逐良币"的现象。当前,我国应当加快企业社会责任信息披露的研究,确立适合我国国情的信息披露方式和内容。

 社会责任是指一个组织对社会应负的责任。一个组织应以一种有利于社会的方式进行经营和管理。社会责任通常是指组织承担的高于组织自己目标的社会义务。如果一个企业不仅承担了法律上和经济上的义务,还承担了"追求对社会有利的长期目标"的义务,我们就该说该企业是有社会责任的。社会责任包括企业环境保护、社会道德以及公共利益等方面,由经济责任、持续发展责任、法律责任和道德责任等构成。社会责任是社会法和经济法中规定的个体对社会整体承担的责任,是由角色义务责任和法律责任构成的二元结构体系。责任分为两种:第一种是指分内应该做的事,如职责、尽责任、岗位责任等。这种责任实际上是一种角色义务责任或者说是预期责任。第二种是因没有做好分内之事(没有履行角色义务)或没有履行助长义务而应承担一定形式的不利后果或强制性义务,即过去责任,如违约责任、侵权责任等。社会责任又可分为"积极责任"和"消极责任"。积极责任也称为预期的社会责任,它要求个体采取积极行动,促成有利于社会(不特定多数人)的后果的产生或防止坏的结果的产生。消极责任或者说过去责任、法律责任,则只是在个体的行为对社会产生有害后果时,要求予以补救。中国社科院2011年《中国企业社会责任报告》提出的社会责任指的是从责任管理、市场责任、社会责任和环境责任等四个方面评价企业社会责任发展水平。责任管理这一指标是指一个企业所制定的企业社会责任发展规划、反商业贿赂制度与措施等。市场责任是指企业的成长性、收益性以及产品合格率等指标。社会责任包括社保覆盖率、安全健康培训以及评估运营对企业的影响。环境责任则包含了企业的环境管理和节能减排方面的指标。

14.3 企业营销道德

社会主义市场经济体制的建立和不断完善,使营销观念和营销理论得到深入贯彻的发展,营销对社会和个人的影响日益突出,越来越多的人生活在企业营销的氛围中,营销已成为现代文明不可缺少的一部分,以交换为基础的营销活动始终贯穿于人们经济活动的各个环节,由此也提出了企业营销道德的问题。营销道德状况如何,对于社会经济的正常运行和社会道德面貌都有着举足轻重的作用。

14.3.1 企业营销道德的含义

道德是一定社会绝大多数成员承认、接受和遵守的评价各种社会行为的对与错、美与丑、善与恶、正义与非正义的准则的总和。一般说来,道德具有非正规形式的规范力量,它适用于广泛的个人和组织行为,能够让人们对有关的行为和行为主体产生某种看法和态度。当多数人有这种看法和态度时,社会中就形成一种力量,通过某种方式对有关行为加以赞扬或批评、鼓励或约束。每一个社会成员要在社会中与他人和谐相处,顺利实现个人目标,就一定要了解和遵守各种道德准则。在我国已经建立了社会主义市场经济的阶段,各经济主体在追求自身利益的过程中,必须有道德和法律作为约束条件,这样才能保证市场经济有序地运行。市场营销活动是市场经济的产物,它是企业的社会行为,每一种具体的市场营销行为,社会要评价其是否正确,需要有一定的评标准,这些评价标准的总和就是市场营销道德。所谓营销道德是指处理企业和所有利益相关者之间关系应遵循的准则的总和。营销道德作为保证和协调市场经济正常运行的重要力量，在市场营销活动中有着不可替代的作用。

从20世纪80年代起，国内外企业家和学者开展了对营销道德问题的研究。在营销活动中，企业应该如何根据中国的国情，用营销道德来规范和指导其市场活动，从而在激烈的市场竞争中，获得有利的竞争地位并赢得众多消费者的信赖。企业是社会中的一员，在通过经营活动谋取利润的同时也要承担一定的社会责任，如果企业一味地追求自身眼前的利益，损害其目标顾客乃至整个社会全体消费者的利益，就会失去竞争优势和整个市场。因此，企业的营销活动要自觉地接受道德规范的约束，符合社会道德标准，以平衡企业、顾客和整个社会这三者之间的利益关系。从根本上说，讲究营销道德就要求企业在组织各项营销活动时始终要把消费者的利益放在首位，使企业个体的利益服从消费者、社会的大利益。

14.3.2 企业营销道德的影响因素

我们发现影响企业营销道德水准的高低有多种因素，但可概括为两大因素即外部因素与内部因素。外部因素主要有市场因素、政府因素及文化因素。市场因素是指在一定社会经济发展水平条件下，市场体系与市场机制发育的程度及市场供求状况的市场趋势。当市场体系与市场机制较成熟和完善时，公平竞争与诚信原则获得充分发展。当市场趋势越呈现出供大于求的格局，市场竞争越激烈，企业在竞争中的行为越是受到其他企业和消费者的监督和制约，市场因素的优化，为企业营销道德的建设提供良好的市场环境。反之，如果市场体系与市场机制不健全，等价交换与公平竞争原则被扭曲。当市场趋势呈现出供不应求的格局，企业产品不愁销路，市场缺乏竞争，这种劣质的市场因素必将驱使某些企业凭借其对某些产品的垄断地位，采用某些非经济手段参与市场竞争，而很少考虑社会及消费者的利益。

政府因素是影响企业营销道德水准高低极重要的外部因素。主要包括政府立法调控体系是否健全，政府对企业违法及违德行为采取何种态度。如果政府立法完善，执法机构健全及执法严，这对企业将形成一种强制性的压力，使企业感到，如果不按市场法则及政府立法从事经营活动，必须遭到市场规律与政府法律制裁。反之，政府立法不健全，执法不严，必然为某些企业违法与违德行为提供可乘之机。如果地方政府对企业非法与非道德行为采取严肃的态度，即从批评、处罚到法律制裁，这将有力地限制非道德行为的泛滥。反之，如果地方政府对本地企业违法与违德行为持纵容或包庇、保护态度，这必然会加剧及扩大本地区企业的非道德行为。

文化因素是制约企业营销道德水准的又一重要外部因素。任何企业均在一定的社会文化中生存和发展，受到社会文化的制约和影响。每个国家的文化构成又是复杂的，既存在为全体社会成员所共有的核心文化，又存在不同价值观念和风俗习惯的亚文化。此外，还存在囿于各国经济交流而产生的交叉文化。例如，我国除了以社会主义文化作为主流文化外，还存在西方资产阶级文化及历史遗留下来的以儒家思想为代表的封建主义文化，这些文化交融一起，对企业经营哲学及企业文化产生复杂的影响。有的企业素质高，能识别和区分美与丑、文明与腐朽、道德与非道德文化，自觉抵制腐朽文化对企业的侵蚀，吸纳优秀的社会文化，塑造企业优秀文化，提高企业营销道德水准。反之，有些企业领导者不能识别优劣文化，有甚者，吸纳劣质文化而影响企业营销道德的规范。

如果说外部因素是决定企业营销道德水准高低的前提条件，内部因素则是决定性条件。内部因素众多，这里主要分析领导者的经营哲学、企业文化及企业职工素质。企业领导者个人哲学对营销决策的道德水准起决定作用。这是由于企业领导者是企业的法人代表，企业经营决策往往由领导者作出。他们不仅具有最高经营决策权，而且肩负着企业发展和不断改善职工生活与承担各种社会责任；如果领导者具有正确的经营哲学，在制定营销决策中，才能既考虑企业的利润目标，又考虑消费者及社会的利益，而体现出企业营销决策的道德性。反之，如果企业领导者片面追求利润最大化而损害社会与消费者利益，营销决策必然会偏离道德的轨迹。

企业文化是直接影响企业营销道德的重要内部因素。企业文化对营销道德水平的影响表现为：首先它制约着营销决策的动机。企业文化的核心是企业价值观，而企业价值观引导着企业的经营行为，规定着企业领导者及广大职工的决策动机；其次，企业文化规范着营销决策的内容，如企业文化中的企业目标为企业营销决策指明了发展方向，企业文化中的规章制度对企业主体行为进行强调性规范，使营销决策更加科学化、合理化及道德化；此外，企业文化的凝聚功能有利于营销决策的实施。优秀的企业文化使企业形成一种凝聚力和向心力，即通过企业文化所塑造的共同价值、共同意识，把全体职工凝聚一起，对实现企业目标，提高营销道德水平起重要作用。

企业职工素质的高低深刻地影响企业营销道德水准。调查表明，企业职工的文化、业务及思想素质高低同企业营销道德水准呈正相关的关系。当企业职工文化水平高，有正确的义利观，有较强的业务能力时，对企业经营决策的制定和实施会产生积极的影响，有利于营销道德标准的提高，反之，便会产生消极的影响，并促使营销道德处于较低水平，甚至出现违背道德的情况。

14.3.3 企业营销道德的建立

重建营销道德是全社会的一件大事。由于它涉及人们的思想观念、是非观念的建立，所以是一件艰巨的任务，主要有企业、政府和消费者三方面的共同作用。因此，加强企业营销道德建设，规范企业营销行为，也要从这三方面来寻找答案。

1. 企业的角度

从企业方面来说，毫无疑问，企业营销道德失范的最主要原因在于企业自身。加强企业营销道德建设，需要做好以下几个方面的工作。

（1）企业要树立"以消费者为本"的营销理念，坚持"义然后利"的企业发展价值观。在市场经济条件下，企业要生存、要发展，就要有效益，要获取利润。但在企业经营活动中，必须要树立"以消费者为本"的营销理念，坚持"义然后利"的企业发展价值观，这样企业发展才会沿着社会发展的正常轨道发展，企业效益也会获得持续长久的发展。

第14章 可持续的市场营销：社会责任和营销道德

(2) 加强企业营销道德建设，要求企业领导者要率先垂范，以身作则，这是加强企业营销道德建设的关键。人们常说企业好不好，关键看领导。作为企业的领导者必须要懂得：不道德营销行为也许能给企业带来眼前利益，但绝不会长久，最终必然会被消费者所抛弃、所淘汰。因此，提高企业领导者自身的道德素质是从源头上有效避免企业不道德的营销行为的不可或缺的重要方面。

(3) 加强企业营销道德建设，还必须要对广大的企业营销员工进行持续的道德教育，不断提高他们的职业道德水平，这是加强企业营销道德建设的主体。对广大企业营销员工进行道德教育，可以采取"请进来""走出去"、专题讲座、知识竞赛等多种形式对营销人员进行职业道德培训，帮助他们了解和掌握最基本的营销伦理规范，培养起正确的营销伦理意识，并通过构建有效的营销道德考核机制，对他们偏离伦理规范的各种行为及时地进行纠正和引导。

(4) 加强企业营销道德建设的根本保障是加强企业的道德文化建设。企业文化是直接影响企业营销道德的重要因素。优秀的企业文化可以通过其所倡导的共同价值、共同意识，使企业形成一种凝聚力和向心力，从而对企业目标的实现和营销道德水平的提高起到重要作用。企业文化的核心即企业的价值观和企业精神是诚、信、德，企业的行为规范、准则是企业文化建设的重要载体。就要从这两反面来加强企业的文化建设。

(5) 加强企业的道德建设，还需要企业能够正确地看待市场竞争带来的压力。在市场经济条件下，每个企业都必须要面对市场竞争的压力。而要增强营销企业的市场竞争力，取得较好的经济效益，必须通过道德的营销、过硬的产品品质、良好的服务信誉才能实现。因此，面对市场竞争的压力，营销企业必须要首先练好内功，变压力为动力，才能赢得市场竞争的主动权。

2. 政府的角度

从政府方面来说，企业营销道德的失范，政府难辞其咎。市场规则的不完善，市场管理的不到位，对企业营销道德失范行为的监管缺失，惩治不力等，都是政府必须要反省和亟待加强的地方。

(1) 完善法制，严格执法。企业营销行为中有些行为既涉及道德问题，又涉及法律问题。所以要建立健全法律体系，提高法律的可操作性，并严格执法，使法律真正起到制约企业和个人的营销行为的作用。我国已经建立了法律体系，但法律体系并不完善，加上执行不严，以罚代刑，有法不依，致使在有些行业、部门、地区，法律形同虚设，与法制社会的要求还有相当大的距离。只有完善法制，严格执法，使人们养成遵守法律和道德的习惯，企业的经营环境才能有根本性的好转。

(2) 建立覆盖全社会的诚信体系，建立监督和奖惩制度，并严格执行。诚信是营销道德的一个重要内容。要建立覆盖全社会的诚信体系，建立个人、企业、团体和机构的诚信档案，并在计算机网络上向全社会公开，供使用者点击查询。还要建立监督和奖惩制度，以加强对经营者的诚信管理，并严格执行，从而有利于在全社会树立良好的道德风尚。

(3) 努力营造一个良好的社会道德环境。社会环境对人的道德观念的影响是很大的。如果一个社会道德水准比较高，社会风气比较好，那么置身其中的各个市场经济主体就更有可能选择道德的行为，做出道德的决策；想法，置身于一个道德水平普遍比较低，社会风气比较差的社会中，各个市场经济主体就有更大的可能做出不道德的决策，做出不道德的行为。因此，在全社会努力营造一个良好的社会道德环境，也成为市场经济条件下的必然选择。在全社会牢固树立—诚信经营为荣的良好的道德风尚，形成强大的诚信经营的社会舆论，从而使各个市场经济主体在追求利润最大化的同时，也要兼顾经济活动的社会效益、环境效益以及消费者的权益。

3. 从消费者角度

从消费者方面来说，就要倡导理性消费，提高消费者的自我保护意识，提高公民的社会责任感意识，加强舆论监督的作用。

（1）人人参与营销道德规范建设。随着社会的发展，营销道德规范也是在不断发展和与时俱进的，但营销道德规范的基本内容是亘古不变的，这就是公平、自愿、诚实、守信。公平，就是买卖公平，等价交换，互惠互利，不欺行霸市；自愿，就是买卖双方都是自愿成交，而不是强买强卖；诚实，买卖双方都诚实待人，公开和真实披露市场信息，不搞虚假信息和虚假广告蒙骗他人；守信，即买卖双方遵守承诺和合约。要创造良好的社会文化氛围，人人参与营销道德规范建设，使每个公民都认识到遵守营销道德规范光荣，违反营销道德规范可耻。

（2）提高公民的社会责任感意识。公民是社会的一分子，是社会的主人，公民有责任和义务推动社会向更美好的方向发展。社会发展了，公民也受益其中。当前，我国公民的社会责任感意识薄弱，比如，我国消费者去超市买牛奶，专挑生产日期距离有效日期远的，这样就增加了超市牛奶过期卖不掉的风险，或迫使超市降价销售，减少了超市的利润。而韩国居民则正好相反。我国政府要组织新闻媒体加强公民对社会应尽的责任和义务的广泛宣传，树立典型的模范人物，号召人们学习他们的先进事迹，让人们认识到公民的社会责任感的重要性，唤起大众的觉醒，自觉遵守营销道德规范，自觉抵制和制止不道德的行为，放弃事不关己、高高挂起、明哲保身的消极思想，为重建营销道德做出自己的贡献。

（3）加强社会舆论的监督作用。社会舆论在监督企业经营行为方面可以起到重要作用，一旦企业产生违反营销道德的行为，就及时予以曝光，加以揭露和批评，使企业不道德的行为如"老鼠过街，人人喊打"，从而对企业的经营决策者起到威慑作用。一个企业如果对社会舆论的监督置若罔闻，必然要破产倒闭，因为企业形象扫地，无信誉可言，其产品不会有市场。新闻媒体记者和编辑的文化素质和政治素质相对较高，识别能力强，让媒体充当公民的喉舌，有利于社会环境向良性方向发展，有利于监督企业营销道德的建构。

道德是一种社会意识形态，是人们共同生活及其行为的准则与规范，具有认识、调节、教育、评价以及平衡五个功能。道德由一定社会的经济基础所决定，并为一定的社会经济基础服务。不同的时代，不同的阶级具有不同的道德观念。道德往往代表着社会的正面价值取向，起到判断行为正当与否的作用，

第14章 可持续的市场营销：社会责任和营销道德

然而，不同时代与不同阶级，其道德观念都会有所变化。人类的道德观念是受到后天一定的生产关系和社会舆论的影响而逐渐形成的。从目前所承认的人性来说，道德即对事物负责，不伤害他人的一种准则。

特别提示

作为营销者，应该具备基本的道德素质。从企业方面来说，要具有良好的社会责任感，心系整个社会，为经济社会的发展贡献应有的能力。从营销人员方面来说，要具备高尚的道德和责任感，做到不欺骗消费者，诚信营销，从而整个经济社会的发展才会更良好。

本章小结

本章主要介绍了可持续的市场营销。可持续市场营销是可持续理论下的市场营销活动，包括企业的社会责任和企业的营销道德问题。可持续的市场营销就要以可持续发展理念为指导，加强市场营销的可持续发展。企业的社会责任就是企业在追求利润最大化的同时，还要考虑对利益相关者(员工、消费者、股东、社区、政府等)以及环境应承担的社会责任。从企业面临的外部环境和企业自身来说都是很必要的，从社会、政府、企业等方面来构建企业的社会责任。企业的营销道德主要有内部和外部影响因素，加强企业营销道德要从企业、政府和消费者三方面来加强。

**名人名言**

利人为利己的根基，市场营销上老是为自己着想，而不顾及他人，他人也不会顾及你。

——梁宪初

没有降价两分钱抵消不了的品牌忠诚。

——营销大师科特勒

现今，每个人都在谈论着创意，坦白讲，我害怕我们会假借创意之名犯下一切过失。

——比尔·伯恩巴克

随便哪个傻瓜都能达成一笔交易，但创造一个品牌却需要天才，信仰和毅力。

——大卫·奥格威

收入可以以其他形式出现，其中最令人愉快的是顾客脸上出现满意的微笑，这比什么都值得，因为它意味着他的再次光顾，甚至可能带个朋友来。

——雷·克罗克

复习与练习

1. 选择题

(1) 被誉为"市场营销之父"的人是(　　)。
A. 科特勒　　　　B. 韦伯　　　　C. 泰罗　　　　D. 梅奥

(2) 可持续理论认为，发展是（　　）。
A. 渐进的　　　B. 持续的　　　C. 突进的　　　D. 局部的

(3) 1992年6月，联合国在里约热内卢召开的"环境与发展大会"，通过了以可持续发展为核心的（　　）文件。
A.《世界自然资源保护大纲》　　　B.《建设一个可持续发展的社会》
C.《里约环境与发展宣言》　　　　D.《我们共同的未来》

(4) 企业社会责任思想的起点是（　　）的"看不见的手"。
A. 法约尔　　　B. 韦伯　　　C. 泰罗　　　D. 斯密

(5) 道德的主要功能有（　　）。
A. 科学功能　　　B. 教育功能　　　C. 法律功能　　　D. 社会功能

(6) 唐·舒尔茨最早提出（　　）。
A. 4C营销理论　　　　　　　　B. 数字化分销
C. 战略性整合营销传播理论　　　D. 虚拟市场营销

2. 填空题

(1) ＿＿＿＿营销策略对市场营销理论和实践产生了深刻的影响，被营销经理们奉为营销理论中的经典。

(2) 科特勒认为营销并不是指推销产品的技巧，而是一门创造真正的＿＿＿＿的艺术。

(3) ＿＿＿＿是一切市场的基础，也是最终起决定作用的市场。

3. 判断题

(1) 可持续的市场营销理论认为市场营销活动应该沿着高效、稳定、可持续的方向发展前进。（　　）

(2) 可持续发展理论是亚当·斯密提出的。（　　）

(3) 戴维斯认为企业社会责任是指企业在谋求利益的同时，对维护和增加整个社会福利方面所承担的义务。（　　）

(4) 责任与义务是对等的。（　　）

(5) 营销是一门艺术，这是强调营销的精确性。（　　）

(6) 社会文化对企业营销道德的影响可以忽略。（　　）

(7) 企业营销道德的重要营销因素包括市场。（　　）

(8) 大卫·奥格威提出了著名的品牌营销理论。（　　）

4. 问答题

(1) 可持续的市场营销包括什么内容？
(2) 可持续理论的基本原则是什么？
(3) 企业社会责任的主要概念包括哪些？
(4) 为什么要加强企业的社会责任建设？
(5) 企业社会责任建设的主要措施有哪些？

(6) 企业营销道德的影响因素包括什么？
(7) 从哪些方面可以提高企业的营销道德？

5. 讨论题

(1) 在现实的市场经济活动中，阐述持续市场营销活动的必要性。
(2) 结合最近多发事件，分析发展不能缺失道德与责任的重要性。

6. 案例应用分析

百事公司的"母亲水窖"行动

在我国相对贫困落后的中西部地区，干旱缺水使得当地人民的生活雪上加霜。家家户户因为用水付出了常人难以想象的艰辛，每天，为了取一次水，甚至要走几十里山路，导致大量劳动力消耗在取水上。在这些严重缺水的地区修建集雨水窖，是有效利用雨水资源以防止缺水之忧的最简便、最经济、最实用的办法。

百事公司于2001年开始资助全国妇联下属中国妇女基金会组织实施"母亲水窖"项目。花费1 000元建一口水窖，冰雪融水、自然降水等都被引入水窖中，经过一段时间的沉淀，水窖上层的水较为纯净了，再撒入百事公司提供的清洁消毒药剂，当地居民打回家中烧开就可以饮用了。水窖的建立，不仅解决了当地居民的饮水问题，将他们从繁重的取水劳动中解决出来，而且带动了当地整体生活条件的进步。百事公司给当地居民的建议是，每个水窖周边要建一个厕所、一个沼气池，种一棵树，同时发展养殖业等，居民按照百事公司的指引发展建设，现在生活环境和条件都得到了很大提高。

百事公司深刻地认识到，一个公益项目的良好发展仅仅依靠几个企业捐钱是远远不够的，重要的是让全社会都能够行动起来，为西部缺水的母亲和孩子们做一点事情。

除了直接资助水窖建设之外，百事公司还援助水窖周边地区的贫困学生复习，并提供了水窖的综合治理建议，帮助当地农民从繁重的取水劳动中解放出来。到2005年10月，百事公司已累计投资1 500万元建设水窖，并与中国妇女基金会组织展开密切合作，利用百事公司在水处理方面的先进和实用技术实施农村饮用水工程，争取实现水窖项目的持续发展和水资源的可持续利用，将"母亲水窖"项目推向一个新阶段。

从百事公司支持"母亲水窖"项目的初衷来看，其很大一部分业务是做饮料的，而饮料事实上也是一种水。

问题：

1. 百事公司除了直接捐助"母亲水窖"项目之外，还做了哪些工作？其承担社会责任的意义何在？
2. 结合实际，分析国内奶制品企业如何推进践行企业社会责任。

参考文献

[1] [美]菲利普·科特勒. 营销管理：分析、计划、执行和控制[M]. 9版. 梅汝和、梅清豪、张桁，译. 上海：上海人民出版社，1999.
[2] [美]菲利普·科特勒，凯文·莱恩·凯勒. 营销管理[M]. 14版. 梅清豪，译. 北京：北京大学出版社，2012.
[3] [美]菲利普·科特勒，费尔南多·德·巴斯. 水平营销[M]. 陈燕茹，译. 北京：中信出版社，2005.
[4] [美]小卡尔. 迈克丹尼尔，罗杰·盖兹. 当代市场调研[M]. 范秀成，等译. 北京：机械工业出版社，2002.
[5] [美]B·H·施密特，体验营销[M]. 周兆晴，编译. 南宁：广西民族出版社，2003.
[6] [美]约瑟夫·派恩，詹姆斯·吉尔摩. 体验经济[M]. 北京：机械工业出版社，2002.
[7] [美]迈克尔·波特. 竞争战略[M]. 北京：华夏出版社，1997.
[8] 吴建安. 市场营销学(精编版)[M]. 北京：高等教育出版社，2012.
[9] 甘碧群. 市场营销学[M]. 3版. 武汉：武汉大学出版社，2002.
[10] 彭星闾，万后芬. 市场营销学[M]. 北京：中国财政经济出版社，2000.
[11] 叶万春. 服务营销学[M]. 北京：高等教育出版社，2001.
[12] 钱旭潮. 市场营销管理：需求的创造和传递[M]. 北京：机械工业出版社，2005.
[13] 郭国庆. 市场营销管理——理论与模型[M]. 北京：中国人民大学出版社1995.
[14] 陈启杰. 市场调研与预测[M]. 上海：上海财经大学出版社，2004.
[15] 许以洪，熊艳. 市场调查与预测[M]. 北京：机械工业出版社，2010.
[16] 庄贵军、周筱莲、王桂林. 营销渠道管理[M]. 北京：北京大学出版社，2004.
[17] 许以洪，李双玫. 市场营销学[M]. 北京：机械工业出版社，2007.
[18] 简明，等. 市场调查方法与技术[M]. 北京：中国人民大学出版社，2005.
[19] 王永贵. 服务营销与管理[M]. 天津：南开大学出版社，2009.
[20] 梁彦明. 服务营销管理[M]. 广州：暨南大学出版社，2004.
[21] [美]菲利普·科特勒，凯文·莱恩·凯勒. 营销管理[M]. 13版. 卢泰宏，高辉，译. 北京：中国人民大学出版社，2009.
[22] 刘建堤，梁东. 市场营销原理[M]. 北京：清华大学出版社，2011.
[23] 许以洪，刘玉芳. 市场营销学[M]. 2版. 北京：机械工业出版社，2012.
[24] 郭国庆. 市场营销学通论[M]. 4版. 北京：中国人民大学出版社，2011.